한복 입은 관세음 ─ 라오 김중우 화백

新譯 妙法蓮華經
신역 묘법연화경

지우출판

新譯 妙法蓮華經
신 역 묘 법 연 화 경

2판1쇄 인쇄 / 2015. 11. 15
2판1쇄 발행 / 2015. 12. 1
저 자_ 회옹(晦翁) 혜경
발행인_ 김용성
발행처_ 지우출판 / 법률출판사
출판등록_ 2003년 8월 19일
서울시 동대문구 이문로 58 오스카빌딩 4층
TEL: 02-962-9154 / FAX: 02-962-9156
ISBN 978-89-91622-49-4 / 03220
정가 25,000원

www.LnBpress.com

읽어두기

1. 이『신역 묘법연화경』은 이미 발간했던『새우리말 법화경』이 알기 쉽도록 의역에 치중하다보니 한문 원전에 충실하지 못했다는 것에 고민 하다가, 한문 및 범문 그리고 주석과 해설은 곧 이어서 출간되는『법화삼부경』으로 미루고 구마라집 번역의『묘법연화경』을 순수 우리말로 바꾸었음.
2. 원문인 한문은『고려대장경』과 세조조『간경도감』의『묘법연화경』을 저본으로 하여 번역하였음.
3. 지명과 인명과 고유명사 및 다라니 등은 대승경전이기 때문에 범어(싼쓰끄리뜨)를 참고했으나, 때로는 빨리어를 병기한 경우도 있음.
4. 싼쓰끄리뜨어나 빨리어의 발음은 2005년에 '한국불교학회'에서 제정한 표준안을 따랐음.

서문

우리들은 어디에서 와서 어디로 가는가, 생명이란 도대체 무엇인가, 죽으면 어떻게 되는가, 이 세상에서는 무엇을 어떻게 해야 하는가.

우리들은 가장 알고 싶은 것을 알지 못한 채로 나날을 살아가고 있다. 알지 못하는 것마저도 무엇이든지 알고 있다고 무심코 생각하며 살아가고 있지 않는가.

이렇듯 무심히 생각하고 있지만, 실은 마음속 깊은 곳에서는 삶의 여행을 불안과 공포 속에서 지속해 가고 있는 것이다. 이 보이지 않은 채로 여행을 하고 있는 중생은 '치암(癡暗)', 즉 어리석고(癡) 깜깜(暗)하게 살고 있는 것이다.

이 깜깜하게 살아가고 있는 중생들에게 성불이라는 최상의 행복으로 인도하는 메시지가 바로 부처님의 가르침이다.

　법화경은 부처님의 가르침 가운데서도 가장 높은 경전이며 최고의 공덕경이라고 예로부터 일컬어져 왔다. 왜냐하면 법화경에는 성불을 하려거든 육바라밀을 완성해야 하며, 특히 보시바라밀을 통해서 공덕을 쌓아야 함을 강조하고 있기 때문이다. 공덕은 쌓는 것이지 그 대가를 바라고 보시를 하는 것이 아님을 우리 모두가 알고 있다. 법화경은 처음에는 재보시(財布施)를 설하고 있지만 곧바로 법보시(法布施)가 제일임을 강조하고 있다. 즉 이것이 수지(受持)·독(讀)·송(誦)·해설(解說)·서사(書寫)이다. 다시 말해 법화경을 들(聞)거나, 보(見)거나하여 받아드리는 것이 수(受)이고, 이것을 오랫동안 기억하는 것이 유지(維持), 즉 지(持)이다. 그래서 법화경에서는 법화경을 듣는 것(聞法)을 성불의 첫 단계의 공덕이라고 한다. 그래서 "약유문법자(若有聞法者) 무일불성불(無一不成佛)" 즉 법화경을 듣기만 해도, 성불하지 않는 사람은 하나도 없다고 한다. 그러니 법화경을 듣거나 보기만 해도 여러분은 모두 다 성불할 것이니 어찌 기쁘지 않겠는가.

　그러나 아직은 이르다. 공덕을 쌓지 않았기 때문이다. 그 공덕이란 바로 읽어주고, 외워서 들려주고, 해설해주고, 자기가 쓰거나 남을 시켜서 남에게 주어야 한다는 여설수행(如說修行)이 따라야 한다. 그런데 요즘 서사, 즉 사경하는 불자가 많이 있다. 그런데 대부분이 쓰기는 하는데 남을 위해 사경을 하는 것이 아니기에 보시공덕과는 아득히 먼 일이다. 공덕은 남을 위해야만 되는 것이지 자기를 위한 것이 되어서는 무

공덕이다. 소위 말하는 소승적인 공덕이지 대승의 공덕은 아니기에 법화경 정신과는 위배되므로, 성불과도 거리가 멀다고 아니 할 수 없다. 혹시 내 글씨가 나빠서 차마 남에게 줄 수 없다고 실망해서는 안 된다. 그런 경우에는 자기가 사경했던 책을 보내주면 된다. 즉 이것이 남을 시켜 쓴다는 것이다.

노납은 일찍이 법화도량으로 창건한 무설정사를 비롯하여, 동산반야회, 자비행회, 묘법사, 묘원사, 대구, 부산, 제주 등지에서 수없이 법화경을 강설했을 뿐만 아니라, 주간불교신문, 현대불교신문, 우리불교신문 등의 지상을 통해 강설해 왔다. 저서로는『법화경입문』,『법화삼부경』,『새 우리말 법화경』,『법화경 이야기』,『영원한 생명의 노래(법화경개설)』,『관무량수경강설』,『승만경』등을 펴내 왔는데, 이 중에서『새 우리말 법화경』은 알기 쉽게 의역한 부분이 많았기 때문에 이번에는 구마라집 번역의 한문에 입각하여 새로이『신역 묘법연화경』을 상재하게 되었다. 아무쪼록 많은 사람이 읽어서 널리널리 전해지기를 바라는 바이다.

끝으로, 이 책이 나오기까지 오로지 한마음으로 도움을 준, 普天 최교순, 普潤 이의열 두 분 法師와 普德行 김옥자, 普淨行 허혜숙과 淸淨行 최순영, 智常 서충원 및 제주 서귀포 흰 연꽃들의 모임의 회장 常淨行 이소정(칠순)을 비롯한 회원 일동, 특히 끝까지 몸과 마음을 다하여 시봉해 준 喜見行 김미정과 제자 양주 화담정사 주지 智應 惠和 스님과 勝德行 유연이, 및 신도들과 더불어 普亭 김현철과 普慧 김화분과 이 책을 펴내 준 법률출판사 사장, 속가제자 智友 김용성과 교정, 편집을 맡아

준, 한석희님께도 깊이 감사를 드린다.

　원컨대 이 공덕을 널리 미치게 하여, 나와 더불어 중생들이 모두 다 함께 성불하게 하옵소서. 나무석가모니불, 나무석가모니불, 나무시아본사석가모니불.

불기 2559(2015)년 초가을에
양주 천보산 아래 화담정사에서
회옹혜경 합장

차 례

해 제(解題)   13

序品 第一
서 품 제 일   27

方便品 第二
방 편 품 제 이   51

譬喩品 第三
비 유 품 제 삼   79

信解品 第四
신 해 품 제 사   117

藥草喩品 第五 약초유품 제오	137
授記品 第六 수기품 제육	147
化城喩品 第七 화성유품 제칠	157
五百弟子受記品 第八 오백제자수기품 제팔	189
授學無學人記品 第九 수학무학인기품 제구	203
法師品 第十 법사품 제십	211
見寶塔品 第十一 견보탑품 제십일	223
提婆達多品 第十二 제바달다품 제십이	237
勸持品 第十三 권지품 제십삼	247
安樂行品 第十四 안락행품 제십사	255

從地涌出品 第十五 종지용출품 제십오	273
如來壽量品 第十六 여래수량품 제십육	289
分別功德品 第十七 분별공덕품 제십칠	303
隨喜功德品 第十八 수희공덕품 제십팔	317
法師功德品 第十九 법사공덕품 제십구	325
常不輕菩薩品 第二十 상불경보살품 제이십	343
如來神力品 第二十一 여래신력품 제이십일	351
囑累品 第二十二 촉루품 제이십이	357
藥王菩薩本事品 第二十三 약왕보살본사품 제이십삼	361
妙音菩薩品 第二十四 묘음보살품 제이십사	375

觀世音菩薩普門品 第二十五 관 세 음 보 살 보 문 품 제 이 십 오	385
陀羅尼品 第二十六 다 라 니 품 제 이 십 육	397
妙莊嚴王本事品 第二十七 묘 장 엄 왕 본 사 품 제 이 십 칠	405
普賢菩薩勸發品 第二十八 보 현 보 살 권 발 품 제 이 십 팔	415

해제(解題)

1. 『법화경(法華經)』의 한역(漢譯)

『법화경』(Saddharma Pundarika=sutra)은 인도에서의 초기대승경전 가운데 대표적인 것의 하나이며 그 인도에서의 성립은 기원전 후 무렵에서 2세기 무렵까지 일 것이라고 추정되고 있다. 중국에 현존하는 『법화경』의 한역(漢譯)에는 다음 세 가지가 있다. 첫 번째는 서진(西晉)의 축법호(竺法護 230년대에서 78세 입적)가 번역한 『정법화경(正法華經)』 10권(286년 역)이다. 두 번째는 요진(姚秦)의 구마라집(鳩摩羅什 344-413 혹은 350

-409)이 번역한 『묘법연화경(妙法蓮華經)』 7권 혹은 8권(406년 역)이고 세 번째는 당(唐)나라 때의 사나굴다(闍那崛多 523-605)와 달마급다(達摩笈多?-619)가 공역(共譯)한 『첨품묘법연화경(添品妙法蓮華經)』 7권(602년 역)이 있다. 이 세 번째는 구마라집 역의 보정판이다. 그런데 구마라집의 번역판이 가장 유행하고 있으며 세상에 나와 있는 많은 주석서(注釋書)는 그의 번역본을 대상으로 한 것이다. 그런데 중국에서는 경제(經題), 즉 경(經)의 제목이 그 경전의 사상의 본질을 표현하는 것이라 하여 중요시 되었으니, 천태(天台) 지의(智顗)의 『법화현의(法華玄義)』도 실로 그 3분의 2가 경제(經題)의 해석이다.

그런데 경전에 명칭을 붙이는 이유는 무엇일까. 이에 대해 중국 수나라 때 삼론종(三論宗)의 거장 가상대사(嘉祥大師) 길장(吉藏 549-623)은 그의 저서 『법화유의(法華遊意)』에 아래와 같이 서술하고 있다.

첫째는 『열반경(涅槃經)』에 '저라바이(低羅婆姨)는 참으로는 기름[油]을 먹지 않는데, 억지로 식유(食油)라고 이름한다. 열반도 이와 같이 사실은 명칭·모양이 없지만 억지로 명칭·모양[樣相]에 의해서 설한다.'라고 한다. 열반은 곧 『법화경』의 다른 이름이다. 열반에 명칭·양상이 없지만 굳이 명칭·양상에 의해서 설하는 이상, 『법화경』도 또한 명칭·양상이 없지만 억지로 명칭·양상에 의해서 설한다. 나아가 명칭·양상에 의해서 설하는 이유는 중생이 명칭에 의해서 진리[理]를 깨닫고 진리에 의해서 수행을 개시하며 수행에 의해서 해탈을 얻도록 하자고 생각하기 때문이다. 즉 불교에서는 궁극적(窮極的) 차원이 언어에 의해서 표현되지 않음을 강조함과 동시에 더욱이 불교에서 언어를 사용하는 것은 어디까지나 중생을 구제하기 위한 것임을 밝히고 아래에 자세히 경제(經題)를 해석하기 위해 가장 중요한 불교에서의 언어에 대한 의의를 지적하고 있다.

그리고 이 제명을 붙이는 데는 여러 가지가 있다. 첫째 부처님이 스스로 이름을 붙이는 경우와 제자의 질문을 기다려서 이름을 붙이는 경우인데 이를 '자타일쌍(自他一双)'이라 하며 『법화경』은 전자의 예(例)이고 『금강반야경(金剛般若經)』은 후자의 예이다. 그밖에 서품에서 이름을 붙이는 경우와 정설(正說)에서 이름을 붙이는 경우도 있는데 이를 '서정일쌍(序正一双)'이라 한다. 그리고 경(經)의 도중에 일의(一義)에 따라서 이름을 붙이는 경우와 경이 끝나고 이름을 붙이는 경우가 있는데 이를 '전후일쌍(前後一双)'이라 하며 『소품반야경(小品般若經)』이 전자의 예이고 『유마경(維摩經)』이 후자의 예이다. 이밖에 하나의 이름만을 붙이는 경우와 복수의 이름을 붙이는 경우가 있어 이를 '일다일쌍(一多一双)'이라 하고, 또 이름을 붙이는 경우와 이름을 붙이지 않는 경우도 있다. 그래서 『법화경』은 부처님이 스스로 『법화경』을 설한다고 말하므로 '자(自)'이며, 정설 가운데서 경제를 내고 있으므로 '정(正)'이다. '일다일쌍'에 관해서는 『법화경』 자신은 하나의 이름만 나오므로 '일(一)'에 해당하는데 『법화론』에 의하면 열일곱(17) 가지의 이름을 들고 있으므로 '다(多)'에 해당하게 된다. 열일곱 가지의 이름이란, 무량의경(無量義經)·최승수다라(最勝修多羅)·대방광경(大方廣經)·교보살법(教菩薩法)·불소호념(佛所護念)·일체제불비밀법(一切諸佛秘密法)·일체제불지장(一切諸佛之藏)·일체제불비밀처(一切諸佛秘密處)·능생일체제불경(能生一切諸佛經)・일체제불지도량(一切諸佛之道場)・일체제불소전법륜(一切諸佛所轉法輪)・일체제불견고사리(一切諸佛堅固舍利)・일체제불대교방편경(一切諸佛大巧方便經)・설일승경(說一乘經)・제일의주(第一義住)・묘법연화경(妙法蓮華經)・최상법문(最上法門)이다.

또 어떤 내용에 기인하여 경제(經題)가 붙여지는가에 대해서 사람[人]・법[法]・장소[場所]・때[時]・사항[事項]・비유[譬喻] 등 하나의 뜻에 의해서 붙여지는 경우, 위에 열거한 것 가운데서 두 가지의 뜻을 짜 맞추어서 붙여지는 경우, 세 가지의 뜻을 짜 맞추어서 붙여지는 경우가 있는데 문제의 『법화경』은 법(法 '묘법(妙法)')과 비유(譬喻 '연화(蓮華)')의 두 가지의 뜻에 의해서 붙여진 것이라고 한다. 또 경의 제목이 붙여지는 장소에 대해 즉 이름이 '경(經)'의 앞에 있는지 뒤에 있는지에 관해서는 범본(梵本)에서는 경의 제목이 끝에 있으나, 중국에서는 번역자가 그것을 첫머리로 옮겼음을 밝히고 있다. 범본의 첫머리에는 보통 성음(聖音) '옴'과 삼귀의가 놓여 있으며 앞에는 모두 제목이 없고 다만 실담(悉曇)이라고 말할 뿐인데 실담은 길법(吉法) 또는 성취라고도 이름한다. 이렇듯 이름을 붙이는 것은 모두 경말(經末)에 두고 있다.

'정(正)'과 '묘(妙)'와의 번역어의 비교에 대해서는 『법화경』의 싼쓰끄리뜨 이름은 쌋다르마-뿐다리까-수뜨라(Saddharma-pundarika-sutra)이며 이를 음차(音借)하여 '살달마분다리수다라(薩達摩分陀利修多羅)'라고 한다. 여기서 문제가 되는 것은 이 중의 '살(薩)'의 한역에 대해서이다. '살'은 존재한다는 의미의 동사 as의 현재분사(現在分詞) sat의 음사이며 바르다[正], 훌륭하다[善] 등의 의미를 갖는다. 이 말을 축법호는 '정(正)'으로 한역했으므로 『정법화경(正法華經)』으로 되었고, 구마라집은 '묘(妙)'라고 한역했으므로 『묘법연화경(妙法蓮華經)』으로 된 것이다. 두 사람의 한역에는 '정'과 '묘'가 서로 다를 뿐만 아니라 '분다리(分陀利)', 즉 백련(白蓮)을 축법호는 '화(華)'로 번역하고 구마라집은 '연화(蓮華)'로 번역한 것이 서로 다르다.

이와 같이 쌋다르마에는 '정법(正法)'과 '묘법(妙法)'이라고 하는 두 가지의 번역어가 있으나, 다시 또 여산(廬山)의 혜원(慧遠)은 '진법(眞法)', '호법(好法)'이라는 역어를 사용하였다고 하니 합계 4가지의 역어가 있는 것이 된다. 가상대사 길장은 이들의 역어 가운데 어느 것이 가장 훌륭한 역어인가 하는 문제를 정면에서 논의하게 된다. 그 가운데서도 '정법'과 '묘법'의 역어로서의 우열을 논하고 있다.

그런데 길장은 역어의 우열을 논하는 전제로서 번역이라는 것은 원어가 포함하고 있는 많은 의미 중에 어느 특정한 의미를 취하고 다른 의미를 버리는 것에 의해 성립되는 것인 이상, 어떤 역어도 원어의 의미를 완전히 바르게 전할 수 없다고 한다.

그런데 '정(正)·묘(妙)·진(眞)·호(好)'의 네 가지의 명칭을 갖추고 있는 이상, 왜 묘(妙)만을 부르는가에 대해 거기에는 세 가지의 이유가 있다고 한다.

첫째로 경(經)에 묘(妙)라는 문(文)은 있으나 정(正)이라고 부르는 이름이 없다. 예를 들면 '나의 법(法)은 묘(妙)해서 생각하기 어렵다.'고 하며 또 '이 승(乘)은 미묘(微妙)하고 청정(淸淨)하며 제일이다.'라고 한다. 이것이 곧 그 증거이다.

둘째로 묘(妙)는 정세(精細)하고 심원한 것을 부르는 이름이다. 묘라는 이름을 붙이면 칭찬하는 의미가 된다. 그대로 나의 법은 미묘하기 때문에 범부, 2승(二乘) 및 수행을 시작했을 뿐인 보살(菩薩)은 생각해 헤아릴 수 없다는 의미이다. 만일 '나의 법[法]은 바르기[正] 때문에 생각할 수 없다.'고 말한다면 중국말로는 훌륭한 표현이 아니다. 곧 의미를 나타내는데 적당하지 않기 때문이다.

셋째로 다음 의미에 대해 추측해 보면 대체로 정(正)은 사(邪)와 상대하여 이름 붙여진 것이며 묘(妙)는 추(麤)에 상대하여 이름 붙여진 것이다. 아흔여섯(96)의 〈외도(外道)의〉 법을 사(邪)라 하고 여래의 5승(五乘)의 법을 정(正)으로 이름 붙이는 것이 적당하기 때문에 정(正)은 5승의 법에 대해 말하는 것이다. 5승은 정(正)이기는 하지만 정이라 해도 추(麤)이며 오직 일승(一乘)만이 겨우 묘(妙)라고 부르게 된다. 그렇기 때문에 묘(妙)는 일(一)을 집으로 하는 것이다. 외도(外道)를 추(麤)라 하고 5승을 묘(妙)라고 말할 수 없다. 또 5승을 사(邪)라 하고 1승(一乘)을 정(正)이라고 말할 수 없다. 외도와 불법을 비교하면 돌과 옥과 같은 것이다. 5승과 1승은 똑같이 어느 것이나 옥(玉)이다. 다만 옥에도 정세한 것과 거친 것이 있다. 그러므로 5승을 거칠다(麤)고 하며, 1승을 묘(妙)라고 한다.

간추려 말하면 『법화경』의 원래 이름은 싼쓰끄리뜨 즉 범어(梵語)의 '쌋다르마·뿐다리까·수뜨라(Saddharma-pundarka-sutra)'이다. '쌋다르마(Saddharma)'란 '쌋(Sat)'과 '다르마(dharma)'라는 말의 합성어로서 '쌋'이란 '진실한[眞實]', '바른[正]', '훌륭한[善]', '뛰어난[勝]' 등의 의미를 가지고 있으며 '다르마'는 이미 잘 알고 있듯이 '법(法)'이라고 중국어로 번역하고 있다.

그런데 이 '법'이라는 말에는 대략 네 가지의 뜻이 있다.

첫 번째는, '사물(事物)'을 가리키는데, 경전에서 이 뜻으로 사용되는 경우가 많다. '제법실상(諸法實相)'이라 할 때의 법이 바로 그것이다. 이 '사물'이라는 것을 더 자세히 설명하면, '우주에 존재하는 일체의 물질과 생명체 및 우주에서 일어나는 일체의 현상'을 말한다.

두 번째는, '그러한 사물을 존재케 하며 혹은 살려주고 있는 근본적인 생명' 또는 '그러한 사물, 즉 물질적·정신적 현상을 꿰뚫고[貫通] 있는 절대적 진리' 등도 '법'이라는 말로 표현하고 있으니, 법계(法界)라던가 법성(法性) 등의 '법'이 바로 그것이다.

세 번째는, 그 절대 진리이며, 근본생명이 우리가 눈으로 본다든가 귀로 들을 수 있는 현상으로 나타날 때에는, 일정한 규칙에 지배된다고 하는 그 '법칙'이라는 뜻도 있으니 현재 우리가 보통 사용하는 '법'이라는 말과 대체로 같은 의미이다.

네 번째는, 그 진리나 법칙을 바르게 설하는 '가르침'이라는 뜻도 있다. '불법'이라 할 때의 '법'이 바로 그것이다.

그러므로 이 '쌋'과 '다르마'를 합친 '쌋다르마'라는 말을 어떻게 번역하면 좋을까 하는 것이 문제가 된다.

중국의 다르마라크샤(Dharmaraksa) 즉 축법호(竺法護)는 '정법(正法)'이라 번역했고 네덜란드의 케른(Kern)이 영어로 번역한 『법화경』에서는 '진실한 법'으로 또 프랑스의 부르뉴프(Burnouf)가 프랑스어로 번역한 것은 '훌륭한 법'으로, 일본의 이와나미 문고의 범어 번역판은 '바른 가르침(의 백련화)'으로 되어 있는데 구마라집(鳩摩羅什)은 '묘법(妙法)'으로 번역하고 있다.

'법'이라는 말에는 앞에서 말했듯이 대략 네 가지의 뜻이 있으나, 그 네 가지는 결코 서로 분리된 것이 아니다. 즉 우주에 있는 모든 것은 오직 하나의 근본생명, 또는 말로서는 표현할 수 없는 그 절대[絶對, 無爲法]에서 나타난 것이며 그 근본생명을 진여(眞如)라고도 하고 진리라고도 하는데 이들의 참모습[實相]을 가르친 것이 불교이다. 따라서 인간을 포함한 우주에 있는 모든 현상의 나고 죽음[變化]과 그들의 관계를 지배하는 법칙도 진여이고 진리이며 실상이다. 또 그 진리와 법칙 위에서 '인간은 어떻게 살아가야만 하는가.'를 설한 가르침도 또한 실상이다.

요컨대 우주의 근본생명이라든가, 진리라던가, 실상이라든가, 부처님의 가르침이라든가, 하는 것을 통틀어 말하자면, 오직 하나의 실재이며 그 실재의 본질이나 성상(性相)이나 작용을 여러 가지의 말로 표현하고 있음에 불과하다. '법'이라는 말에는 이처럼 광대하고 무변한 뜻이 함축되어 있다.

그러므로 이 '쌋다르마・뿐다리까・수뜨라'에 설해져 있는 가르침은, 이처럼 광대무변한 법의 가르침이다. 이 우주의 성립에서부터 인간과 인간 상호 간의 관계에 이르기까지의 온갖 법이 이 가운데 포함되어 있다. 바꾸어 말한다면 '부처님'과 '부처님의 역할 또는 작용' 모두가 여기에 설해져 있다. 그러므로 이 '법(다르마)'은 단순히 '바르다'든가, '훌륭하다'든가, '진실하다'든가 하는 형용사만으로는 다하지 못할 만큼 거룩한 것이며 빼어난 것이다.

그 말로는 표현할 수 없는 거룩함과 빼어남을 '묘(妙)'라는 한 글자에 담아서 구마라집(鳩摩羅什)은 '묘법(妙法)'이라 번역한 것이다.

다음에 '뿐다리까(pundarika)'란, 연꽃을 말하는데, 연꽃 가운데도 특히 '흰 연꽃[白蓮華]'을 가리킨다. 인도사람들은 이 세상에서 가장 아름다운 꽃을 흰 연꽃이라 여기고 있다. 그 이유는 흰 연꽃은 진흙 속에서 나며 흙탕물에서 꽃을 피우지만 진흙에 물들지 않고 언제나 맑고 깨끗하기 때문이다. 이러한 사실은 '인간은 속세, 즉 진흙에서 생활하면서도 속세에 물들지 않고 사로잡히지 않는 아름다운 생활·자유자재한 생활을 할 수 있다.'라고 하는 그 가르침의 근본사상을 그대로 나타내고 있다. 「제15장 종지용출품」의 게송에 '훌륭히 보살의 길을 배워 세간의 법에 물들지 않음이 연꽃이 물에 있음과 같다.'는 말이 있다. 이것이 『법화경』에서 가르치고 있는 인간이 지녀야 할 제일목표, 즉 구도자인 보살의 참모습이라 하겠다. '눈앞의 현상에 사로잡히지 않고, 작은 나[小我]에 집착하지도 않으며, 현상 속에 겹쳐 있는 실상을 꿰뚫어 봄에 의해 모든 인간은 본질적으로 평등함을 달관하고 그러한 관점에 입각하여 사람을 구제하고 세상을 구제하는 행에 몸을 바치는 사람'이 바로 '뿐다리까', 즉 '흰 연꽃'이라는 뜻이다.

'수뜨라(sutra)'는 '꿴 실'이라는 뜻으로서 인도에서는 아름다운 꽃을 실에 꿰어 머리에 장식하는 관습이 있었으며 이와 같이 부처님의 가르침을 한줄기의 계통으로 종합 정리한 것을 '수뜨라'라 했다. 중국의 '경(經)'이라는 말도 원래는 날줄이라는 의미인데 그로부터 도덕 또는 성인의 말씀을 엮은 책이라는 뜻이 되었으니 매우 적합한 번역이라 본다.

결론적으로 '삿다르마·뿐다리까·수뜨라', 즉 『법화경』이란, '속세에 있으면서 현상의 변화에 현혹되지 않고 우주의 진리에 순응하여 바르게 살며, 자기의 인격을 완성하면서 세상을 평화로운 이상향으로 만들어 가는 길, 더욱이 인간은 누구든지 그러한 일을 할 수 있는 본질을 평등하게 갖고 있다는 것을 설한 더 없는 거룩한 가르침'이라고 정의할 수 있다.

2. 연꽃(蓮華)의 세 가지 덕(德)

앞에서 말했듯이 『법화경』의 제명(題名)은 대략 세 가지이나 현재 널리 독송되고 있는 번역본은 역시 구마라집(鳩摩羅什)의 『묘법연화경(妙法蓮華經)』이다. 무릇 모든 경(經)의 이름, 즉 제명(題名) 또는 제호(題號)·제목은 말할 것도 없이 그 경(經) 전체의 뜻을 나타내고 있다.

『묘법연화경』에서의 경(經)이란 영원한 불변의 진리로서 부처님의 말씀을 모은 것을 의미하고, 연화(蓮華)란 흰 연꽃을 말하며, 묘법(妙法)이란 '거룩하고 빼어나서 다른 말로는 표현할 수 없는 오직 한 마디로 수긍이 가는 것'을 말한다.

따라서 『묘법연화경』이란 한마디로 수긍이 가는 것을 연꽃에 비유하여 부처님께서 말씀하신 것이라는 것을 나타낸다.

그런데 연꽃은 세 가지의 덕을 구비하고 있다 한다. 즉 '어니불렴(淤

泥不染)의 덕', '종자부실(種子不失)의 덕', '화과동시(華果同時)의 덕'의 셋을 말한다.

첫째, '어니불렴의 덕'이란, 연꽃은 반드시 더러운 진흙[泥] 속에서 싹이 터서 자라나는데도 결코 진흙에 물들[染]지 않을 뿐만 아니라 다른 일체의 꽃보다 빼어나서 청정한 아름다운 자태·향기·빛깔을 가지고 훌륭하게 핀다고 하는 덕(德)이다.

둘째, '종자부실의 덕'이란, 연꽃의 열매는 완숙하여 물속에 떨어지면 몇 년이 지나도 썩지 않고 계속 살아 있어, 발아의 조건만 갖추어지면 반드시 싹을 피운다는 덕을 말한다.

셋째, '화과동시의 덕'이란, 다른 꽃들은 꽃이 지고 난 후에 열매를 맺는데 연꽃은 꽃이 핌과 동시에 열매를 맺는다는 덕을 말한다.

이와 같이 연꽃은 세 가지의 덕을 가지고 있어, 이를 '연꽃의 세 가지 덕'이라 부르고 있는 이유이다.

이 '연꽃의 세 가지 덕'을 우리들에게 적용시켜보면, 인간이 아득한 옛날 이 우주가 생겨난 이래 6도(六道), 즉 지옥·아귀·축생·수라·인·천으로 유전하며 5탁(五濁)의 진흙투성이가 되어 극히 무거운 죄로 더럽혀지면서도 마음속에 있는 불성(佛性, 부처로 될 수 있는 본질)은 연꽃처럼 청정하게 계속된다고 설명할 수 있다.

그런데 5탁이란 겁탁(劫濁)·번뇌탁(煩惱濁)·중생탁(衆生濁)·견탁(見濁)·명탁(命濁)을 말하는데, 이것은 바른 일이 행해지지 않을 뿐만 아니라 나쁜 것을 보아도 부끄러운 생각이 없고 또 사회인들도 그것을 마음에 두지 않는다고 하는 죄를 말한다.

우리들은 이러한 진흙 속에 태어나지만 연꽃처럼 그것에 침해받는 일이 없는 한 점[一点] 즉 불성(佛性)을 반드시 가지고 있다. 더욱이 불성은 지옥·축생도로 유전하더라도 조금도 낡거나 훼손되지 않고 때가 오면 기필코 싹을 피우며 나타난다.

　불성이란, 바꾸어 말하면 나쁜 일을 하면 나쁘다고 알며 좋은 일을 하면 좋다고 아는 마음, 즉 우리의 청정일심(清淨一心)을 말한다. 이러한 마음, 즉 불성을 우리들은 모두 가지고 있는 것이다. 각자가 가지고 있는 불성이 언젠가 싹을 피워서 세상을 아름답게 꾸며가는 것이다.

　또 우리들은 미덕의 뿌리[善根]를 심으면 동시에 선과(善果)가 약속되며, 악업(惡業)을 지으면 그 자리에서 나쁜 과보(果報)가 약속된다. 이를 선인선과(善人善果)·악인악과(惡因惡果)라 하며 이를 '인과의 법칙'이라 한다.

　인간이 가진 어리석고 미혹한 눈으로 사물을 보면 인과의 도리를 꿰뚫어 볼 수 없으므로 어리석게[愚痴] 된다. 그러나 부처님께서 보시면 선인선과·악인악과는 그 자리에서 약속되어 있어 원인과 결과, 즉 꽃과 열매는 동시에 갖추어지는 것이다. 그런데 우리는 흔히 보살은 상구보리(上求菩提, 因) 하화중생(下化衆生, 果)해야 한다고 생각하는 사람이 많은데, 이 말은 상구보리하고 하화중생 한다는 말이 아니라 하화중생[因] 하면 상구보리[果]가 된다는 동시적인 말임을 알아야 한다. 왜냐하면 상구보리를 하는데 어찌 하화중생이 된단 말인가. 즉 보살은 아래로 중생을 교화하면 동시에 상구보리가 된다는 이야기이다. 이것이 연꽃의 화과동시(華果同時)의 덕이라는 것이다.

우리들은 이 우주가 생겨나면서부터 미혹해 있지만 이 가슴 속에는 거룩한 부처님이 때 묻지 않고 훼손되지도 않은 채로 항상 계신다. 인과가 동시에 생기는 것처럼 선근을 심기만 하면 성불은 틀림없다고 말씀하고 있는 것이 이『법화경』이다.

그리고 마음이 있는 것이면 모두 불성을 갖추고 있으며 그것이 성불의 씨앗이 된다고, 지금까지는 생각하지 못했던 신비하고도 고마우신 가르침이므로 이를 가리켜 '묘법(妙法)'이라 한 것이다.

序品 第一
서 품 제 일

이와 같이 나는 들었다.

어느 때, 부처님께서는 왕사성의 기사굴산 속에 머물면서 수많은 비구들, 1만2천 인과 함께 계셨다.

그 비구들은 모두 아라한으로서 온갖 마음의 더러운 때를 완전히 멸하여 번뇌가 없고, 자기의 깨달음이라고 하는 이익을 얻고, 모든 생사의 미혹을 불러일으키는 번뇌의 속박을 끊었기에 마음에 자재를 얻고 있었다.

그들의 이름을 아야교진여・마하가섭・우루빈라가섭・가야가섭・나제가섭・사리불・대목건련・마하가전연・아노루타・겁빈나・교범바

제·이바다·필릉가바차·박구라·마하구치라·난타·손타라난타·부루나미다라니자·수보리·아난·라후라라고 한다. 이와 같이 사람들에게 잘 알려진 위대한 아라한들이었다.

또 배우고 있는 사람들과 이미 배울 것이 없어진 사람들도 2천 인이 있었다. 마하파사파제비구니는 6천 인의 〈비구니의〉 동료들과 함께 있었다. 나후라의 어머니 야수다라비구니도 또한 그 수행자들과 함께 있었다.

또 위대한 보살들 8만 인이 있었다. 모두가 위없는 바른 깨달음에 도달하려고 하여 물러서는 일이 없었다. 그들은 모두 다라니를 얻고 있었으며 사람들에게 자재하게 법을 설하는 변설의 재능을 가지고 있어서, 물러서거나 뒤로 되돌아가는 일이 없는 가르침의 수레바퀴를 돌리며, 천의 백배의 무량배(無量倍)라고 하는 많은 부처님들에게 시봉하며, 그 부처님들 아래서 많은 선의 근본을 배양하여 항상 부처님들에게 찬탄되고, 자애로운 마음을 가지고 그 몸을 닦아서, 훌륭하게 부처님의 지혜에 들어가, 위대한 지혜에 도달하여 깨달음의 경지인 피안(彼岸)에 도달하고 그 이름은 널리 무량한 세계에 들려(聞)져서 천의 백배의 무수배(無數倍)라고 하는 수의 중생들을 제도(濟度)했다.

그들의 이름은, 문수사리보살·관세음보살·득대세보살·상정진보살·불휴식보살·보장보살·약왕보살·용시보살·보월보살·월광보살·만월보살·대력보살·무량력보살·월삼계보살·발타바라보살·미륵보살·보적보살·도사보살이라 한다. 이와 같은 위대한 보살들 팔만 인이 함께 있었다.

그때 제석(帝釋)은 수행원인 이만의 천자들과 함께 있었다. 또 명월천자·보향천자·보광천자와 네 사람의 대천왕이 있었는데, 그들의 수행원인 1만의 천자들과 함께 있었다. 또 자재천자와 대자재천자는 그 수행원인 3만의 천자들과 함께 있었다. 사바세계의 주인인 범천왕과 시기대범·광명대범 등은 그 수행원인 1만 2천의 천자들과 함께 있었다.

〈또〉 8용왕이 있었다. 즉 난타용왕·발난타용왕·사가라용왕·화수길용왕·덕차가용왕·아나바달다용왕·마나사용왕·우발라용왕들이다. 각각 천의 백배의 약간배(若千倍)의 수행원들과 함께 있었다.

〈또〉 4긴나라왕이 있었다. 법긴나라왕·묘법긴나라왕·대법긴나라왕·지법긴나라왕이다. 각각 천의 백배의 약간배의 수행원과 함께 있었다.

〈또〉 4건달바왕이 있었다. 악건달바왕·악음건달바왕·미건달바왕·미음건달바왕이다. 각각 천의 백배의 약간배의 수행원들과 함께 있었다.

〈또〉 4아수라왕이 있었다. 바치아수라왕·거라건타아수랑왕·비마질다라아수라왕·라후아수라왕이다. 각각 천의 백배의 약간배의 수행원들과 함께 있었다.

〈또〉 4가루라왕이 있었다. 대위덕가루라왕·대신가루라왕·대만가루라왕·여의가루라왕이다. 각각 천의 백배의 약간배의 수행원들과 함께 와 있었다.

위제희부인의 아들인 아사세왕도 천의 백배의 약간배의 수행원과 함께 있었다.

각각의 사람들은, 부처님의 발을 머리에 받들고 예배드린 후 물러가서 〈그 법회 장소의〉 한구석에 앉았다.

그때 세존께서는 4중(四衆)에게 에워싸여 공양되고 공경되며, 존숭되고 찬탄되었으므로 거기서 많은 보살들을 위해서「한량없는 뜻(意義)을 포함한 보살을 훈회(訓誨)하는 법, 부처님에게 호지(護持)되는 것」이라고 이름하는 대승의 경(經)을 설했다.

부처님께서는 이 경을 설해 마치시자 결가부좌를 하시고「한량없는 뜻(意義)의 기초」라는 삼매에 들어가서 몸도 마음도 움직이지 않으셨다.

이때, 하늘에서부터 만다라화, 마하만다라화, 만수사화, 마하만수사화의 꽃이 비처럼 내려서 부처님의 위와 많은 사람들의 위에 흩어져 떨어지고, 부처님이 계시는 이 온 세계가 여섯 가지로 진동했다.

그때 이 법회에 모인 비구, 비구니, 우바새, 우바이와 천, 용, 야차, 건달바, 아수라, 가루라, 긴나라, 마후라가와 인간과 인간 이외의 것 및 많은 소왕(小王)과 전륜성왕, 이 많은 대중들은 아직까지 일찍이 없었던 사건에 부딪혀서 환희하고 합장하며 일심으로 부처님을 바라다보았다.

그때 부처님께서는 두 눈썹 사이에 있는 하얗게 말린 털의 무더기에서 한 줄기의 빛을 놓아 동방의 1만8천의 세계를 널리 구석구석까지 비추셨다. 〈그 빛은〉 아래로는 아비지옥에까지 위로는 아가니타천까지 이르렀다.

이 세계에 있으면서 그 국토의 여섯 가지 경우에 있는 중생들이 모조리 보였고 또 그 국토에 계시는 부처님들이 보였으며 그 부처님들께서 설하시는 가르침이 들렸다. 또 많은 비구, 비구니, 청신사, 청신녀들이 갖가지로 수행하고 갖가지로 깨달음(道)을 체득하고 있는 것이 보였다. 또한 많은 위대한 보살들이 여러 가지의 사연, 여러 가지의 믿음에 의한 이해, 여러 가지의 모습과 모양을 가지고 보살의 길(道)을 수행하고 있는 것이 보였다. 또 많은 부처님들께서 완전하고 원만한 열반에 들어가는 것이 보였고 또 많은 부처님들께서 완전하고 원만한 열반에 들어간 후, 부처님의 유골을 모시기 위해 칠보로 만든 탑이 세워지는 것이 보였다.

그때 미륵보살은 이와 같이 생각했다

「지금 세존께서는 매우 신비(不可思議)한 기적의 모습을 나타내셨다. 도대체 어떠한 까닭으로 이 기서(奇瑞)가 있는 것일까. 지금 막 불세존께서는 삼매에 들어가 계신다. 이 생각도 미치지 않는 희유한 사실이 나타난 것을 도대체 누구에게 물어보면 좋을 것인가. 누가 대답해 줄 수 있을까?」

또 그는 이와 같이 생각했다.

「이 가르침의 왕의 아들인 문수사리는 이미 옛날 과거에 헤아려 알 수 없을 만큼의 많은 부처님들에게 직접 시봉하고 공양해 왔다. 〈그런 까닭에 그는〉 틀림없이 이 신기한 서상(瑞相)을 본 적이 있을 것이다. 나는 지금 그에게 물어보기로 하자.」

그때에 비구·비구니·우바새·우바이와 천·용·귀신들은 모두 다음과 같은 생각을 하였다.

「부처님께서는 이와 같은 광명의 신통력에 의해서 나타내신 모양을 지금 도대체, 누구에게 물어보면 좋을까.」라고

그때, 미륵보살은 스스로가 이 의문을 해결하려고 생각하고 또 비구·비구니·우바새·우바이의 4중(四衆)과 천·용·귀신들, 이 많이 모여 있는 것들의 심중을 살피고 그래서 문수사리에게 질문하여 말했다.

「어떤 까닭으로 부처님의 신통력에 의해 이 기서(奇瑞)가 나타난 것입니까. 부처님께서 엄청난 광명을 놓아서 그리하여 동방의 1만8천(一萬八千)의 국토가 비추어지자, 그 부처님의 국토의 영역의 엄숙한 모습이 모조리 볼 수 있었다고 하는 것은.」

여기에서, 미륵보살은 거듭하여 이 의취(意趣)를 펴려고 하여, 시송(偈)에 의해서 질문했다.

「문수사리여, 도사(導師)께선 어떤 까닭이 있어서일까, 미간의 말린 털에서 엄청난 빛을 놓아서 널리 비추신 것은.

만다라화와 만수사화의 꽃을 비처럼 내리고, 전단의 방향(芳香)을 품은 바람은 사람들의 마음을 기쁘게 한다.

그로 인해 대지는 모두 엄숙하고 청정해졌으며 그리고 이 세계는 육종(六種)으로 진동했다.

그때에 4중(四衆)의 사람들은 모두 다 환희하고 몸도 마음도 상쾌하고 아직 한 번도 경험치 못한 생각을 했다.

미간에서의 광명이 동방의 1만8천의 국토를 비추어 내자, 〈그 땅은〉 모두 금빛으로 빛났다.

〈아래는〉 아비지옥에서, 위로는 유정천에 이르기까지 갖가지 세계 가운데서 6종의 경계 속에 있는 중생들의,

나고 죽고 하면서 향하는 곳과 선업과 악업과의 조건, 그것에 의해서 받는 과보의 좋고 나쁜 것이 여기에서 모두 다 보였다.

또 지존의 주(主)이시며, 사자인 많은 부처님들께서 경전의 뛰어나고 정묘제일(精妙第一)인 것을 연설하셨다.

그 목소리는 청정하고 부드럽게 울려 퍼지는 소리를 내어서 많은 보살들을 가르치는 것, 그 수는 억만(億萬)의 무수배였다.

범천왕의 목소리처럼 맑고, 엄숙한 음성은 사람들에게 기꺼이 듣겠다고 원하도록 하는 것이며,

각각의 부처님께서는 저마다의 세계에서 바른 가르침을 강설하시는데, 여러 가지 사연과 헤아릴 수 없을 정도의 비유를 사용하여,

부처님의 가르침을 분명하게 하고, 중생들에게 깨달음을 열도록 하는 것이 보였다.

만일 사람이 고를 만나서 늙음과 병듦과 죽음을 싫어한다면, 그 사람을 위해서 열반을 설하여 많은 고의 끝남을 궁진하도록 한다.

만일 복덕이 있어서 이미 부처님을 공양한 일이 있고, 뛰어난 교법을 구하는 사람에게는 그 사람을 위해서 연각〈의 가르침〉을 설하신다.

만일 부처님의 아들이 있어 여러 가지의 수행을 행하고, 위없는 지혜를 구하는 사람을 위해서는 청정한 길(道)을 설하신다.

문수사리여, 나는 여기에 있으면서 보고 듣고 하는 것이 이상과 같으며, 그것은 1천억이나 되는 사항에 미치고 있다.

이와 같이 수많은 사항이 있지만 지금은 간추려서 그것을 말하겠다.

나는 그 국토에 있는 갠지스 강의 모래의 수와 같이 많은 보살들이 갖가지의 사연을 가지고 불도를 구하고 있는 것을 본다.

〈그 가운데의〉 어떤 사람은 보시를 행하여, 금·은·산호·진주·마니주·자거·마노, 금강과 많은 진보(珍寶)와 남자종, 계집종과 수레와 탈것과,

보석으로 장식한 가마들을, 기뻐하며 보시하고 〈그 보시의 공덕을〉 불도에 회향하고,

이 〈가르침의〉 탈것이 〈욕계・색계・무색계의〉 삼계 가운데서 제 일의 것이며, 많은 부처님들에 의해서 칭찬받는 것이기를 원하고 있는 사람이 있다.

혹은 또 네 마리의 말이 끌며 보배로 장식된 수레, 거기에 종횡(縱橫)의 난간 두르고 꽃의 우산이 달린 장식을 높이 건 수레를 보시하는 보살이 있다.

또 어떤 보살이 자기의 신육(身肉), 수족(手足) 및 처자를 보시하고, 위없는 깨달음(道)을 구하고 있는 것이 볼 수 있다.

또 어떤 보살은 자신의 머리・눈・신체를 기꺼이 베풀어 주며, 부처님의 지혜를 구하고 있는 것이 볼 수 있다.

문수사리여, 나는 또 많은 왕들이 부처님 아래에 참예하며 위없는 깨달음(道)을 묻고,

즐거운 국토, 궁전, 신하, 측실(側室), 그것들을 모두 버리고 떠나서 수염과 머리 깎고 법복(法服) 입는 것을 본다.

혹은 또 보살이 비구로 되어 홀로 조용한 곳에 살면서 즐겨 경전을 독송하고 있는 것을 본다.

또 보살이 용기가 솟아나서 강한 마음을 가지고 정진에 힘쓰며 깊은 산 속에 들어가서,

부처님의 깨달음에 대해서 생각하고 있는 것을 볼 수 있다.

또 욕망을 떠나고,

항상 수행에 적합한 조용한 곳에 있으면서, 깊이 선정을 닦아서 5신통(五神通)을 체득하는 것이 보인다.

또 보살이 마음 편하게 명상하며 합장하고 천만이나 되는 게송으로 많은 법왕들을 찬양하고 있는 것이 보인다.

또 보살이 지혜가 깊고 〈불도에의〉 뜻이 견고하여 많은 부처님들에게 질문을 하고 〈그 답을〉 듣고 나서,

그 모든 것을 마음에 굳게 담아 두는 것을 본다.

또 나는 본다. 부처님 아들이 선정과 지혜를 겸하여 갖추고 한량없는 비유를 가지고 사람들에게 법을 강(講)하며,

마음으로부터 기꺼이 법을 설해서 많은 보살들을 교화하고 마(魔)의 군대를 격파하고 법의 북을 두들기고 있는 것을,

또 보살이 적정(寂靜)하고 마음 편하게 침묵하며 하늘의 신들과 용신들에게 공경될지라도 그것을 기쁨으로 하지 않음을 본다.

또 보살이 숲 속에 머물면서 빛을 놓아 〈사람들의〉 지옥의 고통을 구제하고 부처님의 깨달음에 들게 함을 본다.

또 부처님의 아들이 아직 일찍이 수면을 취하지 않고 숲 속을 조용히 오가며,

부처님의 깨달음을 열심히 구하고 있는 것이 보인다.

또 계율을 갖추어, 그 엄숙한 행동거지에는 모자라는 것이 없고 보옥처럼 청정하다.

그와 같은 사람이 부처님의 깨달음을 구하고 있는 것이 보인다.

또 부처님의 아들이 인내의 힘을 갖추어서 고만한 사람이 악구 잡언

(惡口雜言)하며,

　매로 치려고 하는 것을 모두 잘 참고 견디면서 부처님의 깨달음을 구하고 있는 것이 보인다.

　또 보살이 많은 놀이와 어리석은 친구를 떠나 지자(智者)에게 직접 가까이 가며,

　일심으로 마음의 흐트러짐을 제거하고 생각을 산림에 두는 것이 억천만년(億千萬年)에도 미치고,

　그리하여 부처님의 깨달음을 구하고 있는 것이 보인다.

　혹은 또 보살이 요리하는 것을 갖추고서 마시는 것과 먹는 것과 백 가지의 약을 부처님과 그 승단에 보시하고,

　훌륭한 가사와 상등(上等)의 옷인 천만이나 되는 값진 것을 혹은 값을 매길 수 없을 정도의 옷을 부처님과 승단에 보시하고,

　천만억 종류의 전단으로 만든 보석의 정사와 많은 훌륭한 침구를 부처님과 그 승단에 보시하고.

　또 청정한 원림에 꽃이 피고 과일이 열어 무성해 있으며 샘에서는 물이 흐르고 목욕하는 연못이 있는 것을 부처님과 그 승단에 보시하고,

　이상과 같은 보시의, 여러 가지에 걸쳐 훌륭한 것을 기뻐서 싫증 내는 일없이 보시를 계속하며 위없는 깨달음을 구하고 있는 것이 보인다.

　혹은 보살 가운데에서 마음의 궁극적인 평안이라는 가르침을 설해서,

　여러 가지로 무수한 중생들을 가르쳐 인도하는 사람이 있다.

　혹은 보살이 모든 존재의 본체는 두 가지의 모습을 취하는 것은 없다. 허공과 같이 〈차별도 대립도 없는 하나의 모습이다.〉라고 관하는 것을

본다.

 또 부처님의 아들이 마음에 어떤 것에도 사로잡히지 않고 이 뛰어난 깊은 속의 지혜를 가지고 위없는 깨달음을 구하고 있는 것을 본다.

 문수사리여, 또 보살로서 부처님께서 멸도하신 후 그 유골을 공양하는 사람이 있다.

 또 부처님의 아들이 많은 탑묘(塔廟)를 만드니 그 수는 갠지스 강의 모래 수만큼 무수하며 국토를 엄숙하게 장식한다.

 그 보옥으로 만들어진 탑들은 굉장히 높아서 그 높이는 5천 요자나이며, 가로 세로의 길이는 똑같이 2천 요자나이다.

 그 하나하나의 탑묘에는 각각 천 개의 깃발(幡)이 걸려 있고 구슬로 만든 장막이 있으며 보배 방울의 소리가 울려 퍼지고 있다.

 많은 천과 용신, 인간과 인간이 아닌 것들이 향과 꽃, 음악을 가지고 항상 공양드리고 있는 것이 보인다.

 문수사리여, 많은 부처님의 아들들이 부처님의 유골을 공양하기 위해 탑묘를 엄숙하게 장식하고,

 〈그 때문에〉 국토가 자연히 각별하고 굉장하게 좋은 것으로 되어 있는 것은 마치 천상계에 있는 나무의 왕이 그 꽃을 일제히 피운 것 같소이다.

 부처님께서 한 줄기 빛 놓으시자 나와 그곳에 모여 있는 많은 사람들은,

 그 국토의 영역이 여러 가지로 굉장한 모양으로 되어 있는 것을 본다.

 많은 부처님들의 신통력과 그 지혜는 세상에서도 드물 만큼 굉장한 것이며,

한 줄기의 맑은 빛을 놓으셔서 한량없는 국토를 비추고 있다.

우리들은 이것을 보고 아직 한 번도 경험치 못(不思議)한 생각에 잠겼다.

부처님의 아들인 문수어 아무쪼록 많은 사람들의 의문을 풀어주기를 바랍니다.

〈비구·비구니·청신사·청신녀인〉 4중의 사람들은 마음을 조이면서 나와 당신에게 주목을 하고 있소.

세존께서는 어떠한 까닭으로 이 광명을 놓으신 것입니까.

부처님의 아들이여.

때를 맞추어서, 얼음이 녹듯이 의문을 해결하여 기쁘게 해 주십시오.

어떠한 이익을 사람들에게 주기 위해서 〈부처님께서는〉 이 광명을 놓으신 것일까요.

부처님께서 도량에 앉아서 얻으신 최고의 법, 참으로 그것을 설하시려고 하는 것입니까.

혹은 반드시 〈부처님이 된다고 하는〉 예언을 주시려고 하시는 것입니까.

많은 불국토가 많은 보배에 의해서 엄숙하게 맑혀져 있다는 것을 확실히 보여주고,

또 많은 부처님을 뵙는다고 하는 것은, 이것은 이도 저도 아닌 이유에 의한 것이 아닐 것입니다.

문수사리여, 알지 않으면 안 됩니다. 〈비구·비구니·청신사·청신녀인〉 4중의 사람들과 용신은,

당신을 우러러보고 있소. 반드시 무언가를 설할 것이라고.」

그때 문수보살은 위대한 미륵보살과 많은 훌륭한 사람들에게 말했다.

「선남자들이여, 내가 생각하고 헤아리는 대로라면, 지금 불·세존께서는 굉장히 큰 법의 그 의미를 설하시고 굉장히 큰 법의 비(法雨)를 내리시며 굉장히 큰 법의 소라 고동을 불고, 굉장히 큰 법의 북을 치며 굉장히 큰 법의 그 의미를 펴시려 하고 계시는 것이다.

많은 선남자들이여, 나는 과거의 많은 부처님들께서도 이 경사스러운 징조를 보여주셨는데, 〈부처님들께서는〉 이 빛을 놓으신 후에 굉장히 큰 법을 설하셨던 것이다. 그러므로 반드시 알아야 한다. 다시 말해 지금의 부처님께서 빛을 나타낸 것도 또한 〈과거의 많은 부처님들과〉 똑같아서, 중생들에게 모두 이 세상 모든 것에 대해 믿기 어려운 법을 듣게 하여 알려주시려고 하여 이 경사스러운 징조를 나타내신 것이리라.

많은 선남자들이여, 과거 무량하고 무변, 생각도 미치지 않고 또 헤아릴 수도 없는 것 같은 먼 겁의 옛날에 부처님이 계셨다. 그 이름은 일월등명(日月燈明)이라는 여래(如來)로서 공양을 받기에 알맞은 사람이며 바르고 넓은 지혜를 갖추고, 지(智)와 실천이 완전히 갖추어져 있으며, 깨달음에 도달한 분이시고 세계의 모든 것에 통달하고 계시며, 최상의 사람, 인간의 조교사, 제천(諸天)과 사람들의 스승이시고 부처님이시며 세존이셨다. 〈그 부처님께서〉 바른 법을 연설하셨으나 처음도 좋았고 중간도 좋았으며 그리고 최후도 뛰어났다. 그 가르침의 의미는 극히 심오하고 또 그 말씀도 정묘하고 꾸밈이 없었으며 〈그 내용은〉 순수하고 필요 이상의 것은 없고, 완전무결하며 청정하고 깨끗한 수행의 양상을 가지고 있었다.

성문(聲聞)을 지향하는 사람을 위해서는, 그를 위해 사제(四諦)의 법을 설해서 생·노·병·사의 괴로움을 탈피하여 열반에 도달케 하고, 벽지불(辟支佛)을 지향하는 사람을 위해서는, 그를 위해 12인연(十二因緣)의 법을 실하고, 많은 보살들을 위해서는, 그것에 알맞은 6바라밀(六波羅蜜)의 가르침을 설해서 위없는(無上) 바른 깨달음을 얻게 하여 일체지자(一切智者)의 지혜를 완성시킨 것이다.

다음에 또 부처님이 출현하셨는데 또 일월등명이라는 이름이었다. 다음에 또 부처님이 출현하였으나 또 역시 일월등명이라는 이름이었다. 이와 같이 하여 2만(二萬)의 부처님이 〈출현하고〉 모두 똑같은 하나의 이름으로, 일월등명이라는 이름이었다. 또 똑같이 그 성(姓)도 하나이며, 바라다(頗羅墮)라는 성이었다.

미륵이여, 반드시 알아야 한다. 처음의 부처님도 다음의 부처님도 모두 하나의 이름으로, 일월등명이라는 이름이며, 열 가지 여래의 존칭도 갖추고 계셨다. 그 설하신 법은 처음도 좋았고 중간도 좋았으며 끝도 좋은 것이었다. 그 최후의 부처님께서 아직 출가하지 않았을 때, 8인의 왕자가 있었다. 그 첫째는 유의(有意)라는 이름이고 둘째는 선의(善意)라는 이름, 셋째는 무량의(無量意)라는 이름, 넷째는 보의(寶意)라는 이름, 다섯째는 증의(增意)라는 이름, 여섯째는 제의의(除疑意)라는 이름, 일곱째은 향의(嚮意)라는 이름, 여덟째는 법의(法意)라는 이름이었다. 이 8왕자(八王子)는 위덕이 자재하고 그 각각이 4대주(四大洲)를 영유(領有)하고 있었다. 이 많은 왕자들은 그 아버지가 출가하여 위없는 바른 깨달음을 얻었다고 듣고, 모두가 왕위를 버리고 〈그 아버지를〉 따라서 출가하고 〈자기들도 깨닫고 남도 깨닫게 한다는〉 대승의 마음을 일으키고, 항상 깨끗한 수행을 하여 모두 법사가 되었다. 그리고 천만의 많은 부처님 아래에서 많은 선의 뿌리를 심었던 것이다.

　이때 일월등명불(日月燈明佛)께서는「무량한 의의(意義)를 포함한 보살을 훈회(訓誨)하는 법, 부처님에게 호지(護持)되는 것」이라고 이름하는 대승의 경(經)을 설하셨다. 이 경을 설해 마친 후 〈부처님께서는〉 곧바로 많은 사람들 가운데서 결가부좌하시고 「무량한 의의(意義)의 기초」라는 삼매에 들어가서 몸도 마음도 모두 움직이지 않았다.

　이때 하늘에서 만다라화·마하만다라화·만수사화·마하만수사화의 꽃이 비처럼 쏟아져 내려서, 부처님의 위와 많은 사람들의 위에 흩어져 내려서, 부처님께서 계시는 온 세계가 여섯 가지(六種)로 진동했다. 그때 그 자리에 있던 비구·비구니·청신사·청신녀와 천·용·야차·건달바·아수라·가루라·긴나라·마후라가와 인간과 인간 이외의 것들 및 많은 소왕(小王)과 전륜성왕(轉輪聖王), 이러한 많은 대중들은 아직 일찍이 없었던 생각을 하며 환희하고 합장하여 일심으로 부처님을 바라다보았다.

　그때, 여래께서는 미간에 있는 하얗게 털이 말린 곳에서 빛을 놓아 동방의 1만8천의 불국토를 비추시니, 〈그 빛이〉 널리 미치지 않는 곳이 없었다. 〈그 광경은〉 지금 정확히 여기에 보이는 많은 부처님의 국토와 같은 것이다.

　미륵이여, 확실히 알아야 한다. 그때, 그 모임 가운데에 20억의 보살이 있어, 법을 듣고자 원하고 있었다. 그 많은 보살들은 이 광명이 널리 부처님의 국토를 비추는 것을 보고, 지금까지 경험치 못한 생각에 사로잡혀 이 빛의 유래를 알고 싶어 했다.

그때에 한 사람의 보살이 있어, 그 이름을 묘광(妙光)이라 했다. 〈그에게는〉 8백 인의 제자가 있었다. 이때, 일월등명불께서는 삼매에서 일어나 묘광보살을 빙자하여, 대승경인 『묘법연화경(妙法蓮華經)』이라는 이름의, 또한 「보살을 훈회(訓誨)하는 법, 부처님에게 호지(護持)되는 것」이라 이름하는 것을 설했다. 〈부처님께서는〉 60소겁 동안 그 자리에서 일어서지 않았고, 그때 그 모임에 있던 청중들도 또한 한자리에 앉아서 60소겁 동안 몸도 마음도 움직이지 않았다. 부처님의 설법을 듣고 있는 시간은 그저 식사를 하는 사이처럼 〈짧게〉 생각되었다. 그때 모여 있는 사람들 가운데서 한 사람도 신체와 마음이 피곤하거나 권태를 느끼는 사람은 없었다.

일월등명불께서는 60소겁에 걸쳐서 이 경을 설해 마치자 곧바로 범천과 악마, 수행자, 바라문 및 하늘〈의 신들〉과 인간, 아수라들 가운데서 이 말씀을 설하셨다. 『여래는 반드시 오늘 밤 중에 심신(心身)을 멸한 완전한 열반(涅槃)에 들 것이다.』

그때 한 사람의 보살이 있었는데 그 이름을 덕장(德藏)이라 했다. 일월등명불께서는 그 보살에게 장래에 반드시 부처가 될 것이라고 예언을 주고 많은 비구들에게 말씀하셨다. 『이 덕장보살은 〈나의〉 다음에 반드시 부처님이 될 것이다. 그리고 그 이름을 정신여래(淨身如來), 존경받아야 할 사람, 바르게 깨달은 분이라고 할 것이다.』

부처님께서는 성불의 예언을 마치시자, 그 밤의 심경(深更)에 심신이 함께 멸도(滅度)에 드신 후, 묘광보살은 『묘법연화경(妙法蓮華經)』을 보존하며 팔십 소겁 동안 사람들을 위해서 〈그 경을〉 계속해서 설했다.

일월등명불의 8인의 아들들은 모두 묘광을 스승으로 우러렀다. 묘광은 그들을 교화하여 위없는 바른 깨달음에 굳게 향하도록 했다. 이 많은 왕자들은 헤아릴 수 없는 백천만억이라고 하는 많은 부처님들에게 공양을 한 후에 모두 불도를 완성하였다. 그 가운데서 최후에 부처님으로 된 사람이 연등(燃燈)이라는 이름〈의 부처님〉이었다. 〈그 부처님에게는〉 8백의 제자들이 있었는데, 그 가운데 구명(求名)이라고 하는 사람이 있었다. 이득을 탐내어 집착하고 또 많은 경전을 독송하여도 정통하는 일이 없고 망실(忘失)해버리는 경우가 많았다. 그런 까닭에 구명이라고 하는 이름이 붙은 것이다. 이 사람은 또 많은 선근을 심은 것에 의해서 헤아릴 수 없는 백천만억이라고 하는 많은 부처님들을 뵈옵고 공양하고 공경하고 존중하고 찬탄하였다. 미륵이여, 반드시 알아야 한다. 그때의 묘광보살이란 누구이겠는가, 실로 나였던 것이다. 그리고 구명보살이란 당신의 일이었던 것이다.

지금 이 상서로운 징조를 보면 옛날과 아무런 다른 곳이 없다. 그렇기 때문에 미루어 생각해보면 지금 현재의 여래도 틀림없이 대승경인 『묘법연화경』이라고 하는 이름의, 또 「보살을 훈회하는 법・부처님에게 호지되는 것」이라고 이름하는 것을 설할 것이 틀림없다.

그때 문수사리는 많은 사람들 가운데서, 거듭 이상의 뜻을 널리 알리기 위해 시송(詩頌)을 설해서 다음과 같이 말했다.

「나는 과거세의, 헤아릴 수 없는 무수한 겁의 먼 옛날을 생각해내면, 사람들 가운데의 지존인 부처님이 계셨는데 그 이름을 일월등명이 라

했다.

　세존께서는 법을 연설하시어, 헤아릴 수 없을 정도의 중생들을, 억의 무수배라고 하는 수의 보살들을,

　〈피안으로〉 건너게 하여 부처님의 지혜에 들게 하셨다.

　〈이〉 부처님께서 아직 출가하지 않았을 때에 얻은 8인의 왕자는 대성인의 출가를 보고,

　또 그에 따라서 청정한 수행을 행했다.

　때마침, 부처님께서는 대승의 경인 「한량없는(無量) 의의(意義)를 포함한 것」이라고 이름하는 경을 설하여,

　많은 모임 가운데서 그 사람들을 위해서 널리 설해 밝혔다.

　부처님께서는 이 경을 설해 마치시자 곧바로 법좌의 위에서 두 발을 꼬며 결가부좌하고 삼매에 들어가셨다.

　그 삼매는 「한량없는(無量) 의의의 기초」라고 하는 이름이었다.

　하늘에서는 만다라화가 비처럼 내리고, 하늘의 북이 스스로 울려 퍼지고,

　많은 천신, 용신, 귀신들은 사람들 가운데의 지존(至尊)인 분에게 공양했다.

　일체의 많은 부처님의 국토는, 그때 곧바로 크게 진동하고 부처님께서는 미간(眉間)에서 빛을 놓아,

　많은 신기한 사항들을 나타내셨다.

　이 빛은 동방의 1만 8천의 부처님의 국토를 비추어내어 중생들 모두의 나고 죽은 뒤에,

업의 과보에 의해서 가는 곳을 확실하게 보여주었다.

많은 부처님의 국토는 수많은 보배에 의해서 장엄되어 유리 색과 파리 색으로 빛나고 있는 것이 보였다.

이것은 부처님께서 놓은 신 빛이 비추어 내고 있는 것에 의한 것이다. 또 많은 하늘과 사람, 용신과 야차들, 건달바, 긴나라들이 저마다 부처님을 공양하는 것이 보였다.

또 다음과 같은 것이 보였다. 즉 많은 여래들이 스스로가 불도를 성취하여 그 신체의 색이 금색의 산처럼 빛나고 단정하고 엄숙하며 매우 두드러져 있었다.

그 모습은 맑은 유리(瑠璃) 가운데에 순금(純金)의 상(像)을 드러내는 것 같았다. 세존께서는 많은 사람이 모인 가운데 계시면서,

심오(深奧)한 법의 의의를 널리 설명하여 말씀하셨다.

많은 부처님 국토의 그 하나하나에는 성문들이 헤아릴 수 없을 만큼 있었는데 부처님의 빛이 비추는 것에 의해서, 죄다 그 많은 사람의 모임이 보였다.

혹은 많은 비구들이 산림 속에 있으면서, 정진노력하며 청정한 계(戒)를 지키고 있는데,

그 것은 아름다운 보배구슬을 소중히 하고 있는 것 같았다.

또 많은 보살들이 보시·인욕 등의 수행을 행하고 있는데, 그 수는 갠지스 강의 모래와 같이 많은 것이 보였다. 이것은 부처님의 빛에 의해서 비추는 것에 의한 것이다.

또 많은 보살들이 갖가지 선정에 깊이 들어가서 몸과 마음 함께 적정

(寂靜)을 유지하여 움직이지 않고,

그것에 의해서 위없는 깨달음을 구하고 있는 것이 보였다.

또 많은 보살들이 존재하는 것의 궁극적인 진실한 모습을 알고, 각각 저마다의 국토에서 법을 설하여 불도를 구하고 있는 것이 보였다.

그때 〈비구・비구니・청신사・청신녀〉 4중의 사람들은 일월등불이 큰 신통력을 나타낸 것을 보고,

그 마음에 모두 기쁨을 느끼며 각각 서로 질문을 했다.『이 일은 도대체 어떠한 이유에서일까.』

하늘과 사람들에게 숭앙(崇仰)받는 거룩한 분은 그때 비로소 삼매로부터 일어나 묘광보살을 칭찬하였다.

『그대는 세간의 눈이며 모든 사람에게 믿음을 위임받아 가르침의 저장고를 잘 지키고 있다.

내가 설하는 법은 오직 그대만이 분명히 알 수 있었던 것이다.』

세존께서는 바로 찬탄하여 묘광을 환희케 하고 이『법화경』을 설하셨다. 60소겁이라고 하는 세월이 만료되는 동안,

그동안에 자리에서 일어나는 일은 없었다. 설하여진 위없는 뛰어난 법을 이 묘광법사는 모두를 잘 받아 기억하였다.

부처님께서는 이『법화경』을 설하시어 많은 사람들을 환희케 하자, 뒤이어 곧 이날에 있어서 하늘과 사람들의 회중(會衆)에게 말씀하셨다.

『모든 존재의 진실한 본연의 모습(諸法實相)의 의의는 이미 그대들에게 설했다.

나는 오늘밤 심경(深更)에 반드시 열반에 들 것이다.

그대들은 일심으로 정진하고 방자(放恣)와 게으름(怠惰)을 벗어나라. 많은 부처님들을 만나는 것은 매우 어렵다.

일억겁이라고 하는 긴 세월 동안에도 겨우 한 번 만날 수 있을 정도이다.』

세존의 많은 아들들은 부처님께서 열반에 든다는 말을 듣고 제각기 슬픔과 격심한 근심을 품었다.

『부처님께서 열반에 드는 것이 왜 이처럼 빠른 것인가.』

성스러운 지배자이시고 법의 왕〈이신 부처님〉께서는 헤아릴 수 없는 많은 사람들을 편안하게 위로하면서 다음과 같이 말씀하셨다. 『내가 만일 멸도한 때에도 그대들은 근심하고 두려워해서는 안 된다.

이 덕장보살은 번뇌가 없는 지혜에 의해서 명백해진다. 사물의 진실한 모습에 그 마음이 바로 통달할 수가 있었다. 그는 다음에 반드시 부처님이 될 것이다.

그 이름을 정신(淨身)이라 할 것이다. 또 헤아릴 수 없는 많은 사람들을 〈피안으로〉 제도할 것이다.』

부처님께서는 이 밤에 멸도 하셨다. 그 정경은 마치 땔감이 완전히 타서 불이 꺼지는 것 같았다.

부처님의 많은 유골을 분배하여 〈각각 유골을 수납하는〉 헤아릴 수 없을 정도로 많은 탑묘를 세웠다.

비구 비구니의 그 수는 갠지스 강의 모래 수처럼 많았다. 〈그들은〉 더욱더 정진을 거듭하여 위없는 깨달음을 구했다.

이 묘광법사는 부처님의 가르침의 곳간을 보존하여 80소겁에 걸쳐서 널리 『법화경』을 계속 설했다.

이 8왕자들은 묘광에게 가르침을 듣게 되어, 위없는 깨달음에 굳게 뜻을 세워,

반드시 헤아릴 수 없을 정도의 부처님들을 뵈올 것이 틀림없었다.

〈8왕자는〉 많은 부처님들에게 공양을 마치고 〈부처님들을〉 따라서 위대한 길을 수행(修行)하여 서로 이어서 부처가 될 수 있었다.

그리하여 다음에서 다음으로 장래 부처가 될 것이라는 예언을 주었던 것이다.

그 최후의 많은 하늘 가운데의 하늘이신 부처님께서는 그 이름을 연등불(燃燈佛)이라 하였다.

많은 선인(仙人)들의 도사(導師)로서 헤아릴 수 없는 많은 사람들을 제도하였다.

이 묘광법사에게 한 사람의 제자가 있었다. 그 마음에 언제나 게으름을 품고 명성과 이익에 탐욕이 심하여(貪婪) 집착하고 있었다.

명성이익을 싫증 낼 줄 모르고 구해서, 권문(權門), 부유한 집에 노는 일이 많고,

배우고 독송한 것도 버려버리고 말아서, 잊어버리고 정진하는 일은 없었다.

이런 까닭에 의해서 구명(求名)이라 이름 붙여진 것이다. 그러나 또한 많은 선업을 행하여서,

헤아릴 수 없을 만큼의 많은 부처님을 만나 뵐 수 있었다.

많은 부처님에게 공양하고 뒤따르면서 위대한 길을 수행하고 6바라밀을 갖추어서,

지금 사자(獅子)인 석존을 만나 뵙게 된 것이다.

그는 다음에 반드시 부처님이 될 것이다. 그리고 그 이름을 미륵(彌勒)이라 할 것이다.

널리 많은 중생들을 제도하여 그 수는 헤아려 알 수 없을 정도일 것이다.

그 부처님께서 멸도하신 후 해태(懈怠)했던 사람, 그 사람이 당신인 것이다. 묘광법사란 지금의 나였던 것이다.

내가 연등불을 만나 뵈었을 때에도 그 원래의 빛의 경사스러운 징조는 이와 똑같았다.

이것을 가지고서도, 지금의 부처님께서도 『법화경』을 설하시려 하고 있음을 알 수 있다.

지금의 광경도 마치 원래 나타낸 징조와 같은 것이다. 이것은 많은 부처님들이 법을 설하는 수단(方便)인 것이다.

지금의 부처님께서 광명을 놓으신 것도 이 세계의 진실한 모습이라고 하는 의의를 발로(發露)시키려고 하기 위한 것이다.

많은 사람들이여, 지금 알아야만 한다. 합장하고 일심으로 기다려라. 부처님께서는 반드시 법의 비를 내려서 부처님의 깨달음을 구하는 사람을 충족케 하고 만족시켜 줄 것이다.

3승(三乘)을 구하는 많은 사람들이 만일에 의심과 후회의 마음을 일으켰다면,

부처님께서는 반드시 그 사람을 위해서 그것들을 제거하고 끊어서 남김없이 일소하실 것이다.」

方便品 第二
방편품 제이

그때 세존께서는 삼매에서 편안히 일어나서 사리불에게 말씀하셨다.

「많은 부처님들이 갖추고 있는 지혜는 극히 심원(深遠)하여 헤아릴 수 없는 것이다. 그 지혜의 문은 이해하기 어렵고 또 들어가기 어렵다. 일체의 성문, 벽지불들은 알 수 없는 것이다. 그 까닭은 무엇인가. 그것은 부처님들은 일찍이 백천만억이라고 하는 헤아릴 수 없을 만큼의 많은 부처님들에게 몸소 가까이 가서 〈그 아래서〉 많은 부처님들의 한량없는 가르침의 법을 모두 다 수행하고 용감하게 의지, 견고히 정진 노력하여 그 명성이 널리 알려져 있었다.

그리고 매우 심원하여 지금까지 일찍이 없었던 법을 체득했다. 〈그 법은〉 듣는 사람의 능력에 따라서 〈갖가지 형태로〉 설한 것이기 때문에 그 의취(意趣)는 이해하기 어려운 것이다.

사리불이여, 나는 부처가 된 이래로 지금까지 여러 가지의 사연, 여러 가지의 비유를 가지고 널리 가르침을 설하고 무수한 교화의 수단에 의해서, 중생들을 가르쳐 인도하여 많은 집착을 여의게 하여 왔다. 그것은 왜냐하면, 여래의 교화수단과 물질의 본질을 끝까지 밝혀 깨닫는 위에서의 완전성을 이미 모두 갖추고 있기 때문이다.

사리불이여, 여래의 진리를 끝까지 밝혀 깨달은 지혜는 광대하고 심원한 것이다. 사무량심(四無量心), 사무애변(四無礙弁), 십력(十力), 사무소외(四無所畏), 선정(禪定), 팔해탈(八解脫), 삼삼매(三三昧)가 있어서 깊이 무제한의 경지에 들어가서, 일체의 지금까지 일찍이 없었던 법을 체득한 것이다.

사리불이여, 여래는 여러 가지로 분별하여 교묘하게 많은 법을 설하신다. 한없이 무량한 지금까지 일찍이 없었던 법을 부처님은 모두 다 체득하였다는 것이다.

그만두자, 사리불이여, 이제 더 이상 설하는 것은 할 수 없다. 그것은 왜냐하면, 부처님이 체득한 것은 제일의 드물게 있는, 이해하기 어려운 법이며 오직 부처님과 부처님만이 제법실상이라고 하는 모든 존재의 있는 그대로의 모습을 끝까지 다 밝힐 수 있기 때문이다. 그 모습이란 다음과 같은 것이다. 즉 모든 존재의 이와 같은 본연의 자세[如是相], 이와 같은 특성[如是性], 이와 같은 본질[如是體], 이와 같은 능력[如是

力], 이와 같은 작용[如是作], 이와 같은 직접적 원인[如是因], 이와 같은 간접적 조건[如是緣], 이와 같은 〈원인에 의해 생긴〉결과[如是果], 이와 같은 〈결과로서의〉응보[如是報], 이와 같은 〈상(相)에서부터 보(報)까지의〉처음[本]과 끝[末]이 궁극적으로 일관하여 평등하다는 것[如是本末究竟等], 이상이 그러하다.」

그때에 세존께서는 거듭하여 이상의 뜻을 펴시려고 하여 다음과 같이 게송(偈頌)을 설해 말씀하셨다.

『세간의 웅자(雄者)이신 부처님들〈의 수〉는 헤아릴 수 없을 정도이다.

많은 하늘과 세상 가운데의 사람들. 그리고 모든 살아 있는 무리 가운데서 부처님을 알 수 있는 것은 없다.

부처님의 10력(十力), 4무소외(四無所畏), 8해탈(八解脫), 갖가지의 삼매(三昧) 및 부처님이 가지신 그 밖의 법에 관해서, 생각으로 헤아릴 수 있는 사람은 없다.

〈부처님은〉 옛날, 무수한 부처님을 따라서 많은 도법(道法)을 몸에 익혀 수행한 것이다. 매우 심오하고 뛰어난 법은 간파(看破)하기 어렵고 또 요해(了解)하기 어렵다.

헤아릴 수 없는 억겁(億劫)이라는 긴 동안에 걸쳐서 이 많은 도(道)를 수행해 온 결과 도량(道場)에서 그 성과를 볼 수 있어, 나는 이미 모두를 꿰뚫어 볼 수 있었다.

이와 같은 큰 과보와 여러 가지 존재의 본질과 본연의 모습이라는 뜻에 관해서는 나와 시방의 부처님께서 이것을 알 수 있는 것이다.

이 법은 〈말로는〉 가르쳐 보일 수 없다. 그것을 표현할 수 있는 말이 없기 때문이다. 〈부처님 이외의〉 다른 살아 있는 무리로서 이해하고 체득할 수 있는 사람은 아무도 없다.

다만, 많은 보살들 가운데서 믿음의 힘이 견고한 사람만을 제외하고는,

많은 부처님 제자들 가운데서 일찍이 많은 부처님들에게 공양하고, 모든 번뇌가 이미 다 끊어져서 〈이 세상에서〉 최후의 육체에 머물고 있는 그와 같은 사람들마저도 그 힘이 미치는 바가 아니다.

가령 이 세상에 모두 〈지혜제일이라고 하는〉 사리불과 같은 사람이 가득 넘쳐흐르고 사려(思慮)를 다하여 함께 생각하고 헤아려도 더욱이 부처님의 지혜를 헤아릴 수는 없다.

벽지불(辟支佛)로서 이지(利智)를 가졌고 번뇌가 없는 이 세상에서 최후의 신체를 가지고 있는 사람들이 또 시방세계에 가득하여 그 수가 죽림(竹林)처럼 많이 있고,

이 사람들이 함께 일심으로 무량한 억겁(億劫)에 걸쳐서 부처님의 진실한 지혜를 생각하며 헤아린다 할지라도, 그 아주 적은 부분마저도 알 수가 없는 것이다.

새롭게 불도에 발심한 보살로서 무수한 부처님들에게 공양하고 많은 〈가르침의〉 의취(意趣)를 이해하고 통달하여 또 훌륭히 법을 설할 수 있는 사람,

그와 같은 사람들이 벼(稻)·삼대(麻)·대나무·갈대(葦)처럼 시방의 나라에 충만해 있다 하고, 일심으로 뛰어난 지혜를 가지고,

갠지스 강의 모래의 수와 같이 많은 겁에 걸쳐서 모두 다 함께 생각하고 헤아린다 해도, 그렇더라도 부처님의 지혜를 알 수는 없다.

결코 물러설 수 없는 위치에 있는 많은 보살들이 갠지스 강의 모래 수처럼 있어서, 일심으로 함께 생각을 이리저리 굴린다 해도 또한 역시 〈부처님의 지혜를〉 알 수는 없다.

또 〈나는〉 사리불에게 말하겠다.『번뇌의 더러움이 없는 부사의한 극히 심원하고 뛰어난 법을 나는 지금 이미 갖출 수 있었다.

오직 나만이 이 〈법의〉 본연의 모습을 알고 있다. 시방의 부처님들도 또한 그렇다.

사리불이여, 당연히 알지 않으면 안 된다. 많은 부처님들에게는 그 말씀이 다르지 않다는 것을. 부처님께서 설하신 법에 관해서도 반드시 큰 믿음의 힘을 내어야 한다. 세존은 오랫동안 법을 〈설한〉 후 반드시 진실을 설할 것이다.

많은 성문들 및 연각의 가르침의 탈것을 구하는 사람들에게 말하겠다. 나는 고(苦)의 계박(繫縛)에서 벗어나게 하여 열반을 체득케 했으나,

그들에게는 부처님은 교화의 수단의 힘에 의해서 삼승(三乘)의 가르침을 확실히 알도록 가르친 것이다. 중생들의, 이것저것에의 집착 그것을 벗어나게 하여 그로부터 나오도록 하였기 때문이다.』

그때 여러 사람의 모임 가운데에 많은 성문, 번뇌를 완전히 끊은 아라한들 즉 아야교진여(阿若憍陳如)들을 비롯한 1천2백 인과 성문과 벽지불을 지향하는 비구와 비구니, 우바새와 우바이 등이 있어 저마다는 다음과 같이 생각했다.

「지금 세존께서는 어떤 까닭으로, 간곡하게 교화의 수단을 칭찬하여 이와 같은 말씀을 하시는 것일까.『부처님께서 체득한 법은 심원하여

이해하기 어렵고, 그 설하신 것에 관해서도 그 의의는 알기가 어렵다. 모든 성문과 벽지불들의 〈이해가〉 미치는 바가 아니다.』라고. 부처님은 하나의 똑같은 해탈을 설했었다고 본다면 우리들도 또한 이 법을 체득하고 열반에 도달하고 있을 터이다. 그렇지만 지금 부처님께서 이와 같이 설하신 그 의의가 우리들에게는 이해할 수 없다.」

그때에 사리불은 비구, 비구니, 우바새, 우바이의 사람들의 마음속의 의념(疑念)을 살피고 자신도 아직 분명히 이해할 수 없기 때문에 부처님에게 이렇게 말씀드렸다.

「세존이시여, 어떤 이유, 어떤 사정이 있어서 간곡하게 부처님들의 제일의 교화수단과 심원하고 뛰어난 이해하기 어려운 법을 칭찬하시는 것입니까. 저는 옛날부터 오늘에 이르기까지 부처님으로부터 지금껏 이와 같은 설법을 들은 적이 없습니다. 지금 비구, 비구니, 우바새, 우바이의 사람들은 모두 의문을 품고 있습니다. 아무쪼록 세존이시여, 부탁드립니다. 이 사실을 널리 설해주십시오. 세존께서는 어떤 이유로 간곡하게 매우 깊고 뛰어나서 이해하기 어려운 법을 칭찬하시는 것입니까.」

그때 사리불은 거듭 이상의 뜻을 펴려고 하여, 게송(偈頌)을 설해서 말했다.

태양처럼 밝은 지혜를 가진 대성자께서는 오랜 세월의 후, 겨우 이 법을 설하셨습니다. 〈부처님께서는〉 스스로 이와 같은 십력(十力)·네 가지 무소외(四無所畏)·삼삼매(三三昧), 선정(禪定), 팔해탈(八解脫) 등의 불가사의한 법을 체득하셨다고 설하셨습니다.

〈부처님께서〉 도량(道場)에서 얻으신 법에 관해서는 물음을 발할 수 있는 사람조차 없습니다. 〈부처님께서 말씀하신〉『나의 마음을 생각으로 헤아리는 것은 어렵다.』라고 말씀하시는 것에 관해서도 〈그 뜻을〉 물을 수 있는 사람조차도 없습니다.

묻는 사람 없는데도 〈부처님께서는〉 자진해서 설하시고 〈자신께서〉 수행하신 도(道)를 칭탄(稱歎)하십니다. 〈부처님의〉 지혜는 매우 특이한 것이며 많은 부처님께서도 얻으신 것입니다.

번뇌의 더러움이 없는 많은 아라한과 열반을 구하는 사람들은 지금 모두 의혹을 가졌기에 당황하고 있습니다. 부처님께서는 어떠한 이유로 이것을 설하신 것일까 하고,

연각을 지향하는 사람, 비구, 비구니, 많은 천(天), 용, 귀신들 및 건달바 등은

서로 얼굴을 바라다보며 의념을 품고, 사람 가운데의 최고자를 지그시 우러러보고 있습니다. 이 일은 도대체 어떠한 까닭인가 하고 아무쪼록 부처님이시여, 이들을 위해서 해설해 주소서.

많은 성문들 가운데서 부처님께서는 저를 〈지혜에서〉 제일이라고 말씀하셨습니다.

그 저는 지금 자신의 지혜로는 의혹이 생겨나서 완전히 이해할 수 없습니다. 〈제가 지금까지 획득한 법은〉 도대체 이것은 궁극의 법인가, 그렇지 않으면 아직껏 수행의 길에 있는 사람인 것인가,

부처님의 입에서 태어난 아들〈인 불제자〉들은 합장하고 지그시 우러러보며 기다리고 있습니다. 아무쪼록 바라옵건대 뛰어난 목소리를 내시어 〈저희들을〉 위해서 있는 그대로 설하여 주소서.

많은 천과 용신들은 갠지스 강의 모래의 수처럼 수많이 있어, 부처님〈의 깨달음〉을 구하고 있는 많은 보살들의 그 수는 8만 인이나 있습니다.

또 많은 만억이라는 나라들의 전륜성왕까지 찾아와서 합장하고, 공경하는 마음을 가지고 완전한 길을 듣고 싶다고 생각하고 있습니다.」

그때 부처님께서는 사리불에게 말씀하셨다.

「그만두자, 그만두자. 두 번씩이나 설할 수 없다. 만일 이것을 설한다면 모든 세간의 많은 하늘과 사람들은 모두 놀래고 미심쩍어할 것이 틀림없다.」

사리불은 또 거듭하여 〈재차〉 부처님께 말씀드렸다.

「세존이시여, 원하옵니다. 아무쪼록 이것을 설해주십시오. 원하옵니다. 아무쪼록 이것을 설해주십시오. 왜냐하면 이곳에 모여 있는 청중의 헤아릴 수 없을 만큼의 많은 백천만억의 무수배라고 하는 중생들은 옛날 많은 부처님들을 뵙고 많은 뛰어난 능력을 가졌으며 그 지혜는 밝습니다. 부처님께서 설하시는 것을 듣게 된다면 곧바로 그것을 공경하고 믿을 수 있기 때문입니다.」

그때 사리불은 거듭하여 이 의취를 펴려고 하여 게송을 설해 말씀드렸다.

「법의 왕이신 위없이 거룩한 분이시여, 아무쪼록 설해주소서, 부디 주저하지 마소서. 이 모임에 있는 헤아릴 수 없는 수많은 사람들은 〈부처님의 설법을〉 공경하고 믿을 수 있는 사람들입니다.」

부처님께서는 또다시 말씀하셨다.

「그만두자, 사리불이여. 만일 이 일을 설한다면 모든 세간의 하늘과 인간들, 아수라들은 모두 반드시 놀라고 의심할 것이 틀림없을 것이다. 증상만(增上慢)의 비구들은 큰 구멍에 떨어져 버리고 말 것이다.」

그때 세존께서는 거듭하여 게송을 설해 말씀하셨다.

『그만두자, 그만두자. 설해 무엇 하랴. 나의 법은 특이하여 생각(思議)하기 어렵다. 많은 증상만의 사람들은 듣더라도 반드시 공경하고 믿지 않을 것이다.』

그때 사리불은 거듭하여〈세 차례나〉부처님께 말씀드렸다.

『세존이시여, 아무쪼록 원합니다. 이것을 설해주소서. 아무쪼록 원합니다. 이것을 설해주소서. 지금 이 모임에 있는 저와 같은 백천만억이라는 많은 사람들은 세세에 걸쳐서 이미 과거에서 부처님으로부터 가르침을 받아왔습니다. 이와 같은 사람들은 반드시〈부처님의 설법을〉공경하고 믿을 수 있고 그것에 의해서 오랫동안 마음이 안락하게 되고 이익되는 바가 많을 것입니다.』

그때 사리불은 거듭하여 이 의취를 펴려고 하여, 게송을 설해 말씀드렸다.

『위없는 사람 가운데 최고자여, 아무쪼록 제일가는 법을 설하옵소서. 저는 부처님의 장자(長子)되는 사람입니다. 부디 그 까닭을 설해주소서. 이 자리에 모인 헤아릴 수 없는 수많은 사람들은 그 법을 공경하고 믿을 수 있을 것입니다.

부처님께서는 이미 일찍이 세세에 걸쳐서 이 사람들을 교화하셨습니다. 모두 마음을 하나로 하여 합장하고 부처님의 말씀을 들으려고 하고 있습니다.

저희들 1천2백 인과 그 밖에도 부처님을 구하고 있는 사람들이 있습니다. 원컨대 이 많은 사람들을 위해서 그 까닭을 설해주십시오. 이 사람들은 그 법을 듣게 되면 즉시 큰 기쁨을 일으킬 것입니다.』

그때에 세존께서는 사리불에게 말씀하셨다.

『그대는 이미 되풀이하여 세 번에 걸쳐서 나에게 청했다. 어찌하여 설하지 않을 수 있겠는가. 그대여, 지금 자세히 듣고 잘 사유하고 마음에 염하라. 나는 그대를 위하여 그 까닭을 해설하겠다.』

부처님께서 이 말씀을 설했을 때 그 모임 중에 비구·비구니·우바새·우바이들 5천 인이 있었는데 곧바로 그 자리에서 일어나서 부처님께 예배하고 물러가 버렸다. 그 까닭은 이들의 무리는 죄의 뿌리가 깊고 무거울 뿐만 아니라 잘난 체하고 아직 얻지도 못한 것을 얻었다고 생각하고, 아직도 깨닫지 못한 것을 깨달았다고 생각하고 있는 이와 같은 허물이 있다. 이와 같은 이유에서 〈이 자리에〉 머물지 않았던 것이다.

세존께서는 침묵을 지키고 그들을 제지하지 않았다.

그때에 부처님께서는 사리불에게 말씀하셨다.

『지금 나의 주위에 모여 있는 사람들 가운데에는 지엽(枝葉)은 제외되고 순수하고 바른 열매가 있는 사람들만으로 되었다. 사리불이여, 이와 같은 잘난 체하는 사람들은 물러가는 것도 좋다. 그대여 지금 잘 들어라. 마땅히 그대를 위해서 설하겠다.』

사리불은 말씀드렸다.

『네, 그와 같습니다. 세존이시여, 듣고 싶다고 생각합니다.』

부처님께서는 사리불에게 말씀하셨다.

「이와 같이 뛰어난 법은 많은 부처님, 여래가 어느 한때에 설하는 것이다. 마치 우담발(優曇鉢)의 꽃이 어느 때 한 번만 나타나는 것과 같은 것이다. 사리불이여, 그대들은 반드시 믿어야만 한다. 부처님이 설하는 것은 그 말에는 허위가 없다. 사리불이여 많은 부처님들의, 각각의 대상에 따른 설법은 그 의취는 이해하기 어려운 것이다. 왜냐하면 나는 무수한 교화의 수단, 여러 가지의 사연, 비유와 말에 의해서 많은 법을 연설했기 때문이다. 이 법은 사려분별에 의해서 이해될 수 있는 것은 아니다. 오직 많은 부처님들만이 이 법을 알 수 있을 뿐이다. 그것은 왜냐하면 많은 부처님, 세존들은 오직 하나의 중대한 사연 때문에 세상에 출현하는 것이다.

사리불이여, 도대체 어떠한 것을 많은 부처님·세존께서는 오직 하나의 중대한 사연 때문에 세상에 출현한다고 이름하는 것인가. 〈그것은 이러하다.〉 많은 부처님·세존께서는 중생들에게 부처님의 지견(知見)을 열게 하여 〈그들이〉 청정하게 될 수 있도록 하겠다는 생각 때문에, 이 세상에 출현하신 것이다. 중생들에게 부처님의 지견을 확실히 알도록 가르쳐 주려고 원하기 때문에, 이 세상에 출현하신다. 중생들에게 부처님의 지견을 깨닫게 하고자 원하기 때문에, 이 세상에 출현하신다. 중생들에게 부처님의 지견을 얻게 하기 위한 길에 들어가도록, 이 세상에 출현하신 것이다.

사리불이여, 이러한 것을, 많은 부처님들은 오직 하나의 중대한 사연 때문에 이 세상에 출현하셨다고 말하는 것이다.」

부처님께서는 사리불에게 말씀하셨다.

「많은 부처님, 여래는 오직 〈부처를 지향하는〉 보살만을 교화하는 것이다. 〈부처님께서〉 하시는 일은 많이 있지만 그것도 언제나 오직 하나의 일 때문인 것이다. 즉 부처님의 지견을 중생에게 확실히 알도록 가르쳐주고 깨닫도록 하는 것만을 위한 것이다. 사리불이여, 여래는 오직 하나인 부처님의 탈것을 가지고서 중생들을 위해 법을 설하는 것이다. 다른 탈것인, 두 가지의 〈탈〉것 혹은 세 가지의 〈탈〉것은 존재하지 않는 것이다.

사리불이여, 일체 시방의 많은 부처님들의 법도 또한 똑같다. 사리불이여, 과거의 많은 부처님들도 헤아릴 수 없는 무수한 교화의 수단, 여러 가지의 사연, 비유와 말씀에 의해서 중생들을 위해 많은 법을 연설하셨다. 이 〈많은〉 법도 모두 하나의 부처님의 가르침인 탈것을 위한 것이다. 이 많은 중생들도 많은 부처님들로부터 법을 듣고 마침내 모두, 일체를 아는 부처님의 지혜를 얻은 것이다.

사리불이여, 미래에서도 많은 부처님들께서 세상에 출현할 것이다. 그 부처님들께서도 또한 헤아릴 수 없는 무수한 교화의 수단, 여러 가지의 사연, 비유와 말씀을 가지고 중생들을 위해 많은 법을 연설하실 것이다. 그 법도 모두 하나의 부처님의 가르침인 탈것을 위한 것이다.

이 많은 중생들도 많은 부처님들로부터 법을 듣게 되어 마침내 일체를 아는 부처님의 지혜를 얻을 것이다.

사리불이여, 현재에서 시방의 헤아릴 수 없는 백천만억이라는 수의 부처님의 국토 가운데의 많은 부처님, 세존께서 살아 있는 것들에게 이익을 주고 안락케 하는 것은 많이 있다. 이 많은 부처님들께서도 또한 헤아릴 수 없는 무수한 교화의 수단, 여러 가지의 사연, 비유의 말에 의해서 중생들을 위해 많은 법을 연설한다. 그 법도 모두 하나의 부처님의 가르침의 탈것을 위해서이다. 그 많은 중생들도 부처님으로부터 법을 듣고서 마침내 일체를 아는 부처님의 지혜를 얻는 것이다.

사리불이여, 이 많은 부처님들은 오로지 〈부처님을 지향하는〉 보살만을 교화하시는 것이다. 그것은 부처님의 지견을 중생들에게 확실히 알도록 가르쳐주려고 하기 때문에, 부처님의 지견을 중생에게 깨닫게 하기 위한 까닭에 부처님의 지견의 길(道)에 중생들을 들어가도록 하기 때문인 것이다.

사리불이여, 나도 지금 또한 이와 마찬가지이다. 여러 가지의 중생들에게는 각양각색의 욕망과 마음에 깊이 집착하는 것이 있음을 알고 저마다의 본성에 대응해서 가지가지의 사연, 비유, 말, 교화의 수단의 힘에 의해서 〈그들을〉 위해서 법을 설하는 것이다.

사리불이여, 시방세계 가운데에는 두 가지의 탈것마저 존재하지 않는다. 하물며 어찌하여 세 가지의 탈것이 존재하겠는가.

사리불이여, 많은 부처님들은 다섯 가지의 더러움이 충만한 악세(惡世)에 출현하셨다. 〈그 다섯 가지의 더러움이란〉 즉, 시대 그 자체의 더러움, 살아 있는 사람의 번뇌가 치성해 있는 것의 더러움, 살아 있는 사람의 심신이 쇠퇴하는 것의 더러움, 잘못된 사상이 치성한 것의 더러움, 살아 있는 사람의 수명이 단명(短命)하게 되는 것의 더러움, 이상과 같은 것이다.

사리불이여, 시대가 더러워져 혼란해 있을 때에는 중생들의 더러움도 무거워져서 인색함과 탐욕의 마음이 강하고 질투심도 깊다. 그리고 그들이 많은 불선(不善)의 행위를 하기 때문에 많은 부처님들께서는 교화의 수단의 힘에 의해서 〈본래〉 하나의 부처님의 탈것을 나누어서 세 가지〈의 탈것〉으로 설하는 것이다.

사리불이여, 만일에 나의 제자 가운데서 스스로가 자기는 아라한이다, 벽지불이라고 생각하고 있는 사람들이, 많은 부처님, 여래는 오직 보살만을 교화하시는 것이라고 하는 것을 듣지 못해서 알지 못한다면 〈그들은〉 부처님의 제자가 아니고 아라한도 아니며 벽지불 등도 아니다.

또 사리불이여, 이 많은 비구, 비구니들이 스스로가 이미 아라한이 되었다. 이것이 이 세상에서의 최후의 육체이다. 이것이 궁극의 깨달음이라고 생각해 버리고 재차 위없는 바른 깨달음을 구하는 마음을 일으키시 않았다고 하자. 꼭 알아야 한다. 이러한 무리들은 모두 뽐내는 만신(慢心)의 사람들이라는 것을, 그것은 어째서인가, 만일 비구로서 정말로 아라한이 될 수 있는 사람이 있다면, 이 법을 믿지 않는다고 하는 그와 같은 도리는 있을 수 없기 때문이다. 다만, 부처님께서 멸도에 든 후에 그때 현재, 부처님이 계시지 않는 경우는 별도인 것이다. 왜냐하면 부처님께서 멸도에 드신 후에서는 이와 같은 경(經)을 받아 유지하고 독송하며 그 의의를 이해할 수 있는 사람, 그와 같은 사람은 있기 어렵기 때문이다. 〈그런 까닭에 부처님께서 멸도하시고 뒤에 남겨진 사람들은〉 만일 다른 부처님을 만나게 되면 그 〈부처님께서 설하신〉 법에 의해서 확고한 부동심(不動心)을 얻을 수 있을 것이다.

사리불이여, 그대들은 일심으로 믿고 이해하고 부처님의 말씀을 받아서 유지해야 한다. 많은 부처님, 여래의 그 말씀 가운데는 거짓말은 없다. 다른 탈것은 있지 않고 오직 하나의 부처님의 탈것만인 것이다.」

그때 세존께서는 거듭하여 이 의의를 펴시려고 하여 게송을 설해서 말씀하셨다.

「비구·비구니 가운데서 뽐내고자 하는 생각을 가진 사람이 있다. 우바새로서 자신을 믿고 우쭐대는 마음을 가진 사람, 우바이로서 신심(信心)이 결여된 사람이 있다. 그와 같은 4중의 사람들의 그 수는 5천이었다.

스스로는 그 과실을 알아차리지 못하고 계율을 지키는 데 모자라는 곳이 있고 그 결점을 그대로 후생대사(後生大事)에 껴안고 있다. 그와 같은 지혜가 적은 사람들은 이미 떠나갔다.

〈그들은〉 모임 가운데의 쌀겨와 술지게미이다. 부처님의 위엄 있는 덕 때문에 떠나갔다. 이런 사람들은 복덕이 적어서 이 법을 받는 데 감내할 수 없기 때문이다.

〈이제는〉 이 모임 가운데에는 필요 없는 잔가지와 잎사귀는 없다. 다만 많은 순수하고 진실함이 있는 사람들만이 있다.

사리불이여, 잘 들어라. 많은 부처님들이 얻은 법은 헤아릴 수 없는 교화의 수단의 힘을 가지고 이것을 중생들을 위해 설하는 것이다.

살아 있는 모든 것들의 마음에 생각하는 바와 여러 가지의 수행의 길, 무엇인가의 의욕과 과거세에서의 선악의 행위의 결과,

부처님은 모두 이것들을 알았기 때문에 많은 사연과 비유와 말의 가르침의 수단의 힘을 가지고 모든 사람들을 환희케 한다.

혹은 경전, 시송 및 과거세의 이야기와 본생담, 기적 이야기를 설하고

또 사연과 비유의 말, 중송(重頌)과 논의〈의 구부(九部)의 법〉을 설하는 것이다.

지혜에서 둔하고 낮은 법을 즐기며 나고 죽는 세계에 집착하여 많은 헤아릴 수 없을 정도의 부처님 아래서 심원하고 뛰어난 법을 수행하지 않고 많은 고(苦)로 괴로워서 흐트러져 있다.

이와 같은 사람들을 위해서 〈부처님께서는〉 열반〈이라는 마음의 절대적인 평안〉을 설하는 것이다.

나는 이상과 같은 교화의 수단을 마련하여 부처님의 지혜에 들어갈 수 있도록 하여 왔다. 〈그렇지만 나는〉 아직 한 번도 그대들은 반드시 불도를 성취할 수 있다고는 설하지 않았다.

지금까지 그와 같이 설하지 않았던 까닭은 설해야 할 때가 아직껏 도래하지 않았기 때문이다. 지금이 바로 그때이다. 확고하게 대승의 가르침을 설하겠다.

나는 이 9부(九部)의 법을 중생들 저마다에 따라서 설했다. 대승의 가르침에 들어가는 근본이기 때문이다. 그런 까닭에 이 경을 설하는 것이다.

부처님의 아들로서 마음이 깨끗하고 유연하여 지혜에서 뛰어난 헤아릴 수 없을 정도의 많은 부처님들 아래서 심원하고 뛰어난 도(道)를 수행하는 사람들이 있다. 이 많은 부처님의 아들들을 위해서 〈나는〉 대승의 경전을 설한다.

나는 이와 같은 사람이 내세에서 불도를 성취한다고 예언하는 것이다. 깊이 마음에 부처님을 염하고 맑은 계율을 닦아서 유지하고 있기 때문이다.

이러한 사람들은, 부처가 된다는 말을 듣고 큰 기쁨으로 신체가 충만되었다. 부처님은 그들의 마음속을 알았다. 그런 까닭에 그들에게 대승의 가르침을 설하는 것이다.

부처님의 지혜를 설하려고 하기 때문에 많은 부처님이 세상에 출현하시지만 그 경우 오직 이 하나의 〈부처님의 탈것이라고 하는〉 이것만이 진실하며, 그 밖의 둘은 참〈다운 탈것〉은 아니다. 〈부처님은〉 궁극적으로는 작은 가르침의 탈것을 가지고 살아가는 사람들을 구하는 일은 없다.

부처님께서는 스스로부터 큰 가르침의 탈것에 머물러 계시며 그 얻은 바의 법은 선정과 지혜의 힘에 의해서 엄숙하게 장식되어 있다. 이 법에 의해서 살아가는 사람을 제도하는 것이다.

스스로 위없는 도(道)인 큰 가르침의 탈것의 모든 것에 대해 평등한 법을 깨닫고 만일 작은 가르침의 탈것에 의해서 중생을 단 한 사람이라도 교화한다면 나는 인색과 탐욕의 마음에 떨어지니 이와 같은 일은 있을 수 없는 것이다.

만일에 사람이 부처님을 믿고 귀의한다면 여래는 속이는 일은 하지 않는다. 또한 탐내고, 질투의 마음도 없다. 모든 것 가운데에 있는 악을 완전히 끊었기 때문이다. 그런 까닭에 부처님은 시방에서 오직 한 사람, 두려움이 없는 사람인 것이다.

나는 〈32의〉 모습을 가지고 몸을 장식하고 광명을 가지고 세간을 비춘다. 헤아릴 수 없을 만큼의 사람들에게 존경받고 그들을 위해서 이 세계의 진실한 모습의 표시를 설하는 것이다.

사리불이여, 반드시 알아야 한다. 나는 원래 서원을 세워서 모든 사람들을 나와 똑같이 다름이 없도록 하려고 원했다.

　내가 옛날 원했던 서원은 지금은 이미 충족시켰다. 모든 중생들을 교화하여 모두 불도에 들게 하였다.

　만일 내가 중생들을 만나서 모두에게 불도를 가르친다면 지혜가 없는 사람은 착란(錯亂)하고 미혹(迷惑)하여 그 가르침을 받아드릴 수 없을 것이다.

　나는 알고 있다. 이러한 중생들은 아직껏 선근을 쌓은 적이 없고 다섯 가지의 감관에 굳게 사로잡혀서 어리석고 미혹하여 격렬한 번뇌 때문에 괴로움을 일으키고 있는 것을.

　많은 욕망 때문에 세 갈래의 악도(惡道) 가운데에 떨어져서 여섯 가지의 경계(境界) 가운데서 생사를 되풀이하고 많은 고통을 받고 있다. 수태(受胎)에 의해서 생긴 미세한 신체는 세세에 증대해 가서 덕이 박덕하고 복이 적은 사람이 되어 많은 괴로움에 들볶인다.

　삿된 견해의 밀림 속에 파고 들어가서 혹은 「〈일체는〉 있(有)다」든가, 혹은 「〈일체는〉 없(無)다」든가, 이와 같은 많은 잘못된 견해를 의지처로 하여 마침내 예순두 가지의 견해를 갖추게 이르렀다.

　깊이 허위의 설에 집착하여 단단히 그것을 받아들여서 버릴 수가 없다. 자기 자신을 의지하여 자만하고 거들먹거리거나 남에게 아첨하여 스스로의 마음을 억지로 바꾸거나 하여 그 마음은 진실하지 못하다. 천만억겁이라는 오랜 시간에 걸쳐서 부처님의 이름을 듣지 못하고 또 바른 교법을 듣지도 못한다. 이와 같은 사람들은 구제하기가 곤란하다.

　그렇기 때문에 사리불이여, 나는 그런 까닭에 교화의 수단을 마련하여 고를 완전히 멸하는 많은 길(道)을 설하여 열반을 확실히 알도록 가르쳐주는 것이다.

내가 열반을 설해서 알도록 가르친다고 하여도 이것은 진실한 열반의 경지는 아니다. 〈왜냐하면〉 이 세상에 존재하는 것은 모두 원래부터 그대로 스스로가 〈본래의〉 열반의 경지의 모습을 나타내고 있는 것이다. 부처님의 아들은 불도를 수행해 마치면 내세에는 부처가 될 수 있을 것이다.

나는 교화의 수단의 힘이 있어서 〈그것에 의해서〉 세 가지의 탈것이라는 법을 열어서 가르쳐주었으나 모든 세존들은 모두 하나의 탈것이라는 길을 설했던 것이다.

지금이야말로 이 수많은 사람들은 모두 〈이 점에 관한〉 의혹이 제거될 것이다. 많은 부처님들의 말씀은 각각 다른 것이 아니고 오로지 하나이어서 두 가지의 탈것은 존재하지 않는 것이다.

헤아릴 수 없을 만큼의 많은 겁의 옛날에 열반에 들어간 한량없이 많은 부처님들, 그 부처님들의 종류는 백천만억이어서 그 수는 헤아려 알 수 없다.

이와 같이 많은 세존들도 여러 가지의 사연, 비유와, 헤아릴 수 없을 만큼의 교화의 수단의 힘을 가지고 일체의 존재에 대한 본연의 모습을 연설했다.

이 많은 세존들도 모두 하나의 탈것의 법을 설하고 헤아릴 수 없을 정도의 중생들을 교화하여 불도에 들어오게 하였다.

또 많은 위대한 많은 성인의 우두머리는 일체 세간의 천(天)과 사람,

많은 살아 있는 무리들의 마음속의 의향을 알고서 더욱이 다른 교화의 수단에 의해서 가장 뛰어난 법을 분명하게 한 것이다.

만일 중생들 가운데서 많은 과거의 부처님을 만나서 그 가르침을 듣고 보시를 행하며 계를 유지하고 인욕의 행을 하며,

정진, 선정, 지혜를 가지고 여러 가지로 복덕과 지혜를 닦는 것처럼 그와 같은 수많은 사람들은 모두 이미 불도를 성취하고 있는 것이다.

많은 부처님들께서 멸도하신 후에 그때 만일 사람들이 선하고 유연한 마음이 있었더라면 그와 같은 많은 중생들은 모두 이미 불도를 성취하고 있는 것이다.

많은 부처님들께서 멸도하신 후에 그 유골을 공양하는 사람이 있어서 만억 종류의 탑을 세워서 금·은 및 수정,

자거와 마노, 적옥(赤玉), 유리구슬을 가지고 청정하게 널리 엄숙하게 장식하여 많은 탑을 건립하고,

혹은 돌로 만든 사당을 세우고 혹은 전단 및 침향의 나무, 목밀(木樒)과 그 밖의 재료, 기와와 찰흙 등을 가지고 탑묘를 세우는 사람이 있다.

혹은 거친 들판(荒野)에서 흙을 쌓아서 부처님의 사당을 짓거나,

아이들이 놀이로 모래를 모아서 탑을 만든다. 이와 같은 사람들은 모두 이미 불도를 성취하고 있는 것이다.

만일 누구라도 부처님을 위해서 많은 형상을 세워서 그것에 많은 모습을 조각했다고 한다면 그 사람들은 모두 이미 불도를 성취하고 있다.

혹은 일곱 가지 보옥을 가지고 혹은 자연 구리(銅), 놋쇠,

백납(白鑞), 및 납(鉛), 주석, 철, 나무 및 진흙을 가지고 만들거나,

혹은 삼베에다 회반죽을 발라서 만든 피륙으로 엄숙하게 불상을 만든다. 이와 같은 사람들은 모두 이미 불도를 성취하고 있다.

불상을 그려서 많은 복덕을 갖춘 엄숙한 모습을 스스로가 만들거나 혹은 남에게도 만들게 한다면 그 사람들은 모두 이미 불도를 성취하고 있는 것이다.

혹은 또 아이들이 장난으로 초목(草木)과 붓 혹은 손톱으로 불상을 그린다.

이와 같은 사람들은 점차로 공덕을 쌓아 올려서 대비심(大悲心)을 갖추어 모두 이미 불도를 성취해 있으며 그리고 많은 보살들을 교화하고 헤아릴 수 없을 만큼의 사람들을 구제하고 있는 것이다.

만일 누군가가 탑묘(塔廟)나 보상(寶像) 및 화상(畵像)에 꽃과 향, 깃발과 천개(天蓋)를 공손하게 바치거나,

혹은 누구에게 음악을 연주시켜서 북을 울리고 뿔피리, 소라 고동을 불게 하고,

퉁소·피리·거문고·23현금(하프)·비파·자바라·징 등 모두 이와 같은 많은 묘한 소리를 가지고 공양하거나,

혹은 또 기쁨이 가득한 마음으로 부처님을 찬탄하는 노래를 부르며 부처님의 덕을 읊어서,

매우 작은 소리를 가지고 공양하여도 〈그와 같은 사람들은〉 모두 이미 불도를 성취하고 있는 것이다.

만일 누군가가 마음이 산란하면서도 한 송이 꽃이라도 〈부처님의〉 탱화에 공양한다면 그 사람은 점차로 무수한 부처님을 뵙게 될 것이다.

혹은 또 예배하거나 그저 합창한 것만으로도 또는 한 손을 들고 혹은 살짝 머리를 숙이고, 이와 같은 것으로 〈부처님의〉 상(像)에 공양한 것만으로도 점차로 한량없는 부처님을 뵙는 것으로 되고 스스로 위없는 도(道)를 성취하고, 널리 무수한 사람들을 구제한 위에, 몸과 마음 함께 멸한 궁극의 열반에 들어간다. 그 모습은 마치 땔나무가 다 타서 불이 꺼져가는 것 같은 것이다.

만일 누군가가 마음이 산란한 채로 탑묘 속에 들어가서 한 차례라도『부처님께 귀의합니다.』라고 부른다면 그 사람들은 모두 불도를 성취하고 있다.

많은 과거의 부처님들과 세상에 계시는 〈부처님〉 혹은 그 멸도한 후에 〈이 부처님들에게서〉 만일에 이 법을 듣는 일이 있다면 그 사람들은 모두 이미 불도를 성취하고 있는 것이다.

미래의 〈세상에 출현하는〉 많은 세존께서는 그 수는 헤아릴 수 없겠지만 그 많은 여래들도 또한 교화의 수단을 강구하여 법을 설할 것이다.

일체 모든 여래는 헤아릴 수 없을 만큼의 교화의 수단을 가지고 많은 중생들을 구제하여 부처님의 번뇌를 완전히 멸한 지혜에 들어오게 할 것이다.

만일 법을 듣는다고 하는 경우가 있다면 그 사람들은 한 사람이라도 부처가 되지 않는 사람은 없을 것이다. 많은 부처님들의 본래의 서원은 내가 행해온 부처님의 길을 널리 중생에게 이 길을 똑같이 얻도록 하려고 하는 것이다.

미래 세상의 많은 부처님들은 백천억의 무수하게 많은 법문을 설할 것이다. 그러나 그것도 참으로는 하나의 〈부처님의〉 탈것을 위한 것이다.

사람 가운데의 최고자인 많은 부처님들은 이 세상의 사물에는 그 자신의 고정적인 존재성이라고 하는 것은 없으며 부처님의 종자는 연기의 이법에 의해서 생겨나는 것임을 알고 그런 까닭에 하나의 가르침의 탈 것을 설하는 것이다.

이것은 사물의 본래적인 머문 상태, 사물의 본래적인 본연의 자세여서 세간의 모습은 그대로가 불변의 진리가 나타남이라는 것을 도량에서 깨달은 후 도사(導師)는 교화의 수단을 사용하여 설하는 것이다.

천(天)과 인간에게 공양 받는 현재 세상의 시방의 부처님은 갠지스 강의 모래처럼 수많고 세간에 출현하는 것도 중생들을 안온토록 하기 위한 것이며 또 그런 까닭에 이와 같은 법을 설하는 것이다.

최고의 깨달음인 평안한 경지를 알면서도 교화의 수단의 힘을 활용하여서 여러 가지의 길을 확실히 알도록 가르쳐주는 것이지만 그것은 실로 부처님의 탈것〈을 설하기〉 위해서인 것이다.

중생들의 행위와 마음속에 있는 생각과 과거에 해 온 행위의 결과, 의욕, 전진, 기력(氣力)과 갖가지의 소질과 능력이 뛰어나 있는가 아닌가 라는 것을 알고 여러 가지의 사연, 비유와 말에 의해서 저마다의 소질에 응해서 가르침의 수단을 마련하여 설법하는 것이다.

나는 지금은 또한 그대로이다. 중생들을 안온하도록 하기 위해서 여러 가지의 가르침의 입구를 준비하여 부처님의 길을 설해서 확실히 알도록 가르쳐 주는 것이다.

나는 지혜의 힘에 의해서 중생들의 마음의 의향을 알고 교화의 수단을 사용하여 많은 법을 설하여서 그들 모두가 기뻐할 수 있도록 한다.

사리불이여, 확실히 알아야 한다. 나는 부처님의 눈을 가지고 관찰하여 여섯 가지 윤회의 경계에 있는 살아있는 것들을 보면 가난해서 궁핍해 있고 복덕과 지혜가 없어서 생사의 험난한 길에 들어가 고(苦)는 잇달아서 끊어지는 일이 없다.

다섯 가지 감관의 욕망에 깊이 집착하여 그 모양은 야크[犛牛]가 자신의 꼬리에 애착하는 것 같다. 격렬한 욕망으로 스스로를 덮어씌우고 그 때문에 장님이 되어 어두워서 볼 수가 없다. 그리고 위대한 힘을 가진 부처님과 괴로움을 끊는 법을 구하지 않고 있다.

많은 잘못된 견해에 깊이 들어가 〈새로운〉 고(苦)에 의해서 〈지금의〉 고를 버리려고 하고 있다. 이런 중생들을 위해 나는 큰 연민의 마음(大悲心)을 일으켰다.

내가 처음으로 깨달음을 열은 〈보리수 아래의〉 장소에 앉아서 그리고 〈일어서서〉 보리수의 나무를 보고 또한 그곳 저곳을 걸어 다니며 37·21일 동안 이와 같은 것을 생각했다.

『내가 얻은 지혜는 매우 깊고 뛰어난 위없는 것이다. 그러나 중생들의 모든 사람의 소질은 둔하고 쾌락에 집착하고 어리석고 미혹하기 때문에 장님이 되어 있다. 이와 같은 사람들을 도대체 어떻게 하면 제도(濟度)할 수 있을까.』

그때 많은 범천왕, 제석천, 세계의 수호자인 사천왕 및 대자재천, 그 위에 다른 많은 하늘(天)들과 그들에게 따르는 백천만의 하늘들은,

공손하게 합장하고 예배하며 나에게 가르침의 수레바퀴를 돌릴 것을 청했다. 나는 그래서 이와 같이 생각했다. 『만일 내가 부처님의 가르침

인 탈것만을 찬양한다면 중생들은 고에 파묻혀서 이 〈깨달음의〉 법을 믿을 수 없을 것이다.

그뿐만 아니라 그 법을 깨뜨리고 믿지 않아, 그 때문에 세 가지의 악도(惡道)에 떨어질 것이다. 그렇다면 나는 그들에게 법을 설하지 않고, 오히려 이대로 속히 열반에 들어가겠다.』라고.

그것에 관해서 나는 과거세의 부처님이 행하신 교화의 수단의 효력을 마음에 생각하고 『내가 지금 얻은 깨달음(道)도 또한 세 가지의 가르침의 탈것으로 설하자.』

이와 같이 생각했을 때 시방의 부처님들이 모두 나타나서 맑은 음성으로 나를 위로했다. 『훌륭하도다, 석가모니시여!

도사(導師)의 제1인자시여, 이 위없는 법을 얻으셨으면서도 많은 일체의 부처님들을 따라서 교화의 수단의 힘을 사용한다는 것은,

우리들도 또한 모두 가장 뛰어난 위없는 법을 얻었지만 많은 중생들을 위해 분별하여 세 가지의 탈것을 가지고 설하기로 하였다. 지혜 적은 사람들은 낮은 법을 좋아하며 스스로가 부처가 된다는 것을 믿으려고 하지 않는다,

그런 까닭에 교화의 수단으로서 분별하여 〈저마다의 가르침을 수행한 결과로서의〉 많은 과보를 설한다. 그러나 또한 세 가지의 탈것을 설할지라도 그것은 〈부처를 지향하는〉 보살만을 교화하기 위한 것이다.』

사리불이여, 당연히 알지 않으면 안 된다. 나는 성스러운 사자〈인 부처님〉의 매우 깊고 맑은 아름다운 음성을 듣고 기뻐하며 『부처님께 귀의합니다.』라고 말했다.

그리고 또한, 이와 같이 생각했다. 『나는 혼탁한 악세(惡世)에 출현했다. 많은 부처님들이 설한 것처럼 나 또한 그와 같이 행하자.』

이렇게 생각한 후에 비리니(波羅奈, 베나레스)로 향해 갔다. 그리고 모든 것이 본래 그대로 적정하다고 하는 실상은 말을 가지고서는 표현할 수 없기 때문에 교화의 수단을 강구하여 5인(五人)의 비구들을 위해 법을 설했다.

이것을 '전법륜(轉法輪)'이라 이름한다. 이것에 의해서 '열반(涅槃)'이라는 말 그리고 '아라한(阿羅漢)'이라는 말, '법(法)'과 '승(僧)'이라는 말이 각각 구별하여 존재하게 되었다.

『아득히 먼 겁의 옛날부터 열반의 법을 찬양해 가르쳐 알게 하고 생사의 고(苦)를 영원토록 완전히 끊는 것이다.』라고 나는 항상 이와 같이 설해 왔다.

사리불이여, 알아야만 한다. 내가 부처님의 아들들을 보고 있으면 부처님의 깨달음을 구하는 사람들의 그 수는 천만억이라는 헤아릴 수 없을 만큼 있어서,

모두 다 공경하는 마음을 가지고 모두 부처님의 곁으로 모여 왔다. 〈그들은〉 그 옛날 많은 부처님으로부터 교화의 수난으로서 설해진 법을 들었던 것이다.

나는 그래서 이와 같이 생각했다. 『여래가 세상에 출현한 까닭은 부처님의 지혜를 설하기 위해서이다. 지금이 바로 그때이다.』

사리불이여, 반드시 알아야 한다. 소질이 둔하고 지혜가 낮은 사람과 〈사물의 표면적인〉 모습에만 사로잡혀서 교만해 있는 사람들은, 이 법

을 믿을 수가 없다.

지금 나는 기쁨에 가득 차서 두려움이 없이 많은 보살들의 한가운데서, 바르게 곧장 교화의 수단을 폐하고 오직 위없는 깨달음만을 설하겠다.

보살은 이 법을 듣고 의혹을 모두 제거했으며 일천이백 인의 아라한들도 모두가 부처가 될 것이다.

〈과거·현재·미래의〉 삼세의 부처님들의 설법 방법 그대로 나도 지금 또한 그것을 따라서 분별을 초월한 법을 설하겠다.

부처님들께서 세상에 출현하시는 것은 〈각각〉 아득히 멀리 사이를 두고 있으며 〈그런 까닭에 그때 부처님을〉 만나는 것은 어려운 일이다. 설령 세상에 출현한다고 해도 이 법을 설한다는 것은 또한 더욱 어려운 일이다.

헤아릴 수 없는 무수한 겁을 지나서도 이 법을 듣는 것은 또한 곤란하다. 그리고 이 법을 들을 수 있는 사람, 이와 같은 사람도 또한 얻기 어렵다.

예를 들면 〈극히 얻는 것이 드문〉 우담화의 꽃은 온갖 사람이 모두 사랑하는 것이지만 그러나 하늘과 사람들에게는 드물게만 볼 수 있다. 그와 같은 꽃이 어느 때, 한 차례 출현하는 것과 같은 것이다.

〈그와 같이 얻기 어려운〉 법을 듣고, 환희하고 찬탄하며 단 한마디라도 발한다면 그것은 이미 〈과거·현재·미래〉 삼세의 모든 부처님을 공양함이 된다. 그와 같은 사람은 매우 드문 일이고 우담화의 꽃 이상인 것이다.

그대들이여, 의심을 품어서는 안 된다. 나는 많은 법의 왕이며 널리 여럿이 모인 사람들에게 말하겠다.『오직 하나의 탈것이라는 길에만 의해서 많은 보살들을 교화하는 것이어서 성문의 제자는 존재하지 않는다.』

그대들, 사리불과 성문 및 보살들은 꼭 알아야 한다. 이 뛰어난 법은 많은 부처님들의 비밀한 가르침이라는 것을.

다섯 가지의 더러움이 있는 악한 세상에는 오직 많은 욕망에만 사로잡혀 있다. 그와 같은 중생들은 여태까지 한 번도 부처님의 깨달음을 구한다는 것은 없다.

와야 할 세상의 악인(惡人)은 부처님께서 설하는 하나의 탈것〈의 법〉을 들어도 미혹하여 그것을 믿고 받아들이지 않고 그 법을 파괴하고 악도에 떨어질 것이다.

〈그러나 한편〉매우 부끄러워서 청정하게 되어 부처님의 깨달음을 지향하고 구하는 사람이 있다면 마땅히 그와 같은 사람들을 위해서 널리 하나의 탈것이라는 길을 찬양해야 할 것이다.

사리불이여, 반드시 알아야 한다. 많은 부처님들의 법은 이와 같이 만억이라는 수많은 교화의 수단을 가지고 각각에게 알맞도록 설해진 법이며 학습하지 않은 사람은 그것을 밝히는 것은 할 수 없다는 것을.

그러나 그대들은 이미 세계의 스승이신 많은 부처님들께서 저마다에 알맞은 교화의 수단을 마련한 것임을 알고 있다.〈그런 까닭에〉또한 많은 의혹을 품는 일 없이 마음에 큰 기쁨을 일으켜서 스스로가 부처가 될 수 있다는 것을 알아라.」

譬喩品 第三
비 유 품 제 삼

 그때 사리불은 펄쩍 뛰며 기뻐하면서 곧바로 일어나 합장하고 세존의 얼굴을 우러러보며 부처님께 이와 같이 말씀드렸다.
 「지금 세존님으로부터 이 설법의 목소리를 듣고 마음은 춤출 것 같은 지금까지는 없었던 부사의(不思議)한 생각을 하였습니다.
 왜냐하면 저는 옛날 부처님으로부터 이와 같은 법(法)을 듣고 많은 보살들이 〈부처님으로부터〉 성불의 예언을 받고, 부처님이 되는 것을 보아 왔으나 그러나 저희들은 그것에 관여할 수가 없었습니다. 스스로가 여래의 한량없는 진리를 깨달아서 사물의 본질을 끝까지 밝히는 지혜를 잃고 있는 것을 매우 마음 아파했습니다.

　세존이시여, 저는 항상 혼자서 산림이나 나무 아래에서 앉아 있거나 혹은 거닐고 있을 때에도 언제나 이와 같이 생각하고 있었습니다.

　『우리들도 똑같이 사물의 진실한 본성(本性)에 들어간 것이다. 그런데도 어찌하여 여래께서는 작은 탈것의 법에 의해서 〈저희들을〉 제도(濟度)하신 것일까?』라고.

　이것은 저희들의 흠일 뿐 세존의 과실은 아닙니다. 왜냐하면 〈부처님이 되기 위한〉 원인인 위없는 바른 깨달음을 완성하는 것을 부처님께서 설하시게 될 것을 기다리고 있었다면, 반드시 큰 탈것에 의해 제도될 수가 있었을 것입니다.

　그렇지만 저희들은 교화의 수단으로서 각자에게 알맞도록 설하신 가르침을 이해하지 않고, 최초에 들은 부처님의 가르침을 곧바로 그대로 받아들여서 생각을 짜내어서 〈그 가르침(法)에 의해서〉 깨달은 것입니다.

　세존이시여, 저는 옛날로부터 계속해서 밤낮없이 항상 자기를 책망하여 왔습니다.

　그러나 지금이야말로 부처님으로부터 지금까지 듣지 못했던 경탄할 만한 법을 듣고, 많은 의혹과 후회를 끊고, 몸도 마음도 평안하게 즐겁고 차분하게 될 수가 있게 되었습니다. 그런 까닭으로 오늘 비로소 알았습니다. 〈저희들도〉 참다운 부처님의 아들이어서 부처님의 입에서 태어나고 법의 화신에서 태어나서, 부처님의 법의 한 부분을 얻었다는 것을.」

　그때 사리불은 거듭하여 이상의 내용을 펴려고 하여 시송(詩頌)을 설해 말하였다.

「저는 설법의 목소리를 듣고 지금까지 없었던 생각을 하며 마음에 큰 기쁨이 생겨서 의혹의 그물이 모두 제거 되었습니다.

옛날부터 계속해서 부처님의 가르침을 받아 왔기에 큰 가르침의 탈것을 잃지는 않았습니다.

부처님의 목소리는 매우 드문 것이어서 살아 있는 사람들의 괴로움을 없앨 수가 있습니다.

저는 이미 번뇌의 더러움을 다 없앨 수가 있었으나 〈부처님의 목소리를〉 듣고 또한 마음의 괴로움이 제거되었습니다.

저는 산림이나 골짜기에 있었고 혹은 나무 아래에서 좌선을 하거나, 걸어 다니기도 하면서 항상 이와 같은 것을 생각하고 있었습니다.

한탄하며 깊이 자신을 책망하였습니다. 『어찌하여 스스로가 〈자신을〉 기만하고 있었던 것일까.』 저희들도 부처님의 아들이며 똑 같이 번뇌의 때가 없는 법〈의 세계〉에 들어갔으나 미래에서 위없는 부처님의 깨달음을 설할 수가 없습니다.

금색으로 〈빛나는 신체〉 32상, 10력, 많은 해탈, 〈이것을 갖추고 있는 부처님과〉 똑같이 함께 하나의 법에서 가운데에 있으면서 〈저는〉 이러한 것을 얻을 수가 없습니다.

80가지의 훌륭한 모습(相)과 부처님만이 갖추고 있는 열여덟 가지의 빼어난 특질 이와 같은 특징은 모두 저에게는 이미 잃어버리고 만 것입니다.

그저 혼자서 걸어 다니고 있을 때에 부처님께서 많은 사람들 가운데에 계시면서 그 목소리가 시방에 가득하여 널리 살아가는 사람들에게 이익을 주시는 것을 보고 저는 자성하였습니다.『이 이익을 잃어버리고 말았다. 나는 스스로를 속여 버렸다.』

저는 낮이나 밤이나 항상 이런 생각을 계속해 왔습니다. 그런 까닭에 세존님께 여쭈어 본 것입니다.

『〈저는 바른 길을〉 잃어버린 것입니까. 그렇지 않으면 잃어버리지 않았습니까.』

제가 항상 세존님을 배견할 때 많은 보살들을 칭찬하고 계십니다. 그렇기 때문에 밤낮에 걸쳐서 이와 같은 것을 생각한 것입니다.

지금 부처님의 설법의 목소리를 듣고 있으면 부처님께서는 각각 그 사람에게 알맞게 법을 설하셨습니다.

〈그 법에 의해서〉 번뇌의 더러움이 없는 경지는 생각조차 미치지 않는 어려운 것이었습니다. 그것은 사람들을 〈깨달음을 얻고 부처가 되는〉 장소에 도달시키는 것입니다.

저는 본래 잘못된 견해에 집착하고 있어서 바라문교도의 스승이 되었습니다.

세존께서는 저의 마음 아시고서 잘못을 걷어치우시게 하시고 열반을 설하셨으므로,

저는 잘못된 견해를 모두 없애고 공의 법에서 깨달음을 얻었습니다.

그때 〈저는〉 마음속으로 생각했습니다.『깨달음의 경지에 도달할 수가 있었다.』라고. 그러나 지금 비로소 알았습니다. 이것은 진실한 깨달음의 경지는 아니었다는 것을.

만일 부처님이 될 수 있었을 때는 32상을 갖추고 천신과 인간 및 야차들과 용신 등이 공손하게 경배할 것입니다.

이때 비로소 영구히 모두를 멸진하고 남김이 없다고 생각할 것이다.

부처님께서는 많은 모임 가운데서 제가 반드시 부처님이 되리라고 설하셨습니다.

이와 같은 설법의 목소리를 듣고 〈지금까지 뒤엉켰던〉 온갖 의심과 후회가 모두 사라져 버렸습니다.

처음 부처님께서 설하신 것을 듣고 마음속으로 크게 놀라 의심의 념을 가졌습니다. 즉 『악마가 부처님의 모습으로 변하여 나의 마음을 혹란(惑亂)하고 있는 것이 아닐까?』

부처님께서는 여러 가지의 사연과 비유에 의해서 교묘하게 설법을 하시는데 그 마음은 바다와 같이 평안하여 저는 그것을 듣고서 의념이 끊어졌습니다.

부처님께서는 이와 같이 설하셨습니다. 『과거세의 무량하게 많은 멸도하신 부처님들도 가르침의 교묘한 수단(方便) 가운데서 또한 모두 이 법을 설하셨다.

현재·미래의 부처님은 그 수는 헤아릴 수 없지만 또 많은 교화의 수단을 사용하여 이와 같은 법을 설할 것이다.』

지금의 세존께서도 탄생하시고서 출가하고 성도하여 가르침의 수레바퀴를 돌리셨지만, 〈똑같이〉 또 교화의 수단을 가지고서 설하고 계십니다.

세존께서는 진실한 길을 설하십니다. 그러나 파순(波旬)은 그와 같은 일은 없습니다.

이 사실에서 저는 이것은 악마가 부처님으로 변한 것이 아니라는 것을 확실히 알았습니다.

제가 의심에 사로잡혀 있었기 때문에 이것은 악마가 한 것이라고 생각해 버린 것입니다.

부처님의 부드러운 목소리는 깊고 깊어 말로는 표현할 수 없이 매우 훌륭하여 〈그 목소리로〉 청정한 법을 설하심을 듣고, 저희들의 마음은 크게 기쁨에 넘쳐서 의혹과 후회는 영원히 멸진되어 진실한 지혜 속에 안주하였습니다.

저는 반드시 부처님이 되어 천신과 사람들에게 존경받고 위없는 법의 수레바퀴를 굴려 많은 보살들을 교화하려고 생각합니다.」

그때 부처님께서는 사리불에게 말씀하셨다.

「나는 지금 하늘과 사람들, 수행자[沙門], 바라문들의 많은 모임 가운데서 설하겠다.

나는 옛날 2만억의 부처님 아래에서 위없는 부처님의 깨달음을 위해 항상 그대를 교화해 왔다. 그대 또한 긴 세월 동안 나를 따라 배워 왔다. 나는 교화의 수단을 가지고 그대를 〈부처님의 깨달음으로〉 이끌어 넣었다. 그런 까닭에 〈그대는〉 나의 설법 가운데서 태어난 것이다. 사리불이여, 나는 옛날 그대를 부처님의 깨달음으로 지원시켰다. 그런데도 그대는 지금은 모든 것을 말끔히 잊어버리고 자기 스스로 이미 깨달음의 경지를 얻었다고 생각하고 있다. 나는 지금 재차 그대에게 옛날에 세운 서원에 의해서 수행해 온 길(道)을 생각해 내도록 하기 위해서 많은 성문들에게 이 대승경전인 『묘법연화(妙法蓮華)』, 보살을 타일러서 가르치는 법[敎菩薩法], 부처님에게 호지(護持) 되는 것[佛所護念]이라고 이름하는 것을 설하는 것이다.

사리불이여, 그대는 미래의 세상에서 헤아려 알 수 없고 한도 끝도 없고 생각조차 미치지 못할 만큼의 겁이라는 긴 시간을 지나서 천만억의 배(倍)라고 하는 많은 수의 부처님을 공양하고, 바른 법을 유지하고 보살이 실천하는 길을 갖추고, 반드시 부처님이 될 수 있을 것이다. 그 이름[號]을 〈홍련화의 빛을 가진 분이라는〉 화광여래(華光如來)·공양을 받기에 마땅한 사람[應供]·바르고 넓은 지혜를 갖춘 사람[正遍知]·지혜와 실천을 완전히 갖춘 사람[明行足]·깨달음에 도달한 사람[善逝]·세계의 모든 것에 통달한 사람[世間解]·최상의 사람[無上士]·인간의 조교사[調御丈夫]·제천과 사람들의 스승[天人師]·불(佛)·세존(世尊)이라 하며,

그 국토를 이구(離垢)라고 이름 할 것이다. 그 국토는 평평하고 맑고 엄숙하게 꾸며져 있고, 평온하며 풍요롭고 천인과 사람들이 흥청거릴 것이다. 그 땅은 유리(琉璃)로 되어 있고 여덟 가닥으로 교차된 도로(道路)가 있다. 황금으로 된 새끼줄로 그 길가를 구분하고 그 길을 따라 한 그루 한 그루 칠보로 된 가로수가 있어, 항상 꽃과 과일이 매달려 있을 것이다.

〈그리고, 그와 같은 국토에서〉 화광여래도 또한 세 가지의 가르침의 탈것에 의해 살아 있는 모든 것을 교화할 것이다.

사리불이여, 그 부처님이 세상에 나오실 때에는 비록 험악한 세상은

아니더라도 본래의 서원(本願)에 의해서 세 가지의 탈것의 가르침을 설할 것이다.

그리고 〈그 시대의〉 겁을 대보장엄(大寶莊嚴)이라 이름할 것이다. 어떤 까닭으로 대보장엄이라 이름 하는가 하면 그것은 그 나라에서는 보살을 큰 보배로 삼기 때문이다.

그 나라의 보살들은 한없이 무수하여 생각조차 미치지 않도록 많아서 헤아릴 수도 비유할 수 없을 정도이다. 부처님의 지혜에 의해서 아는 이외는 아무도 〈그 수를〉 알 수는 없다. 〈그 보살들은〉 걷고자 할 때에는 보배의 꽃을 밟고 가는 것이다.

이 많은 보살들은 지금, 처음으로 부처님의 깨달음을 구하겠다는 마음을 일으킨 것이 아니다. 모두 오랜 동안 공덕의 근본[善行]을 심어 와서 헤아릴 수 없는 백천만어이라는 많은 수의 부처님 아래서 청정한 수행을 하고 항상 제불에게 칭찬되어서 부처님의 지혜를 구하기를 계속하여, 큰 신통력을 갖추고 모든 가르침에 통달하고 순박하고 거짓이 없고, 뜻하는 생각[念]이 견고하다. 그와 같은 보살들이 그 나라에 충만하여 넘쳐흐르고 있다.

사리불이여, 이 화광여래의 수명은 12소겁일 것이다. 다만 그것은 왕자로서 아직 성불치 못한 때를 제외한 것이다. 또 그 나라 사람들의 수명은 8소겁일 것이다. 화광여래는 12소겁이 지난 후 〈결심을 완전히 성취한〉 견만보살에게 위없이 바른 깨달음 얻으리라는 예언을 주고 많은 비구들에게 이렇게 말할 것이다. 『이 견만보살은 다음에 반드시 부처님이 될 것이다. 그 이름을 〈붉은 연꽃 지옥을 굳세게 넘어가는〉 화

족안행여래, 공양을 받음에 마땅한 사람·바르게 눈 뜬 사람이라고 할 것이다. 그 부처님의 국토도 또한 이와 같을 것이다.」

사리불이여, 이 화광불이 멸도한 후 바른 교법[正法]이 이 세상에 머무는 기간은 32소겁일 것이고 그것에 비슷한 가르침[像法]이 세상에 머무는 것은 또한 32소겁이 될 것이다.」

그때 세존께서는 거듭하여 이상의 뜻을 펴시려고 하여 시송을 설해서 말씀하셨다.

「사리불은 내세에 부처님·널리 지견(知見)하는 거룩한 사람이 되니 그 호(號)를 이름하여 화광이라 할 것이다.

그리고 헤아려 알 수 없는 많은 사람들을 구제할 것이다.

무수한 부처님을 공양하고 보살로서의 수행과 10력 등의 공덕을 몸에 갖추고 위없는 부처님의 깨달음(佛道)을 깨달을 것이다.

헤아려 알 수 없을 만큼의 겁을 지난 후의, 그때의 겁을 대보엄(大寶嚴)이라 이름하고 〈그 부처님이 계시는〉 세계를 이구(離垢)라고 이름할 것이다. 그곳은 청정하여 흠집도 더러움도 없고,

유리를 대지로 하고 황금의 새끼줄로 길을 구분하고 칠보로 된 갖가지 색깔의 수목에는 항상 꽃과 열매가 열려 있을 것이다.

그 나라의 많은 보살들은 언제나 뜻하는 바의 생각이 굳세고 부사의한 능력과 〈여섯 가지의〉 보살의 수행을 모두 이미 몸에 갖추고 있으며 무수한 부처님 아래서 훌륭한 보살의 길을 배우고 닦을 것이다. 그와 같은 훌륭한 사람들은 화광불에 의해서 교화될 사람들인 것이다.

그 부처님은 왕자인 때에, 나라를 버리고 세상의 영화를 버리고 〈이

세상에서〉 최후의 몸으로 출가하여 불도를 완성할 것이다.

　화광불이 이 세상에 머무는 그 수명은 12소겁이며 그 나라 사람들의 수명은 8소겁이 될 것이다.

　그 부처님께서 멸도하신 후 바른 교법이 세상에 머무르는 기간은 32소겁이고, 널리 모든 살아 있는 것들을 구제할 것이다.

　바른 교법이 멸해 없어진 후 그와 유사한 가르침이 32소겁 동안 계속될 것이다. 그 부처님의 유골은 널리 유포되어 하늘과 사람들이 널리 공양할 것이다.

　화광불의 그 업적은 모두가 이상과 같다. 사람 가운데 최고인 그 거룩한 사람은 가장 뛰어난 사람이어서 견줄 사람은 없을 것이다. 그 사람이야 말로 그대〈사리불〉의 경우인 것이다.〈마음껏〉기뻐하라.」

　그때 비구・비구니・우바새・우바이의 4부의 사람들과 전・용・야차・건달바・아수라・가루라・긴나라・마후라가 등의〈8부중(八部衆)인〉많은 것들은 사리불이 부처님의 앞에서 위없는 바른 깨달음을 얻을 것이라고 하는 예언을 부처님으로부터 받는 것을 보고, 마음에 크게 환희를 일으키고 춤출 듯이 기뻐할 뿐이었다. 저마다의 것들은 몸에 입고 있던 웃옷을 벗어서, 그것을 부처님께 공양했다. 제석천과 범천왕들은 무수한 천자들과 함께, 천상의 훌륭한 의복, 천상의 만다라화・마하만다라화 등을〈부처님 위에 뿌리며〉공양했다. 뿌려진 그 천상의 의복은 공중에 머문 채 저절로 펄럭거렸다.

　많은 천(天)들은 백 천 만 가지에 이르는 갖가지의 기악(伎樂)을 하늘에서 일시에 연주하고, 갖가지 천상의 꽃을 비 오듯 내리며 이와 같이 말했다.

『부처님께서는 옛날, 베나레스에서 처음으로 가르침의 수레바퀴를 굴렸으나 또 지금에야 말로 무상(無上) 최대의 가르침의 수레바퀴를 굴리신 것이다.』

그때 많은 천자(天子)들은 거듭하여 그 의미를 펴려고 하여 시송을 설해서 말했다.

「〈부처님은〉 옛날, 베나레스에서 사제(四諦)의 가르침의 수레바퀴를 굴리시어 모든 존재를 다섯 가지의 모임으로 나누어서 그 생(生)과 멸(滅)을 설하셨다.

그리고 지금 또 가장 뛰어난 위없는 위대한 가르침의 수레바퀴를 굴리셨다. 이 법은 매우 심원하여 믿을 수 있는 사람은 적다.

우리들은 옛날부터 계속하여, 몇 번이라고 말할 수 없이 세존의 설법을 들어 왔으나 아직 한 번도 이 정도로 심원하고 뛰어난 설법을 들은 일은 없었다.

세존께서 이 법을 설하셨을 때, 우리들은 모두 기뻐했다. 큰 지혜 있는 사리불은 지금 세존으로부터 성불의 예언을 받을 수가 있었다.

우리들도 또한 그와 같이 반드시 부처가 되어 모든 세상에서, 가장 거룩하고 더 없는 사람이 될 수 있을 것이다. 부처님의 깨달음은 헤아리기조차 어렵고 그 때문에 〈부처님은〉 교화의 수단을 마련하여 각자에게 알맞도록 법을 설하셨다.

우리들의 온갖 복덕의 소행의, 금생에서의 것 혹은 과거세에서의 것과 부처님을 만나 뵙는 공덕을 모두 다 부처님의 깨달음에 회향토록 하자.」

그때 사리불이 부처님께 말씀드렸다.

「세존이시여, 저는 이제 다시 의심도 후회도 없고 친히 부처님의 면전에서 위없는 바른 깨달음을 얻을 것이라는 예언을 받을 수 있었습니다. 여기 있는 1천 2백인이라는 수많은 마음의 자유자재로 된 사람들이 그 옛날, 학습의 단계에 있을 때에 부처님께서는 항상 교화하시며 말씀하셨습니다.

『나의 〈설하는〉 가르침은, 생·노·병·사를 벗어나게 하시고 열반을 끝까지 파헤치도록 하는 것이다.』

여기에 있는 아직 배워야 할 것이 남아 있는 사람, 배워야 할 것이 이미 아무 것도 없는 사람도 각자에게 '아(我)가 있다'고 하는 견해, '존재는 유(有)다' 혹은 '존재는 무(無)다'라고 하는 견해 등을 끊어 버렸다고 하는 것에 의해서, 그것으로 열반을 얻었다고 생각하고 있습니다. 그러나 지금 세존의 앞에서 지금까지 들은 적이 없는 것을 듣고 모두 의혹에 빠져 있습니다. 아아, 아무쪼록 세존이시여, 원컨대 이 4중(四衆)을 위해서 그 까닭을 설하셔서 〈그들의〉 의심과 후회를 제거해 주십시오.」

그때 부처님께서는 사리불에게 다음과 같이 말씀하셨다.

「내가 앞서, 많은 불·세존께서 여러 가지의 사연, 비유, 말을 가지고 교화의 수단을 마련하여 법을 설한 것은 모두 위없는 바른 깨달음을 위한 것이라고 말하지 않았는가. 그 많은 설법은 모두 보살을 교화하기 위한 것이다. 더구나 사리불이여, 지금 또한 비유를 가지고 다시금 이 의의(意義)를 밝히겠다. 지혜 있는 사람들은, 이 비유에 의해서 이해할 수 있을 것이다.

사리불이여, 나라엔가 마을엔가 취락(聚落)엔가에, 큰 장자가 있었다고 하자. 그는 나이가 들어 늙고 쇠약하면서도 재산과 부(富)는 헤아릴 수 없을 만큼이나 있고 많은 논밭과 저택이 있으며, 게다가 많은 하인을 거느리고 있었다. 그 〈사람의〉 집은 넓고 크며 문은 오직 하나 뿐이었다. 갖가지의 사람들이 많이 있어서 1백 인, 2백 인에서 5백 인까지도 그 속에 살고 있다.

건물은 낡고 오래되었기 때문에 벽과 담장이 군데군데 무너지고, 기둥뿌리는 썩었으며 대들보와 용마루는 기울어져 위태롭게 생겼는데, 〈어느 때〉 갑자기 저택의 주위 가운데에, 일시에 불길이 일어나 집에 불이 나고 말았다. 〈그런데〉 그 장자의 아이들 10인, 혹은 20인에서 30인까지도 이 집 안에 있다.

장자는 큰 불이 사방에서 일어난 것을 보자 매우 놀라고 무서워서 〈순간적으로〉 이와 같이 생각했다.

『나는 이 맹렬하게 불타고 있는 집의 문에서 무사히 도망쳐 나올 수 있었지만 아이들은 맹렬하게 불타는 집 안에서 희희낙락하며 노는 것에 열중하여 〈불이 난 것을〉 알아차리지도 못하고, 알지도 못하며 놀라지도 않고 무서워하지도 않는다. 불이 퍼져서 곧 몸에 다가와서 고통이 내 몸을 공격해 못살게 굴려고 하고 있는데도, 마음에 그것을 싫어하거나 번민하는 마음도 없어, 밖으로 나가려고 하는 생각조차도 없다.』

사리불이여, 〈그래서〉 장자는 다음과 같이 생각했다.

『나는 큰 힘을 가지고 있고 완력도 강하다. 〈아이들을 한 곳에 모아서〉 옷깃을 붙잡거나 혹은 책상 〈위에 모두 태우는 것〉에 의해서 집에서 데리고 나올까.』

또 다시 다음과 같이도 생각했다.

『이 집에는 문은 오직 하나밖에 없다. 게다가 좁고 작다. 아이들은 아직 어려서 아무것도 모른 체 놀이에 열중하고 있다. 자칫하면 〈불행하게도〉 떨어져서 불에 타버리고 말지도 모른다. 〈그렇다면〉 나는 그들에게 그 무섭다는 것을 설해주지 않으면 안 된다. 이 집은 벌써 불타고 있다. 알맞은 때에 빨리 도망쳐 나와서 불에 타지 않도록 해 주지 않으면 안 된다.』

이렇게 생각하자 생각한 그대로 아이들 모두에게 말한다.

『너희들은 빨리 나오너라.』

아버지는 〈아이들을〉 불쌍히 여겨 능숙한 말로 말하지만 그러나 아이들은 놀이에 열중하여 그 말을 믿고 받아들이려고도 하지 않고 놀라지도 않고 무서워하지도 않으며 뭐라 하여도 나오려고 하는 마음이 생겨나지 않는다. 또 도대체 불이란 무엇인가. 집이란 무엇인가. 불에 타버린다고 하는 것은 어떠한 것인가 하는 것도 알지 못하고 다만 동으로 서로 내달리며 놀고 있으면서 다만 아버지를 열심히 바라다 볼 따름이다.

그때의 장자는 이와 같이 생각했다.

『이 집은 이미 큰 불에 타고 있다. 나와 아이들도 적당한 때에 나오지 않는다면 틀림없이 불에 타고 말 것이다. 나는 지금 수단을 마련하여 아이들을 이 재난에서 벗어나게 해 주자.』

아버지는 진즉부터 각자에게 갖고 싶어 하는 여러 가지의 진귀한 완

구나 색다른 것에는 반드시 마음을 빼앗겨서 집착하리라는 것을 알고 그들에게 말하기를

『너희들이 가지고 놀고 있는 장난감은 희귀하기 때문에 손에 넣기가 어려운 것이다. 너희들이 만약 지금 가지지 않는다면 후에 반드시 애석한 생각을 하게 될 것이다. 그와 같은 여러 가지의 양의 수레, 사슴의 수레, 소의 수레가 지금 문 밖에 있다. 그것으로 놀면 된다. 그렇다면 너희들은 이 맹렬히 불타고 있는 집에서 빨리 나오너라. 너희들이 갖고 싶다고 생각하는 것은 모두 주겠다.』

그때 아이들은 아버지가 말하는 희귀한 장난감이라는 것을 듣고, 그것이 자기들의 탐내던 것과 딱 들어맞았으므로, 각자가 재빨리 서로 밀치락달치락하면서 앞 다투어 내달으면서 내가 앞장서야지 하고 불타고 있는 집에서 뛰어 나왔다.

그 때에 장자는 아이들이 무사히 밖으로 나와서 모두 네거리의 빈터에 앉아서, 아무런 장해도 없음을 보고 마음이 편안하게 되어 기쁨에 마음이 설렜다.

그러자 아이들은 저마다 아버지에게 이렇게 말했다.

『아버지 앞서 말씀하셨던 완구의 양의 수레, 사슴의 수레, 소의 수레를 아무쪼록 이쯤해서 주십시오.』

사리불이여, 그때 장자는 각각의 아이들에게 모두 똑같은 큰 수레를 주었다. 그 수레는 높고 넓으며 많은 보배로 치장되었으며 주위에는 난간이 붙어 있다. 사면에는 방울이 달려 있고 상부에는 포장을 쳤으며, 희귀한 여러 가지 보배로 그것을 아름답게 치장하고 있다. 보배로 만든

새끼줄이 주위에 걸쳐졌고, 여러 가지의 꽃 장식이 드리워 있으며 〈내부에는〉 깔개가 여러 겹이 깔렸고 빨강 베개가 놓여 있다. 그리고 흰 소가 그 수레를 끌고 있다. 〈그 흰 소의〉 살색은 매우 맑고 깨끗하며 몸매는 아름답고, 매우 큰 힘을 가지고 있다. 그 걸어가는 모습은 평평하고 똑바르며 그 빠름은 마치 바람과 같았다. 그리고 많은 하인들이 이 수레에 붙어서 호위하고 있다.

〈이와 같이 훌륭한 수레를 아이들 한 사람 한 사람에게 주었다.〉 그 까닭은 이 큰 장자는 재산, 부는 헤아릴 수 없이 있고 여러 가지 많은 창고는 모두 다 넘칠 정도로 가득했기 때문이다. 그리고 〈또〉 다음과 같이 생각했다.

『나의 재산은 한없이 있다. 정도가 낮은 작은 수레를 줄 수는 없다. 지금, 이 어린 아이들은 모두 내 자식들이기 때문에 사랑하는 데 차별을 두어서는 안 된다. 나는 이와 같은 칠보로 만든 큰 수레가 있다. 그 수레의 수는 헤아릴 수 없다. 어느 아이에게도 차별을 두지 않고 똑같은 마음으로 그 수레를 주어야 하며, 차별이 있어서는 안 된다. 왜냐하면 내가 이 수레를 나라 안의 사람들에게 준다하여도 아직 모자라는 일은 없기 때문이다. 하물며 아이들에게 주는 데에 모자란다고 하는 일은 있을 리가 없다.』

이때 그 아이들은 큰 수레를 타고 〈그 훌륭함에〉 경탄했다. 그러나 이것은 원래 바라던 일은 아니었다.

사리불이여, 그대는 어떻게 생각하는가. 이 장자가 아이들에게 한결같이 진귀한 보배로 만든 큰 수레를 준 그 일은 거짓말은 아니었는가,

어떤가?」

사리불이 말했다.

「아닙니다, 세존이시여. 이 장자는 오직 아이들을 화재의 난(難)에서 벗어나게 하여 그 신명(身命)을 보전할 수 있도록 한 것이어서, 그것은 거짓말은 아닙니다. 왜냐하면 〈아이들은〉 그 신명을 보전해야만 놀이 완구를 손에 넣을 수가 있었기 때문에 하물며 수단을 마련하여 그 불길에 싸인 집에서 그들을 구출했으므로 거짓말은 아닙니다.

세존이시여, 만일 이 장자가 가장 작은 수레 하나마저 주지 않았다고 하더라도 그것은 거짓말은 아닙니다. 왜냐하면 이 장자는 사전에 이와 같이 생각하고 있었기 때문입니다. 즉,

『나는 수단을 강구하는 것에 의해 아이들이 밖으로 나오도록 하자.』
이 이유에서 보아도 거짓말은 아닙니다. 하물며 장자는 자기의 재산, 부가 헤아릴 수 없을 정도로 있음을 알고 아이들에게 이익을 주려고 생각하여 평등하게 큰 수레를 준 것이기 때문에 역시 이일은 거짓말 따위는 아닙니다.」

부처님께서는 사리불에게, 다음과 같이 말씀하셨다.

「아주 알맞다. 아주 좋다. 그대의 말 그대로이다.

사리불이여, 여래도 또한 그와 같다. 즉 이 세상의 모든 것의 아버지이다. 갖가지 무서움과 고뇌, 근심, 근원적인 무지, 어두움을 남김없이 영원히 멸하기를 다하고 있다.

그러고도 본질을 꿰뚫어보아 깨닫는 무량한 지혜, 〈열 가지의〉 힘, 〈네 가지의〉 두려움 없는 마음을 완성하고 위대한 신통력 및 지혜의 힘

이 있어서 교화의 수단과 완전한 지혜를 몸에 갖추고 있다. 큰 자비의 마음이 있어서, 항상 싫증나서 지치는 일 없이 언제나 좋은 행을 구해서 모든 것에 자비를 베풀고 있다.

그리고 〈욕계·색계·무색계의〉 3계(三界)의 가운데의 썩고 낡은 맹렬하게 타오르는 집 가운데 출현한 것은 중생들의 생·노·병·사·근심·슬픔·고뇌·어리석음·〈무지한〉 어두움, 그것과 탐내고 성내고, 어리석음의 세 가지 번뇌의 불길을 구제하고 교화하여, 위없는 바른 깨달음을 얻도록 하기 위한 것이다.

가지각색의 중생들을 보면, 그들은 생·노·병·사·근심·슬픔·고뇌에 태워지거나, 삶아지거나 하고 있다. 또 〈다섯 가지 감각기관인〉 5관(五官)의 욕망과 재(財)를 구하기 위해서 갖가지의 괴로움을 받고 있다. 그리고 탐욕에 집착하고 〈그것을〉 추구하기 때문에 현세에서는 많은 괴로움을 받고, 죽은 뒤에는 축생이나 아귀의 괴로움을 받는다. 만일 천상계에 태어나거나 인간계에 태어나더라도 빈곤의 괴로움, 사랑하는 사람과 헤어지는 괴로움, 원망하고 미워하는 상대와 만나는 괴로움 등 이와 같은 가지가지의 많은 괴로움이 있다.

중생들은 그 가운데 매몰되어서도 기뻐하며 놀이에 열중하고 있으면서 알아차리지 못하고 알지도 못한 채, 놀라지도 않고 무서워하지도 않는다. 또 그것을 싫어하는 마음도 일으키지 않고 거기에서 벗어 나오는 것을 구하려고도 하지 않는다. 이 3계의 타오르는 집안에서 동쪽으로 서쪽으로 내달리며, 큰 괴로움을 만나도 그것을 괴로워하지도 않는다.

사리불이여, 부처님은 이상의 일을 보고 난 후 이와 같이 생각했다.

『나는 살아있는 모든 것의 아버지이다. 나는 그들의 고난을 구제하고 헤아릴 수 없고 끝도 없는 부처님의 지혜의 즐거움을 주어, 그들에게 〈참으로 자유자재한 인생〉 놀이를 하도록 해야만 한다.』라고 생각한다.

사리불이여, 여래〈인 나〉는 또 이와 같이도 생각한다.

『만일 내가 오직 신통력과 지혜의 힘에만 의해서 교화의 수단을 버리고 많은 중생들을 위해서 여래의 지견과 〈열 가지의〉 힘과 〈네 가지의〉 두려운 마음을 찬탄한다면 중생들은 그것에 의해서 구제될 수는 없을 것이다.

왜냐하면 이 많은 중생들은 아직 생·노·병·사·근심·슬픔·고뇌에서 벗어나지 못하고 3계의 맹렬하게 타오르는 집 안에 있기 때문이다. 그들은 도대체 무엇에 의해서 부처님의 지혜를 이해할 수 있겠는가.』

사리불이여, 그 장자는 신체와 팔에 힘이 있으면서도 그러고도 그것을 사용하지 않았다. 다만 친밀하게 교화의 수단을 다하여 아이들이 타오르는 집 안에서의 재난을 구하고 그리고 그 후에 각자에게 진귀한 보배로 만든 큰 수레를 준 것처럼 여래도 또한 그와 똑같은 것이다. 〈열 가지의〉 힘, 〈네 가지의〉 두려움 없는 마음을 가지고 있지만 그것을 사용하는 일은 없다. 오직 지혜와 교화의 수단에 의해서 3계의 불타오르는 집에서 중생들을 구제 하려고, 그 때문에 세 가지의 탈것 즉 성문의, 벽지불의, 부처님의 탈것을 설하는 것이다.

그리하여 이와 같이 말하는 것이다.

『그대들은 좋아하며 3계의 맹렬히 타오르는 집 안에 머물러서는 안 된다. 하열(下劣)한 형태, 음성, 향기, 맛, 감촉을 탐해서는 안 된다. 만일 그것들을 탐내고 집착하여, 격렬한 욕망을 일으킨다면 불에 태워져 버릴 것이다. 그대들은 속히 3계에서 탈출하여 세 가지의 탈것인 성문의, 벽지불의, 부처님의 탈것을 취득해야 한다. 나는 지금 그대들에게 이것을 책임을 가지고 보증할 것이다. 결코 아무 것도 없다고 하지는 않을 것이다. 그대들은 오직 수행하고 노력하라.』

여래는 이상의 교화의 수단을 가지고 중생들을 유도한 것이며 또 다음과 같이 말한다.

『그대들이여, 알아야 한다. 이 세 가지의 탈것의 가르침에는 모두 성자들이 칭찬하는 것이다. 자유자재하고 독립적인 존재이며, 다른 것에 의존하거나 구하거나 하는 일은 없다. 이 세 가지의 탈것에 타고 번뇌의 더러움이 없는 〈다섯 가지의〉 소질, 〈다섯 가지의〉 힘(力), 〈일곱 가지의〉 깨달음의 지혜를 도와주는 것, 〈여덟 가지의 바른〉 실천도, 〈네 가지의〉 선정(禪定), 〈여덟 가지의〉 해탈, 〈세〉 삼매 등에 의해서 스스로부터 마음 즐겁게 무량한 편안한 즐거움을 얻을 것이다.』라고.

사리불이여, 만일 중생이 내면에 지혜의 성질이 있고 불・세존에게서 법을 듣고 그것을 믿어 받아들여서, 정성껏 정진하여 속히 3계에서 나오려고 하여 스스로가 열반을 구한다면, 이것을 성문의 탈것이라 이름한다. 그것은 마치 저 아이들이 양의 수레를 구하여서 타오르는 집에서 나온 것과 같은 것이다.

만일 중생이 불・세존으로부터 법을 듣고 그것을 믿고 받아들여서, 정성껏 정진하여 〈12 인연이라는〉 자연에 존재하는 법을 깨닫는 지혜를 구해서, 홀로 적정한 경지를 바라고, 깊이 현상계의 〈12〉 인연의 이 법(理法)을 안다면 이것을 벽지불의 탈것이라고 이름하는 것이다. 마치 저 아이들이 사슴의 수레를 구해서 불타고 있는 집에서 나온 것과 같은 것이다.

만일 중생이 불·세존으로부터 법을 듣고 그것을 믿고 받아들여서 수행에 정진하고, 일체를 아는 지혜, 부처님의 지혜, 스승 없이 얻는 지(知), 여래의 지견, 〈10가지의〉힘, 〈네 가지의〉두려움 없는 마음을 구하며 무량한 중생들을 가련하게 생각하여 안락하게 하고 천(天)과 사람들을 이익토록 하고, 모든 것들을 제도(濟度)한다면 이것을 큰 탈것이라고 이름할 것이며, 보살은 이 탈것을 구하기 때문에 위대한 사람이라고 이름 하는 것이다. 그것은 마치 저 아이들이 소(牛)의 수레를 구해서 불타고 있는 집에서 나온 것과 같은 것이다.

사리불이여, 그 장자는 아이들이 모두 무사히 불타오르는 집에서 빠져나올 수가 있어서 안전한 장소에 도달한 것을 보고, 자기가 재산과 재화가 헤아릴 수 없을 만큼 있음을 알고, 한결같이 크고 훌륭한 수레를 아이들에게 준 것처럼 여래도 또한 그와 같은 것이다.

〈여래는〉일체 중생의 아버지이다. 억(億)의 천배의 무량배(無量倍)라고 하는 많은 중생들이 부처님의 가르침의 문을 통해서, 삼계에서의 괴로움과 무섭고 험한 길에서 나와 열반의 안락을 얻는 것을 보고 여래는 그 때에 이와 같이 생각했다.

『나에게는 한량없고 한없는 지혜, 〈열 가지의〉힘, 〈네 가지의〉두려움 없는 마음 등의 많은 부처님들의 〈가지고 있는〉법의 창고가 있다. 이 많은 중생들은 모두 나의 아들들이다. 평등하게 큰 탈것을 주겠다.

사람으로서 그 사람 단 한 사람이 〈자기 한 사람의〉 열반을 얻는다는 것이 아니라 모두 여래의 열반에 의해서 그들에게 열반을 얻게 하자.』라고.

　이 많은 3계에서 탈출한 중생들에게는 모두 다 부처님들의 선정, 해탈 등의 오락의 도구를 준다. 그들은 모두 동일한 외견, 동일한 종류여서 성자가 칭찬하는 것이며 가장 깨끗하고 훌륭한 안락을 낳게 하는 것이다.

　사리불이여, 그 장자가 처음 세 가지의 수레를 주겠다고 하며 아이들을 유혹한 뒤에 큰 수레인 보물로 치장된 평안하기가 더없는 것을 주었지만, 그러고도 그 장자는 거짓말을 한 것에 대해 허물이 없었던 것처럼 여래도 또한 그와 같아서 거짓은 없는 것이다.

　처음에는 세 종류의 가르침의 탈것[三乘]을 설하여서 중생들을 가르쳐 인도한 후에 한결같이 오직 큰 가르침의 탈것만에 의해 그들을 구제하는 것이다. 왜냐하면 여래에게는 한량없는 지혜, 〈열 가지의〉 힘, 〈네 가지의〉 무엇에도 두려워하지 않는 마음, 갖가지의 교법의 저장고가 있어서, 모든 중생들을 큰 가르침의 탈것을 줄 수 있기 때문이다. 그렇지만, 그것을 받아들이는 중생들이 전부가 모두 그것을 받아들일 수 있다고는 말할 수 없다.

　사리불이여, 이런 이유에서 많은 부처님들은 교화의 수단의 힘[方便力] 때문에 〈본래〉 하나의 부처님의 탈것을 나누어서 셋으로 설하는 것이라고 알아야 한다.」

　부처님께서는 이상의 의의를 거듭하여 펴고자 하여 시송을 설하여 말했다.

「이를테면, 장자에게 하나의 큰 저택이 있었다고 하자. 그 집은 오래되어 낡아서 황폐하여 부서져 있으며, 건물은 높이 위험하게 세워졌고 기둥뿌리는 부러지고 썩어 있다.

대들보와 용마루는 기울고 축대마저 무너지고, 담장과 벽은 헐리고 벽에 발랐던 흙은 떨어지고, 지붕을 덮은 이엉도 썩어 내렸고 서까래와 차양도 부러져 있다.

주위에 두른 담장은 꾸불꾸불한데 집안에는 가지가지 오물이 가득하다. 그와 같은 집안에는 5백이나 되는 사람이 살고 있다.

소리개·올빼미·부엉이·독수리·까마귀·까치·산비둘기·집비둘기 〈등의 새들이 있고〉

검은 뱀·살무사·전갈·지네·그리마·도마뱀·노래기·족제비·살쾡이·생쥐·쥐, 〈등의 동물이 있고〉 그 밖에 나쁜 벌레들이 제멋대로 돌아다니고 있다.

똥오줌 구린내 자욱한 곳에는 더러운 것이 넘쳐흐르는데, 말똥구리 등의 벌레들이 그 위에 모여 있다.

여우·이리·재칼들이 떼 지어 모여들어 서로 물어뜯고 짓밟으며 다투어 송장을 뜯어먹고 뼈와 살을 헤적거린다.

그것에 이끌리어 개의 무리가 다투어 찾아와서 서로 차지하려고 다투고 굶주려 깡말라 쇠약한 탓에 흠칫흠칫하며 먹이를 찾아 헤맨다. 먹이를 찾아내면 서로 다투어 끌어당기고 으르렁거리며 짖어대고 있다. 그 집의 무서운 꼴은 이와 같은 것이다.

여기저기에 산도깨비 물 도깨비 야차와 악귀가 살고 있어, 사람의 살코기를 찢어 씹어 먹고 독벌레 무리들을 잡아먹기도 한다.

갖가지 사나운 날짐승과 들짐승들은 알 낳고 새끼 젖 먹여서 기르며, 저마다 숨겨놓고 지키고 있는데 야차들이 앞 다투어 찾아와서 그 새끼들을 잡아먹어 버린다.

그것을 배불리 먹고 나면 악한 마음 치솟아 올라 다투고 싸우며 그 울부짖는 소리가 매우 무섭기 짝이 없다.

구반다귀는 쌓아올린 흙더미 곁에 웅크리고 앉았다가 어떤 때는 한자 두자 땅위로 뛰어올라, 왔다 갔다 하면서 돌아다니며 제멋대로 놀아나고 있다.

개의 두 발을 붙들어 땅위에 내던져 소리도 내지 못하도록 기절케 하거나 그 발로 목 조르며 개를 위협하고 괴롭히며 즐거워한다.

또 키 크고 바싹 마른, 색 검은 귀신들이 그 집 안에 살아 무시무시한 큰 소리로 울부짖으며 항상 먹이를 찾고 있다.

또 다른 귀신들은 목구멍이 바늘처럼 가는 〈아〉귀도 있고 어떤 것은 머리가 소머리처럼 생긴 〈아〉귀도 있다. 어떤 것은 인육이나 개를 먹는다. 머리털은 쑥대밭 같고 그 성품은 잔인하고 흉악하다. 기갈에 허덕이고 소리 내어 울부짖으며 내달리고 있다.

이와 같은 야차와 아귀·사나운 새·짐승들은 당장에 숨넘어갈 듯 굶주림에 쫓기며 격자창(格子窓)에서 〈밖을〉 엿보고 있다.

이상과 같은 많은 재난의 그 무서움은 헤아릴 수 없다. 이 썩고 낡은 집은 한 사람의 소유였다.

그 사람이 집을 비운 사이에 집에 돌연히 불이 나서, 사방이 삽시간에 불길에 휩싸였다.

용마루와 대들보, 서까래와 기둥들이 소리 내어 타오르며 튀기고 터지며 부서져 내리고,

담장과 벽은 무너지고 갖가지 귀신들은 큰 소리를 내며 울부짖는다.

부엉이·독수리 등 가지가지 새들과 구반다 귀신들은 놀라고 당황해서 도망치려고 퍼덕이건만, 놀라고 무서워서 자력으로는 탈출할 수가 없는 것이다.

사나운 짐승들과 독벌레들은 재빨리 구멍을 찾아 숨어들었으며 〈살코기를 즐겨 먹는〉 비사사귀 또한 구멍 속에 머물고 있다. 〈지금까지 쌓은〉 복덕이 엷기 때문에 불길에 쫓기면서 서로 죽이며 피를 빨고 살을 씹는 〈등 처참한 꼴이었〉다.

늑대의 무리들이 맨 먼저 죽었는데 갖가지 크고 악한 짐승들이 앞을 다투어 몰려와서, 그 〈시체〉들을 뜯어 먹어 버린다. 구린 연기가 솟아 올라서 근처 4면에 자욱하다.

지네·그리마·독사의 떼들은 불에 타서 앞 다투어 구멍에서 달려 나온다. 그러자 구반다귀는 그들을 〈나오는 대로〉 잡아먹는다. 또 여러 아귀들은 머리털에 불이 붙어, 뜨거움에 고통스러워하며 허둥대며 괴로워서 뛰어다닌다.

그 집은 이상과 같이 극히 무서운 곳이었다. 사람을 괴롭히는 재앙과 불의 재난, 그것들이 수없이 많이 있다.

이때 집 주인은 문밖에 서 있었는데 어떤 사람이 이렇게 말하는 것을

들었다. 『당신의 아이들은 아까부터 이 집안에 들어가 놀면서 어려서 아무것도 모르고 기뻐서 놀이에 열중하고 있소.』

장자는 그 말을 듣자 깜짝 놀라 불타는 집안에 뛰어 들어갔다. 무사히 구출해서 타 죽지 않게 하기 위해서.

그는 아이들을 향해서 번민과 재난을 설해 말한다. 『악귀와 독충이 있고 그 위에 화재가 일면에 일어나 있다. 많은 고난이 차례차례로 일어나 끝나는 일이 없다.

독사·무자치·살무사와 많은 야차, 구반다귀, 승냥이·여우·개, 부엉이·독수리·소리개·올빼미와 지네의 무리들은,

배고프고 목마름에 심하게 괴롭혀져서, 매우 무섭기 짝이 없다. 이런 고통만이라도 어쩌질 못하는데 하물며 큰 화재가 일어났으니 어쩔 수가 없구나.』

〈그러나〉 아이들은 그와 같은 것을 〈전혀〉 알지 못해 아버지의 가르침을 들어도 여전히 장난치며 놀기에 열중하며 그만두려고 하지 않는다.

그때 장자는 이렇게 생각했다. 『아이들은 이와 같은 상태여서 마음의 아픔을 증가시킬 뿐이다.

지금 이 집 안에는 즐거운 일이라곤 하나 없다. 게다가 아이들은 놀이에 정신이 팔렸으니 나의 가르침을 받아들이지 않고 불에 타려 하고 있다.』

그러자 곧바로 생각하여 가지가지 수단을 마련하고 아이들에게 말했다. 『내게는 여러 가지의 진귀한 놀이 기구인 훌륭한 보배로 된 훌륭한

수레가 있다. 양의 수레, 사슴의 수레, 큰 소의 수레이다.

지금 문 밖에 두었다. 너희들은 밖으로 나오너라. 나는 너희들을 위해 이 수레를 특별히 만든 것이다. 마음이 가는 대로 그것으로 놀도록 해라.』

아이들은 이와 같은 여러 가지 수레의 이야기를 듣자, 곧바로 앞다투어 달려 나와 빈터(空地)까지 도달하여 많은 고난에서 벗어났다.

장자는 아이들이 불타고 있는 집에서 탈출하여 네거리에 있는 것을 보고 사자의 자리에 앉았다.

그리고 기뻐하며 말했다.『나는 지금 안락하게 되었다.

이 아이들은 기르기가 매우 어렵다. 어리석고 작아서 아무 것도 알지 못해 위험한 집 안에 들어갔다. 여러 가지 독벌레와 괴상한 것들이 들끓어 무서운 곳이었다.

큰 불이 일어나 맹렬한 불길이 4면에서 일시에 타올랐다. 그러나 아이들은 놀이에 멍해져 있었다. 나는 이미 그들을 구해서 재난에서 벗어나게 할 수가 있었다. 그러므로 여러분, 나는 지금 안락한 것이다.』

그때 아이들은 아버지가 편안하게 앉은 것을 알고, 모두 아버지가 계신 곳으로 다가와서 아버지에게 말했다.『아무쪼록 저희들에게 세 가지의 보배수레를 주십시오.

앞서 말씀하신 것처럼 아버지께서는, 아이들이여, 나오너라. 세 가지의 수레를 너희들이 원하는 대로 주겠다고 말씀하셨습니다. 지금이 마침 그 때입니다. 아무쪼록 그것을 주십시오.』

장자는 대단히 부유하여서, 창고에는 금·은·유리·자거·마노가 있고 수많은 보물에 의해서 많은 큰 수레를 만들었다.

엄숙하게 치장되어 둘레에는 세로 가로로 두룬 난간이 있고, 4면에는 방울을 달고 금으로 된 새끼줄을 두르고 진주를 단 그물이 그 위를 덮고,

　금으로 된 꽃의 갖가지 장식을 곳곳에 드리우고 있다. 배색도 많이 갖가지로 치장하여 그것을 주위를 빙 돌려서 두르고 있다. 부드러운 비단으로 깔개를 하고,

　훌륭한 모포의, 그 값이 천억이나 되는데 희고 청결한 것에 의해서 그 깔개 위를 덮고 있다.

　큰 흰 소가 있어, 살찌고 기세가 왕성하여 힘이 강하고 모양이 훌륭하다. 그 소가 보배의 수레를 끌고 있다. 많은 심부름꾼들이 따르고 있어, 그 수레를 호위하고 있다.

　이처럼 멋지고 훌륭한 수레를 아이들에게 고루 주자, 아이들은 뛸 듯이 기뻐하며 이 보배 수레를 타고 사방을 돌아다니며 기쁘고 즐거워하면서 자유자재로 생각대로 되었다.

　사리불에게 말한다.「나도 또한 이와 똑같다.〈나는〉많은 성자 가운데 가장 거룩한 사람이며, 세간의 아버지이다.

　일체의 중생은 모두 내 아들들이다.〈그들은〉이 세상의 쾌락에 깊이 집착하여 지혜의 마음이 없다.

　〈욕계·색계·무색계인〉3계(三界)는〈깨닫지 못한 중생에게는〉편안치 않고, 불타고 있는 집과 같은 것이다.

　많은 괴로움에 가득해 있고, 매우 무섭고, 항상 생·노·병·사의 우려가 있다. 이와 같이 불길이 타오르고 있어, 그칠 줄 모른다.

여래는 이미 3계라고 하는 불타고 있는 집을 떠나서 적정(寂靜)하게 독거하고, 임야에 마음 평안하게 몸을 두고 있다.

지금 이 3계는 모두가 나의 소유이다. 그리고 그 안의 중생들은 모두가 다 나의 자식이다.

게다가 지금 이곳은 갖가지 재난과 환란이 많아 오직 나 혼자만이 그들을 구하고 지켜줄 수 있는데도, 〈그들을〉 내가 설하는 가르침으로 인도해도 그것을 믿고 받아들이려고 하지 않는다.

가지가지 욕망이라고 하는 더러움 속에 깊이 탐내고 집착하고 있기 때문이다.

그 때문에 나는 교화의 수단을 강구하여 세 가지의 가르침의 탈것을 설하여, 많은 중생에게 3계의 괴로움을 알려 주어 이 세계에서 탈출하는 길을 밝혀서 확실히 알게 하여 주는 것이다.

이 여러 아이들은 만일 마음이 견고하게 정해지면, 3명(三明)과 6신통(六神通)을 갖추고 연각(緣覺)과 물러서지 않는 보살이 될 수 있는 것이다.

그대 사리불이여, 나는 중생들을 위해 이 비유에 의해 하나밖에 없는 부처님의 가르침의 탈것을 설하는 것이다.

그대들은 만일 이 말을 믿고 받아들일 수 있다면, 일체 모두가 부처님의 깨달음(佛道)을 성취할 수 있을 것이다.

이 가르침의 탈것은 매우 깊고 뛰어나서 다른 그 무엇보다 청정하다. 가지가지의 세간에서 이것보다 더 높은 것은 없다.

부처님께서 허락하는 것이며 모든 중생이 찬양하고 공양하고 예배해야 할 것이다.

〈이 밖에도〉 억천(億千)이라고 하는 헤아릴 수 없는, 많은 힘(力)과 괴로움으로부터의 해탈, 선정, 지혜 및 그 밖의 부처님의 법(가르침)이 있다.

이와 같은 탈것을 얻도록 하여 많은 아이들을 밤낮으로 헤아릴 수 없는 동안에 걸쳐, 항상 유희(遊戲)할 수 있도록 해 주며,

많은 보살과 성문의 사람들을 이 보배의 탈것에 태워서, 곧바로

〈부처님의 깨달음인〉 도량에 도달토록 한다.

이와 같은 사연에서 시방을 아무리 찾아도 그 위에 다른 가르침의 탈것은 없는 것이다. 〈그러나〉 다만 부처님의 가르침의 수단(方便)은 예외이다.

사리불에게 말한다. 『그대들 많은 사람들은 모두 다 나의 자식이다. 나는 〈그대들의〉 아버지이다.

그대들은 무한히 긴 세월 걸쳐 많은 괴로움에 몸을 불태우고 있었다.

나는 그대들을 모두 구출하여 3계에서 벗어나게 한 것이다.

나는 앞서 그대들은 열반을 얻었다고 설했지만 그것은 난지 생사를 초월했을 뿐이어서, 실제로는 열반에 도달하지는 못했다. 이제 〈그대들이〉 해야 할 것은 오직 부처님의 지혜만을 구하는 것에 있다.

만일 보살이 이 모임 가운데에 있다면, 마음을 하나로 하여 많은 부처님들의 진실한 법(가르침)을 듣도록 하라.

많은 부처님·세존은 가르침의 수단을 가지고 〈교화〉하시지만, 교화

되는 중생은 모두 다 보살인 것이다.

만일에 〈어떤〉 사람이 지혜가 얕고, 깊이 애욕에 집착해 있다면 이런 사람들을 위해서 고(苦)라고 하는 진리를 설한다.

중생은 마음에 기쁨을 느끼고, 아직 한 번도 경험치 못한 생각을 한다. 부처님이 설하는 고(苦)라는 진리는, 진실하여 틀린 것은 없다.

만일 중생이 고(苦)의 근원을 알지 못하고, 깊이 고(苦)의 원인이 되는 것에 집착하여, 잠깐이나마 그것을 버리지 못한다면,

이런 사람들을 위해 가르침의 수단을 마련하여 〈가르침의〉 길을 설한다. 〈즉〉 갖가지 괴로움의 원인은 탐욕이 근본이다.

만일 그 탐욕 멸하면 〈집착이〉 의지할 곳이 없어져 버린다. 〈이리하여〉 많은 고(苦)를 완전히 멸하는 것을 제3의 진리라고 이름 한다.

〈그 고(苦)의〉 멸이라는 진리를 위한 까닭에, 〈고(苦)로부터의 해방에 이르는〉 길(道)을 수행하는 것이다. 갖가지의 고(苦)의 속박을 벗어나는 것을, 해탈을 얻는 다고 이름한다.

이런 경우, 이 사람은 무엇에서 해탈할 수 있었는가. 그것은 다만 진실이 아닌 거짓으로부터 벗어난 것만을 해탈이라고 이름한 것이다,

그러므로 실제로는 아직 모든 해탈을 얻은 것은 아니다. 〈그러므로〉 부처님은 이 사람은 아직 실제로는 열반하지 않았다고 설하는 것이다.

이 사람은 아직 위없는 부처님의 깨달음(佛道)을 얻지 못했기 때문에 나의 마음에서도 열반에 도달했다고 생각지 않는다.

나는 가르침의 왕(法王)이며 법에 있어서 자유자재하다. 중생을 마음 평안하게 하기 위해서 이 세상에 출현한 것이다.

〈그 반대로〉 만일에 이 〈법을〉 듣는 사람이 있어, 기뻐하며 그것을 정중하게 받는다면, 그 사람은 벌써 부처님의 깨달음(佛道)에서 물러나는 일이 없는 보살인 것이다.

만일에 이 경(經)의 가르침을 믿고 받아드리는 사람이 있다면, 그 사람은 이미 일찍이 과거의 부처님을 만나 뵙고, 공손하게 존경하며 공양한 사람이며 또 이 법을 들은 적이 있는 사람인 것이다.

만일 어떤 사람이 그대가 설한 것을 믿을 수 있다면 그 사람은 바로 나를 보고 또 그대와 비구의 승단과 많은 보살들을 만난 것이 된다.

이 『법화경』은 깊은 지혜를 가진 사람을 위해 설하는 것이다. 얕은 지식밖에 없는 사람들은, 이것을 듣고 미혹하여 이해할 수가 없다. 일체의 성문과 벽지불은 이 경(經)에서는 그 힘이 미치지 못한다.

그대 사리불마저, 역시 이 경에 있어서는 믿음에 의해서 들이 올 수 있었던 것이다. 하물며 다른 성문들은 역시 더욱더 그러하다.

그 다른 성문들도 부처님의 말씀을 믿었기 때문에 이 경에 따르는 것이어서, 자기들의 지혜로 분별한 결과는 아니었다.

또 사리불이여, 교만하게 굴며 게으른데다 고정적인 자아가 있다고 잘못된 견해를 가진 사람에게는, 이 가르침을 설해서는 안 된다. 범부는 지혜가 얕고 5관(五官)의 욕망에 집착하고 있으며, 비록 듣더라도 이해할 수 없다. 그러므로 그들에게도 또한 설해서는 안 된다.

만일에 어떤 사람이 믿지 않고 나쁜 말로 비방하면, 그것은 바로 모든 이 세상 안의 부처가 되는 종자를 끊는 것이 될 것이다.

혹은 또한 눈살을 찌푸리며 의혹을 품는다면, 그대는 그 사람의 죄의 과보가 설해지는 것을 반드시 들을 것이다.

　만일에 부처님이 이 세상에 계실 때나 혹은 멸도한 후에, 이와 같은 경전을 비방하거나 독송하고 서사하고 유지하는 사람을 보고, 경멸하고 미워하며 질투하거나 원한을 품는 일이 있다면, 그 사람의 죄의 과보를 그대는 지금 또 듣도록 하라.

　그와 같은 사람은 수명이 다하면 아비지옥에 갈 것이며, 1겁이라는 긴 세월을 지나서 그 겁이 다하면, 다시 〈다른 지옥에〉 새롭게 태어나고 그와 같이 〈지옥계를〉 빙빙 돌며 무수한 겁을 지나게 될 것이다.

　지옥에서 빠져나오더라도 반드시 축생계에 떨어질 것이다. 만일 개나 자칼로 태어나면 그 모습은 얼룩얼룩 털이 빠지고 바싹 말라 있고,

　색깔이 검고 부스럼과 나병에 걸려서 사람의 놀림감이 되며, 또 혐오되고 멸시받을 것이다.

　항상 굶주리고 목이 타서 괴로워하며 뼈와 가죽만 앙상할 것이다. 살아 있는 동안은 고통을 받고, 죽으면 기왓장과 돌멩이가 던져진다.

　부처님이 되는 종자를 끊었기 때문에 이와 같은 과보를 받게 되는 것이다.

　만일에 낙타가 되고 혹은 당나귀로 태어나면, 그 몸에는 항상 무거운 짐이 등에 지어져 있고 지팡이나 채찍으로 호되게 두들겨 맞으면서도, 오직 〈먹을 것인〉 수초만을 생각하고 그 이외는 아무것도 아는 바가 없다. 이『법화경』을 비방하기 때문에, 그 벌을 받는 것은 이상과 같다.

　만일 또한 재칼이 되어서 마을(聚落)에 들어가면, 몸에는 옴과 문둥병에 걸렸으며 그 위에 한쪽 눈밖에 없고, 아이들로부터 두들겨 맞아

여러 가지 고통을 받고 어느 때는 죽음에 이를 것이다.

그런 까닭으로 죽어도 다시 〈태어나서〉 큰 뱀의 몸을 받을 것이다. 그 형태는 길고 커서 5백 요자나의 길이가 될 것이다.

귀머거리에 어리석고 발이 없어 꿈틀꿈틀 배로 밀고 다니며, 여러 가지 작은 벌레들에게 빨아 먹히면서, 밤낮없이 고통을 받으며 쉬는 일이 없을 것이다. 이 경을 비방했기 때문에 그 벌을 받는 것은 이상과 같은 것이다.

만일에 인간이 될 수가 있어도 여러 가지의 능력에서 둔하고 뒤떨어져서, 난쟁이・앉은뱅이・절름발이・장님・귀머거리・꼽추가 될 것이다.

무슨 말을 하려고 해도 사람들은 그것을 믿고 받아들이지 않을 것이다. 입에서는 항상 구린내가 나고 귀신과 요괴에게 홀리게 될 것이다.

가난하고 곤궁하고 하천한 몸이 되어 남에게 부림을 받고, 병이 많고 고통으로 깡마르며 의지할 데도 없다.

누군가가 찾아가 친하려고 해도 그 사람은 그런 것에는 의중에도 없다. 만일 뭔가 얻은 것이 있어도 곧바로 잃어버리고 만다.

만일 의사가 되어 처방을 따라 병을 고치려고 한다면, 도리어 새롭게 다른 병이 병발하거나 혹은 죽음에 이르고 만다. 만일 자기가 병에 걸리면 치료해 주는 일도 없고, 설령 좋은 약을 복용해도 또 한층 격렬함을 증가시킬 것이다.

만일에 다른 사람이 모반을 일으키거나 약탈하거나 도둑질을 하는 경우에도, 그러한 죄가 도리어 자기의 재앙이 되어 뒤집어쓰게 된다.

그와 같은 죄인은, 영구히 많은 성인들의 왕인 부처님의 설법과 교화하시는 것을 만나는 일이 없을 것이다.

그와 같은 죄인은 항상 〈부처님의 가르침에 접촉되기〉 어려운 경계에 태어나고 미치광이, 귀머거리에다 마음이 산란하여 영구히 〈부처님의〉 법을 듣지 않을 것이다.

무수(無數)라고 하는 갠지스 강의 모래 수만큼 겁수의 긴 세월 동안, 태어나면 귀도 들리지 않고 말도 할 수 없는 사람이 되어, 신체의 여러 기능이 불완전할 것이다.

언제나 지옥에 있으면서도 마치 원림이나 높은 누각에서 놀고 있는 것 같고 그 밖에, 나쁜 경계에 있는 것이, 자기 집에 있는 것 같다. 그리하여 낙타・당나귀・멧돼지・개 등의 속에 그는 살아갈 것이다. 이 경을 비방하기 때문에 그 벌을 받는 것은 이상과 같다.

설령 인간으로 태어날 수 있더라도 귀머거리・장님・벙어리가 되고 빈곤과 여러 가지 병들어 쇠약함 등으로 나의 몸을 치장하게 된다.

물집・비듬・옴・문둥병・부스럼, 이와 같은 병이 그 의복이 되고 신체는 항상 구린내를 방출하고 때가 범벅이 되어 부정한 것이다.

깊이 자아가 있다는 견해에 집착하고 있어, 성냄은 더욱 심해지고 음욕이 성해서 〈그 대상으로서〉 금수도 가리지 않는다. 이 경을 비방하기 때문에 그 벌을 받는 것은 이상과 같은 것이다.』

사리불에게 말한다.『이 경을 비방한 사람이 만일 그 사람의 죄를 설하려고 한다면, 겁이라고 하는 매우 긴 시간을 만료해도 아직 다 설할 수는 없을 것이다.

이와 같은 이유에서, 나는 일부러 그대에게 말하는 것이다. 지혜 없는 사람들 중에서 이 경을 설해서는 안 된다고.

 만일 소질이 빼어나서 밝은 지혜를 갖고, 많은 것을 듣고, 잊지 않으며 기억력이 뛰어나서 부처님의 깨달음을 구하는 사람이 있다면, 그와 같은 사람에게야 말로 설해 주어야 한다.

 만일에 어떤 사람이 일찍이 백 천억의 부처님을 뵙고, 가지가지의 선의 씨앗을 심고 신심이 견고하다면 그와 같은 사람에게야 말로 설해 주어야 한다.

 만일에 어떤 사람이 정진하고 항상 자비로운 마음을 실천하고 자기의 신체, 목숨마저도 아끼지 않는다면 그러한 사람에게야 말로 설해야 할 것이다.

 만일에 어떤 사람이 공경하고 존경하는 것을 닦아서 두 마음 있는 일 없이, 모든 범부 어리석은 무리들로부터 떠나서 홀로 산림이나 계곡에 살고 있다면, 그와 같은 사람에게야말로 설해주어야 한다.

 또 사리불이여, 만일에 나쁜 벗들을 버리고 좋은 벗에게 가까이 하는 사람을 본다면, 그와 같은 사람을 위해서야말로 설해주어야 한다.

 만일에 불제자로서 계를 청정하게 유지하는 것이 맑은 명주(明珠)와 같으며, 대승경전을 구하고 있는 그와 같은 사람을 본다면 그와 같은 사람을 위해서야말로 설해주어야 한다.

 만일에 어떤 사람이 성내지 않고 그 성질이 곧고 마음이 유연하여, 항상 모든 사람에게 자비를 베풀고, 많은 부처님을 존경하고 공경한다면, 그와 같은 사람을 위해서야말로 설해주어야 한다.

 또 불제자로서, 많은 사람들의 모임 가운데서 청정한 마음으로 여러 가지의 사연, 비유에 이야기와 말을 가지고 법을 설하는 것이 자유자재라고 한다면, 그와 같은 사람을 위해서야말로 설해주어야 한다.

만일에 수행자가 완전한 지혜〈를 가진 사람〉을 위해서, 4방(四方)에 〈가르침의〉법을 구해서, 합장하고 받지만,

다만 대승경전만을 마음에 기꺼이 받아 유할 뿐 다른 경전에서 1게(一偈)마저도 받지 않는다면, 그와 같은 사람을 위해서야말로 설해주어야 한다.

사람이 마음의 밑바닥에서부터 부처님의 유골을 구하는 것처럼, 그와 같이 경을 구하여서 얻었을 때는 머리에 받들고.

그 사람이 또한 다른 경을 구하려고 하지 않고 또한 지금까지 불전 이외의 전적(典籍)에도 마음에 생각한 일이 없다면, 그와 같은 사람을 위해서야말로 설해주어야 한다.』

사리불에게 말하겠다, 『나는 이상과 같은 양상으로 부처님의 깨달음(佛道)을 구하는 사람들에 대해서 설하려고 한다면, 1겁이라는 매우 긴 세월을 만료해도 아직 설해 다 마칠 수 없을 것이다. 그와 같은 사람이 있다면, 이해하고 믿을 수가 있기 때문에 그대는 그와 같은 사람을 위해서『묘법연화경』을 설해주어야 할 것이다.』

信解品 第四
신 해 품 제 사

 그때 장로인 수보리, 마하가전연, 마하가섭, 마하목건련 등은 부처님으로부터 들은 지금까지는 한 번도 들어 본 적이 없는 거룩한 가르침과 세존께서 사리불에게 위없는 바른 깨달음을 얻을 것이라는 증명을 준 것에 대해 유례없이 드문 마음을 일으켜서, 기뻐서 덩실거리며 곧바로 자리에서 일어나 의복을 정돈한 후, 오른쪽 어깨를 벗어 드러내고 오른쪽 무릎을 땅에 꿇고 1심(一心)으로 합장하며, 몸을 굽혀 예배하고 공경하며, 거룩한 부처님의 얼굴을 우러러보며 부처님께 말씀드렸다.
「저희들은 승단의 상수(上首)로 되어 있습니다만, 모두 나이가 들어

늙고 쇠약하였습니다. 자신은 이미 열반을 얻었다고 생각하고, 그 임무에 견디어 낼 필요가 없다고 생각하며, 위없는 바른 깨달음을 자진해서 구하려 하지 않았습니다.

세존께서는 예로부터 법을 설하고서부터 오랜 시간이 경과하고 있습니다. 저는 그때 〈부처님께서 설법하시는〉 자리에 있었으나, 신체는 지치고 싫증이 나서 다만 〈소승의〉 공(空)·무상(無相)·무작(無作)〈의 삼삼매〉만을 사념(思念)하고, 보살의 법으로서의 자재한 신통에 유희하면서 스스로 즐기며, 부처님의 국토를 청정케 하고 중생을 성숙시킨다고 하는, 그것을 마음 즐겁게 바라지는 않았습니다.

그 까닭은, 세존께서는 저희들을 〈욕계·색계·무색계의〉 3계에서 출리(出離)시켜, 열반의 깨달음을 얻게 하였기 때문입니다. 또 지금 저희들은 나이가 들어, 늙어 빠져서 부처님께서 보살에게 가르친 위없는 바른 깨달음에 대해서도, 한 생각에도 이것을 기꺼이 원하는 마음을 일으키지 않았던 것입니다.

〈그런데〉 저희들은 지금 부처님 앞에서, 성문에게도 위없는 바른 깨달음을 얻는다는 예언이 주어진 것을 듣고, 마음은 크게 기뻐하며 지금까지 없었던 생각을 하였습니다. 지금 여기서 돌연히, 비할 바 없는 법을 들을 수 있다는 것은 생각지도 아니하였습니다. 이것은 참으로 크고 좋은 이익을 얻은 것이라고, 스스로부터 그 행운을 기뻐하고 있습니다. 헤아릴 수 없을 만큼의 진귀한 보배가, 구하지도 않았는데 자연히 얻어진 것입니다.

세존이시여, 저희들은 지금 비유를 설해서, 그것에 의해 이것의 뜻을 밝히려고 생각합니다.

예를 들면, 이와 같은 사람이 있다고 합시다. 나이 어린 소년이 아버지를 버리고 도망을 쳐서 오랫동안 타국에 살며, 10년, 20년이 경과하고 마침내 50년이 되었습니다. 나이가 많아짐에 따라서, 점점 빈곤의 괴로움이 심해져서 사방으로 돌아다니며 의복과 먹을 것을 구해서, 점차로 이곳저곳으로 떠돌아다니다가 우연히도 원래의 나라 쪽으로 향하게 되었습니다.

그 아버지는 전부터 계속해서 아들을 찾아 구했으나 찾을 수 없었으므로, 도중의 어느 성시(城市)에 머물게 되었습니다. 〈아버지의〉 집은 매우 부유해, 재보(財寶)는 헤아릴 수 없을 만큼 있었습니다. 금·은·유리(瑠璃)·산호·호박(琥珀)·수정구슬 등이 많은 창고에 모두 가득히 넘치도록 있었습니다. 많은 심부름꾼, 사용인, 고용인들이 있었으며 코끼리와 말, 소와 양 등은 헤아려 알 수 없을 정도였습니다.

널리 타국에까지 금전을 빌려주고 이익을 얻고 있으며, 물건을 파는 상인과 물건을 사는 고객도 매우 많았습니다.

어쩌다가 빈곤이 한계에 이른 아들은 많은 마을들을 떠돌았고 나라들을 여기저기 돌아다니다가, 마침내 아버지가 머물고 있는 성시에 오게 되었습니다.

아버지는 언제나 아들의 일을 생각하고 있었건만, 이별한 이래 50여 년이 되었지만 아직 지금까지 한 번도 남에게 이와 같은 일을 말하지는 않았습니다. 오직 자기 혼자 생각하며, 가슴속에 회한을 품고 있었습니다. 그 생각하는 내용은 『나는 늙은 몸이 되었으나 많은 재보(財寶), 보물이 있다. 금·은과 진귀한 보배는 창고에 가득히 넘치고 있는데, 그러나 아들이 없다. 만일 내가 죽어버린다면, 그 재물은 맡길 곳도 없고 흩어져 없어지고 말 것이다.』

그런 까닭에 되풀이하고 되풀이하면서 항상 그 아들에 대해 생각하며, 또 이와 같이도 생각을 했습니다.

『내가 만일 아들을 얻을 수 있어서, 재물을 맡겨 줄 수 있다면 마음 편히 즐겁게 되어 어떤 걱정도 없을 터인데.』

세존이시여, 그때에, 빈궁한 아들은 이곳저곳에 임금(賃金)으로 고용되면서, 예기치 않게 아버지의 집으로 왔습니다. 문 한쪽에 서서 아득히 그 아버지를 보자, 사자(獅子)의 〈모피를 깔은〉 의자에 앉아 보옥으로 만든 발 받침 위에 발을 올려놓고 많은 바라문, 왕후귀족, 부호들이 모두 공손히 에워싸여 있었습니다. 진주의 구슬로 된 장식품은 그 가치가 천만이나 되는 것으로 그 몸을 치장하고, 고용인과 심부름꾼들이 손에 흰털의 불자(拂子, 파리 쫓는 것)를 들고 좌우에 따로따로 시립(侍立)하고 있었습니다. 보옥을 여기저기 박은 장막으로 그 위를 덮고 갖가지 꽃으로 된 깃발을 드리우고 향수를 땅바닥에 뿌리고, 많은 훌륭한 꽃을 여기저기 뿌렸으며 보물을 늘어놓고, 내고 들이면서 거래를 하고 있었습니다. 이와 같은 여러 가지의 엄숙한 장식이 있어서 예상외로 위엄이 가득해 있었습니다.

빈궁한 아들은 아버지에게 큰 세력이 있는 것을 보고, 곧바로 두려움을 품고 이곳에 온 것을 후회했습니다. 그리고 남몰래 이와 같이 생각했습니다.

『이 사람은 임금님이거나 혹은 임금님과 비슷한 사람일 것이다. 내가 고용되어 일하고, 물건을 얻을 것 같은 곳은 아닐 것 같다. 더욱 빈곤한 마을에 가서, 힘을 다하여 일할 곳이 있다면, 의식(衣食)은 얻기 쉽기 때문에, 그렇게 할 수밖에 없다. 만일 오랫동안 이곳에 머물러 있으면, 계속해서 몰아세워서, 강제로 일하게 될 것임에 틀림없다.』 이렇게 생각하자 재빨리 내달았습니다.

그때, 부유한 장자는 사자의 모피(毛皮)를 깐 의자에 앉아 있으면서, 아들을 보자 곧바로 〈자기 아들임을〉 알고 마음 크게 기뻐하며, 이와 같이 생각했습니다.

『나의 재산, 창고와 저장고를, 지금 줄 사람이 생겼다. 나는 항상 이 아들에 대해 생각을 하고 있었지만 찾아낼 방법이 없었다. 그것을 지금 돌연히 저 아들 쪽에서부터 찾아왔다. 나의 소원(願)에 꼭 들어맞았다. 나는 나이가 늙었지만 아직은 〈재물을〉 아끼고 〈내 아들에게 줄 때를 기다리고〉 있는 것이다.』

그런데 즉시 곁에 있는 사람을 보내서, 급히 뒤쫓아서 그와 더불어 돌아오도록 하였습니다. 그래서 심부름꾼은 재빨리 달려가서 그 아들을 붙잡았습니다. 그러자 빈궁한 아들은 깜짝 놀라서, 적(敵)이다, 라고 무심코 지껄이며 큰 소리로 이처럼 부르짖었습니다. 『나는 아무것도 나쁜 짓을 하지 않았습니다. 어째서 붙잡습니까?』

그러자 심부름꾼은 더욱더 조급하게 그 아들을 붙잡고 강제로 잡아끌고 함께 돌아왔습니다. 그때, 빈궁한 아들은 이와 같이 생각했습니다.

『아무 죄도 없는데도 붙잡혔다. 이것은 기필코 죽임을 당할 것이 틀림없다.』

이리하여 점점 공포는 심해져서, 민절(悶絕)하여 땅바닥에 넘어져 버렸습니다. 아버지는 멀리 떨어져서 이 광경을 보고 심부름꾼에게 말하기를,

『그 사람은 이제 필요치 않다. 무리하게 데려오려고 해서는 안 된다. 찬물을 얼굴에 뿌려서 눈을 뜨도록 해줘라. 다시는 이야기해서는 안 된다.』라고.

그 까닭은, 아버지는 그 아들의 심성이 졸렬(拙劣)해 있음을 알고 자기가 뛰어나게 고귀한 것이, 그것이 아들에게는 거리끼게 된다는 것을 알았기 때문입니다.

이것은 내 아들이라고 분명히 알고 있지만, 가르침의 수단으로서 남에게 이것은 내 아들이라고 말하지 않았던 것입니다.

심부름꾼은 그에게 『지금 너를 풀어주겠다. 네 마음대로 기기라.』라고 말했습니다. 빈궁한 아들은 기뻐하며 깜짝 놀라서 땅바닥에서 일어서서, 가난한 마을에 가서 그곳에서 입을 것과 먹을 것을 구했습니다.

그때 장자는 그 아들을 유인하려고 생각하며, 수단을 강구하여 은밀히 두 사람의 얼굴 모양이 깡마르고 쇠약한, 위엄도 없는 사람을 보내면서 이렇게 말했습니다.

『너희들은 그가 있는 곳에 가서 서서히 빈궁한 아들에게 이와 같이 말하라. '이곳에 일할 장소가 있다. 두 배의 급료를 줄 것이다.'라고. 빈궁한 아들이 만일 승낙한다면 데리고 와서 일하도록 해라. 만일 어떤 일을 바라는가 하고 말하거든 그에게 이렇게 말하여라. 너를 고용하는 것은 오물의 청소를 위한 것이다. 우리 두 사람도 너와 함께 일할 것이다.』

그래서 두 사람의 심부름꾼은 곧바로 빈궁한 아들을 구해서 찾아내어, 자세히 이상의 것을 말했습니다. 그때 빈궁한 아들은 우선 임금을 받고, 그로부터 두 사람과 함께 오물의 청소를 했습니다. 그 아버지는 아들을 보고 슬퍼하며, 기특한 생각에 잠겼습니다.

또 다른 날, 창문 너머로 멀리 내 아들의 신체를 보면, 피로하고 깡말라 수척하며 똥과 진토(塵土)로 더러워져서 지저분하고 깨끗하지 못했습니다. 그래서 아버지는 목걸이, 부드러운 상등급의 의복, 훌륭한 장신구를 벗고 새롭게 고쳐서 허술하고 찢어지고 때 묻은 옷을 몸에 걸치고 먼지와 흙으로 신체를 더럽히고 오른손에 대소변을 퍼내는 그릇을 단단히 붙잡고, 주저주저한 몰골의 옷차림을 하였습니다. 그리고 많은 일하는 사람들에게 이렇게 말했습니다.

『여러분들, 부지런히 일하고 게으름을 피워서는 안 된다.』라고,

〈아버지는 이와 같이 하여〉 수단을 강구함에 의해서 그 아들에게 가까이 갈 수 있었습니다.

그리고 이와 같이 말했습니다.

『이 불쌍한 남자여, 너는 언제나 여기서 일하여라. 다른 곳에는 가서는 안 된다. 너에게 임금을 올려주겠다. 여러 가지 필요한 주발과 그릇, 쌀과 보리 가루(麥粉), 소금과 식초 등의 종류는 걱정하지 말고 어려워할 필요는 없다. 또 나이 많은 사용인이 있다. 필요하면 주겠다. 안심해라. 나는 너의 아버지와 같은 사람이다. 걱정할 것은 없다. 왜냐하면, 나는 나이가 들어 늙었지만 너는 젊다. 너는 일할 때는 언제나 속이거나 게으름을 피우거나 성내거나 미워하거나 원망하는 말을 하는 일은

없었다. 모두 너에 관해서는 다른 일꾼들과 똑같이, 이와 같은 나쁜 짓을 한다는 것은, 나는 보지 못했다. 지금부터 앞으로는 친아들처럼 하겠다.』

곧바로 장자는, 새롭게 그 아들을 위해 이름을 짓고 「아들」이라고 하였다.

그때, 빈궁한 아들은 이 처우를 매우 기뻤지만, 아직도 자신은 객지에서 온 신분이 낮은 사용인이라고 생각하고 있었습니다. 이와 같은 사정에서, 〈장자는〉 20년 동안 여전히 오물을 청소시켰습니다. 그 후에는 〈부자(父子)는〉 마음이 서로 통해서, 서로 믿게 되어 출입하는 데에 어려움은 없었지만 그러나 그 아들이 머물고 있는 곳은 아직 원래의 곳 그대로였습니다.

세존이시여, 그때에 장자는 병에 걸렸습니다. 자기의 죽을 때가 그리 멀지 않다는 것을 알고 빈궁한 아들에게 이렇게 말했습니다.

『나에게는 많은 금과 은, 진귀한 보배가 있어서 창고에 가득히 넘쳐나고 있다. 그 가운데서 많고 적고, 가져야 할 것이라든가 주어야할 것이라든가, 너는 그것들에 관해서 모두 알아야 한다. 너는 나의 이와 같은 마음을 알아주었으면 좋겠다. 왜냐하면 지금 나와 너는 남남이 아니기 때문이다. 주위에 마음을 쓰고 주의해서 〈재산을〉 잃지 않도록 해라.』

그래서 빈궁한 아들은 그 명령을 받고서 많은 물건, 금과 은, 진귀한 보물과 많은 창고와 저장고를 완전히 챙겼으나 그렇지만 더욱 한 번의 식사마저도 바라고 가지려고 하지 않았습니다. 게다가 그가 머물고 있는 장소는 아직도 원래의 곳 그대로여서, 자기는 미천한 사람이라고 하는 생각을 아직 벗어버릴 수가 없었습니다.

그로부터 또한, 얼마 동안의 시간이 지나서 아버지는 아들의 마음이 점점 통하고 평안해지고, 큰 뜻이 생겨나서 자기 스스로가 지금까지의 마음을 비천하다고 생각하게 되었음을 알고, 임종의 때에 임해서, 그 아들에게 명해서, 친족과 국왕, 대신, 왕후귀족, 부호들을 모이도록 했는데 모두가 다 모였습니다. 그래서 아버지는 자신으로부터 이렇게 말했습니다.

『여러분, 알아두기 바랍니다. 이 사람은 나의 아들입니다. 나의 친아들입니다. 어느 성에서 나를 버리고 도망을 쳐서, 유랑하며 고생을 하며 50여 년이 흘렀습니다. 그 원래의 이름은 아무개이고 나의 이름도 아무개입니다. 옛날 원래의 성안에서 걱정하며 찾아 구하고 있었습니다. 그런데 어느 때 돌연히, 예기치 않게 여기서 만나서 이 아들을 얻었습니다. 이 사람은 정말로 내 아들입니다. 나는 참으로 그의 아버지입니다. 지금 내가 소유하는 모든 재물은 모두 나의 아들의 것입니다. 지금까지 출납해 온 것에 관해서는 아들이 알고 있습니다.』

세존이시여, 이때 궁자인 아들은, 아버지의 그 말씀을 듣자 크게 기뻐하고 아직까지 경험하지 못한 생각을 하며 이와 같이 생각을 하였습니다.

『나는 원래부터 마음에 원하고 구하려고 하는 것이 없었는데도, 지금 이 보물의 저장고는 자연히 나에게로 찾아왔다.』

세존이시여, 크게 부유한 장자란 바꾸어 말하면 여래를 말한 것입니다. 저희들은 모두 부처님의 아들과 같습니다. 세존이시여, 여래께서는 항상 저희들은 〈여래의〉 아들이라고 설하여 왔습니다.

세존이시여, 저희들은 세 가지의 괴로움 때문에 생사윤회(生死輪廻)의 가운데서 갖가지의 뜨거운 고뇌를 받고, 미혹하여 지혜가 없어, 보잘것없는 법을 원하고 집착해 있습니다.

그런데 지금 세존께서는 저희들에게 잘 생각하도록 하여, 세상의 온갖 사상(事象)에 관해서 잘못된 생각이라고 하는 오물(糞)을 제거하게 하였습니다. 저희들은 그와 같은 가운데에 있으면서, 부지런히 노력하여 열반에 도달한다는 하루분의 급료(에 해당하는)를 얻었습니다.

이것을 얻은 다음에는 크게 기뻐하면서, 자기로서는 이것으로 충분하다고 만족하며,

『부처님의 가르침의 법 가운데에 몸을 두고 열심히 노력했기 때문에 그 얻은 것은 넓고 많다.』라고 이렇게 생각했습니다. 게다가 세존께서는 저희들의 마음이 부질없는 욕망에 집착하고 낮은 법을 원하는 것을 알고 계시면서, 그대로 가만히 내버려두며 『너희들은 여래의 진리를 끝까지 규명하여 깨닫는 지혜와 보물의 저장고와 타고난 천성이 반드시 있을 것이나.』라고 하는 조처를 가르쳐 주시지 않았던 것입니다.

세존께서는, 교화의 수단의 힘으로 여래의 지혜를 설하셨지만, 저희들은 부처님에게서 열반이라고 하는 하루분의 품삯을 손에 넣고, 그것에 의해서 크게 얻었다고 생각해버리고, 이 대승에 대해서 그것을 바라며 구(希求)하는 일이 없었던 것입니다.

또 저희들은 여래의 지혜에 의거하여 많은 보살들을 위해서 교시하

며 설했었지만, 그러나 자신들은 여래의 지혜를 바라고 원하지는 않았습니다. 그것은 왜냐하면, 정작 부처님께서는 저희들이 낮은 법을 마음에 원한다는 것을 알고 계셨기 때문에 가르침의 수단의 힘에 의해서, 저희들에게 맞추어서 〈소승을〉 설했던 것인데, 그렇지만 저희들은 참으로 부처님의 아들이라는 사실을 알지 못했기 때문입니다.

지금이야말로 저희들은 알았습니다. 세존께서 부처님의 지혜에서는 인색하지는 않다는 것을 그 이유는 저희들은 옛날부터 계속해서 진실로 부처님의 아들이었는데도, 그러나 오직 낮은 법만을 원했었습니다. 만일 저희들이 뛰어난 법을 원하는 마음이 있었다면, 부처님께서는 저희들을 위해서 대승의 법을 설하시게 되었을 것이기 때문입니다.

〈그런데도 지금에야 세존께서는〉 이 〈법화〉경 가운데에는, 오직 하나의 가르침의 탈것만을 설하셨습니다. 그리고 옛날은, 보살들 앞에서 낮은 법을 원하는 성문의 사람을 모르는 체했었는데, 그렇지만 실제로는 대승에 의해서 교화하신 것입니다. 그런 까닭에 저희들은 이와 같이 설하는 것입니다. 원래는 마음에 바라고 구(希求)하는 것은 없었지만 지금 법왕의 큰 보배가 자연히 손에 들어왔습니다. 부처님의 아들이 당연히 얻어야 할 것은 이미 모두 손에 넣었습니다.」

그때 마하가섭은 거듭하여 이상의 뜻을 펴려고 하여, 시를 설해 말했다.

「저희들은 오늘 부처님의 가르침의 목소리를 듣고, 기뻐서 덩실덩실 춤추며 지금까지 없었던 것을 얻었다.

부처님께서는 성문도 반드시 성불할 수 있다고 설하셨다. 그것에 의해서 위없는 보배의 무더기가, 구하지도 않았는데 자연히 손에 들어왔다.

비유컨대, 여기에 아이가 있었다고 하자. 어려서 세상사를 분별치 못한 채 아버지를 버리고 멀리 타국에 도망을 가버리고 말았다.
　여러 나라를 유랑하고 떠돌기를 50여 년, 그 아버지는 슬퍼하고 걱정하며 사방을 찾아 구했다.
　그를 구하는 데에 지쳐버려서 어느 한 성에 머물렀다. 거기서 저택을 세우고 오관이 원하는 대로 즐겼다.
　그 집은 크게 부유해서 많은 금과 은, 자거·마노·진주·유리가 많이 있고 코끼리·말·소·염소·가마·수레,
　밭농사 짓는 무리, 머슴들과 사람들이 많이 있고 금전을 빌려주고 이자를 받는 것이, 타국에까지 널리 상인과 물건 사는 손님들이 곳곳마다 있다. 천만 억의 많은 사람들이 에워싸고 존경받으면서, 항상 왕의 총애를 얻고 있다.
　나란히 앉아 있는 신하와 호족들도 모두 함께 존경하고 갖가지의 연으로, 찾아오는 사람들이 많이 있다.
　이와 같이 부유하며 큰 세력을 가지고 있었다. 그러나 연로(年老)하여 쇠약함에 따라서 더욱더 아들을 걱정하며 염려하고 있었다.
　아침 일찍부터 밤늦게까지 다음과 같이 생각했다. 『나는 죽을 때가 가까워졌다. 어리석은 내 아들은 나를 버린 지 50여 년이 된다. 창고와 저장고의 갖가지 것들을 도대체 어찌하면 좋을 것인가.』
　그때 빈궁한 아들은 의복과 먹을 것을 구하려고 마을에서 마을로, 이 나라에서 저 나라로 방랑하고 있었다.
　어느 때는 얻는 것이 있고 또 어느 때는 아무것도 얻지 못할 때도 있

었다. 굶주려서 깡마르고 신체에는 옴과 버짐이 생겨 있었다.

다음에서 다음으로 거쳐서 이곳저곳 헤매다가 아버지가 살고 있는 성에 도달했다. 품팔이하면서 옮겨 다니다가 마침내 아버지의 저택에 찾아 들었다.

그때 장자는 그 문안에 있으면서 큰 보옥을 여기저기 밖은 장막을 둘러치고 사자의 가죽을 깐 자리에 앉아, 사람들이 둘러쌌으며, 많은 사람들이 곁을 지키고 있었다.

어떤 사람은 금과 은, 보물을 감정하고 재산을 출납하고 문서를 쓰고 있는 사람도 있다.

빈궁한 아들은 아버지의 부귀하고 엄숙한 모양을 보고『저 사람은 국왕이거나 혹은 국왕과 동등한 사람이다.』라고 생각했다. '놀랍고 두려워서 어찌하여 이런 곳에 오고 말았단 말인가.'라고 자기마저도 이상하게 생각했다.

은밀한 마음으로 생각하기를『만일 자기가 이곳에 오래 머물러 있으면 혹은 위협을 받고, 강제로 일하도록 할지도 모른다.』라고 생각이 미치자 뛰어서 달려갔다. 빈민촌에 가 보아서 그곳에서 고용되어 일했으면 하고 생각했다.

장자는 이때 사자의 가죽을 깐 자리 위에서 그 아들을 보고, 침묵한 채로 자기 아들임을 알아차리고 곧바로 심부름꾼에게 명하기를, 쫓아가 붙잡아 오게 했다.

빈궁한 아들은 깜짝 놀라 울부짖으며 기절하여 땅바닥에 넘어졌다.『이 사람이 날 붙잡았다. 죽임을 당할 것이 틀림없다. 의복과 먹을 것에 이끌려서, 어찌하여 이런 곳에 오고 말았단 말인가?』.

장자는 아들이 어리석고 마음이 좁고 용렬해서, 자기가 하는 말도 믿지 않고, 아버지라는 것도 믿지 않음을 알고,

　그래서 수단을 강구하여 바꾸어서, 다른 사람인, 애꾸눈에 키가 작고 보기 사나운데다 위엄도 없는 사람을 보내며〈명령했다.〉

　『너는 그에게, 이렇게 말하여라. 너를 고용하겠다. 갖가지 오물을 청소하여라. 그렇게 하면 너에게 두 배의 급료를 주겠다.』

　빈궁한 아들은, 이것을 듣고 기뻐하며 따라와서 오물을 청소하고 많은 방과 건물을 깨끗이 했다.

　장자는 창 너머로 항상 아들을 바라보며, 아들이 어리석고 졸렬하여 스스로 비천한 일을 하는 것을 걱정하고 있었다.

　그래서 장자는, 보기에도 더러운 옷을 입고 오물 푸는 그릇을 손에 쥐고 아들이 있는 곳에 가서, 수단을 강구하여 가까이 가서 다음과 같이 말하며 열심히 일하도록 했다.

　『너의 급료와 다리에 바를 기름도 더 주며, 마시는 것·먹을 것을 충분하게 주고 거적·돗자리도 두껍고 따뜻하게 해 주겠다.』

　그리고 이와 같이 쓴 소리(苦言)도 했다. 『너는 부지런히 일하라.』또 한편으로는 부드럽게 이렇게 말했다. 『너를 내 아들처럼 여기겠다.』

　장자는 지혜를 발휘하여 서서히 집에 출입시켰다.〈그리하여〉20년을 보내면서 집안일을 보며 알게 하고.

　그에게 금과 은, 진주와 수정(頗梨) 등의 여러 가지 물건의 들고 남을 확실하게 보여주어 그 모든 것을 알도록 했다.

　그러나 여전히 문밖에 살며, 띠로 지붕을 인 오두막집에 숙박하며 자

기는 가난하다고 생각하고 있었다.

『자기에게 이와 같은 것이 있지는 않다.』라고.

아버지는 아들의 마음이 점점 크고 넓어짐을 알고 그 재산을 주려고 생각했다.

그래서 친족, 국왕, 대신, 왕후귀족, 자산가를 모이게 하고 그 많은 모임 가운데서 이렇게 말했다. 『이 사람은 나의 아들입니다.

나를 버리고 타국에 가서 50년을 지냈습니다. 더욱이 아들을 발견하고서부터 지금까지 벌써 20년이 지났습니다.

옛날 아무개라는 성시에서 이 아들을 잃어버렸습니다. 이리저리 헤매 걸으면서 찾아 구하다가 마침내 여기에 온 것입니다.

내가 가진 모든 재산, 집이며 사용인을 죄다 이 아들에게 줍니다. 그가 어떻게 사용하든 마음대로 해도 좋습니다.』

아들은 생각했다. 『옛날은 가난하고 마음가짐도 용렬했었다. 지금은 아버지 계신 곳에 있으면서 많은 진귀한 보배,

그것에다 집, 온갖 재물을 얻었다.』라고. 그리고 매우 기뻐하며 난생 처음 있는 일이라고 생각했다.

부처님도 또한 이와 같습니다. 제가 낮고 작은(卑小) 것을 바라고 있는 것을 아시면서 지금까지 너희들은 부처가 될 것이라고 설해 말씀하신 적이 없습니다. 그리고 저희들은 많은 번뇌의 더러움을 없애는 것에 의해, 소승을 완성하는 성문이라는 제자라고 설하셨다.

부처님은 저희들에게 말씀하셨다. 『위없는 깨달음, 이것을 닦고 익히는 사람은 반드시 부처가 될 수 있을 것이라고 설하라.』

저희들은 그 부처님 말씀을 받아서 위대한 보살을 위해서, 갖가지의 사연과 가지가지의 비유, 약간의 말씀을 가지고 위없는 깨달음을 설했다.

많은 부처님의 아들들은 저를 따라서 법을 듣고, 밤낮으로 이것을 생각하고 꾸준히 노력하며 몸에 익혔다. 이때 많은 부처님들께서는 곧바로 그들에게 성불의 예언을 주셨다.『그대는 내세에서 반드시 부처가 될 수 있을 것이다.』하고.

모든 부처님들의, 비밀히 저장하고 있는 법을 오직 보살을 위해서만이 그 진실한 사항을 설하고, 자기 자신을 위해서는 이 진실한 정밀하고 긴요한 이치를 설하지 않았다. 그것은 마치 저 빈궁한 아들이 그 아버지께 가까이 갈 수 있어서, 많은 물건을 알았음에도 불구하고 마음에 그것들을 원하려고 하지 않은 것과 같은 것이며,

저희들도 또한 그와 같이 부처님 법의, 보배의 저장고를 설하면서도 자기 스스로는 그것을 소망하는 일이 없었다.

저희들은 마음〈속〉의 번뇌를 멸하는 것이 된 것만으로, 이것으로 만족하다고 생각하며 다만 이것만을 깨닫고 더구나 그 이상의 것은 없었다. 저희들은 부처님의 국토를 청정케 하고, 중생을 교화한다는 것을 듣고서도 전혀 기뻐하지는 않았다.

그것은 왜냐하면, 일체의 존재는 모두 실체가 없어 공이며, 생하는 것도 멸하는 것도 없다. 크다고 하는 것도 없고, 작다고 하는 것도 없다. 번뇌의 더러움도 없고 현상을 초월하고 있다. 이와 같이 생각하고 있었으므로 기쁘고 원하는 마음을 일으킨다고 하는 일이 없었던 것이다.

저희들은 오랫동안 부처님의 지혜를 탐내듯이 구하는 일 없고, 집착

하는 것도 없고 또 그것을 원하는 일도 없었다. 더욱이 자기 스스로가 이 법이 궁극의 것으로 생각하고 있었다.

저희들은 오랫동안 「공(空)」의 가르침을 닦아 익혀서, 3계의 고뇌에서 벗어날 수 있어서, 이 신체만을 남기는 열반에 머물고 있었다. 부처님의 저희들에 대한 교화는 허무하게 끝나지 않고 〈저희들은〉 깨달음을 얻고 그것을 가지고, 저희들은 이미 부처님의 은혜에 보답할 수 있다고 생각하고 있었다.

저희들은 많은 부처님의 아들들에게 보살의 가르침을 설해서, 불도를 구하도록 했지만 더욱이 〈자기들은〉 이 가르침을 영원히 소망하는 일은 없었다.

도사(導師)가 저희들을 버려둔 것은 저희의 마음을 관찰하셨기 때문이며, 비로소 권하여 참다운 이익이 있다고는 설하시지 아니하셨다.

그것은 부유한 장자가 아들의 뜻이 용렬하다는 것을 알고 가르침의 수단의 힘(方便力)에 의해서, 그의 마음을 유연케 하여, 그러한 다음에 비로소 모든 재물을 부여한 것과 같은 것이며,

부처님도 또한 그와 같이 극히 희귀한 일을 나타내셨다. 비소(卑小)한 법을 원하는 사람이라고 살펴 아시고, 교화의 수단의 힘에 의해서, 그 마음을 고르게 하고 그래서 비로소 위대한 지혜를 가르친 것이다.

저희들은 오늘, 아직 한 번도 경험치 못한 것을 얻었다. 이제까지 원하지도 않았던 것을 지금 자연히 얻은 것은 마치 저 빈궁한 아들이 무량한 보배를 얻은 것과 같은 것이다. 세존이시여, 저는 지금 부처님의 깨달음을 체득하고 그 과보를 얻은, 번뇌의 더러움이 없는 존재를 보는

청정한 눈을 얻었다.

저희들은 오랜 세월에 걸쳐 부처님의 맑은 계율을 지켜 와서, 비로소 오늘 그 과보를 얻었다.

법의 왕이신 부처님의 가르침 가운데서, 오랫동안 청정한 계행을 닦아 왔었으나 지금 번뇌의 더러움이 없는 위없는 큰 과보를 얻은 것이다.

저희들은 지금 참된 성문이다. 부처님의 도(道)를 설하는 음성을 모든 사람에게 들려주자.

저희들은 지금 참된 아라한이다. 많은 세간의 신들과 인간과 악마, 브라흐만 등 널리 그들 가운데에서 그들로부터 공양을 받게 될 터이다.

세존님에게는 큰 은혜가 있으셔서 극히 드물게 있는 것을 수단으로 하여 저희들을 불쌍히 여기시어, 교화하고 이익을 주셨습니다.

한량없는 억겁이라는 긴 동안을 가지고 하더라도, 도대체 누가 이 은혜에 보답할 수 있을 것인가.

손과 발을 사용하여 공양물을 바치고, 머리의 정수리를 땅에 대고 예배하며 모든 것을 공양한다 하여도, 그런데도 모두 그 은혜에 보답할 수는 없다. 혹은 받들어서 양어깨에 태워서 갠지스 강의 모래 수와도 똑같은 겁의 길이에 걸쳐서 마음을 다하여 공경하고.

또 맛있는 밥과 반찬, 한량없는 훌륭한 의복, 게다가 갖가지의 침구, 여러 가지의 약을 공양하고 우두산(牛頭山)에서 나는 전단, 여러 가지 진귀한 보배, 그것들에 의해서 탑묘를 세워 훌륭한 피륙을 땅에 깔거나 하여,

이와 같은 것에 의해서 공양하기를, 갠지스 강의 모래 수만큼 많은 겁 동안이었다고 할지라도 그래도 역시 보답할 수 없다.

많은 부처님들께서는 극히 드물어서, 헤아려 알 수 없고 끝이 없으며 생각도 미치지 않는, 위대한 신통력이 있다. 번뇌의 더러움이 없고 현상을 초월한 존재이어서, 많은 법의 왕이시다. 그리고 낮고 졸렬한 사람을 위해서 〈인도하는〉 것도 훌륭히 인내하시는 것이다.

이 세상의 사상에 사로잡혀 있는 범부에게, 그들에게 알맞은 가르침을 설하신다. 많은 부처님은 그 가르침에서 가장 자유자재이시다.

많은 중생의 여러 가지 의욕과 바라는 것과 그 의지력을 살펴 아셔서 저마다 감내할 수 있는 바에 따라서, 한량없는 비유에 의해서 법을 설하시게 된다.

많은 중생이 전생에서 쌓아온 선행에 상응해서 또 〈가르침을 받는 능력이〉 완성하고 있는 사람, 미완성인 사람을 이미 아시고, 여러 가지로 헤아려서 분별하여 아시면서, 하나의 가르침의 탈것을, 각자에 따라서 세 개의 탈것으로 설하는 것이다.」

藥草喩品 第五
약 초 유 품 제 오

그때 세존께서는 마하가섭과 많은 상좌의 제자들에게 말씀하셨다.

「훌륭하고 훌륭하다. 가섭이여, 훌륭히 여래의 진실한 공덕을 설했다. 그대가 말한 그대로다. 그러나 여래에게는 한량없고 가없는(無邊際) 헤아릴 수도 없을 만큼의 공덕이 있다. 그대들이 비록 헤아릴 수 없을 만큼의 겁의 긴 세월에 걸쳐서 〈그 공덕을〉 설하려고 해도 역시 다 설할 수 없을 것이다.

가섭이여, 알아야 한다. 여래는 모든 가르침의 왕이며 그 설한 것은 모두 진실한 것이다. 모든 가르침의 법을, 지혜에 의한 교화의 수단에 의해서 설법하는 것이다. 그 설한 법은 모두 다, 일체를 아는 지혜의 기초에 도달시키는 것이다.

여래는 모든 가르침이 귀착하는 곳을 관찰하고 알며 또 온갖 중생의 깊은 속마음의 작용을 알고 그것들을 자유자재로 정통하고 있다. 또 많은 교법을 끝까지 파헤쳐서 밝히고, 많은 중생에게 모든 지혜를 확실히 알도록 가르쳐 보이는 것이다.

가섭이여, 비유하면, 3천대천세계의 산과 강, 계곡과 지면에 돋아나 있는 초목, 총림(叢林)과 여러 가지의 약초들은, 그 종류는 몇 종류가 있고 이름과 모양이 제각기 다르다.

그런데 먹구름이 하늘에 온통 가득하고 삼천대천세계를 샅샅이 덮어서, 일시에 한결같이 비를 내린다. 그 습기는 널리 초목, 총림과 갖가지의 양초의 작은 뿌리·작은 줄기·작은 가지·작은 잎·중간쯤의 뿌리·중간쯤의 줄기·중간쯤의 가지·중간쯤의 잎·큰 뿌리·큰 줄기·큰 가지·큰 잎을 축축하게 한다. 갖가지의 수목의, 큰 것과 작은 것은 〈성질의〉 상·중·하에 맞추어서 저마다 그 습기를 받아가지는데, 동일한 구름이 내린 비에 의해서도 저마다 그 종류와 성질에 따라서, 생장하고 꽃을 피우며 열매를 맺는다. 이와 같이 동일한 땅에서 돋아난 것이 동일한 비가 혜택을 준 것일지라도, 각각의 초목에는 저마다의 차이가 있다. 이와 같은 것이다.

가섭이여, 잘 알아야 한다. 여래도 또한 이것과 똑같은 것이다. 〈여래가〉 이 세상에 출현하는 것은 큰 구름이 일어나는 것과 같은 것이며, 큰 음성을, 이 세계의 신들, 인간, 아수라의 세계까지 빠짐없이 널리 미치는 것은 마치 그 큰 구름이 삼천대천세계의 국토를 덮는 것과 같다.

많은 사람의 모임 가운데서 다음과 같은 말을 발하는 것이다. 즉

『나는 여래이며, 공양을 받는 데에 알맞은 사람, 바르고 넓은 지혜를 갖춘 사람, 지(智)와 실천을 완전히 갖춘 사람, 세상 사람들로부터 마땅히 존경받을 가치가 있는 사람이며 지혜가 바르므로 모든 사물에 널리 미치며 지혜와 실행을 두루 갖춘 사람, 깨달음에 도달한 사람, 세간의 모든 것을 아는 사람, 최상의 사람, 사람들의 조어자(調御者), 신과 인간의 스승, 불(佛), 세존이다. 또 〈깨달음의 세계로〉 건너지 않은 사람을 건너게 하고, 아직 해탈하지 못한 사람을 해탈시키고 또 마음이 평안치 못한 사람을 평안토록 하고 또 열반에 이르지 못한 사람에게 열반을 얻도록 한다.

이 세상에 관해서도 미래의 세상에 관해서도 있는 그대로 알고 있다. 나는 일체를 아는 사람이며 일체를 보는 사람이다. 〈깨달음으로 향한〉 길을 아는 사람이며, 그 길을 여는 사람이고 그 길을 설하는 사람이다. 그대들, 신들과 사람들, 아수라들이여, 법을 듣기 위해 모두 이곳으로 오도록 해라.』

그때 무수천만억 종류의 중생들은 부처님 계신 곳으로 모여 와서 가르침을 청문한다. 여래는 그래서 이 중생들의 능력의 우열, 노력과 게으름을 관찰하고 그 감당할 수 있는 단계에 따라서 헤아릴 수 없을 만큼 여러 가지의 법을 설하여, 모든 사람들을 환희토록 하고 마음 평안히 뛰어난 은혜를 획득할 수 있도록 한다.

이 많은 중생들은 이 법을 들은 후에는, 이 세상에서 마음 평안하게 되고 죽은 후에는 좋은 세계에 태어나서 그 경계에 의해서 즐거움을 향수(享受)하고 또 법을 들을 수 있다. 그 법을 듣고 나면 많은 장애를 벗어나서, 여러 가지 교법 가운데에서 그 능력에 따라서 점차로 불도에 들어 갈 수 있는 것이다.

　그것은 마치, 큰 구름이 모든 초목, 총림, 갖가지의 약초 위에 비를 내릴 때 그들의 종류와 성질에 응해서 각각이 그 물기를 받고 저마다 성장할 수 있는 것과 같은 것이다.

　여래의 설법은 하나의 모습, 하나의 맛을 갖는 것이다. 그것은 〈번뇌로부터의〉 해탈이라는 상태, 〈업의 계박으로부터의〉 벗어남이라는 상태, 〈괴로움의〉 멸이라고 하는 상태이며 궁극적으로는 모든 것을 완전히 다 아는 부처님의 지혜에 도달하는 것이다.

　중생이 여래의 법을 듣고, 그것을 유지하고, 독송하며, 그 설법대로 수행하는 경우에도 그것에 의해서 얻어진 공덕은 자기로서 자각하고 알지는 못한다. 그것은 왜 그런가 하면, 오직 여래만이 이 중생의 종류, 모습, 본질, 본성을 알고 있으며 또 어떠한 것을 마음으로 알아차리고, 어떤 것을 생각하며, 어떤 것을 수행하느냐고 하는 것, 어떠한 수단에 의해서 마음으로 알아차리고, 또 어떠한 수단에 의하여 생각하고, 어떠한 수단에 의해서 수행하고, 어떠한 수단에 의해서 어떠한 법을 얻는가 하는 것을 알고 있기 때문이다.

　중생이 갖가지 경우에 머물러 있는 것을 오직 여래만이, 있는 그대로 보고 뚜렷하게 자재(自在)하게 모두 알고 있는 것이다. 그것은 마치 초목, 총림과 갖가지의 약초가 스스로는 자기의 상·중·하라고 하는 성질을 알지 못하는 것과 같은 것이며, 여래는 그것이 하나의 모습, 하나의 맛임을 알고 있는 것이다. 그것은 〈번뇌에서의〉 해탈이라는 모습, 〈업의 계박으로부터의〉 벗어남이라는 모습, 〈괴로움의〉 멸이라고 하는 모습, 궁극의 열반, 항상 아주 조용해진 모습이며 최종적으로는 공(空)

에 귀착되는 것이다.

 부처님은 이것을 알고 계시지만 중생의 마음의 의향을 관찰하여 그것을 소중히 하기 때문에 모든 것을 완전히 아시는 부처님의 지혜를 설하지 않는 것이다.

 그대들, 가섭이여, 이것은 매우 드문 일이다. 여래의 각각에게 알맞도록 설한 법을 알고서, 그것을 믿을 수가 있고, 받아들일 수 있다는 것은 왜냐하면, 많은 불·세존의 각각에게 알맞도록 설하신 법은, 이해하기 어렵고 알기가 어려운 것이기 때문이다.」

 그때에 세존께서는 이상의 뜻을 펴시려 하여 시송(詩頌)을 설해서 말씀하셨다.

「미혹한 생존을 쳐부수는 법왕께서 이 세상에 출현하여 중생의 의욕에 따라서 여러 가지 가르침을 설한다.

 여래는 거룩하고 위대하며 그 지혜는 심오하여, 오랫동안 이 가르침의 대단히 중요함에 관해서 침묵을 시키니 서둘러 설하지 않았다.

 〈왜냐하면〉 지혜가 있는 사람이 그 가르침을 들으면, 믿고 이해할 수 있지만 지혜가 없는 사람은 그것을 의심하고 뉘우치며 영영 잃게 되기 때문이다.

 그런 까닭에 가섭이여, 〈여래는 중생의〉 능력에 따라서 설해서, 가지가지의 계기에 의해서 바른 견해를 얻게 하는 것이다.

 가섭이여, 알지 않으면 안 된다. 그것은 비유하면 큰 구름이 세계에 솟아올라서 모든 것을 빠짐없이 뒤덮었고,

 은혜로운 구름은 습기를 띠고 번갯불이 번쩍이며 우렛소리는 멀리 진동하여 많은 사람들을 기쁘게 한다.

햇빛은 깊이 가려지고 지상은 시원해지며 상쾌하게 되고 구름은 낮게 떠서 손끝에 잡을 듯하다.

그 비는 널리 한결같이 사방 일면에 내리고 한량없이 퍼부어서 지면의 온갖 곳이 혜택을 받는다.

산과 하천, 험한 골짜기의 조용하고 깊은 땅에 자란 초목, 약초와 크고 작은 수목, 갖가지의 곡물, 벼의 모(苗), 사탕수수와 포도들,

그들은 비에 의해서 은혜를 입어, 풍요롭게 되고 마른 대지는 구석구석까지 넉넉해져서 약초와 나무가 무성해졌다.

그 구름에서 내리는 동일한 맛의 물에 의해서 초목과 총림은 저마다의 천성에 따라서 그 은혜를 받는다.

모든 갖가지의 수목이 상도, 중도, 하도 저마다 한결같이 크고 작음에 따라서 각각 생장할 수가 있다.

뿌리와 줄기, 가지와 잎, 꽃과 열매의 윤기가 도는 빛깔은 그 한 가지 비의 덕분에 의해서 모두가 산뜻하게 혜택을 받을 수 있다.

그 본체와 모양새와 성질이 크고 작음으로 나누어져 있는 것처럼 동일한 은혜를 받을지라도 제각기 각각으로 무성해 간다.

부처님도 또한 그와 같다. 이 세상에 출현하는 것도 비유해서 말하자면, 큰 구름이 샅샅이 모든 것을 덮는 것과 같다.

세상에 출현하고부터는 많은 중생들을 위해 많은 교법의 진실을 분별하여 펴서 설한다.

큰 성자이신 세존께서는 갖가지의 신들과 인간의 모든 모임 가운데서, 다음과 같은 말을 펴신다.

『나는 여래이며 인간의 최고자이다. 이 세상에 출현하는 것은 마치

큰 구름과 같다.』

〈나는〉 마르고 시들어진 것과 같은 모든 중생들을 흡족하게 적시어서 모두가 괴로움을 여의고, 평안한 즐거움을, 이 세상의 즐거움을, 그리고 열반의 즐거움을 얻도록 하는 것이다.

많은 신들과 사람들의 집단이여, 일심으로 잘 들어라. 모두 이곳으로 와서 위없는 존자를 뵈옵도록 하라. 나는 세존이며 나에게 이기는 사람은 없다. 중생을 안온토록 하기 위해서 이 세상에 출현한 것이다.

많은 사람의 집단을 위해 나는 불사(不死)의 묘약인 청정한 법을 설한다. 그 법은 오직 하나의 맛을 가진다. 해탈과 열반인 것이다.

오직 하나의 뛰어난 음성을 가지고 그 뜻을 펴고 그리고 항상 대승을 위해서, 그것으로 향해 수단을 마련하는 것이다. 내가 모든 사람을 보는 경우, 모두 평등하여 이것저것 구별이나 애착과 증오의 마음이 있지는 않다.

나에게는 탐냄과 집착이라는 것은 없고 또 제한이나 장애라는 것도 없다. 항상 모든 사람들을 위해 평등하게 법을 설한다. 어느 한 사람을 위하는 것처럼 그와 같은 많은 사람들에 대해서도 그런 것이다.

〈나는〉 항상 법을 설하는 것 이외에 일찍이 다른 일을 한 적은 없다. 갈 때에도, 올 때에도, 앉아 있을 때에도, 서 있을 때에도 〈항상 법을 설하고〉 결코 피곤하여 게으른 일은 없다.

나는 이 세상을 충만한 것으로 한다. 비가 샅샅이 〈대지를〉 적시는 것처럼 귀한 사람에게도, 천한 사람에게도, 상위의 사람에게도, 하위의 사람에게도, 계를 지키는 사람에게도, 파계한 사람에게도,

훌륭한 태도를 갖추고 있는 사람에게도, 갖추고 있지 않은 사람에게

도, 바른 견해를 가지고 있는 사람에게도, 삿된 견해를 가지고 있는 사람에게도,

소질이 뛰어난 사람에게도, 낮은 사람에게도, 한결같이 평등하게 법비를 내려서 더욱이 게으르거나 피곤해하는 일은 없다.

모든 중생들 가운데에 나의 법을 듣는 사람은 이 법을 받아 가지는 역량에 따라서 갖가지의 위치에 머무는 것이다.

인간과 신들의 전륜성왕과 제석천, 범천, 갖가지 왕들의 주처에 머문다. 이것은 작은 약초이다.

번뇌의 더러움이 없는 법을 알고 열반을 체득하여 여섯 가지의 신통을 일으키고, 그중에서도 세 가지의 신통을 획득하여,

홀로 산림 속에 몸을 두고 항상 선정을 닦아서, 연각의 깨달음을 얻는다. 이것은 중간의 약초이다.

세존의 경지를 구해서 자기는 반드시 부처가 되겠다고 노력하고, 선정을 수행하는, 이것은 상(上)의 약초이다.

또 많은 부처님의 아들들이 불도에 전념하고 항상 자비의 수행을 하며, 자기가 부처가 된다는 것이 결정되어 있어서 의념의 여지가 없다고 안다. 이것을 작은 나무라 이름한다.

신통의 힘을 발휘하면서, 물러서지 않는 가르침의 수레바퀴를 돌리며 헤아릴 수 없는 억백천의 중생을 구제하는, 그와 같은 보살을 일컬어 큰 나무라 이름하는 것이다.

부처님께서 평등에 대한 설법은 한 가지 맛의 비와 같지만 중생은 그 성질에 따라서 받아들이는 방법이 각각 달라 있다. 그것은 마치 저 초목이 비를 각각 다르게 받아들인 것과 같은 것이다.

부처님은 이 비유에 의해서 교화의 수단을 강구하여, 가르침을 열어 보이고, 여러 가지 갖가지 말에 의해서 오직 하나의 교법을, 펴서 설하건만 그것은 부처님의 지혜에 있어서는 바닷물의 한 방울과 같은 것이다.

나는 법의 비를 내려서 이 세상을 가득히 모자람 없이 하는 것이다. 〈중생들은〉 그 일미의 법을 자기의 역량에 따라 수행하지만,

그것은 마치 그 총림, 약초, 갖가지 수목이 그 크고 작음에 따라서 점차로 무성하게 성장해 가는 것과 같다.

많은 부처님들의 교법은 항상 동일한 맛에 의해서, 세계의 모든 것이, 한결같이 그것을 갖출 수 있도록 한다. 그것을 하나하나 수행해 가서 모두가 깨달음의 결과를 얻는 것이다.

성문・연각이 산림에 머물면서, 〈이 세상에서〉 최후의 신체를 마지막으로 하여, 법을 듣고 그 과보를 얻는다. 이것을 약초 저마다가 성장을 증가할 수 있다고 이름한다.

많은 보살들이 지혜가 확고하게 확립되어 있어서 〈욕계・색계・무색계의〉 3계를 완전히 꿰뚫어보며, 최상의 〈가르침의〉 탈것을 구하는 경우 이것을 작은 나무가 성장을 증가할 수가 있다고 이름한다.

또 선정을 행하고 신통력을 얻어서 온갖 존재가 공(空)이라는 것을 듣고, 마음에 크게 기뻐하며, 무수한 광명을 놓아서, 많은 중생을 구제한다. 이것을 큰 나무가 성장을 증가할 수 있다고 이름하는 것이다.

이와 같이 가섭이여, 부처님께서 설하신 법은 비유해서 말하자면, 큰 구름이 동일한 맛의 비에 의해서 사람이라는 꽃을 적시게 하여, 저마다 열매를 맺을 수 있는 것 같은 것이다.

가섭이여, 알아야 한다. 여러 가지의 사연, 가지가지의 비유에 의해

서 부처님의 길을 열어 보이지만 그것이 나의 교화수단이며 또한 많은 부처님들에 대해서도 똑같은 것이다.」

지금 그대들을 위해서 최상의 진실을 설하겠다.『많은 성문들은, 모두 깨달음에 들어가 버린 것은 아니다. 그대들이 행하고 있는 수행은 실은 보살의 길인 것이다. 하나하나 배워가서 누구라도 반드시 부처가 될 것이다.』

授記品 第六
수 기 품 제 육

 그때 세존께서는, 이상의 시송을 설해 마치시자 많은 사람의 회중(會衆)에게 다음과 같이 말씀하셨다.
 「내 제자인 마하가섭(摩訶迦葉)은 미래의 세상에서 반드시 3백만억의 많은 부처님을 뵈옵고 받들며, 공양하고 존중하며 찬양하고, 많은 부처님들의 한량없는 위대한 법을 널리 선설(宣說)할 수 있을 것이다. 〈그리고 그는 자신의〉 최후의 신체로서 부처님이 될 수 있을 것이다. 그 이름을 광명여래(光明如來), 공양을 받기에 알맞은 사람, 바르고 널리 지혜를 갖춘 사람, 지(智)와 실천을 완전히 갖춘 사람, 깨달음에 도달한 사람, 세상의 모든 것에 통달하고 있는 사람, 최상의 사람, 인간의

조교사(調敎師), 제천과 사람들의 스승, 불, 세존이라 할 것이다. 그 나라를 광덕(光德)이라 이름하고, 〈그 부처님이 머무는〉 오랜 기간을 대장엄(大莊嚴)이라 할 것이다.

그 부처님의 수명은 12소겁이며 바른 법이 세상에 존속하는 것이 20소겁 또 그 후 바른 법에 비슷한 가르침이 세상에 존속하는 것도 20소겁 동안일 것이다.

그 국토는 엄숙하게 꾸며졌으며 갖가지의 더러움, 기와나 작은 돌멩이, 가시덤불과 분뇨의 오물도 없고 그 토지는 평탄하고 높낮음과 구덩이, 구릉도 없을 것이다. 대지는 청보석(琉璃)으로 되어 있고 보배 나무가 줄을 짓고 황금을 새끼줄로 하여 길가를 경계로 삼고, 주위에는 갖가지의 보배 꽃을 뿌려서 흩어져 있어서 청정하게 되어 있을 것이다.

그 나라에는 천억의 무량배가 되는 보살이 있고 또 무수한 성문의 사람들이 있을 것이다. 마(魔)의 소행도 없고 가령 마왕과 마의 일족이 있다고 하더라도 거기서는 모두 불법을 수호할 것이다.」

그리고 세존께서는 거듭 이상의 것을 펴시려고 하여 다음과 같은 시송을 설하셨다.

「많은 비구들에게 말하겠다. 니는 부처의 눈으로 이 가섭을 보니, 그는 미래의 세상에서 헤아릴 수 없을 만큼의 긴 세월을 지난 후에 반드시 부처님이 될 수 있을 것이다.

그리고 내세에서 3백만억이라 하는, 많은 부처님·세존을 공양하고 뵙고 받든 후 부처님의 지혜를 구하기 위해서 맑고 순결한 행을 수행할 것이다.

최상의 사람 가운데의 최고자를 공양한 후, 온갖 위없는 지혜를 닦고 익혀서 그 최후의 신체로 부처님으로 될 수 있을 것이다.

그 국토는 청정하여 대지는 유리로 되어 있고, 여러 가지 보배의 나무가 많이 있으며 길가에 줄을 지어 있고 황금의 줄이 길을 경계하니 보는 사람을 기쁘게 할 것이다.

항상 좋은 향기를 감돌게 하며, 많은 아름다운 꽃을 뿌리며, 갖가지 진귀한 것들에 의해서 엄숙하게 꾸며져서, 대지는 평평하고 언덕과 구릉이 없을 것이다.

많은 보살들이 헤아릴 수 없을 만큼 있어서 그들의 마음은 유연하여 잘 조화되어 있으며, 위대한 신통력을 얻고 있고 부처님들의 대승의 경전을 수지하고 있을 것이다.

많은 성문들은 번뇌의 더러움이 없는 최후의 신체를 가지고 있어서, 법왕〈이신 부처님〉의 아들이어서, 그 수는 헤아릴 수도 없을 만큼이고 그것은 신통력을 얻은 눈에 의해서도 헤아리는 것은 불가능할 정도일 것이다.

그 부처님의 수명은 12소겁 동안이고 바른 법이 이 세상에 존속하는 것은 20소겁 동안이며, 바른 법에 닮은 가르침이 존속하는 것은 역시 20소겁 동안일 것이다.」

그때 대목건련과, 수보리, 마하가전연들은 모두 몸을 떨면서 일심으로 합장하고 세존의 거룩한 얼굴을 지그시 눈조차 깜박이지 않고 우러러보았다. 그리고 이구동성(異口同聲)으로 목소리를 맞추어서 다음과 같은 시송을 부르는 것이었다.

「위대한 용자이신 세존이시여, 석가족의 법의 왕이시여, 저희들을 불쌍히 여기시어 부처님의 음성을 들려주옵소서.

만일에 저희들의 마음속을 아시고서 성불의 예언을 주신다면, 그것은 감로를 뿌리자 열이 제거되어 시원하고 서늘함을 얻은 것 같을 것입니다.

기근(饑饉)의 나라에서 와서 별안간 대왕의 식선(食膳)과 만났다고 해도, 마음에 의심과 두려움을 품고 있어서 또 감히 곧바로 그것을 먹지 못하다가 왕의 분부를 받은 후에, 겨우 먹는 것처럼 그와 같은 경우가 있다고 한다면,

저희들도 또한 그것과 같습니다. 언제나 소승의 과오를 생각을 하고 있어서, 어떻게 하면 부처님의 위없는 지혜를 얻을 수 있을까하는 것을 알지 못합니다.

부처님의 음성이 저희들도 부처가 될 것이라고 말씀하시는 것을 듣고서도 마음에 아직 불안을 품고 있어서, 아직 곧바로 먹으려고 하지 않는 것과 같습니다.

만일 부처님의 성불의 예언이 주어진다면, 그래야 비로소 마음이 산뜻이 평안하게 될 것입니다.

위대한 용자이신 세존께서는 항상 세상을 평안하게 하려고 하십니다. 아무쪼록 저희들에게 성불의 예언 내려주십시오. 굶주리면서도 분부를 기다리다가 비로소 먹을 수 있는 것과 같은 것이기 때문입니다.」

그때 세존께서는 큰 제자들의 마음속 생각을 아시고서, 많은 비구들에게 말씀하셨다.

「이 수보리는 미래세에서 3백만억 나유따의 많은 부처님을 뵙고 받들며, 공양하고 존경하며, 존중하고 찬양하며 항상 순결한 행을 닦아서 보살의 길을 체득하고 그것을 최후의 신체로 하여, 부처가 될 수 있을

것이다. 그 이름을 명상여래(名相如來), 공양을 받기에 적합한 사람, 바르고 널리 지혜를 갖춘 사람, 지와 실천이 완전히 갖추어진 사람, 깨달음에 도달한 사람, 세상의 모든 것에 통달하고 있는 사람, 최상의 사람, 이간의 조교사, 제천과 사람들의 스승, 부처님, 세존이라 할 것이다.」

〈그 부처님이 세상에 머무는〉 오랜 시대를 유보(有寶)라고 이름하며, 그 국토를 보생(寶生)이라고 이름할 것이다. 그 대지는 평탄하며 수정(玻璃)으로 되어 있고, 보배의 나무에 의해서 엄숙하게 장식되어 있으며 갖가지의 구릉과 웅덩이, 모래와 자갈, 가시덤불, 분뇨의 오물도 없고 보배로 된 꽃이 주위 일면에 땅을 덮어서 청정할 것이다.

그 국토의 인민은 모두 보석으로 많든 높은 전각, 희귀하고 훌륭한 누각에 살고 있을 것이다. 제자인 성문들의 수는 헤아릴 수 없고, 계산이나 비유를 가지고서도 알 수 없을 만큼일 것이다. 많은 보살들의 수는 천만억 나유따의 무수배일 것이다.

그 부처님의 수명은 12소겁이고 바른 법이 세상에 존속하는 기간은 20소겁 그리고 바른 법을 닮은 가르침이 세상에 존속하는 것도 20소겁일 것이다. 그 부처님께서는 항상 허공 가운데에 계시며 회중을 위해 법을 설해서, 헤아릴 수 없을 만큼의 수많은 보살과 성문들을 해탈시킬 것이다.

그런데 세존께서는 거듭 이상의 의의를 펴시려 하여 시송을 설해서 말씀하셨다.

「많은 비구들이여, 지금 그대들에게 말하겠다. 모두 일심으로 나의 설법을 들어라. 나의 큰 제자인 수보리는 반드시 부처님이 될 수 있을 것이다. 그리고 그 이름을 명상(名相)이라고 할 것이다.

반드시 만억의 무수배라고 하는 많은 부처님들에게 시중들고 부처님의 행에 따라서 점차로 위대한 길(道)을 체득할 것이다.

〈전생(轉生)의〉 최후의 신체에 〈부처님만이 갖추는〉 32의 특징을 갖출 수 있고 〈그 모습은〉 단정하고 뛰어나기가 이 위에 없고, 보배로 되어 있는 산과 같을 것이다.

그 부처님의 국토는 엄숙하고 깨끗한 것은 비교할 수 없고, 그것을 보는 중생들은 좋게 생각하고 즐겁지 않은 사람은 없을 것이다.

부처님은 그 국토 가운데서 헤아릴 수 없는 수의 사람들을 구제할 것이다.

그 부처님의 가르침을 받은 사람들 가운데에는 많은 보살들이 있어서 그들은 모두 뛰어난 능력을 갖췄으며, 물러서지 않는 가르침의 수레바퀴를 돌릴 것이다. 그 나라는 언제나 보살들에 의해서 엄숙하게 장식되어 있을 것이다.

많은 성문들도 그 수를 헤아릴 수 없을 만큼 많고, 모두 세 가지의 신통력을 얻고 여섯 가지의 신통력을 갖추고 있으며, 여덟 가지 해탈을 체득해서 큰 위덕을 가지고 있을 것이다.

그 부처님의 설법이 헤아릴 수 없는 신통과 변화를 나타내는 것은 생각조차 미치지 않을 정도로 있다. 많은 신들과 사람들의 수는 갠지스강 모래 수만큼 많고, 모두 함께 합장하고 부처님의 말씀을 듣고 몸에 받을 것이다.

그 부처님의 수명은 12소겁일 것이다. 바른 법이 세상에 존속하는 것은 20소겁 동안일 것이다. 바른 법에 비슷한 가르침이 세상에 존속하는 것도 20소겁일 것이다.」

그때 세존께서는 또한 많은 비구들의 회중에게 말씀하셨다.

「나는 지금 그대들에게 말하겠다. 이 대가전연(大迦旃延)은 다음 세상에서 갖가지의 공양물에 의해서 8천억의 부처님을 공양하고 시봉하며, 공경하고 존숭할 것이다. 그리고 많은 부처님들께서 멸도하신 후에 저마다 탑묘를 세울 것이다. 그 높이가 1천 요자나(由旬)이며 가로와 세로가 똑같이 5백 요자나가 될 것이다. 모두 금, 은, 유리, 자거, 마노, 진주, 매괴(赤珠)의 칠보를 배색(配色)하여 만들고 많은 꽃, 장신구, 바르는 향(塗香), 가루 향(末香)・사르는 향(燒香), 비단으로 만든 양(繒蓋), 깃발(幢幡)을 탑묘에 공양할 것이다.

그 후 또 2만억의 부처님을 바로 똑같이 공양할 것이 틀림없다. 이 부처님들을 공양해 마치고 보살의 길(道)을 몸에 갖추고, 반드시 부처님이 될 수 있을 것이다. 그 이름을 염부나제금광여래(閻浮那提金光如來), 공양을 받기에 알맞은 사람, 확실하고 널리 지혜를 갖춘 사람, 지(智)와 실천을 완전히 갖춘 사람, 깨달음에 도달한 사람, 세간의 모든 것에 통달하고 있는 사람, 최상의 사람, 인간의 조교사, 신들과 인간의 스승, 불, 세존이라고 할 것이다. 그 대지는 평탄하고 지면은 수정(頗梨)으로 되어 있으며, 보배 나무로 엄숙히 꾸며져 있고 황금으로 줄을 매어 길가를 경계 삼고, 아름다운 꽃이 지면을 덮어서 주위는 청정하여 이것을 보는 사람은 환희할 것이다. 네 가지의 악한 경계에 있는 지옥・아귀・축생・아수라의 세계에 있는 사람은 존재하지 않고 하늘의 신들과 사람들이 많이 있을 것이다. 많은 성문들 또한 많은 보살들의 수는 무량 만억에 훨씬 넘고 그 나라를 엄숙하게 치장할 것이다. 부처님의 수명은 12소겁이고 바른 법이 세상에 존속하는 기간은 20소겁, 그리고 바른 법에 비슷한 가르침이 존속하는 것도 역시 20

소겁일 것이다.」

그때 세존께서는 거듭 이상의 뜻을 펴시려고 하여 시송을 설해서 말씀하셨다.

「많은 비구들이여, 모두 일심으로 들어라. 내가 설하는 것은 진실하여 다르지는 않다. 이 가전연은 반드시 갖가지의 매우 훌륭한 공양물에 의해서 많은 부처님들을 공양할 것이 틀림없다.

많은 부처님들이 멸도하신 후에는 칠보로 만든 탑을 건립하고 또 꽃과 향에 의해서 부처님의 사리에 공양하고,

〈전생(轉生)의〉 그 최후의 신체로 부처님의 지혜를 얻어서, 바른 깨달음을 완성하고 그 국토는 청정하여 만억의 무량배의 수의 중생을 구제하고,

시방(세계의 모든 것들)에게 공양되고 그 부처님의 광명은 타(他)에 이기는 사람은 없을 것이다. 그리고 그 부처님의 이름을 염부금광(閻浮金光)이라 할 것이다.

보살과 성문의 모든 것의 〈생사(生死)의〉생존을 끊어버린 사람들이 헤아릴 수 없이 무수히 많이 있어서 그 나라를 엄숙하게 장식하고 있다.」

그때, 세존께서는 많은 회중에게 말씀하셨다.

「나는 지금, 그대들에게 말하겠다. 이 대목건련(大目犍連)은 반드시 갖가지의 공양물에 의해서 8천의 많은 부처님께 공양하고 공경하며, 존숭할 것이 틀림없다. 부처님들께서 멸도하신 후에는 각각의 탑묘를 건립하고 그 높이가 1천 요자나, 가로와 세로는 똑같이 5백 요자나일 것이다. 금, 은, 유리, 자거, 마노, 진주, 매괴(赤珠)라고 하는 칠보를 배합하여 만들고 많은 꽃들, 장신구, 바르는 향, 뿌리는 향, 사르는 향,

비단 해 가리개, 깃발들을 바쳐서 공양할 것이다.

 그 후 또 2백만억의 부처님들을 공양하는 경우에도 지금과 똑같이 할 것이 틀림없다. 그는 반드시 부처가 될 수 있을 것이다. 그 이름을 다마라발전단향여래(多摩羅跋栴檀香如來), 공양을 받기에 알맞은 사람, 확실하고 널리 지혜를 갖춘 사람, 지(智)와 실천을 완전히 갖춘 사람, 깨달음에 도달한 사람, 세간의 모든 것에 통달하고 있는 사람, 최상의 사람, 인간의 조교사, 신들과 인간의 스승, 불, 세존이라고 할 것이다. 그 시대를 희만(喜滿)이라 이름하고 그 나라를 의락(意樂)이라 이름할 것이다. 그 국토는 평탄할 것이며 지면은 수정(頗梨)으로 되어 있고, 보배 나무에 의해서 엄숙하게 장식되고, 진주로 만든 꽃(華)을 뿌려서, 주위는 청정하여 그것을 보는 사람은 환희할 것이다. 신들과 사람들이 많이 있고 보살, 성문들의 그 수는 헤아릴 수 없을 것이다. 부처님의 수명은 24소겁이고 바른 법이 세상에 존속하는 기간은 40소겁, 바른 가르침과 비슷한 가르침이 존속하는 기간도 역시 40소겁일 것이다.」

 그때 세존께서는 거듭하여 이상의 뜻을 펴시려고 하여 시송을 설해서 말씀하셨다.

 「나의 이 제자 대목건련(大目犍連)은 이 신체를 버린 후에 8천2백만억의 많은 부처님, 세존을 만날 수 있을 것이다.

 부처님의 길(道)을 구해서 공양하고 공경하며 부처님들 아래서 항상 순결한 수행을 하고,

 헤아릴 수 없는 오랜 기간에 걸쳐서 부처님의 법을 유지하고 계속할 것이다. 부처님들께서 멸도한 후에는 칠보로 만든 탑을 건립하고,

 황금의 번(幡)을 높이 걸고 꽃과 향, 음악에 의해서 부처님들의 탑묘

를 공양할 것이다.

점차로 보살의 길(道)을 체득해 가서 의락국에서 부처님이 될 수 있어서 다마라발전단향이라고 이름할 것이다.

그 부처님의 수명은 24소겁일 것이다. 항상 신들과 사람들을 위해 부처님의 길을 설할 것이다.

성문들의 수는 헤아릴 수 없고, 갠지스 강의 모래의 수만큼이고 3명(三明)·6통(六通)이라는,

신통력을 가지고 있으며 위대한 덕이 있을 것이다.

보살들도 헤아릴 수 없을 만큼 있고 그 뜻이 견고하여 정진노력을 하며, 부처님의 지혜를 구하여서 모두 물러나는 일은 없을 것이다.

부처님께서 멸도한 후에, 바른 법이 세상에 계속되는 기간은 40겁이고 바른 법에 유사한 가르침도 역시 똑같을 것이다.

나의 많은 제자들은 위덕을 가지고 있다. 5백 인의 사람들에게 모두 반드시 부처님이 된다고 하는 예언을 주겠다.『미래의 세상에서 빠짐없이 부처님 될 수 있다.』라고. 나와 그대들의 전생에서의 사연을 나는 지금 여기서 설해 밝히겠다. 그대들이여, 잘 들어야 한다.」

化城喩品 第七
화 성 유 품 제 칠

부처님께서는 많은 비구들에게 말씀하셨다.

「옛날 아주 옛날, 헤아릴 수 없고 생각조차 할 수 없는 먼 겁의 옛날에 부처님이 계셨다. 그 부처님은 대통지승여래(大通智勝如來) 공양을 받기에 알맞은 사람, 바르고 널리 지(智)를 가진 사람, 지(智)와 실천을 가진 사람, 깨달음에 도달한 사람, 세간을 가장 잘 아는 사람, 위없는 최상의 사람, 인간의 조교사, 제천(諸天)과 사람들의 스승, 불·세존이라는 이름이었다. 그가 머무는 나라의 이름을 호성(好成)이라 이름 하고, 그 시대를 대상(大相)이라 했다. 비구들이여, 이 부처님께서 멸도한 것은 아득히 먼 옛날의 일이었다. 〈그것은 얼마만큼의 옛날의 일이었

는가 하면,〉

 비유하면, 대우주에 있는 온갖 물질의 요소를 갈아 으깨서 먹물로 하여 동방으로 향해서 천의 국토를 지나서 하나의 점을 찍는다고 하자. 그 한 점의 크기는 미진(微塵) 정도이다. 또 1천의 국토를 지나서 한 점을 찍는다고 하자. 이와 같이 되풀이하여 마침내 물질요소에서 된 먹물을 모두 다 사용했을 경우 그대들은 어떻게 생각하는가. 이 많은 국토에 관해서 수학자 혹은 수학자의 제자는 그 국토의 끝을 알 수 있고 그리고 그 수를 알 수 있겠는가.」

「그렇지 않습니다. 세존이시여.」

「비구들이여, 이 사람이 지나간 국토의, 한 점을 둔 나라와 두지 않았던 나라를 모두 갈아 부수어서 티끌로 하여 그 한 티끌을 1겁이라 했다고 하자. 그 부처님께서 멸도하고부터의 겁의 수는 그 티끌의 수를 초과하기를 무량, 무변의 아승기의 백천만억배의 겁수인 것이다. 나는 여래의 지견의 힘으로 그 먼 옛날을 오늘 일처럼 볼 수가 있는 것이다.」

 그때 세존께서는 거듭하여 이상의 뜻을 펴시려고 하여 시송을 설했다.

「나는 과거세의 무량, 무변의 겁의 옛날을 생각해 보면 부처님, 사람 가운데의 최고자가 계셨다. 그 부처님은 대통지승(大通智勝)이라는 이름이었다.

 어떤 사람이 힘으로 대우주를 갈아 부수어서 이 많은 물질을 모두 먹물로 하여, 1천의 국토를 지나서 한 점을 둔다고 하자.

 이와 같이 반복해서 두고 가서 이 많은 미진(微塵)의 먹물을 모두 다 사용해 버렸다고 한다.

 그와 같은 많은 국토의 〈한 미진을〉 둔 나라와 두지 않았던 나라를,

재차 모두를 갈아 부수어서 티끌로 하여 그 한 티끌을 한 겁으로 하자.

이 많은 미진(微塵)의 수의 겁수(劫數)보다도 〈부처님께서 머무른〉 그 시대는 더욱 멀다.

그 부처님께서 멸도하고부터 그와 같이 헤아릴 수 없을 만큼의 겁수가 지나고 있다. 여래의 자유자재한 지혜에 의해서 그 부처님의 멸도와 성문과 보살들을 아는 것은 마치 눈앞에서 멸도를 보는 것과 같다.

비구들이여, 알아야 한다. 부처님의 지혜는 맑고 뛰어나서 번뇌의 더러움과 가로막는 것이 없어서, 무량한 겁의 긴 시간을 꿰뚫어 볼 수 있는 것이다.」

부처님께서는 많은 비구들에게 말씀하셨다.

「대통지승불의 수명은 5백40만·억·나유타 겁〈이라고 하는 오랜 세월〉이었다. 그 부처님께서는 처음 깨달음의 자리에 앉아서 악마의 군세를 쳐부수고 나서 위없는 바른 깨달음을 얻을 수 있게 되었으나, 그 눈앞에서 제불의 법이 현전히지 않는다. 1소겁에서 10소겁 동안 결가부좌(結跏趺坐)한 채로 몸도 마음도 움직이지 않았지만, 게다가 역시 제불의 법은 〈그 몸에〉 현전하지 않았다.

그런데 3십 3천(天)의 신들은 앞에서부터 이 부처님을 위해서 보리수 아래에 사자좌를 마련해 두었다. 그 높이는 1요자나가 되고 부처님께서 이 자리에 앉아서 위없는 바른 깨달음을 획득하소서〈라는 원이었다〉. 부처님께서는 비로소 이 자리에 앉으셨다.

그때 많은 범천왕들은 그 〈사자〉 자리의 주변 1백 요자나에 걸쳐서 많은 천상의 꽃을 〈비처럼〉 뿌렸다. 향기 좋은 바람이 때맞추어 불어와서 시들은 꽃을 불어서 날려 보내고, 다시 새로운 꽃을 내렸다. 이와 같이 하여 끊이지 않고 10소겁 동안, 부처님께 공양을 계속해서 그 부처님께서 멸도에 들 때까지 항상 이 꽃을 내렸다.

4천왕들은 부처님을 공양하기 위해서 천상의 북을 계속해서 쳐서 울렸다. 그 밖의 하늘의 신들은 천상의 음악을 연주하며 10소겁을 지나서 그 부처님의 멸도에 들기까지 계속해서 연주하였다.

비구들이여, 대통지승불께서는 10소겁을 경과하고 나서 제불의 법이 현전(現前)하여 위없는 바른 깨달음을 완성하신 것이다.

이 대통지승불께서는 아직 출가하기 전에 열여섯 아이들이 있었다. 첫째 아들을 지적(智積)이라 했다. 아이들은 저마다 여러 가지 진귀한 놀이기구들을 가지고 있었다. 아버지가 위없는 바른 깨달음을 획득했다는 것을 들은 아이들은 모두 소중하게 하고 있던 놀이기구를 버리고 〈아버지인〉 부처님 계시는 곳으로 떠나갔다. 어머니들은 눈물을 흘리며 울면서도 그 아들을 따라가며 전송했다.

할아버지인 전륜성왕과 1백 대신들 그 밖의 백천만억의 사람들이 모두 함께 〈아이들을〉 에워싸고 따라가서 깨달음의 자리에 이르렀다. 그리고 모두 대통지승불에게 가까이 가서 공양하고 마음으로부터 공경하고 존중하고 찬탄하였다.

그리고 부처님의 처소에 도착하자, 무릎을 꿇고 머리에 부처님의 발을 받들고 예배하며, 부처님의 주위를 〈오른쪽으로 세 바퀴〉 돌고 나서 일심으로 합장하며 세존을 우러러보며 시송에 의해서 찬탄하였다.

큰 위덕 있는 세존께서는 중생을 구제하시려고 무량 억 겁의 오랜 시간에 걸쳐서, 그리하여 지금, 여기서 부처님이 되셨다. 많은 서원은 구족되었다. 훌륭하고 경사스러움은 더 없는 것이다.

세존께서 세상에 출현하신 것은 매우 드문 일이다. 한 번 앉으시자마자 10소겁 동안 신체와 수족도 조용하고 평안하게 〈단 한 번이라도〉 움직이지 않았다.

그 마음은 항상 조용하고 평안하셔서 산란한 적이 없었다. 그것이 궁극에 도달하여 영원히 적정하게 되어, 번뇌의 더러움이 없는 법 가운데에 평안히 몸을 두고 계셨다.

지금, 세존께서 평안하게 부처님의 깨달음을 완성하신 것을 보고 저희들은 훌륭한 이익을 얻어서, 모두 함께 칭탄하고 기뻐서 크게 즐겁게 생각한 것이다.

중생은 항상 고뇌를 받고, 장님같이 어둠도 인도해 줄 스승도 없다. 괴로움을 멸하는 길도 모르고 따라서 〈고에서 벗어나는〉 해탈을 구하는 것도 알지 못한다.

오랜 세월 걸쳐서, 악한 경계를 증가시키고 많은 천상의 신들을 감소시켜 왔다. 어두운 곳에서 어두운 곳으로 들어가서 영원토록 부처님의 이름을 들을 수 없었다.

지금, 부처님께서는 최상으로 평안한 번뇌의 더러움이 없는 깨달음을 획득하였다. 우리들과 하늘의 신들과 사람들은 가장 큰 이익을 그것에 의해서 얻은 것이다. 그런 까닭에 우리들은 모두, 부처님의 발을 머리에 얹고 예배하고 위없이 거룩한 사람에게 귀의하는 것이다.」

그때 16인의 왕자들은 시송에 의해서 부처님을 찬탄해 마치자, 세존님께 '법을 설해 주십시오.'라고 부탁드리고 모두 다음과 같이 말씀드렸다.

「세존이시여, 법을 설해 주십시오. 〈그것에 의해서〉 평안하게 되는 사람이 많을 것입니다. 많은 하늘의 신들과 사람들을 불쌍히 여기시어 이익을 베풀어 주소서.」

그리고 거듭하여 시송을 읊었다.

「이 세상의 웅자(雄者)〈이신 세존께서는〉 타(他)에 견줄 사람이 없습니다. 백 가지 복덕에 의해서 스스로를 엄숙히 장식하고, 위없는 지혜를 획득하셨습니다. 아무쪼록 세간의 사람들을 위하여 설하셔서,

저희들과 많은 중생들을 구제하시고 그 때문에 〈부처님의 법을〉 분별해서 명백하게 확실히 알도록 가르쳐서 그 부처님의 지혜를 얻게 하소서. 만일 저희들이 부처님이 될 수 있다면 중생들도 또한 부처님이 될 수 있을 것입니다.

세존께서는 중생들의 마음속의 생각을 아시고 또 그 행위의 모양을 아시고 그 위에 그 지혜의 힘도 알고 계십니다. 그 마음의 소망 및 닦은 복덕, 지금까지의 전생에 행한 업(業), 이것들에 관해서도 세존께서는 모두 이미 알고 계십니다. 위없는 가르침의 법을 설해주옵소서.」

부처님께서는 많은 비구들에게 말씀하셨다.

「대통지승불께서 위없는 지혜를 획득하셨을 때 시방의 각각 5백만억의 제불의 세계는 여섯 가지로 진동하고, 그 각각 나라의 중간에 있는 깊고 어두운 곳, 그곳은 태양과 달의 위력 있는 빛도 비출 수 없는 장소이지만 〈그 암흑의 세계까지도〉 크게 밝아졌다. 그 〈암흑의 세계의〉 속에 살고 있는 중생들은 〈그 빛에 의해서 비로소〉 서로 상대방을 볼 수 있어서 모두 다음과 같이 말했다.

『이 속에서 어떻게 갑자기 많은 중생들이 생겨난 것일까?』

또 이 〈모든 것〉들의 국토세계에서 〈욕계의〉 많은 하늘의 신들의 궁전에서 〈색계의〉 범천들의 궁전에 이르기까지, 여섯 가지(六種)로 진동

하고 큰 광명(大光明)이 빠짐없이 세계를 비추어서 넘쳐흐르며 그 광명은 하늘의 신들이 빛보다도 더 밝았다.

그런데 그때, 동방에 있는 5백만 억의 많은 국토 가운데에 있는 범천의 궁전에 광명이 비추어서 빛나고 그것이 평상시의 광명보다 두 배로 밝았다. 범천왕들은 각각 이와 같이 생각했다.

『지금 우리들의 궁전에는 지금까지는 없던 광명이 빛나고 있다. 이것은 도대체 어떤 사연이 있어서 이와 같은 상서로운 광경이 나타난 것일까?』

이때 많은 범천왕들은 곧바로 각기 방문하여서 함께 이 사실을 논의했다.

그런데 이 집단 가운데에 한 사람의 대범천왕이 있어, 그 이름을 구일체(救一切)라고 했다. 그는 많은 범천들을 위해서 시송을 설해서 다음과 같이 말했다.

『우리들의 많은 궁전에 빛나고 있는 광명은 지금까지 없었던 빛남이다. 이깃은 도대체 무슨 까닭인 깃인가.

각각 모두 함께 그 사연을 찾아보지 않으면 안 된다. 위대한 덕을 가진 천자가 탄생한 것은 아닐까.

그렇지 않으면 부처님께서 세간에 출현하신 것일까. 이 대광명은 샅샅이 시방을 비추고 있다.』

그때 5백만억의 국토에 있는 범천왕들은 궁전과 함께 〈날아와서〉 저마다의 화병에 많은 천상의 꽃을 가득 담아서, 함께 서방으로 가서 그 서상(瑞相)의 사연을 찾아보았다. 그러자 거기에 대통지승여래께서 깨달음의 자리인 보리수의 아래 사자좌에 앉아서 그 많은 하늘의 신들과 용왕, 건달바, 긴나라, 마후라가, 인간과 인간 이외의 것들이 공손하게 경배하며 둘러서 있는 것이 보였고, 그 위에 16인의 왕자들이 부처님에게 법을 설하시도록 청하고 있는 것을 볼 수 있었다.

　그래서 곧바로, 많은 범천왕들은 부처님의 발을 머리 위에 받들고, 예를 드리고, 부처님을 오른쪽으로 백천 번을 돌고 나서 천상의 꽃을 부처님 위에 뿌렸다. 그 뿌려진 꽃은 수미산처럼 높이 쌓였다. 동시에 부처님의 보리수에도 〈그 꽃을 뿌려서〉 공양했다. 그 보리수는 높이가 10요자나였다.

　꽃에 의해 공양을 마치자 저마다 자기들의 궁전을 그 부처님께 바치며 다음과 같이 말씀드렸다.

　『아무쪼록 저희들을 불쌍히 여기시어, 이익을 얻게 하여 주시도록 받들어 올린 궁전을 부디 받아 주십시오.』

　그리고 많은 범천왕들은 부처님 앞에서 일심으로, 이구동음(異口同音)으로 다음과 같은 시송을 읊었다.

　『세존께서는, 〈세상에 출현하는 것은〉 매우 드문 일입니다. 〈그런 까닭에〉 만나 뵙기는 어려운 일입니다. 〈세존께서는〉 무량한 공덕을 갖추시어 모든 것을 구제하여 보호하시고 천상의 신들과 인간들의 위대한 스승으로서 세계의 사람들을 불쌍하게 생각해 주십시오. 시방의 많은 중생들은 그것으로 남김없이 모두가 이익을 얻습니다.

　저희들은 5백만 억의 나라들에서 찾아왔습니다. 깊은 명상의 즐거움을 버리면서〈까지 하여 찾아온 것은〉 부처님을 공양하기 위한 것입니다.

　저희들은 전생에 쌓은 복덕에 의해서 저희들의 궁전은 극히 엄숙하게 꾸며져 있습니다. 지금 그것을 세존께 바칩니다. 아무튼 불쌍하게 생각하셔서 받아 주옵소서.』

그때 많은 범천왕들은 시송에 의해서 부처님을 찬탄해 마치고 나서, 각각 다음과 같이 말씀드렸다.

『아무쪼록 세존이시여, 법을 설하셔서 중생을 제도하시고 열반의 길을 들려주십시오.』

그리고 많은 범천왕들은 일심으로 이구동음으로 시송을 읊었다.

『세상의 웅자, 사람 가운데의 최고자여, 아무쪼록 법을 설하셔서 큰 자비의 힘에 의해서 고뇌하는 중생들을 구제하소서.』

그때 대통지승여래께서는 무언인 채로 그것을 승락하셨다.

많은 비구들이여, 또 동남방의 5백만 억 나라들의 수많은 범천왕들은 저마다의 궁전에 지금까지 없는 광명이 비추어 빛나고 있는 것을 보고 기뻐서 펄쩍 뛰며, 전에 없는 생각을 일으키며, 즉석에서 각각 서로 찾아가서 함께 이 일을 함께 논의했다.

그때 그 집단 가운데에 한 사람의 범천왕이 있었는데, 그 이름을 대비(大悲)라고 하였다. 그는 많은 범천들에게 시송을 설해서 다음과 같이 말했다.

『이것은 도대체 무슨 사연이 있어서, 이와 같은 모양으로 나타난 것일까. 우리들의 많은 궁전에 빛나고 있는 광명은 지금까지는 없었던 빛남이다.

위대한 덕을 가진 천자가 태어난 것일까.

그렇지 않으면 부처님께서 세상에 출현하신 것일까.

지금껏 일찍이 이와 같은 광경은 본 적이 없다. 다 같이 일심으로 〈그 원인을〉 찾아보자.

1천만억의 국토를 지나서 빛을 찾아 함께 추구해 보자. 대부분 부처님께서 세상에 출현하여, 괴로워하고 있는 중생들을 구제하실 것이다.』

그때 5백만억의 〈나라들의〉 많은 범천왕들은 궁전과 함께 〈날아가서〉 저마다의 꽃 그릇에 많은 천상의 꽃을 채워서 함께 서북방으로 가서, 이 서상(瑞相)의 사연을 찾아가 보니 대통지승여래께서 깨달음의 자리인 보리수 아래의 사자좌에 앉아 계시며 그것을 많은 하늘의 신들과 용왕, 건달바, 긴나라, 마후라가, 인간과 인간 이외의 것들이 공손하게 존숭하면서 에워싸고 있는 것이 보였으며, 게다가 16인의 왕자들이 부처님께 가르침의 법을 설하소서 하고 청하고 있는 것이 보였다.

그리고 많은 범천왕들은 부처님의 발을 머리에 받들고 예배를 드린 후, 부처님을 오른쪽으로 백천 번이나 돌고 그리고 천상의 꽃을 부처님의 위에 뿌렸다. 그 뿌려진 꽃(華)은 수미산처럼 높이 쌓였다. 그리고 역시 부처님의 보리수에도 꽃 공양을 했다. 그 꽃 공양을 마치자 각자가 자기들의 궁전을 부처님께 바치고서 다음과 같이 말했다.

『아무쪼록, 저희들을 불쌍히 여기시고 이익을 주셔서, 바치는 궁전을 아무쪼록 거두어 주십시오.』

그리고 많은 범천왕들은 부처님 앞에서 일심으로 소리를 합해서 시송에 의해서 다음과 같이 말했다.

『성스러운 주인, 신들 가운데의 최고자여, 가라빈가 새처럼 아름다운 목소리에 의해서 중생을 가련히 여기시는 분을 저희들은 지금 경례하옵니다.

세존께서 〈세상에 출현하시는 것은〉 매우 드문 일이며 아득한 시간을 지나서 지금 겨우 출현하셨습니다. 1백80겁이라는 긴 세월이 부처님께서 이 세상에 존재하지 않은 채로 공허하게 지났습니다.

〈그런 사이에〉 세 가지의 악한 생존의 경계는 충만하고 하늘의 신들이 감소하였습니다.

지금 부처님께서는 세상에 출현하셔서 중생을 위해서 그들의 눈이 되고 이 세상 사람들이 귀의하고 향해 가는 곳으로 하여, 모든 사람들을 구제 보호하고 중생의 아버지가 되어 가엾게 여기며, 이익을 베풀어 주십니다. 저희들은 전생에서의 복덕의 덕분으로 지금 세존을 만날 수 있게 되었습니다.』

그때 수많은 범천왕들은 시송에 의해서 부처님을 찬탄해 마치자, 각각 다음과 같이 말했다.

『아무쪼록 세존이시여, 모든 사람을 가엾이 여기시어 법을 설하셔서 중생을 제도해 주옵소서.』

그리고 수많은 범천왕들은 일심으로 소리를 합해서 시송을 읊어서 말했다.

『위대한 성자시여, 법을 설하셔서, 이 세계의 침된 본연의 자세를 명백하게 가르쳐 보이시고 고뇌하는 중생을 구제하여 큰 기쁨을 얻게 하여 주옵소서.

중생들이 이 가르침을 들으면 깨달음을 얻어서, 혹은 천계에 태어나고 갖가지 악한 경계가 감소하고 선을 하는 사람이 증가할 것입니다.』

그래서 대통지승여래께서는 무언으로 그것을 승낙하셨다.

또 많은 비구들이여, 또 남방의 5백만 억의 나라들의 수많은 범천왕들은 각각 〈자기들의〉 궁전의 광명이 지금까지는 없었던 빛남을 보고, 뛸 듯이 기뻐하며 전에 없던 생각을 일으켜서 곧바로 각각 서로를 찾아가서 함께 이것을 논의했다.

『도대체 무슨 사연으로 우리들의 궁전이 이와 같이 빛나는 것일까?』

그때 집단 가운데에 한 사람의 범천왕이 있어서, 그 이름을 묘법이라 했다. 그는 많은 범천왕들의 집단에게 시송을 읊어서 말했다.

『우리들의 궁전에 광명이 매우 밝게 빛나고 있다. 이것에는 사연이 없지 않을 것이다. 〈상서로운〉 모습〈의 까닭〉을 찾아보기로 하자.

백천 겁이라는 긴 세월이 지나갔지만 지금까지 이와 같은 상태를 본 일이 없었다. 큰 덕을 가진 천자가 태어난 것일까? 아니면 부처님께서 이 세상에 출현하신 것인가?』

그때 5백만 억의 〈나라들의〉 많은 범천왕들은 궁전과 함께 〈날아가서〉 저마다의 꽃 그릇에 많은 천상의 꽃을 채워서, 함께 북방으로 가서 이 상서로운 징조의 사연을 찾아보니, 대통지승여래께서 깨달음의 자리인 보리수 아래에 계시면서 사자좌에 앉아 있고, 그것을 많은 하늘의 신들과 용왕, 건달바, 긴나라, 마후라가, 인간과 인간 이외의 것들에게 공경받으면서 에워싸여 있는 것이 보였다. 게다가 16인의 왕자들이 부처님께 법을 설하여 주소서, 하고 간청하고 있는 것이 보였다.

그런데 많은 범천왕들은 부처님의 발을 머리에 받들고서 예배를 하고 부처님을 오른쪽으로 백천 번을 돌고 나서, 그리고 천상의 꽃을 부처님 위에 뿌렸다. 그 뿌려진 꽃은 수미산처럼 높이 쌓였다. 그리고 역시 부처님의 보리수에도 꽃 공양을 했다.

그 꽃 공양이 끝나자 저마다가 자기들의 궁전을 부처님께 바치고 나서, 다음과 같이 말했다.

『아무쪼록 저희들을 불쌍히 여기시어, 이익을 주시어서 바치는 이 궁전을 부디 받아 주시기를 바랍니다.』

그때 많은 범천왕들은 그리고 부처님 앞에서 일심으로 소리 합해서, 시송에 의해 다음과 같이 말씀드렸다.

『세존을 뵈옵는 것은 매우 어렵습니다. 〈세존께서는〉 많은 번뇌를 쳐부순 분입니다. 130겁이라는 긴 세월을 지나서 지금 겨우 만나 뵐 수 있었습니다.

세존께서는 굶주리고 목말라 있는 많은 중생들에게 가르침의 비를 내려서 충만하게 해 주십니다. 옛날부터 지금까지 일찍이 본 일이 없는, 헤아릴 수 없는 지혜를 가지신 분입니다. 우담바라 꽃처럼 〈뵙기가 어려운 당신에게〉 오늘 간신히 만날 수가 있었습니다.

저희들의 많은 궁전은 빛을 〈세존으로부터〉 받아서 엄숙하게 장식되었습니다. 세존이시여, 큰 자비에 의해서 아무쪼록 받아주소서.』

그때 범천왕들은 시송에 의해서 부처님을 찬탄해 마치자 각각 다음과 같이 말했다.

『아무쪼록, 세존이시여, 법을 설하셔서 그것에 의해서 이 세상의 모든 신들, 악마, 범천, 수행자, 바라문들이 모두 마음이 평안하게 되어, 그래서 구제될 수 있도록 해 주소서.』

그리고 많은 범천왕들은 일심으로 소리를 합해서 시송에 의해서 말씀드렸다.

『천상과 인간 가운데서의 거룩한 분이시여, 아무쪼록 위없는 법의 가르침을 설하시고 위대한 법의 북을 쳐서 울리시고 위대한 법의 고동(螺貝)을 불어 주소서.

구석구석까지 위대한 법의 비를 내려서 한량없는 중생들을 구제해 주십시오. 저희들은 모두 〈세존에게〉 귀의하고 원하옵니다. 아무쪼록 심원한 음성의 설법을 펴 주십시오.』

그때 대통지승여래께서는 무언으로 그것을 승낙하셨다.

서남방에서 하방에 이르기까지 또 이와 똑같았다.

그때 상방의 5백만억의 나라들의 많은 대범천왕들은 모두가 자기들이 살고 있는 궁전의 광명이 유달리 강하게 빛나서 옛날부터 지금까지 없었던 정도임을 보고, 기뻐서 펄쩍 뛰며 전에 없던 생각을 일으키고 각각 서로 찾아가서 함께 이것을 논의했다.『무슨 사연이 있어서 우리들의 궁전에 이와 같은 광명이 있는 것일까.』

그때 그 집단 가운데에 한 사람의 대범천왕이 있어서, 그 이름을 시기(尸棄)라고 했다. 많은 범천들의 집단에게 시송을 읊어 말했다.

『지금 무슨 사연 있어, 우리들의 여러 궁전마다 위엄과 덕 있는 광명이 아름답게 빛나는 것은 예전에 없던 일이라.

이와 같은 훌륭한 서상은 듣지도 보지도 못했거늘,

큰 덕이 있는 천신이 태어났음인가, 세간에 부처님이 출현하셨음인가?』

그때 5백만 억의 〈나라들의〉 많은 범천왕들은 궁전과 더불어〈날아가서〉 저마다의 꽃 그릇에 많은 천상의 꽃을 듬뿍 담고, 함께 하방으로 가서 이 상서로운 조짐〈의 사연〉을 찾아 구했다. 그러자 대통지승여래께서 깨달음의 자리인 보리수 아래 계시면서 사자좌에 앉아 있고, 그것을 많은 하늘의 신들과 용왕, 건달바, 긴나라, 마후라가, 인간과 인간 이외의 것들에게 둘러싸여 공손히 존경받으면서 그 주위를 에워싸고 있는 것이 보이고, 그 위에 16인의 왕자들이 부처님께 가르침의 법을 설하소서, 하며 청하고 있는 것이 보였다.

그리고 많은 범천왕들은 부처님의 발을 머리에 받들고 예배한 후에 돌기를 오른쪽으로 부처님의 백천 바퀴를 돌고 그리고 천상의 꽃을 부처님 위에 뿌렸다. 그 뿌려진 꽃은 수미산처럼 높이 쌓였다. 그리고 또 부처님의 보리수에도 꽃을 공양했다. 그 꽃 공양을 마치자, 저마다 자기들의 궁전을 그 부처님께 바치며 다음과 같이 말씀드렸다.

『부디 저희들을 불쌍히 여기시고 이익을 내리시어 바치는 궁전을 아무쪼록 받아 주옵소서.』

그런데 많은 범천왕들은 부처님 앞에서 일심으로 소리를 함께 하여 시송에 의해서 다음과 같이 말씀드렸다.

『훌륭하셔라, 많은 부처님들. 이 세상을 구하시는 거룩한 성자를 만난다는 것은 〈부처님들은 욕계·색계·무색계의〉 3계의 감옥에서 부지런히 많은 중생들을 구제하시는 것입니다.

널리 고루 미치는 지혜를 가지신, 신들과 인간 가운데의 거룩한 분께서는 많은 중생의 무리를 불쌍히 여기시, 죽지 않은 문(不死門)을 열어서 널리 모든 사람들을 구제하십니다.

옛날부터 헤아릴 수 없을 만큼의 겁이 헛되이 지나가고, 부처님께서 세상에 계시는 일은 없었습니다. 세존께서 아직 세상에 출현하지 않았을 때는 시방〈의 세계〉는 항상 어두운 암흑이었습니다.

세 종류의 악한 경계(三惡道)는 증대(增大)하고 또 아수라도 번성하였습니다.

하늘의 신들의 집단은 차츰 줄어들었습니다. 그들은 죽어서 많은 나쁜 경계에 떨어졌습니다. 부처님으로부터 법을 듣는 일은 없고 항상 좋지 못한(不善) 일을 행하여서,

신체의 힘도 지혜도 이들은 모두 다 줄어들었습니다. 죄를 범한 악업의 인연에 의해서 안락〈그 자체〉와 안락이라는 생각도 잃어버리고,

삿된 견해에 머물고서, 선행을 쌓는 것을 알지 못합니다. 부처님의 교화를 입지 못하고 항상 나쁜 경계에 떨어지는 것입니다.

부처님께서는 이 세상의 눈이 되어서, 오랜 세월을 거쳐서 겨우 지금 이곳에 출현하셨습니다. 많은 중생들을 불쌍히 여겨서, 이 세상에 출현하셨습니다.

〈모든 것을〉 초월하여 바른 깨달음을 성취하셨습니다. 저희들은 이것을 크게 기뻐하고 경하(慶賀)하며 또 다른 모든 사람들도 기쁘고 놀라서 감탄하였습니다.

저희들의 궁전은 빛을 받아 엄숙하게 꾸며졌습니다. 〈그 궁전을〉 지금 세존께 바칩니다. 한결같이 불쌍히 여겨서 받아 주소서.

바라옵건대, 이 공덕이 널리 널리 모든 사람에게 고루 미치어서 저희들과 중생이 함께 부처님의 깨달음을 성취케 하소서.』

그때 5백만억의 〈국토의〉 많은 범천왕들은 시송에 의해서 부처님을 찬탄해 마치자, 저마다 부처님께 말씀드렸다.

『아무쪼록 세존이시여, 가르침의 법을 설하여 주소서. 〈그것에 의해서 일체중생을〉 안온하도록 하시는 일이 많고 제도하시는 일이 많을 것입니다.』

그때 많은 범천왕들은 시송을 읊어서 말씀드렸다.

『세존이시여, 가르침의 법을 설하여 주소서. 죽지 않는 법의 북을 쳐서 괴롭고 번민하는 중생을 구제하고, 열반에 도달하는 길을 열어 확실히 알도록 가르쳐 주소서.

부디 저희들의 간청을 받아들여서, 뛰어난 아름다운 음성으로 〈저희들을〉 불쌍히 여기시고, 한량없는 겁이라는 오랫동안에 수행한 가르침의 법을 설하여 주소서.』

그때 대통지승여래께서는 시방의 많은 범천왕 및 열여섯 왕자의 간청을 받아들여서 곧바로 〈4제(四諦)에 관해서〉 3단계(三段階), 계십이(計十二) 형태의 가르침을 설하셨다. 그것은 출가의 수행자나 천상의 신, 악마, 범천, 그 밖의 세계의 어떤 사람도 설할 수 없는 것이다. 그것은 『이것이 괴로움이며, 이것이 괴로움의 원인이고, 이것이 괴로움의 멸이고, 이것이 괴로움의 멸에 이르는 길이다.』라고 하는 것이었다.

그리고 이 가르침에 이어서 널리 12인연의 법을 다음과 같이 설하셨다.

『무명(根源的無知)은 행(行, 형성의 작용)의 존재 조건이다. 행(行)은 식(識, 대상의 인식작용)의 존재조건이다. 식(識)은 명색(名色, 명칭과 형태)의 존재조건이다. 명색(名色)은 육입[六入, 안(眼)·이·비·설·신·의(意)의 육종(六種)의 인식의 장소]이 존재조건이다. 육입(六入)은 촉(觸, 대상과의 접촉)의 존재조건이다. 촉(觸)은 수[受, 감수(感受)작용]의 존재조건이다. 수(受)는 애(愛, 욕망)의 존재조건이다. 애(愛)는 취(取, 집착)의 존재조건이다. 취(取)는 유(有, 생존)의 존재조건이다. 유(有)는 생(生, 태어나는 것)의 존재조건이다. 생(生)은 노(老)·사(死), 근심(憂), 슬픔(悲), 고뇌(苦惱)의 존재조건이다.

따라서 무명이 멸하면 행도 멸한다. 행이 멸하면 식도 멸한다. 식이 멸하면 명색이 멸한다. 명색이 멸하면 육입도 멸한다. 육입이 멸하면 촉도 멸한다. 촉이 멸하면 수가 멸한다. 수가 멸하면 애가 멸한다. 애가 멸하면 취가 멸한다. 취가 멸하면 유가 멸한다. 유가 멸하면 생도 멸한다. 생이 멸하면

노·사·우(憂)·비(悲), 고뇌가 멸한다는 것이다.

　부처님께서는 하늘의 신들과 사람들의 많은 집단 가운데서 이 가르침의 법을 설하실 때 6백만억 나유따의 사람들은, 모든 것에 사로잡히는 일이 없었기 때문에 갖가지 번뇌의 더러움으로부터 그 마음이 해방되어, 모두 깊고도 뛰어난 선정과 3종 및 6종의 신통력을 얻고 8종의 해탈을 갖추기에 이르렀다.

　두 번째와 세 번째와 네 번째로 가르침을 설하실 때에도 천만억 갠지스 강의 모래알 같은 나유따 중생들이 또한 일체 세간의 잘못된 사상을 받지 않았기 때문에 갖가지 번뇌를 여의고 마음에 해탈을 얻었으니, 그 후로 많은 성문들은 한량없고 끝이 없어 그 수를 헤아릴 수 없게 되었다.

　제2, 제3, 제4의 설법 때에도 천만억의 갠지스 강의 모래의 수만큼 많은 나유따 배의 수의 중생들이 역시 모든 것에 사로잡히는 일이 없었기 때문에 많은 번뇌의 더러움에서 그 마음이 해방되었다. 그로부터 후의 많은 성문들의 수는 무량무변이어서 헤아릴 수도 없을 만큼이다.

　그때 열여섯 왕자들은 모두 아직 동자였으므로, 출가하여 사미가 되었다. 갖가지 능력에서 뛰어나서 지혜에 밝았다. 일찍이 이미 백천만억의 많은 부처님들에게 공양하고 청정하게 계율의 행을 닦아 익혀서 무상의 바른 깨달음의 지혜를 구했던 것이다.

　그들은 함께 부처님께 다음과 같이 말씀드렸다.

　『세존이시여, 이 무량 천만 억이라고 하는 많은 덕 있는 성문들은 모두 이미 〈성문의 길을〉 완성하고 있습니다. 세존이시여, 어떤 일이 있어도 이번에는 저희들을 위해서 무상의 바른 깨달음의 법을 설해 주십시오. 저희들은 그것을 들은 후에는 함께 배우고 수행하겠습니다. 세존이시여, 저희들은 여래의 지혜의 견해를 얻기를 희망하고 있습니다. 그 〈저희들의〉 깊은 지원(志願)의 염(念)은 부처님 스스로가 아시고 계실 것입니다.』

그때 전륜성왕이 거느리는 사람들 가운데에 8만 억의 사람들이 열여섯 왕자들이 출가하는 것을 보고 〈자기들도〉 출가를 구했다. 왕은 그것을 허락했다.

그때 그 부처님께서는 사미들의 간청을 받아들여서 2만 겁이라는 긴 세월을 지난 후에 출가 재가의 남녀 신자의 앞에서, 이 대승경전의 묘법연화, 보살을 가르치고 일깨우는 법, 부처님에게 호지(護持)되고 기념(祈念)되는 것이라고 이름하는 경전을 설하신 것이다.

이 경을 설해 마친 후 16인의 사미는 위없이 바른 깨달음을 얻기 위해서 모두 함께 〈그 경을〉 받아들여서 기억하고 노래하고 읊어서 〈그 내용을〉 충분하게 깊이 연구하여 밝혔다.

이 경을 〈대봉지승불이〉 설하실 때에, 16인의 보살인 사미들은 모두가 그것을 믿고 받아들였다. 성문들 중에서도 또 믿고 이해하는 사람이 있었다. 그러나 그 밖의 천만 억의 중생들은 모두 의혹을 품은 것이다.

부처님께서는 이 경을 계속해서 설하시기를 팔천 겁 동안 쉬거나 그만두거나 하는 일은 없었다. 이 경을 설해 마치신 후에 곧바로 조용한 방에 들어가서 팔만 사천 겁이라는 오랜 시간에 걸쳐서 선정에 들어가신 것이다.

그때, 16인의 보살인 사미들은, 부처님께서 방에 들어가서 조용히 선정하고 계시는 것을 알고 각각 설법의 자리에 올라가서, 8만4천 겁 동안이라는 긴 시간에 걸쳐서 4중의 사람들에게 널리 『묘법연화경』을 상세히 설해 밝혔다.

한 사람 한 사람이 6백만억 나유따라고 하는 갠지스 강의 모래 수에 동등한 중생을 구제하고 법을 확실히 알도록 가르쳐 보이고, 가르쳐 인도하여 이익을 두어 기쁘게 하고, 위없는 바른 깨달음으로 향하는 마음을 일으키게 하였다.

대통지승불께서는 8만4천 겁이라는 긴 시간이 지난 후 명상에서 일어나서, 설법의 자리에 이르러서 편안히 그 자리에 앉으시어 널리 많은 집단에게 말씀하셨다.

「이 16인의 보살인 사미들은 참으로 희유한 사람들이다. 갖가지의 소질과 능력에서 뛰어나고 그 지혜는 명료하다. 그들은 지금까지 무량한 백천만억이라고 하는 많은 부처님들에게 공양하고 부처님들 아래에서 항상 청정한 수행을 하였으며 부처님의 지혜를 받아 보존하고 중생에게 그것을 열어서 가르쳐 보이고, 그 속에 들어가게 한 것이다. 그대들이여, 모두 자주 사이좋게 가까이하여 그들을 공양하라.

왜냐하면, 만약에 성문, 벽지불, 그 위에 많은 보살일지라도 이 16인의 보살들이 설하는 경의 가르침을 믿고, 받아 보존하고, 비방하지 않는 사람은 누구라도 반드시 위없는 바른 깨달음인 여래의 지혜를 얻을 수 있기 때문이다.」

부처님께서는 많은 비구들에게 말씀하셨다.

「이 16인의 보살들은 항상 자진해서 기쁘게 이『묘법연화경』을 설하는 것이다. 한 사람 한 사람의 보살이 교화한 6백만억 나유따의 갠지스 강의 모래 수에 동등할 만큼의 다수 중생들은 세세생생 보살과 함께 있고, 보살을 따라서 법을 듣고 그것을 모두 확신한 것이다. 이런 인연에 의해서 4백만 억의 다수의 부처님, 세존을 만나 뵐 수가 있고 그것이 지금도 계속하고 있는 것이다.

많은 비구들이여, 나는 지금 그대들에게 말하겠다. 그 부처님의 제자인 16인의 사미들은 지금 모두 위없는 완전한 깨달음을 획득하고 시방 국토에 있으면서, 현재 법을 설하고 있으며 무량 백천만이라고 하는 수의 보살과 성문들이 그들의 제자가 되어 있다.

그 가운데 두 사람의 사미는 동방에서 부처님이 되셨다. 한 분을 (1) 아촉(阿閦)이라 하고 또 한 분을 수미정(須彌頂)이라 하며, 환희국에 계신다.

동남방에 두 분의 부처님이 계시는데 그 한 분을 (3) 사자음(師子音)이라 하고 또 한 분을 (4) 사자상(師子相)이라 한다. 남방에 두 분의 부처님이 계시며, 한 분을 (5) 허공주(虛空住) 또 한 분을 (6) 상멸(常滅)이라 한다.

서남방에는 두 분의 부처님이 계시는데, 한 분을 (7) 제상(帝相) 또 한 분을 (8) 범상(梵相)이라 한다. 서방에 두 분의 부처님이 계시는데, 한 분을 (9) 아미타(阿彌陀)라고 하고 또 한 분을 (10) 도일체세간고뇌(度一切世間苦惱)라고 한다.

서북방에 두 분의 부처님이 계시는데, 한 분을 (11) 다마라발전단향신통(多摩羅跋栴檀香神通)이라 하고 또 한 분을 (12) 수미상(須彌相)이라 한다. 북방에 두 분의 부처님이 계시는데, 그 한 분을 (13) 운자재(雲自在)라 하고 또 한 분을 (14) 운자재왕(雲自在王)이라 한다.

동북방의 부처님을 (15) 괴일체세간포외(壞一切世間怖畏)라고 한다. 그리고 16번째는 나, 석가모니불이며 이 사바국토에서 위없는 바른 깨달음을 완성한 것이다.

비구들이여, 우리가 사미였던 때 제각기 무량 백천만억이라는 갠지스 강의 모래 수에 대등한 중생들을 교화했다. 나를 따라서 법을 들은 것은 위없는 바른 깨달음을 얻기 위해서였다. 이 많은 중생들 가운데서 현재도 성문의 경지에 머물고 있는 사람들이 있다. 〈그러나〉 나는 항상 위없는 바른 깨달음으로 향하도록 교화해 왔다. 이 사람들은 반드시 이 가르침의 법에 의해서 점차로 불도에 들어갈 것이다. 왜 그런가 하면, 여래의 지혜는 믿기 어렵고 이해하기 어렵기 때문이다.

그때에 교화된 무량한 갠지스 강의 모래 수와 똑같은 중생들이란, 그대들 많은 비구들과 내가 멸도한 후의 미래의 세상의 성문의 제자들인 것이다.

내가 멸도한 후에도 역시 제자가 있어서 이 경을 듣지 못하고 보살의 행을 알지 못하고, 깨닫지도 못하고, 자기가 얻은 공덕에 대해서, 이것이 완전하고 원만한 열반이라는 생각을 일으켜서 열반에 들어가는 경우가 있을 것이다.

〈그런 경우에도〉 나는 다른 나라에서 부처가 되어 새롭게 다른 이름을 가질 것이다. 〈그렇게 하면〉 그 사람은 완전하고 원만한 열반이라는 생각을 일으켜서 열반에 비록 들었다고 하더라도, 그 나라에서 부처님의 지혜를 구하며 이 경을 들을 수 있을 것이다. 완전하고 원만한 열반은 오직 부처님의 가르침의 탈것에 의해서만이 얻어지는 것이다. 그 밖에 다른 가르침의 탈것은 존재하지 않는다. 다만 여래들의 교화 수단으로서의 설법은 제외한다.

비구들이여, 여래는 만일 스스로 열반에 들 때가 가까워져서, 회중은 마음 청정하고 믿고 따르는 마음이 견고하고, 공(空)의 가르침을 터득하고 깊은 선정에 들었다고 안다면 많은 보살과 성문의 사람들을 모아서 이 경을 설하는 것이다.

이 세상에는 그것에 의해서 완전하고 원만한 열반을 획득할 수 있는 두 개의 가르침의 탈것은 존재하지 않는다. 오직 하나의 부처님의 가르침의 탈것에 의해서만이 완전하고 원만한 열반을 얻을 수 있다.

비구니들이여, 알아야 한다. 여래의 교화 수단은 중생들의 본성(本性)의 깊은 데까지 도달하고 있는 것이어서, 그들이 열등한 가르침을 기뻐하고 5관(五官)의 욕망에 깊이 집착하고 있는 것을 알고, 그들을 위해서 〈그들에게 맞는〉 열반을 설하는 것이다. 〈그런 까닭에〉 그들이 만일, 이 법을 듣는다면 곧바로 믿고 받아들일 것이다.

비유하면 5백 요자나의 거리가 되는 험하고 곤란한 사나운 길(惡道)에서 아득히 인적도 끊어져서 무서운 곳이 있다고 하자. 많은 일단(一團)이 이 길을 통과하여 진귀한 보물이 있는 장소에 도달하려는 경우에 한 사람의 지도자가 있어서, 현명하고 재지(才知)에 뛰어나서 이 험한 길을 통과할 수 있는가 통과할 수 없는가 하는 상태를 알고 있어서, 많은 사람을 인솔하여 이 장소를 통과하려 한다고 하자.

그가 인솔하는 사람들은 도중에서 피로하고 싫증이 나서 지도자에게 이와 같이 말했다,

『우리는 극도로 피곤하여 지쳐버렸으며 그 위에 무서워서 견딜 수 없습니다. 이 앞길은 아직도 멀기 때문에 지금 곧 되돌아가고 싶습니다.』라고.

그 지도자는 갖가지 능란한 수단을 가지고 있어서 이처럼 생각했다.

『그들은 불쌍하다. 도대체 어찌하여 훌륭하고 진귀한 보물을 버리고 되돌아가려고 하는 것일까.』

이렇게 생각하자, 교묘한 수단의 힘(力)으로 험준한 길을 3백 요자나 지난 곳에 하나의 도성을 변화에 의해서 만들어내고, 많은 사람들에게 말했다.

「여러분, 이제 무서워해서는 안 된다. 꽁무니를 빼고 되돌아가지도 말라. 지금 이 큰 성시는 그 안에 머물면서 마음대로 할 수 있는 곳이다. 만일 이 성안에 들어간다면 쾌적하고 평안하게 될 수 있을 것이다. 그 위에 만일 앞으로 나아가서 보배가 있는 장소에 도달할 수 있다면 그곳에 가면 될 것이다.」라고.

이때, 극도로 피로해진 사람들은 크게 기뻐하며 감탄의 소리를 내며 『우리들은 지금 겨우 이 험한 길에서 벗어나서 쾌적하고 평안하게 되었다.』라고 말했다. 그리하여 사람들은 환상(幻想)으로 된 성에 들어가서, 간신히 구제되었다고 하는 생각을 품고 평안하게 되었다는 생각을 가지게 되었다.

그때 그 지도자(導師)는 이 사람들이 휴식할 수가 있어서 피로도 회복된 것을 알고, 곧바로 환상으로 된 성을 소멸시키고 사람들에게 말하기를,

『여러분 그럼 갑시다. 보배가 있는 장소는 가까이 있다. 앞에 있던 큰 성시는 내가 변화에 의해서 만든 것으로서 다만 휴식하기 위한 것이었다.』라고 했다.

비구들이여, 여래도 또한 그와 같은 것이다. 지금 그대들을 위해서 위대한 지도자가 되어 갖가지의 생사윤회(生死輪廻), 번뇌의 악도(惡

道)는 험하고 곤란하여 아득히 긴 도정(道程)이지만, 그 도정은 지나가지 않으면 안 되고 넘어가지 않으면 안 된다는 것을 알고 있다.

만일 중생들이 오직 하나의 부처님의 가르침의 탈것을 듣는다면 〈그 이해하기 어렵기 때문에〉 부처님을 만나 뵈려고 하지 않고, 부처님께 친근(親近)해지려고도 아니 하고 다음과 같이 생각할 것이다.

『부처님의 깨달음(道)은 아득히 멀다. 오랫동안 노력하고 애써야만 그것으로 겨우 완성할 수 있는 것이다.』

부처님께서는 이 마음이, 기가 꺾여서 졸렬해 있음을 알고, 교화 수단의 힘으로 길의 중도에서 〈그들을〉 멈춰서 쉬게 하려고 두 가지의 열반을 설하는 것이다.

만일 중생이 두 가지의 〈열반의〉 경지에 머문다면, 여래는 그때 그들에게 이와 같이 설한다.

『그대들은, 해야 할 것을 아직 하지 않았다. 그대들이 도달하고 있는 경지는 지혜에 가깝다. 그러나 잘 관찰하고 곰곰이 생각하도록 하라. 그대들이 도달한 열반은, 진실한 것은 아니다. 다만 여래가 교화 수단의 힘으로 본래 오직 하나인 부처님의 가르침인 탈것을 설해야 하는 것을 이것을 나누어서 세 가지(三種)〈의 가르침인 탈것〉을 설한 것이다.』

그것은 마치 〈다음과 같다〉 즉 그 지도자가 〈사람들을〉 멈추게 하고 쉬도록 하여 큰 성을 변화에 의해서 만들어내고 〈그곳에서〉 그들이 이미 휴식이 끝났다고 알고 그들에게,

『보배가 있는 곳은 가깝다. 이 성은 진실한 것이 아니다. 내가 변화에 의해서 만들어 낸 것에 지나지 않는 것이라고 말하는 것과 같은 것이다.』

그때, 세존께서는 거듭하여 이상의 뜻을 펴시려고 하여 시송에 의해

서 다음과 같이 말씀하셨다.

「대통지승불께서는 10겁이라는 오랜 시간에 걸쳐서 도량에 앉아 계셨지만, 부처님의 법이 나타나지 않고, 부처님의 깨달음을 완성하지 못하고 계셨다.

많은 천신, 용왕, 아수라들은 항상 하늘의 꽃을 내려서 그 부처님을 공양했다.

천인들은 천상의 큰북을 치고 많은 음악을 연주했다. 향기로운 바람이 시든 꽃을 불어서 날려 보내고 바꾸어서 새롭고 아름다운 꽃을 내렸다.

10소겁 지나고 난 후에야 비로소 부처님의 깨달음을 완성할 수 있었다. 천인들과 세상 사람들은 모두 마음에 펄쩍 뛸 것 같은 기쁨을 느꼈다.

그 부처님의 16인의 왕자들은 모두 시중드는 사람들, 천만억의 사람들에게 둘러싸여서 그들과 함께 부처님 아래에 찾아가서,

부처님의 발에 머리를 대고 예배하고 부처님의 설법을 간청했다.『성스러운 사자이신 세존이시여, 부디 법비를 내려서 나와 모든 사람들을 충족케 하소서.』

세존님을 만나기는 극히 어렵습니다. 오랜 세월 동안에 한 번만 출현하셔서 살아있는 것들을 눈뜨고 깨닫게 하려고 모든 것을 진동토록 합니다.

동방의 많은 세계의 5백만억의 나라들의 범천의 궁전이 빛나고, 그 모습은 지금까지는 있지 않았던 것이었다.

범천들은 이 상황을 보고, 물어서 부처님 계시는 곳에 찾아와서 꽃을 뿌려서 공양하고 또 궁전을 바쳤다.

부처님께 법을 설하소서 하고 청하며, 시(詩)에 의해서 부처님을 찬

양하였다. 부처님께서는 그때가 아직 오지 않았다고 생각하시며, 요청을 받으시면서도 침묵한 채로 앉아 계셨다.

〈동방 이외의〉 3방과 사방의 중간과 상방·하방의 방향에서도 또 각각 똑같았다.

꽃을 뿌리고 궁전을 바치며 부처님께 법을 설하시도록 간청했다.

『세존님을 만나 뵙는 일은 극히 어렵다. 부디 큰 자비를 가지고 널리 불사(不死)의 문을 열어, 위없는 가르침을 설해주소서.』

한량없는 지혜를 가지신 세존께서는 그 많은 사람의 간청을 받아서 그들에게 갖가지의 법, 4제·12인연의 가르침을 설하셨다.

『무명에서 노사(老死)에 이르기까지는 생한다고 하는 연에 의해서 존재한다. 이와 같은 많은 허물과 환난을 그대들은 알아야 한다.』

이 법을 널리 설하실 때, 6백만억 해(姟)〈라고 하는 많은 중생들〉이 많은 고의 마지막까지를 다 구명(究明)할 수 있어서 모두 아라한이 되었나.

제2의 설법 때에도 천만의 갠지스 강 모래의 수에 대등할 만큼의 많은 사람들이 모든 것에 대해서 집착을 여의고 또한 아라한이 되었다.

이보다 뒤의 해탈을 얻은 사람의 수는 헤아릴 수 없고, 만억 겁이라는 긴 세월에 걸쳐 헤아려도 그 끝에 도달할 수 없을 정도였다.

그때 16인의 왕자들은 출가하여 사미가 되어서, 다 같이 모여서 그 부처님에게 "대승의 법을 펴서 설 하소서."라고 간청했다.

『우리들과 따라온 사람들은 모두 무어라 해도 불도를 성취하지 않으면 안 됩니다. 부디 세존처럼 지혜의 눈이 가장 청정하게 될 수 있도록 하소서.』

부처님은 동자들의 마음과 과거의 세상에서의 행위를 알고 한량없는 사연과 가지가지의 비유를 가지고,

6바라밀 및 많은 신통한 일들을 설하시고 진실한 법인, 보살이 행하는 길을 확실히 알도록 가르쳐서,

이 『법화경』의 갠지스 강의 모래 수와 대등할 만큼의 많은 시송을 설하셨다.

그 부처님께서는 경을 설해 마치시자 고요한 방에서 명상에 들어가, 일심으로 한 자리에 앉아 계시기를, 8만4천 겁이라고 하는 오랜 시간이었다.

이 〈16인의〉 사미들은 부처님께서 명상으로부터 아직 나오시지 않음을 알고 무량 억이라는 많은 사람들을 위해 부처님의 위없는 지혜를 설했다.

저마다가 설법의 자리에 앉아서 대승경전을 설하여, 부처님께서 평안하게 열반에 든 후에도 이 경을 선양(宣揚)하여 법에 의한 교화를 도왔다.

한 사람 한 사람의 사미들이 제도한 많은 중생들은 6백만 억이라는,

갠지스 강의 모래 수에도 대등할 만큼의 많은 수였었다.

그 부처님께서 열반하신 후 이 많은 법을 들은 사람들은 이곳저곳 많은 국토에서 항상 스승과 함께 태어나는 것이다.

이 16인의 사미들은 충분히 수행을 쌓아서 불도를 실천하여, 지금 현재 시방의 방향에서 각각 바른 깨달음을 완성할 수 있었다.

그때 가르침을 들은 사람들은 각각 〈16인의〉 부처님의 아래에 있었으나 그들 가운데서 성문의 경지에 머물고 있는 사람에게는 점차로 불

도를 가르친 것이다.

　나는 제16번째의 부처로서 부처님들 가운데에 있고, 일찍이 또한 그대들을 위해 설법한 것이다. 그런 까닭에 나는 교화의 수단에 의해서 그대들을 부처님의 지혜에 이끌어 넣으려고 한다.

　이 본래의 사연에 의해서 지금 『법화경』을 설해서, 그대들을 부처님의 깨달음에 들게 할 것이다. 결코 놀라거나 두려워해서는 안 된다.

　비유하면 험하고 곤란한 나쁜 길(惡道)에, 아득히 인적도 끊어지고, 맹수도 많고 또한 물도 풀도 없고 사람들에게 무서운 곳이 있다고 하자.

　천만의 무수배라는 많은 사람들이 이 험한 길을 통과하려고 하는데, 그 길은 매우 멀어서 5백 요자나가 된다.

　그때 한 사람의 지도자가 있어서, 기억력도 뛰어나고 지혜가 있고 현명한 마음이 단단해 있어서, 위난(危難)에 처한 많은 난을 구한다고 하자.

　사람들은 모두 몹시 지쳐서, 지도자를 향해서 말했다.『우리들은 이 세는 몹시 지치고 말았다. 여기서 돌아가고 싶다.』

　지도자는 이처럼 생각했다.『이 사람들은 불쌍하다. 어찌하여 되돌아가서, 훌륭하고 진귀한 보물을 잃어버리려고 하는가.』

　이어서 교화의 수단에 관해 생각했다.『신통력을 강구하자.』라고 생각했다. 그래서 큰 성시를 변화로 만들어 내고 많은 집들을 장엄했다.

　주위에는 원림, 배수로, 목욕하는 연못, 몇 겹으로 마련한 문, 높은 누각을 배열하고 그 속에는 남녀가 충만해 있다.

　이상의 환화(幻化)를 해 마치자 사람들을 위로하며 말했다.『두려워하지 말라. 여러분, 이 성시에 들어간다면 저마다 하고 싶은 일을 하세요.』

사람들은 성시에 들어가서 크게 기뻐하고 모두 마음 평안함을 일으켜서 〈험난한 길을〉 넘을 수가 있었다고 생각했다.
　지도자는 그들이 휴식을 마쳤음을 알고 사람들을 모아놓고 말했다. 『여러분들, 전진하자. 이것은 변화로 만든 성에 불과하다.
　나는 여러분이 피로에 지쳐서 도중에서 되돌아서려는 것을 보았다. 그런 까닭에 교화의 수단의 힘에 의해서 임시로 이 성시를 변화로 만들어 낸 것이다. 여러분은 부지런히 정진하여 함께 보물이 있는 곳에 도달하자.』
　나도 또한 그와 같은 것이다. 모든 사람들의 지도자이다. 길을 구하는 사람들이 중도에서 태만하고 방기하여 윤회, 번뇌가 많은 험한 나쁜 길을 헤쳐 갈 수 없음을 본다.
　그런 까닭에 교화의 수단의 힘에 의해서 그들을 휴식시키기 위해 열반을 설해서『그대들은 괴로움을 멸하고, 해야 할 것은 모두 마쳤다.』
　이미 열반에 도달하고 모두 아라한의 경지를 얻었다고 알며 많은 사람을 모이게 하고 그들을 위해 진실한 가르침을 설하는 것이다.
　부처님들은 교화의 수단의 힘에 의해서, 구별하여 3종의 가르침의 탈것을 설했다. 그러나 오직 하나의 부처님의 탈것만이 있는 것이어서 휴식처를 위해서 2가지를 설한 것이다.
　지금 그대들을 위해서 진실을 설하겠다.『그대들이 얻은 것은 열반이 아니다. 부처님의 일체지를 얻기 위해서는 큰 정진을 일으켜야 한다.
　그대들이 일체지, 열 가지의 신통력 등 부처님의 법을 체득하고, 32종의 부처님의 상호를 갖추게 된다면 그것이 진실한 열반이라고 할 수가 있다.

지도자이신 부처님들은 〈사람들을〉 휴식시키려고 하여 열반을 설했지만, 그들이 휴식을 마쳤음을 알았다면 부처님의 지혜에 이끌어 넣는 것이다.』

五百弟子受記品 第八
오 백 제 자 수 기 품   제 팔

　그때 부루나미다라니자(富樓那彌多羅尼子)는 부처님께서 이상의, 지혜에 의거한 교화의 수단으로서의, 듣는 사람에게 알맞게 설하신 설법을 듣고 또 많은 뛰어난 제자들에게 위없는 바른 깨달음에 대한 예언을 주시는 것을 들었으며, 전생의 사연에 관한 것을 듣고 또 많은 부처님들께서는 위대한 자유자재한 신통력을 가지고 계신다는 것을 듣고 나서, 지금까지 한 번도 경험치 못한 생각을 느끼고 마음이 맑아지고 기뻐서 덩실거리며 곧바로 자리에서 일어나, 부처님 앞에 이르러서 머리에 부처님의 발을 받들고, 물러나서 한쪽에 자리를 차지하고 거룩한 얼굴을 우러러보며 한 시도 눈을 떼지 않았다. 그리고 다음과 같이 생각

했다.

「세존께서는 극히 드물고 특별한 존재이며 그 행하는 바는 특별한 경우 이외는 거의 볼 수 없다. 이 세상 사람들의 여러 가지의 성질에 맞추어서 교화의 수단의 지혜에 의해서 법을 설하고 중생들이 여기저기에 탐내고 집착하고 있는 것을 뽑아내어 주신다. 우리들은 부처님의 공덕을 말에 의해서 이야기할 수는 없다. 다만 불·세존만이 우리들의 마음 속 본래의 소원을 알고 계시는 것이다.」

그때 부처님께서는 비구들에게 말씀하셨다.

「그대들이여, 이 부루나미다라니자를 보라. 나는 항상 그가 설법자 가운데의 제1인자인 것을 칭찬하고 또 항상 그 여러 가지의 공덕을 칭송했다.

그는 노력 정진하여 나의 교법을 지키고 보존하고 나를 도와서 법을 설해서 4중(四衆)의 사람들에게 가르쳐서 확실히 알도록 가르쳐 보였으며, 가르쳐 인도하고 이익을 주어서 기쁘게 하였다. 자세하고 충분히 부처님의 바른 법을 해석하여, 청정한 행을 닦는 동행자들에게 크게 이익을 주었다. 여래를 제외하고는 그만큼 언론에서 변설(辯舌)을 다 할 수 있는 사람은 없다.

그대들이여, 부루나는 다만 나의 교법을 지키고 보존하고 나를 도와서 법을 설한 것으로만 생각해서는 안 된다. 또 과거의 90억이라고 하는 부처님들의 처소에서도 부처님의 바른 법을 지키고 보존하며, 부처님을 도와서 법을 설하고 그 설법자들 가운데서도 제1인자였던 것이다. 또 부처님들께서 설하신 공(空)의 가르침에 명료하게 통달하고, 네 가지의 자유자재한 지혜를 획득하여 항상 명료하고 청정하게 법을 설해서 어떤 의혹도 없으며 보살의 신통력도 갖추고 있었다.

그리고 그 수명을 다하도록 항상 맑고 깨끗한 행을 닦았으므로 그 부처님의 세상에 있던 사람들은 모두 그야말로 참다운 성문(佛弟子)이라고 생각하고 있었던 것이다.

더욱이 부루나는, 이 교화의 수단에 의하여 헤아릴 수 없는 백천의 중생들에게 이익을 주고 또 헤아릴 수 없는 무수한 사람들을 교화하고, 위없는 바른 깨달음으로 향하게 했다. 부처님의 국토를 청정케 하기 위해서 항상 부처님의 행을 하고, 중생을 교화한 것이다.

비구들이여, 부루나는 또 과거의 칠불(七佛)들 아래에서의 설법자들 가운데서도 제1인자였다. 그리고 지금 또한 나의 아래의 설법자 가운데서도 제1인자이며 부처님의 교법을 지키고 보존하며 부처님을 도와서 가르침을 설할 것이다. 현겁이라는 현재의 세상에 장래 출현하는 많은 부처님들의 아래의 설법자 가운데서도 제1인자이며, 부처님의 교법을 지키고 보존하며 부처님을 도와서 가르침을 설할 것이다.

또 미래의 세상에서도 헤아릴 수 없을 만큼 부처님들의 법을 지키고 보존하고, 부처님을 도와서 가르침을 설하고, 무량한 중생들을 교화하고 이익을 주며, 위없는 바른 깨달음으로 향하게 할 것이다. 부처님의 국토를 깨끗하게 하려고 항상 부지런히 정진하며 중생들을 교화할 것이다.

점차로 보살의 길을 구족해 가서 아승기겁의 무량배의 긴 세월을 경과하여 이 국토에서 위없는 바른 깨달음을 획득할 것이다. 그 이름을 법명여래(法明如來), 공양을 받기에 알맞은 사람, 바르고 넓은 지혜를 갖춘 사람, 지(智)와 실천이 완전하게 갖춘 사람, 깨달음에 도달한 사람, 세상의 모든 것에 통달하고 있는 사람, 최상의 사람, 인간의 조교사, 제천(諸天)의 사람들의 스승, 불·세존이라고 할 것이다.

그 부처님께서는 갠지스 강의 모래 수와 대등한 수의 3천대천세계를 하나의 불국토로 만들 것이다. 지면(地面)은 칠보로 되고 그 평탄하기는 손바닥과 같은 것이다. 산이나 계곡이나 하수도(溝)가 없으며, 칠보로 만든 누각이 즐비하게 세워져 있고, 하늘의 신들의 궁전은 아주 가까운 허공에 있어서, 인간과 천인이 상호 간에 사귀고 접촉하며 양자(兩者)가 함께 어울릴 수 있을 것이다.

갖가지의 나쁜 경우(惡道)도 존재하지 않고 또 여인도 없으며, 일체중생은 모두 타에 의하지 않고 자연적으로 태어나서, 음욕이 없을 것이다. 위대한 신통력을 몸에 익혀서, 신체에서 광명을 발하고 공중을 자유자재로 비행할 수 있을 것이다. 뜻은 견고하고 노력의 힘과 지혜의 힘을 가졌으며, 모두 한결같이 금색을 하고 있으며, 32종의 신체적 특징에 의해서 자신을 엄숙하게 치장할 것이다.

그 국토의 중생은 항상 두 가지의 먹을 것에 의존하고 있다. 하나는 가르침을 듣는 기쁨이라는 음식(法喜食)과 또 하나는 선정의 기쁨이라는 음식(禪悅食)이다.

아승기 천만억 나유따의 무량배라고 하는 많은 보살이 있어서, 위대한 신통과 네 가지의 자유자재한 지혜(四無礙智)를 체득하고 충분히 중생을 교화할 것이다. 성문들은 숫자로 계산할 수 없을 만큼 많이 있고, 모두 여섯 가지, 세 가지의 신통과 여덟 가지의 선정을 갖출 수 있게 될 것이다.

그 부처님의 국토는 이상과 같이 헤아릴 수 없는 복덕이 있어서, 장엄하게 꾸며질 것이다. 〈부루나가 부처가 되는〉 그 겁을 보명(寶明)이라 이름하고 그 나라를 선정(善淨)이라고 이름할 것이다. 그 부처님의 수명은 아승기겁의 무량배라는 길이이고 〈부처님께서 설한〉 법은 매우 오랜 시간 동안 존속할 것이다. 부처님께서 멸도한 뒤에는 칠보로 만든 탑을 세워서, 그 나라 안에 가득 넘쳐흐를 것이다.」

그때 세존께서는 거듭하여 이상의 뜻을 펴시려고 하여 시송을 설해서 말씀하셨다.

「비구들이여, 잘 들어라. 부처님의 아들이 수행한 길은 교화의 수단을 충분히 배운 것이므로, 생각으로 헤아릴 수 없는 것이다.

사람들이 작은 〈낮은〉 가르침을 원해서, 큰 지혜를 두려워하고 있는 것을 알고, 그 때문에 보살들은 〈방편으로서〉 성문·연각이 되어서,

무수한 교화의 수단에 의해서 갖가지의 중생을 교화하고, 스스로는 우리들은 성문이다, 부처님의 깨달음에는 매우 멀리 벗어나 있다고 설하는 것이다.

헤아릴 수 없을 만큼의 사람들을 제도하여 모두 〈불도를〉 성취할 수 있도록 한다. 〈그들은〉 작은 것을 원하고 게으른 사람일지라도 점차로 반드시 부처님이 될 수 있도록 인도할 것이다.

안으로는 보살로서의 수행을 감추고, 밖으로는 대해서는 자기들은 성문이라고 나타내며, 소욕으로 생사윤회를 싫어하는 것처럼 보이면서 실제로는, 스스로부터 부처님의 국토를 깨끗하게 한다.

사람들에게, 자기들이 〈탐내고·성내고·어리석음의〉 세 가지의 독을 가지고 있는 것을 보여주기도 하고 또 잘못된 견해에 빠져 있는 모습을 나타내기도 한다.

나의 제자들은, 이와 같이 교화의 수단을 마련하여, 중생을 구제하는 것이다. 만일 내가 부족하여 갖가지의 교화를 위해 〈그들이〉 나타낸 것을 설한다면, 이것을 들은 중생들은 마음에 의혹을 품을 것이다.

　지금 이 부루나는, 과거의 천억이라는 부처님들의 아래서, 행해야 할 수행의 길에 정진하며, 부처님들의 법을 설하고 획득한 것이다. 위없는 지혜를 구하기 위해서,

　많은 부처님 아래서 제자들의 윗자리에 있으며, 박식하고 지혜가 있음을 나타내 보이고 그 설하는 내용은 두려움이 없어서 〈자신이 있고〉 사람들을 기쁘게 하며, 아직까지 피곤해 지치는 일이 없다.

　이것에 의해서 부처님의 교화를 도운 것이다. 위대한 신통을 체득하고 있어서, 네 가지의 자유자재한 지혜를 갖추었고 사람들의 능력과 소질의 높낮음을 알아서 항상 맑은 가르침을 설했다.

　그와 같은 의의(意義)를 설해 넓혀서 몇천 억의 사람들을 가르치고 큰 가르침의 탈것에 머물게 하여, 스스로 불국토를 정화한 것이다.

　미래에서도 또 헤아릴 수 없는 무수한 부처님을 공양하고 바른 가르침을 지키며, 부처님을 도와서 가르침을 설하고 또한 스스로부터 부처님의 국토를 청정하게 할 것이다.

　항상 많은 교화의 수단을 써서 법을 설하는 데에 두려움이 없고, 헤아릴 수 없을 만큼의 사람들을 구제하고 〈그들에게 부처님의〉 일체를 아는 지혜를 완성할 것이다.

　많은 여래를 공양하고 교법의 보배의 저장고를 지키고 보존해서, 그런 후 부처님 될 것이다. 〈그리고〉 그 이름을 법명이라 할 것이다.

　그 나라를 선정이라 이름하고 그것은 칠보를 모아 이루어졌고, 그 겁

을 보명(寶明)이라 이름 할 것이다.

보살들이 매우 많이 있어, 그 수는 무량 억이나 되고 모두 위대한 신통을 체득하고 엄숙하고 범하기 어려운 덕의 힘을 갖추고서 그 국토 가득히 충만할 것이다.

성문도 또한 무수하게 있으며, 세 가지의 신통과 여덟 가지의 선정을 갖추고 네 가지 자유자재한 지혜를 체득해 있다. 이상의 사람들이 수행자의 집단이다.

그 나라의 중생들은 모두 음욕을 끊었으며, 순수하게 다른 것에 의하지 않고 자연히 태어났으며, 〈32가지 뛰어난〉 신체적 특징을 갖추고 그것에 의해 몸을 장식할 것이다.

먹는 것은 법을 듣는 기쁨과 선정의 기쁨이라는 〈두 가지의〉 음식물이며, 그 밖의 음식에 대한 생각은 없을 것이다. 여인은 존재하지 않고 또 갖가지 악한 경계도 존재하지 않는 것이다.

부루나 비구는 그 공덕을 모두 가늑 채우고, 반드시 이 정도에 현인과 성자들이 매우 많이 있을 것이다. 이상과 같은 한량없는 일들을 나는 지금, 다만 약설한 것에 불과하다.」

그때 1천2백의 아라한의 마음에 자재를 얻은 사람들은 다음과 같은 생각을 품었다.

「우리들은 기뻐하며. 지금까지는 없었던 생각을 했다. 만일 세존께서 다른 위대한 제자들과 똑같이 우리들 각각에게도 성불의 예언을 주신다면 마음에 꼭 맞는 것, 이 이상 과분한 것은 더는 없을 것이다.」

부처님께서는 그들의 마음에 품은 생각을 아시고, 마하가섭에게 다음과 같이 말씀하셨다.

「이 1천2백의 아라한들에게 나는 지금, 눈앞에서 차례차례로 위없는 바른 깨달음에 대한 예언을 주겠다. 여기 있는 사람들 가운데의 나의 위대한 제자인 교진여비구는 반드시 6만 2천억의 부처님을 공양하고, 그런 뒤에 부처님이 될 수 있을 것이다. 그 이름을 보명여래, 공양을 받기에 마땅한 사람, 바르고 넓은 지혜를 갖춘 사람, 자혜와 실천을 완전히 갖춘 사람, 깨달음에 도달한 사람, 세상의 모든 것에 통달한 사람, 최상의 사람, 인간의 조교사, 제천과 인간들의 스승, 불, 세존이라 할 것이다.

그리고 〈이어서〉 5백 인의 아라한들, 즉 우루빈라가섭·가야가섭·나제가섭·가루다이·우다이·아누루다·이바다·겁빈나박구라·주타·사가타 등들은 모두 위없는 바른 깨달음을 기필코 얻을 것이며 모두가 똑같은 이름으로 보명(普明)이라 할 것이다.」

그때 세존께서는 이 뜻을 거듭 펴시려고 하여 시송을 가지고 말씀하셨다.

「교진여비구는 헤아릴 수 없는 많은 부처님들을 뵙고 무수겁이라는 오랜 시간을 지나서, 마침내 바른 깨달음을 완성할 것이다.

항상 위대한 광명을 발하고 많은 신통을 갖추어서, 그 명성은 시방에 널리 알려지고 모든 사람들에게 공경되고 항상 위없는 깨달음을 설할 것이다. 그렇기 때문에 이름 하여 보명이라 한다.

그 국토는 청정하고 보살들은 모두 용맹스러울 것이다. 모두가 다 아름다운 누각에 올라 많은 시방의 나라를 두루 거쳐 돌아다니고, 최상의 물품을 정성스럽게 부처님들께 바칠 것이다.

그 공양을 마치고 마음에 큰 기쁨을 품고, 순식간에 본국으로 돌아올 것이다. 이상과 같은 신통력이 있을 것이다.」

그 부처님의 수명은 6만 겁일 것이다. 바른 교법이 세상에 존속하는 기간은 그 수명의 길이의 두 배가 된다.

바른 교법에 유사한 가르침도 그 두 배의 기간 〈세상에 존속〉될 것이다. 그리고 〈마침내〉 교법이 소멸된다면 하늘〈의 신들〉과 인간은 괴로워할 것이다.

5백 인의 비구들은 차례차례로 반드시 부처님 될 것이니, 그 이름은 똑같이 보명이라 하고 다음에서 다음으로 차례차례 성불의 예언을 줄 것이다.

즉「내가 멸도한 후에 아무개가 반드시 성불할 것이다.」라고, 그 부처님이 교화하는 세계는 또한 내가 오늘 〈교화하고 있는 세계〉와 같을 것이다. 〈그 부처님들의〉 국토의 엄숙함과 청정한 모습 및 많은 신통력에 관해서도 보살과 성문의 사람들의 집단, 바른 교법, 바른 교법과 비슷한 가르침에 대해서도, 〈부처님〉의 수명의 겁에 대한 길이에 대해서도 모두 앞서 내가 설한 그와 똑같다.

가섭이여, 그대는 이미 5백 인의 자재를 얻은 사람들〈의 미래의 일〉을 알았었다. 그 밖에 많은 성문의 사람들도 또한 반드시 이와 같이 될 것이다. 지금 이 모임의 장소에 없는 사람들에게도 그대는 〈이상과 같은 것을〉 설해 주어야 한다.

그때 5백 인의 아라한들은 부처님 앞에서 성불의 예언을 받을 수 있어서 기뻐하며 덩실거렸다. 그리고 곧바로 자리에서 일어나서 부처님 앞에 나아가 머리에 부처님의 발을 예배하고, 자기들의 잘못을 뉘우치고 자책하는 생각에 뒤얽혀서 말씀드렸다.

세존이시여, 저희들은 이미 궁극의 열반을 얻은 것이라고 항상 이렇게 생각하고 있었습니다. 지금 비로소 자기들은 무지한 사람인 것을 알았습니다. 왜냐하면, 저희들은 여래의 지혜를 얻을 수 있는데도 그것을 자기들은 작은 지혜만으로 충분하다고 생각해 버렸기 때문입니다.

　세존이시여, 그것은 비유하면 이러한 것이었습니다. 어떤 사람이 있었는데, 친구의 집에 가서 술에 취해 잠들어 버렸습니다. 그때 그 친구는 공무로 출장을 가지 않으면 안 되었기 때문에 값을 매길 수 없을 정도의 훌륭한 보배의 구슬을 그의 저고리 안쪽에 매달아 두고 떠났습니다. 그 사람은 술에 취해서 잠들어 버렸으므로, 전혀 알아차리지 못하고 잠에서 깨어 일어나자 이곳저곳을 떠돌아서 타국으로 갔습니다. 먹을 것·입을 것을 구하기 위해 많은 고생을 하면서 그것을 구했습니다. 매우 곤란한 생활을 하고 있었습니다. 그래서 조금이라도 얻는 것이 있었으면 그것으로 충분하다고 만족하고 있었습니다.

　그 후 친구가 그와 딱 마주치게 되었는데 그를 보고 이와 같이 말했습니다.

『어이, 자네, 어찌해서 의식(衣食)을 얻기 위해 이렇게 되어 버렸단 말인가. 나는 옛날 자네가 안락하게 지낼 수 있고 오관(五官)의 생각대로 할 수 있게 하려고 어느 해, 어느 달, 어느 날에, 값을 매길 수 없는 훌륭한 보배 구슬을 자네의 저고리 안쪽에 매달아 두었던 것이다. 지금도 그것은 실제로 있다. 그런데도 자네는 그것을 알지 못하고 고생하고 걱정하며 괴로워하면서 자활의 길을 구하고 있으나, 이것은 매우 어리석은 일이다. 자네는 지금 이 보배를 필요한 것과 바꾸어서 오라. 그렇게 하면 언제라도 생각대로 되고 빈곤하다고 하는 일은 없을 것일세.』

부처님께서도 그와 같습니다. 부처님께서는 보살이었을 때 저희들을 교화하시며 〈부처님의〉 일체를 아는 지혜의 마음을 일으키도록 하셨습니다. 그런데도 저희들은 곧바로 그것을 잊어버렸기 때문에 알지도 깨닫지도 못한 채 있었습니다. 이미 아라한의 도(道)를 체득하고 자기로서는 열반에 도달했다고 생각하며, 생활에 곤란하여 적은 것을 얻고서도 이에 만족하고 있었습니다. 〈그렇지만 부처님의〉 일체를 아는 지혜를 달성하려는 원(願)은 역시 아직도 잃어버리지 않았습니다. 지금 세존께서는 저희들을 눈뜨게 하려고 다음과 같은 말씀을 하시는 것입니다.

『비구들이여, 그대들이 얻은 것은 궁극의 열반이 아니다. 나는 오랫동안 그대들에게 부처님의 선근을 심도록 하였으나 교화의 수단을 위해서 열반의 모습을 가르쳐 보인 것이다. 그런데도 불구하고 그대들은 실제로 열반을 얻었다고 생각해버린 것이다.』

「세존이시여, 저는 이제야 비로소 알았습니다. 자기들이 진실로는 보살이며 위없는 바른 깨달음의 예언을 주실 수 있있딘 것을, 이 시언에 의해서 크게 기뻐하며 지금까지 없었던 것을 얻은 것입니다.」

그때 아야교진여들은 거듭해서 이상의 의취를 펴려고 하여, 시송을 설해서 말했다.

「저희들은 이 위없이 안온한 성불의 예언의 목소리를 듣고 지금까지는 없었던 것이라고 환희하고, 한량없는 지혜를 갖추신 부처님께 예배드립니다.

지금 세존님의 앞에서 스스로부터 많은 허물을 스스로 참회하고 있습니다. 한량없는 부처님의 보배 가운데의 아주 작은 일부분의 열반을 얻었을 뿐, 지혜 없고 어리석은 사람처럼 자신은 그것으로 만족하고 있습니다.

비유하면 빈궁한 어떤 사람이 있어 친구의 집에 찾아갔다고 합시다. 그 집은 매우 부유하여 갖가지의 음식의 상을 마련하여,

더 없는 가치의 보배 구슬을, 그 남자의 속옷 안에 꿰매두고 말없이 주고 그를 두고 가버렸습니다. 그때 그는 잠들어 있어서 그것을 알아차리지 못했습니다.

그 사람이 일어나자 이곳저곳을 둘러서 타국에 가서 입고 먹는 것을 구하며 스스로 생활하였으나 생활이 매우 곤란하여,

적은 것을 얻고서도 그것으로 충분하다고 생각하고, 그 이상의 좋은 것을 원하지 않고, 속옷 안에 위없는 값을 가진 보배 구슬이 있는 것을 알아차리지 못했던 것입니다.

그 구슬을 준 친구는 후에 이 가난한 사람을 보고, 매우 간절하게 책망한 다음 꿰매둔 구슬을 확실히 알도록 가르쳐 보여 주었습니다.

가난한 그 사람은 이 구슬을 보고 마음에 크게 기뻐하고, 〈그 결과〉 부자가 되어 많은 재물을 소유하고 5관의 욕망대로 할 수 있게 되었습니다.

저희도 또한 그와 같습니다. 세존께서는 긴 세월 걸쳐서 항상 저희를 불쌍히 여겨 교화하셔서 위없는 서원의 씨를 심도록 하셨습니다.

저희들은 지혜가 없었기 때문에 그것을 깨닫지도 못하고 알지도 못했습니다. 작은 열반의 한 조각을 얻어 그것을 스스로 만족해버리고 더 이상의 것을 구하지도 않았던 것입니다.

지금 부처님께서는 저희를 깨닫게 하시려고 「그것은 진실한 열반이 아니며, 부처님의 위없는 지혜를 얻어야만, 이것이야말로 진실한 열반

이다.」라고 하셨습니다.

 저는 지금 부처님으로부터 성불의 예언과 〈불국토의〉 장엄에 대한 것과 차례차례로 성불의 예언을 받는 것을 듣고 몸과 마음에 큰 기쁨을 느끼고 있습니다.」

授學無學人記品 第九
수 학 무 학 인 기 품   제 구

그때 아난과 나후라는 이런 생각을 하고 있었다.

「우리들은 언제나 이렇게 생각하고 있다. 만일 성불의 예언이 부처님으로부터 주어진다면 얼마나 마음이 기쁠까.」

그래서 곧 자리에서 일어나서, 부처님 앞에 이르러서 세존의 발에 머리를 대고 예배하고 함께 말씀드렸다.

「세존이시여, 저희들도 〈성불의 예언을 받을〉 자격이 있을 터입니다. 오직 여래 한사람만이 저희들이 귀의해야 할 사람입니다. 또 저희들은 온갖 세계의 하늘의 신들, 사람들, 아수라들에게 알려졌습니다. 아난은 언제나 부처님의 시자가 되어 교법의 곳간을 지키고 유지하고 있습니다. 나후라는 부처님의 친아들입니다. 만일 부처님께서 위없이 바른 깨달음의 예언을 주시게 된다면 저의 소원은 충족되게 되고 많은 소망도 또한 이루어지는 것이 됩니다.」

그때 아직 배우는 중에 있는 그리고 이미 배워야 할 것이 없어진 성문제자 2천 인은 모두 자리에서 일어나 오른쪽 어깨를 벗어 드러내고 부처님 앞에 이르러서, 마음을 합해서 합장하고 세존을 우러러보며 아란과 나후라와 똑같은 소원을 품고 그 자리에 서 있었다.

그때 부처님께서 아난에게 말씀하셨다.

「그대는 미래의 세상에서 반드시 부처님이 될 것이다. 그 이름을 산해혜자재통왕(山海慧自在通王)여래(如來), 공양을 받음에 마땅한 사람, 바르고 넓은 지혜를 갖춘 사람, 지혜와 실천을 완전히 갖춘 사람, 깨달음에 도달한 사람, 세상의 모든 것에 통달한 사람, 최상의 사람, 인간의 조교사, 제천과 사람들의 스승, 불, 세존이라 할 것이며 반드시 6십2억이라 하는 수의 많은 부처님들에게 공양하고 교법의 곳간을 지키고 유지해서, 그런 뒤에 위없는 바른 깨달음을 얻을 것이다. 그리고 갠지스 강의 모래 수를 배로 하는 20천만억이라 하는 많은 보살들을 교화하고, 그들에게 위없는 바른 깨달음을 성취시킬 것이다.

그 나라를 상립승번(常立勝幡)이라 이름하고 그 국토는 청정해서 유리로 그 지면을 하고 있을 것이다. 그 겁을 묘음변만(妙音遍滿)이라 이름할 것이다.

그 부처님의 수명은 아승기의 무량천만억 겁이라는 오랜 시간일 것이다. 만일 사람이 아승기의 천만억 무량배 겁이라는 오랜 시간에 걸쳐서 그 숫자를 계산해도 〈그 부처님의 수명의 길이는〉 알 수 없을 것이다. 바른 교법이 세상에 머무는 기간은 그 부처님 수명의 두 배가 되고, 바른 교법에 비슷한 교법이 세상에 머무는 기간은 바른 교법이 머무는 기간의 두 배가 될 것이다.

아난이여, 이 산해혜자재통왕불은 시방의 무량천만억이라는 갠지스 강의 모래 수와 똑같은 많은 부처님·여래에 의해 함께 그 공덕이 찬탄되고 칭찬될 것이다.」

그때 세존께서는 이상의 뜻을 펴시려고 시송을 설해서 말씀하셨다.

「나는 지금, 수행자들 가운데에서 설하겠다. 아난이라고 하는 교법을 보존하고 있는 사람은 반드시 많은 부처님들을 공양하고, 그런 후에 바른 깨달음을 완성할 것이다.

그 이름을 산해혜자재통왕불이리고 할 것이다. 그 국토는 청정하고, 상립승번이라고 이름할 것이다.

많은 보살들을 교화한다. 그 수는 갠지스 강 모래 수와 같이 많을 것이다. 그 부저님에게는 위내하고 임숙한 덕이 있어서, 그 명성은 시방에 들리고,

그 수명은 헤아릴 수 없을 정도이다. 그것은 중생을 불쌍히 여기는 까닭이다. 바른 교법〈이 존속하는 기간〉은 그 수명의 두 배이고,

바른 교법과 비슷한 교법〈이 존속하는 기간〉은 더욱이 그 두 배일 것이다. 갠지스 강 모래 수와 대등한 헤아릴 수 없는 수의 많은 중생들은, 이 부처님의 교화에 의해서 부처님의 깨달음으로 취향하는 인연의 씨앗을 심을 것이다.」

그때 그 집회에 있던, 새롭게 불도(佛道)에 들어온 보살들 8천 인은 모두 다음과 같이 생각했다.

「우리들은 많은 위대한 보살들이라고 해도 이와 같은 성불의 예언을 얻었다는 것을 들은 적이 없다. 그런데도 어떠한 사연이 있어서, 많은 성문들이 이와 같은 성불의 예언을 얻은 것일까?」

그때 세존께서는 보살들의 마음속 생각을 아시고, 그들에게 말씀하셨다.

「좋은 집안의 아들(善男子)들이여, 나와 아난과는 똑같이 공왕불의 아래서 동시에 위없는 바른 깨달음을 얻으려는 마음을 일으킨 것이다. 아난은 항상 많은 가르침을 듣는 것을 좋아했고 나는 항상 부지런히 정진했다. 그런 까닭에 나는 위없는 완전한 깨달음을 달성할 수 있었다. 한편 아난은 〈가르침을 지키고 기억하는 사람이 되어, 그런 까닭에〉 나의 교법을 지키고 기억하여 또 미래의 부처님들의 가르침의 곳간을 지켜서 많은 보살들을 교화하고 〈그들의 깨달음을〉 완성시킬 것이다. 〈아난의〉 그 본래의 서원은 이와 같은 것이었기에, 그런 까닭에 이 성불의 예언을 얻은 것이다.」

아난은 부처님 앞에서 직접 성불의 예언이 주어진 것 및 〈자기의〉 불국토의 장엄된 모습을 듣고, 자신의 서원이 충족되어 매우 기뻐서 지금까지는 없었던 생각을 했다. 그리고 곧바로 과거의 무량천만억이라는 많은 부처님들의 교법의 곳간을 생각해 내어 보니, 그 모두 통달하여 자유자재하고 마치 지금 들은 것 같았다. 그리고 또 과거세에 일으킨 서원마저도 알게 된 것이다.

그때 아난은 시송을 설해서 말씀드렸다.

「세존님께서는 극히 드문 존재이다. 나에게 과거의 무량한 부처님들의 교법을 생각해 내도록 했다. 그것을 마치 오늘 듣고 있는 것 같다.

나에게는 지금 의심이 없어지고 부처님의 깨달음에 안주하고 있다. 교화의 수단에 의해서 〈부처님의〉 시자가 되고 부처님들의 교법을 지키고 유지하리라.」

그때 부처님께서는 나후라에게 말씀하셨다.

「그대는 미래세에서 반드시 부처님이 될 것이다. 그 이름을 도칠보화여래(蹈七寶華如來), 공양을 받음에 마땅한 사람, 바르고 널리 지혜를 갖춘 사람, 지혜와 실천을 완전히 갖춘 사람, 깨달음에 도달한 사람, 세상의 모든 것에 통달한 사람, 최상의 사람, 인간의 조교사, 제천과 사람들의 스승, 불, 세존이라 할 것이며, 십세계를 미진(微塵)으로 한 수에도 대등한 많은 부처님, 여래를 공양할 것이다. 항상 부처님들의 장자(長子)로 되는 것이 마치 지금과 같을 것이다.

이 도칠보화불(蹈七寶華佛)의 국토의 엄숙한 모습, 수명의 겁의 수, 교화될 제자, 바른 교법, 바른 교법에 유사한 가르침〈이 존속할 기간〉에 관해서는 산해혜사새동왕여래의 경우와 다르지는 않을 것이다. 또 부처님의 장자가 될 것이다. 그리하여 그 후에 반드시 위없는 바른 깨달음을 얻을 것이다.」

그때에 세존께서는 이상의 의취를 펴시려고 하여 시송을 설해 말씀하셨다.

「내가 태자였던 때, 나후라는 맏아들이었다. 내가 지금 불도를 완성하자, 그 교법을 받아서 법의 아들이 되었다.

미래의 세상에서 무량억의 부처님을 뵈옵고 그 모든 부처님들의 장자가 되어서, 일심으로 부처님의 깨달음을 구할 것이다.

나후라의 남모르게 하는 수행은, 오직 나만이 그것을 알고 있다. 현재 나의 맏아들이 되어서 많은 중생들에게 가르쳐 보이고 있다.

무량억천만의, 그 공덕은 헤아릴 수가 없다. 부처님의 가르침에 안주하여 위없는 깨달음을 구하고 있다.」

그때 세존께서는 아직 배우고 있는 및 배움을 완료한 2천 인을 보시자 그들의 마음은 유연하고, 조용하게 가라앉아서 청정하며, 일심으로 부처님을 우러러보고 있었다. 부처님께서는 아난에게 말씀하셨다.

「그대는 이 학수(學修) 중인, 학수를 완료한 2천 인을 보는가, 어떤가.」

「네, 보고 있습니다.」

「아난이여, 이 사람들은 반드시 50세계를 미진으로 한 수만큼의 많은 부처님·여래를 공양하고, 공경하고 존숭하며, 교법의 곳간을 지키고 유지하고 최후에 동시에 시방의 나라들에서, 각각 부처가 될 것이다. 모두 똑같은 하나의 이름으로 보상여래(寶相如來), 공양을 받음에 마땅한 사람, 바르고 널리 지혜를 갖춘 사람, 지혜와 실천을 완전히 갖춘 사람, 깨달음에 도달한 사람, 세상의 모든 것에 통달한 사람, 최상의 사람, 인간의 조교사, 제천과 사람들의 스승, 불, 세존이라 할 것이다. 그 〈부처님의〉 수명은 1겁이 될 것이다. 불국토의 엄숙한 모습, 성문, 보살, 바른 교법, 바른 교법에 유사한 가르침〈의 존속하는 기간〉에 관해서는 모두가 똑같을 것이다.」

그때 세존께서는 거듭 이상의 뜻을 펴시려고 하여 시송을 설해 말씀하셨다.

「이 2천 인의 성문들의, 지금 나의 앞에 있는 사람들에게 모두 성불의 예언을 주겠다. 미래에 반드시 부처가 될 것이다.

공양할 부처님들은 앞에서 설한 미진의 수와 같이 많을 것이다. 그 교법의 곳간을 지키고 유지하여, 후에 반드시 바른 깨달음을 달성할 것이다.

각각 시방의 나라들에서, 모두 동일한 이름〈의 부처가 될 것〉이다. 동시에 도량(道場)에 앉아 위없는 지혜를 획득할 것이다.

모두가 이름하여 보상이라 하고 불국토와 제자, 바른 교법, 바른 교법에 유사한 가르침에 관해서 모두 다 똑같아서 다르지는 않을 것이다.

모두 갖가지의 신통에 의해서, 시방의 중생을 제도하고 그 명성은 널리 미쳐서 점차로 열반에 들어갈 것이다.」

그때 학수 중 학수를 완료한 2천 인은, 부처님께서 성불의 예언을 하시는 것을 듣고 기쁨에 덩실거리며 시송을 설해서 말씀드렸다.

「세존께서는 지혜의 등불이십니다. 저희들은 성불의 예언을 하시는 것을 듣고 마음에 환희가 가득하여, 죽지 않는 하늘의 술(甘露酒)을 흘려 넣는 것 같습니다.」

法師品 第十
법 사 품 제 십

그때 세존께서는 약왕보살을 연유하여 8만의 보살들에게 말씀하셨다.

「약왕이여, 그대는 이 많은 집단 가운데의 한량없이 많은 하늘(天)·용왕·야차·건달바·아수라·가루라·긴나라·마후라가와 인간과 인간이 아닌 것, 비구·비구니·우바새·우바이와 그리고 성문⟨의 길⟩을 구하는 사람, 벽지불⟨의 길⟩을 구하는 사람, 부처님의 깨달음을 구하는 사람을 보는가. 이 무리의 사람들이 모두 부처님 앞에서 『묘법연화경』의 아주 작은 하나의 시송, 아주 작은 하나의 구절만이라도 듣고서 예를 들면 그저 한 생각의 마음에도, 그것에 의해서 기쁨을 일으키는 사람에게는 나는 모두 성불의 예언을 준다. 『반드시 위없는 바른 깨달음을 얻을 것이다.』라고.

부처님께서 약왕보살에게 말씀하셨다.

「또 여래가 내가 멸도한 뒤에 만일 어떤 사람이 『묘법연화경』의 한 시송 한 구절을 듣고 예를 들면 그저 한 생각의 마음에도, 그것에 의해서 마음에서 기쁨을 일으킨다면 나는 모두 성불의 예언을 줄 것이다. 『반드시 위없는 바른 깨달음을 얻을 것이다.』라고.

만일 또 어떤 사람이 『묘법연화경』의 그저 한 시송이라도 받아 기억하고, 독송하고 해설하고, 서사하며 이 경권을 마치 부처님을 공경하고 보는 같이 존경하고 보며, 여러 가지 꽃과 향, 장신구, 말향, 도향, 소향, 비단 해 가리개, 당번, 의복, 음악 등으로 공양하는 것에서 그리고 또 합장하고 공손하게 공경까지 한다고 하자. 약왕이여, 반드시 알아야 한다. 이 사람들은 일찍이 10만 억의 부처님을 공양하고 많은 부처님들 아래에 있으면서 큰 서원을 달성하고 있었으나, 중생들을 불쌍히 여기기 때문에 이 인간으로 태어난 것이다.

약왕이여, 만일 어떤 사람이 『미래의 세상에서 어떠한 사람들이 반드시 부처님이 될 수 있는가.』라고 묻는다면 나는 확실히 가르쳐 보여주겠다. 『이 사람들이야말로 미래의 세상에서 반드시 부처님이 될 것이다.』라고.

왜냐하면 만일 선남자와 선여인이 『묘법연화경』의 그저 한 구절(一句)만이라도 받아 기억하고 독송하며, 해설하고 서사하며, 여러 갖가지로 경권에 꽃과 향, 장신구, 말향, 도향, 소향, 증개, 당번, 의복, 기악 등을 공양하고 합장하며 공손히 공경한다면, 이 사람은 모든 세간 사람들이 우러러 보아야 할 사람이다. 당연히 여래에 대한 공양을 가지고 이 사람에게 공양해야 하기 때문이다.

또 이런 사람은 큰 보살로서 이미 부처님의 깨달음을 성취했건만 중생을 불쌍히 여기는 마음에서 이 가르침을 설해줘야겠다는 전행의 서원력에 의해 자진해서 사람들 사이에 태어나 널리『묘법연화경』을 분별하여 설할 뿐만 아니라 이 가르침을 철저히 믿고 마음속 깊이 간직하며 가지가지로 공양하기 때문에, 내세에서 기필코 부처님이 될 사람임을 알아야 한다.

약왕이여, 꼭 알아두어야 한다. 이 사람은 스스로 쌓아 온 청정한 행위에 대한 과보를 버리고, 내가 멸도한 후에도 중생을 불쌍히 여겨 악세에 태어나서 이 가르침을 널리 펼 것이다.

만일 이 선량한 남녀 신앙인들이 내가 멸도한 후에 단 한 사람을 위해서라도 은밀히 법화경의 한 구절을 설해 준다면, 참으로 여래의 심부름꾼인 줄 알아야 한다. 이 사람은 여래가 보낸 사람으로, 여래가 행할 것을 대신 행하는 사람일진대 하물며 대중 가운데서 널리 이 가르침을 설하는 사람이야 말해 무엇을 하겠는가.

약왕이여, 만일 나쁜 사람이 있어 악한 마음으로 부처님 앞에서 1겁 동안 계속 부처님을 헐뜯고 욕하더라도 그 죄는 오히려 가볍지만, 혹 어떤 사람이 단 한마디의 나쁜 말로 법화경을 읽어 주고 외우며 들려주는 재가나 출가의 수행인에 대해 헐뜯고 비방하면 그 죄는 대단히 무겁다.

약왕이여, 반드시 알아라. 이『법화경』을 읽어 주고 외우며 들려주는 사람은 부처님과 같은 아름다움으로 자기 몸을 아름답게 하고 있음과 같으며, 그와 같은 사람은 항상 여래의 어깨에 떠메어 있다고 생각해도 좋다.

그가 어디에 있더라도 그대들은 그를 향해 예배해야 할 것이니 일심으로 합장하고 공경하며 감사의 정성을 바치고 존숭하고 찬양해야 하며 꽃·향·영락·말향·도향·증개·당번·의복·음식과 여러 가지 기악으로 인간으로서는 최대의 정성을 바쳐 공양하지 않으면 안 된다. 하늘의 보배를 이 사람의 주위에 뿌리고 그 보배를 하늘 높이까지 쌓아서 바쳐야만 한다.

왜냐하면, 이런 사람이 마음으로부터 기꺼이 가르침을 설할 때에 잠깐만 이를 듣더라도 곧바로 위없이 완전한 깨달음에 도달하기 때문이다.」

그때 세존께서는 거듭 이상의 뜻을 펴시려고 하여 시송을 설해서 말씀하셨다.

「만일 부처님의 깨달음 가운데에 머물며, 부처님께서 자연히 일어나는 지혜를 달성하려고 한다면 항상 부지런히 법화경을 믿고 기억해 유지하는 사람을 공양해야 한다.

속히 모든 것을 아는 부처님의 지혜를 얻으려고 한다면, 이 경을 믿고 유지하며 또 믿고 유지하고 있는 사람을 공양해야 한다.

만일 『묘법연화경』을 잘 믿고 기억해서 유지(受持)하는 사람 있다면, 〈그 사람은〉 부처님의 심부름꾼으로서 많은 중생을 가엾이 여기는 사람이라고 알아야 한다.

많은 『묘법연화경』을 잘 믿고 기억하고 유지하고 있는 사람들은, 청정한 국토를 버리고 중생들을 불쌍히 여기기 때문에 이곳에 태어난 것이다.

그와 같은 사람들은 태어나고자 하는 곳을 자유자재로 선택하므로, 이 험악한 세상에 〈태어나서〉 널리 위없는 법을 설할 수 있다고 알아야 한다.

천계의 꽃과 향, 하늘의 보배, 의복, 천상의 훌륭한 여러 보배의 갖가지에 의해서 그 법을 설하는 사람을 공양해야 할 것이다.

내가 멸도한 후의 험악한 세상에서 이 경을 훌륭히 계속해서 보존하는 사람을 반드시 합장하고 공경하며 예배하고, 세존께 공양하듯 공양해야 할 것이다.

상등(上等)의 공양물, 많은 맛있고 훌륭한 음식과 여러 가지의 의복에 의해 이 부처님의 아들에게 공양하고, 잠깐만이라도 〈그 설법을〉 들을 수 있도록 하고 원하라.

만일 다음 세상에서 이 경을 믿고 기억할 수 있는 사람은 내가 〈그를〉 사람들 가운데에 파견하여, 여래가 〈행해야 할〉 일을 행하도록 하는 것이다.

만일 1겁 동안 항상 비뚤어진 마음을 품고 얼굴빛 변해가며, 부처님을 비방하면 〈그 사람은〉 한량없는 무거운 죄를 받게 될 것이다.

〈누가〉 이 『법화경』을 독송하고 간직하는 사람에 대해 그저 한때나마 험담을 한다면, 그 죄는 한층 더 그 이상이 될 것이다.

어떤 사람이 부처님의 깨달음을 구하기를 1겁 동안, 합장하고 나의 면전에서 무수한 시송에 의해서 나를 찬탄한다면,

이 부처님을 찬탄한 것에 의해서 무량한 공덕을 얻을 것이다. 〈누가〉 이 경을 보존하는 사람을 칭찬한다면 그 복덕은 한층 더 그 이상일 것이다.

80억 겁이라는 극히 긴 시간 동안 가장 뛰어난 모습과 음성과 향기, 맛, 감촉에 의해 경을 보존하는 사람을 공양하라.

이와 같이 공양한 후 만일 아주 잠깐이라도 〈그 법을〉 들을 수 있다면,

그 경우에는『나는 지금, 큰 이익을 얻었다.』라고 기뻐해야 한다.」

약왕이여, 지금 그대에게 말하겠다.『내가 설한 많은 경전 가운데 법화경이 뛰어나서 제일인 것이다.』(범본에는 없음)

그때 부처님께서는 거듭 약왕대보살에게 말씀하셨다.

「내가 설하는 경전은 무량천만억이라고 하는 다수에 이르고, 이미 설했거나 현재도 설하며 또 미래에도 설할 것이다. 그리고 그들 가운데 이『법화경』이야말로 가장 믿기 어렵고 이해하기 어려운 것이다.

약왕이여, 이 경은 부처님들의 비밀인 가르침이다. 〈이것을〉 분포(分布)하되 함부로(妄) 남(人)에게 수여(授與)하지 마라. 〈이 경은〉 많은 불·세존께서 수호해 온 것이며 옛날부터 지금에 이르기까지, 뚜렷하게 설한 적은 없었던 것이다. 더구나 이 경에 대해서는 여래가 있는 현재에도 원한이나 질투가 많다. 하물며 여래가 멸도한 후에는 더욱더 그렇다.

약왕이여, 반드시 알아야 한다. 여래가 멸도한 후에 〈이 경을〉 서사하여 믿어 보존하고, 독송하고, 공양하고 다른 사람들에게 설하려는 사람은 여래께서 그 옷에 의해서 그를 덮어 줄 것이다. 또 다른 국토에 현재 계시는 부처님들에 의해서 마음을 써서 보호할 것이다. 그 사람에게는 큰 신심의 힘, 서원의 힘, 선행을 하는 많은 힘이 있을 것이다.

반드시 알지 않으면 안 된다. 이 사람은 여래와 똑같은 곳에 사는 것이다. 다시 말해, 여래의 손에 의해서 그의 머리를 어루만지고 계신다는 것을.

약왕이여, 어떠한 곳에 있을지라도 〈이 경을〉 설법하거나 혹은 읽거나, 외우거나, 서사하거나 〈하는 곳〉 혹은 이 경전이 놓여 있는 장소에는 모두 칠보로 만든 탑을 건립하여 그 탑을 극히 높고 넓게 또한 엄숙하게 꾸며야 한다. 또 〈그 탑에는〉 붓다(佛陀)의 유골(舍利)을 안치(安置)할 필요는 없다. 왜냐하면 그 탑 속에는 이미 여래의 전신이 계시기 때문이다.

이 탑에는 일체의 꽃·향·장신구(瓔珞)·비단 양산·깃발·기악·찬가 등으로 공양하고, 공경하며, 존숭하고, 찬탄해야 한다. 만일 어떤 사람이 이 탑을 볼 수 있게 되어 예배하고 공양하게 된다면, 이 사람들 모두는 위없는 바른 깨달음에 한 걸음 더 가까워졌다고 알아야 한다.

약왕이여, 많은 사람들이 재가이건 출가이건, 보살의 길을 수행하는 사람들일지라도 만일 이『법화경』을 보고 듣거나 읽고 외우거나, 서사하여 보존하거나, 공양하지 못하는 경우에는 반드시 알아야 한다. 그 사람들은 아직 훌륭히 보살의 길을 수행하지 않는 것이라고 하는 것을. 〈그와는 반대로〉 만일 이 경전을 들을 수 있는 사람은 그 사람이야말로 훌륭하게 보살의 길(道)을 수행하고 있는 것이다.

무릇 중생으로서 부처님의 깨달음(佛道)을 구하는 사람은 이『법화경』을 보거나, 듣거나, 듣고서 믿고 이해하고, 받아 기억하거나(身受) 한다면 그 사람은 위없는 바른 깨달음에 가까이 갈 수 있다고 알아야 한다.

약왕이여, 비유하면, 어떤 사람이 목이 말라 물을 구하려 한다고 하자. 그래서 어떤 고원(高原)에 구멍을 파서 물을 얻으려고 하는 경우에 아직 마른 흙을 보고 있는 동안에는, 물까지는 아직 멀다고 안다. 그 작업을 쉬지 않고 계속해 가서 점차로 젖은 흙을 보고 마침내 간신히 진흙에 도달했다면 마음에 분명하게, 물은 반드시 가깝다고 알 것이다.

보살에 관해서도 또한 그것과 똑같은 것이다.

만일 이『법화경』을 듣지도 못하고 이해하지 못하며, 수행하지도 못한다면 이 사람은 위없는 바른 깨달음에서 아직 거리가 먼 곳에 있다고 하는 것을 반드시 알지 않으면 안 된다. 〈그와는 반대로〉 만일 이『법화경』을 듣고 이해하며 사색하고 수행할 수 있다면, 〈그 사람은〉 틀림없이 위없는 바른 깨달음에 가까이 가게 되었다고 알아야 한다. 왜냐하면 모든 보살의 위없는 바른 깨달음은 모두 이 경 속에 있기 때문이다.

이 경은 교화의 수단이라고 하는 문을 열어서 진실한 〈가르침의〉 모습을 가르쳐 보이는 것이다. 이『법화경』의 〈가르침의〉 곳간은 속이 깊고 조용하여 사람이 쉽게 도달할 수 없다. 이제 부처님은 보살을 교화하여 〈부처님의 깨달음을〉 완성시켜서 〈진실한 가르침의 모습을〉 열어 가르쳐 보이는 것이다.

약왕이여, 만일 보살이 있어서 이『법화경』을 듣고 놀라고 의심하며, 무서움을 품는다면 이 사람은 새롭게 불도의 수행에 뜻을 일으킨 사람이라고 알아야 한다. 만일 성문을 구하는 사람이, 이『법화경』을 듣고 놀라고 의심하며 무서움을 품는다고 한다면 이런 사람을 증상만(增上慢)의 사람이라고 알아야 한다.

약왕이여, 만일 좋은 집안의 아들과 좋은 집안의 딸들이 여래가 멸도한 후에 많은 비구・비구니・청신사・청신녀의 4종의 회중 사람들에 대해서 이『법화경』을 설하려고 한다면, 어떻게 설하면 좋을 것인가. 그것은 이 선남자・선여인은 여래의 방(室)에 들어가 여래의 옷(衣)을 입고 여래의 자리(座)에 앉아서 그렇게 해야 만이, 4종의 회중 사람들에게 널리 이 경을 설해야 한다. 여래의 방(室)이란 모든 중생에 대한 큰 자비의 마음을 말한 것이고, 여래의 옷이란 부드럽고 서로 조화하는 인욕의 마음이며, 여래의 자리란 온갖 존재(法)의 무실체성(無實體性)〈공(空)〉을 말한다. 이 〈존재의 무실체성의〉 가운데에 편안히 머물고 그런 후에 게으름이 없는 마음에 의해서 많은 보살들과 4중(四衆)을 위해서 널리 이『법화경』을 설해야만 한다.

약왕이여, 나는 다른 국토에서 변화한 사람(變化人)을 파견하여 그〈『법화경』을 설하는〉 사람을 위해 설법을 들을 회중을 모이게 하고 또 변화한 비구·비구니·우바새·우바이를 보내서 그 설법을 듣도록 하겠다. 이 많은 변화한 사람들은 설법을 듣고 그것을 믿고 받아들여서, 믿고 따르며 거역하는 일은 없을 것이다.

만일 설법자가 고요한 장소에 있다면 나는 그때, 널리 천·용·귀신·건달바·아수라 등을 파견하여 그 설법을 듣도록 하겠다.

비록 내가 다른 국토에 있을지라도 그 때때로, 설법자가 나의 몸을 볼 수 있도록 하겠다. 만일 〈설법자가〉 이 경선의 문장의 구질을 잊어버렸다고 한다면 나는 거듭 설해서 완전하게 되도록 해 줄 것이다.」

그때 세존께서는 거듭하여 이상의 뜻을 펴시려고 하여 시송을 설해 말씀하셨다.

「갖가지 게으르고 태만한 마음을 버리려거든 응당 이 경을 청문해야 한다. 이 경을 듣는 일은 얻기 어렵고, 믿어 받아들이는 사람 또한 얻기 어렵다.

사람이 목이 말라서 물을 구하려고 하여 고원에 구멍을 뚫었다고 하면, 아직 마른 흙을 보고는 물은 아직 멀다고 안다.

차차 습한 진흙을 보게 되면 반드시 물은 가깝다고 알 것이다.

약왕이여, 그대는 반드시 알지 않으면 안 된다. 그와 같은 사람들은 『법화경』을 듣지 않으면 부처님의 지혜에서 아득히 멀어져 있다.

만일 이 깊은 〈의취(義趣)의〉 경이, 성문의 가르침을 해결하고 뚜렷이 밝히고 있기 때문에 제경(諸經)의 왕이라고 하는 것을 듣고, 들은 후에 잘 생각한다면,

이 사람들은 부처님의 지혜에 가까이 갔다고 알아야만 한다.

만일 사람이 이 경을 설하려고 한다면, 여래의 방에 들어가 여래의 옷을 입고, 그리고 여래의 자리에 앉아서 사람들 가운데서 두려움 없이 널리 분별해서 설해야만 한다.

큰 자비심을 방으로 하고, 유화와 인내를 옷으로 하고 일체 존재의 공을 자리로 한다. 이 〈자리〉에 머물러서 법을 설하라.

만일 이 경을 설할 때에 사람이 나쁜 말로 헐뜯거나, 칼·막대기·기왓장·돌멩이에 의해 위해를 가할지라도 부처님을 마음에 염하는 것으로 참아야만 한다.

나는 천만 억이라는 많은 국토에서 맑고 견고한 신체를 나타내어, 무량억겁이라는 오랫동안에 걸쳐 중생을 위해 법을 설한다.

만일 내가 멸도한 후에 이 경을 설할 수 있는 사람에게는, 나는 변화한 4종의 사람들, 즉 비구와 비구니와 청신사·청신녀를 보내서 설법자를 공양케 하고 많은 중생을 인도하여, 그들을 모아서 설법을 듣도록 하겠다.

만일 사람이 증오심에 칼과 지팡이·기왓장·돌멩이로 위해를 가하려고 한다면 곧바로 변화된 사람을 보내서 그 사람을 위호하리라.

만일 설법하는 사람이 홀로 한정(閒靜)한 장소에 있으면서, 소리 하

나 없이 조용하고, 사람 소리마저 없는 〈그와 같은 곳에서〉 이 경전을 독송하면,

그때 나는 맑은 광명에 빛나는 몸을 나타내겠다. 만일 문구를 잊어버렸다면 내가 설하여 잘 통하도록 해 주겠다.

만일 어떤 사람이 이 〈경전 독송의〉 덕을 갖추고서 혹은 4종의 사람들을 위해 설하고, 한정(閑靜)한 장소에서 경을 독송한다면 모두 나의 신체를 볼 수 있을 것이다.

만일, 사람이 한정한 장소에 있다면 내가 천신·용왕·야차·귀신 등을 보내서 법을 듣는 청중으로 하겠다.

이 사람은 법을 기분 좋게 설해서, 분별하여 〈해설하고〉 어떤 장애도 없이 자재할 것이다. 많은 부처님들이 마음에 담아 두고 지켜주므로 많은 회중을 기쁘게 할 수 있을 것이다.

만일 설법자에게 친숙하게 가까이한다면 빨리 보살의 길을 얻을 것이다. 이 스승을 따라서 학습한다면 갠지스 강의 모래 수만큼의 많은 부처님을 뵙게 될 것이다.」

見寶塔品 第十一
견 보 탑 품 제 십 일

　그때 부처님 앞에 일곱 가지 보배로 만든 탑이 나타났다. 그 높이는 500요자나이고 세로와 가로는 250요자나이며 땅에서 출현하고 공중에 머물러 있었다. 그 탑은 여러 가지의 보배에 의해서 장식되었고 5천이나 되는 난간(欄干)이 붙어 있고 탑 아래에 있는 작은 방(龕室)이 천만 개가 있고,

　무수한 기(旗, 幢)와 깃발(幡)로 엄숙하게 꾸며졌으며, 보배로 된 장식(瓔珞)을 드리우고 보배 방울이 만억이나 있어서, 그 위에 달려 있었다. 주위 4면에 모두 다마라 나무의 잎의 향기와 전단의 향을 피워〈그 향기가〉세계에 빠짐없이 가득하게 있었다. 많은 깃발과 해 가리개(天

蓋)는 금・은・유리(瑠璃)・자거(硨磲)・마노(瑪瑙)・진주・매괴(玫瑰)의 칠보(七寶)를 합성하여 만들어졌으며 사천왕의 궁전에까지 도달하였다.

33천의 신들은 천상의 만다라 꽃을 비처럼 내려 그 보탑에 공양하고, 그 밖의 여러 하늘의 신들・용・야차・건달바・아수라・가루라・긴나라・마후라가・인간 및 인간 이외의 것들의, 천만 억의 회중에게 온갖 꽃・향・장신구・깃발과 천개(幡蓋)・기악(伎樂)을 바쳐 그 보탑에 공양하고 공손하게 존경하며 존중하고 찬탄했다.

그때에 보탑 안에서 큰 음성이 울려 퍼지면서 다음과 같이 찬탄했다.

「훌륭합니다. 훌륭합니다. 석가모니 세존이시여, 〈당신께서는〉 훌륭하게도 평등하고 위대한 〈부처님의〉 지혜, 보살을 훈회하는 법, 부처님께서 호지(護持)되는 것이라고 하는『묘법연화경』에 의해서 대중에게 설법하셨습니다. 그와 같습니다. 그대로입니다. 석가모니 세존이시여, 〈당신께서〉 설한 것은 모두 진실입니다.」

그때 〈비구・비구니・우바새・우바이의〉 4중은 큰 보탑이 공중에 정지하고 있는 것을 보고 또 그 탑 안에서 발한 말소리를 듣고, 모두 법열(法悅)에 감싸이며 불가사의한 일이라고 마음에 괴이하게 생각하면서 자리에서 일어나 공경하고 존경하며, 합장하고 자리의 한쪽으로 물러나 서 있었다.

그때 대요설(大樂說)이라는 이름의 위대한 보살이 있었다. 그는 모든 세간의 하늘의 신들과 사람들, 아수라 등이 마음의 의혹을 알고 부처님께 말씀드렸다.

「세존이시여, 도대체 어떤 사연으로 이 보탑이 지면에서 출현한 것입니까. 또 그 탑 안에서 어떠한 이유로 이와 같은 목소리가 발하시게 된 것입니까?」

그때 부처님께서는 대요설보살에게 말씀하셨다.

이 보탑 안에는 여래의 완전한 신체가 계시는 것이다.

그 옛날의 과거에 동방의 무량 천만억이라는 무수한 세계〈의 저쪽〉에 보정(寶淨)이라는 이름의 나라가 있었다. 그 나라에 부처님이 계셨는데 다보(多寶)라는 이름이었다. 그 부처님께서 보살로서의 길을 수행하고 계실 때에 큰 서원을 세원을 세웠다. 즉 『혹시라도 내가 부처님이 되어서 〈그리고〉 멸도에 든 후에 시방의 나라들에서 〈어떠한 곳이라도〉 『법화경』을 설하는 곳이 있다면, 그 경을 청문하기 위해 나의 탑묘가 그 〈설법의 회좌(會座)〉 앞에 출현하고 그리고 〈그 설법이 진실하다는 것을〉 증명하고 나서, 칭찬하기를 훌륭하다고 말하겠다.

그 부처님께서는 깨달음을 연 후, 멸도할 때에 임하여 하늘의 신들과 사람들의 많은 집단 가운데서 비구늘에게 말씀하셨다.

내가 멸도한 후, 나의 전신을 공양하려고 생각하는 사람은 반드시 하나의 큰 탑을 건립해야 한다.

그 부처님께서는 불가사의한 서원(誓願)의 힘에 의해서, 시방세계의 어떠한 곳의 어디건 만일 『법화경』을 설하는 사람이 있다면, 그 보탑을 그 앞에 즉시 출현시키고 그 전신을 탑 안에 있게 하여, 칭찬하기를 "훌륭하십니다." "훌륭하십니다."라고 말할 것이다. 대요설이여, 지금 다보여래의 탑은 『법화경』이 설해지는 것을 청문하려고 지면에서 출현하여 그리고 칭찬하시기를 "훌륭하십니다." "훌륭하십니다."라고 말씀하신 것이다.

그때 대요설보살은 여래의 신통력에 의해서 부처님께 말씀드렸다.

「세존이시여, 저희들은 원하건대 이 부처님의 신체를 뵈었으면 하고 생각합니다.」

부처님께서는 위대한 대요설보살에게 말씀하셨다.

이 다보부처님께서는 중대한 서원이 있었던 것이다. 즉「만일 나의 보탑이 『법화경』을 청문하기 위해서 〈설법하고 있는〉 부처님들의 면전에 출현할 때, 〈그 부처님들께서〉 나의 신체를 〈비구·비구니·우바새·우바이의〉 4중의 사람들에게 보여주려고 생각한다면 그 〈설법하고 있는〉 부처님의 분신으로 시방세계에서 설법하고 있는 많은 부처님들을 모두 한곳에 불러 모아서, 그러한 후에 〈비로소〉 나의 신체를 출현시키도록 하겠다.」라고 하는 서원이다.

대요설이여, 〈그런 까닭에〉 나의 분신인 많은 부처님들로서 시방세계에 계시면서 설법하고 있는 사람들을 지금 집합토록 하겠다.

대요설은 부처님께 말씀드렸다.

『세존이시여, 저희들도 또한 세존의 분신인 많은 부처님들을 뵙고 예배드리며 공양하고 싶다고 생각합니다.』

그때에 부처님께서는 두 눈썹 사이의 하얀 털이 말린 곳(白毫)에서 한 줄기의 빛을 방출했다. 그러자 곧바로 동방의 5백만억 나유따의 갠지스 강의 모래 수에 흡사할 정도의 많은 국토에 계시는 부처님들이 보였다. 그 많은 국토는 모두 대지가 수정(玻璃)으로 되어 있고, 보배나무, 보배 옷에 의해서 엄숙하게 장식되고, 무수한 천만억이라는 많은 보살들이 그 가운데에 충만하여 넘쳐났다. 보배로 만든 장막이 구석구석까지 둘러쳐 있고 보배로 만든 그물이 그 위에 덮여 있었다.

그 국토의 부처님들께서는 크고 아름다운 목소리로 많은 가르침을 설법하고 계셨다. 또 헤아릴 수 없는 천만억의 보살들이 많은 나라들에 빠짐없이 가득해 있으며, 많은 사람에게 설법하고 있는 것이 보였다. 남방·서방·북방에도, 동북, 동남, 서북, 서남, 상방, 하방의 방향에도 미간의 하얀 털이 말린 곳(白毫相)에서 방출된 빛이 비치는 곳은 모두 이와 똑같았다.

그때에 시방의 〈국토에 계시는〉 부처님들은 각각 많은 보살들에게 말씀하셨다.

좋은 집안의 남자(善男子)들이여, 나는 지금 사바세계에 계시는 석가모니불이 계신 곳에 가서 그리고 다보여래의 보탑을 공양하겠다.

그때 이 사바세계는 순식간에 일변하여 청정하게 되었다.

대지는 청보석으로 되어 있고 보배나무가 엄숙하게 〈이 세계를〉 장식하였으며 황금을 새끼줄로 하여, 그것에 의해서 여덟 개의 길을 경계로 했으며 많은 취락, 마을늘·노성·큰 바나·근 깅·산과 내·숲·초목의 무성함은 없고, 큰 보옥처럼 향을 피우고 만다라의 꽃은 지면 일면에 흩어져서 깔려 있고, 보옥으로 만든 그물과 장막이 매달려서 덮혀 있으며, 많은 보배 방울이 매달려 있었다. 그리고 〈석가모니불께서는〉 이 설법의 회좌에 있는 사람들을 남겨두고 그 밖의 하늘의 신들과 사람들을 다른 국토로 옮겨 두었다.

이때 〈분신인〉 부처님들께서는 각각 한 사람의 위대한 보살을 이끌며 시자로 하고 사바세계에 와서, 보배나무 아래에 이르렀다. 하나하나의 보배나무는 높이가 500요자나로서 차례로 가지와 잎, 꽃과 과일로 엄숙하게 장식되어 있었다. 그 보배나무 아래에는 모두 사자좌가 있었다. 그 높이는 5요자나로서 큰 보옥으로 장식되어 있었다.

그때에 부처님들께서는 각각 이 자리에 앉아서 결가부좌를 하셨다. 이와 같이 차례차례로 〈보배나무 아래에 앉아서〉 부처님들께서 3천 대천세계에 빠짐없이 가득 넘쳤다.

그렇지만 석가모니불의 〈시방에 계시는〉 분신인 부처님들의 하나의 방각의 분신불마저 〈이 세계에〉 맞아들일 수는 없었다.

그래서 석가모니불께서는 자신의 분신인 부처님들을 맞아들이려고 하여, 8방(八方)에 각각 2백만 억 나유따의 국토를 모두 청정하게 하였다. 〈그곳에는〉 지옥·아귀·축생, 그것에 아수라〈의 세계〉도 없었다.

또 〈부처님께서는〉 하늘의 신들과 사람들을 다른 국토에 옮겨 두었다. 그 〈부처님의 신통력에 의해서〉 화작(化作)된 국토는 역시 대지가 청보석으로 되어 있고, 보배나무에 의해서 장려(壯麗)하게 치장되어 있었다. 그 보배나무들의 높이는 500요자나로서 순차적으로 가지와 잎, 꽃과 열매로 엄숙하게 장식되어 있었다. 그 모든 나무 아래에는 보배로 만든 사자좌가 있었다. 높이는 5요자나로서 여러 가지의 보배에 의해서 치장되어 있었다.

또 큰 바다·큰 강, 그 위에 목진린타산(目眞隣陀山)·마하목진린타산(摩訶目眞隣陀山)·철위산(鐵圍山)·대철위산·수미산 등의 산들의 왕〈과 같은 높은 산〉도 없고 온통 하나의 불국토로 되어 있으며, 보배로 만들어진 대지는 평탄하였다. 보옥을 교차하여 박은 장막이 구석구석까지 그 위를 덮었으며, 갖가지의 깃발(幡)과 천개(天蓋)를 걸었으며, 큰 보옥과 같은 향을 피우고 대지에는 여러 가지의 천상계의 꽃들이 주위 일면에 흩어져서 펼쳐있었다.

석가모니불께서는 부처님들이 모여 와서 〈사자좌에〉 앉으실 것이므로 재차 8방에 각각 2백만억 나유따의 국토를 청정하게 바꾸었다. 지옥·아귀·축생·아수라〈의 세계도〉 없었다. 또 〈부처님께서는〉 많은 하늘의 신들과 사람들을 다른 국토로 옮겨 두었다.
　그 〈부처님의 신통력에 의해서〉 화작된 국토는 역시 대지가 청보석으로 되어 있고, 보배나무에 의해서 장려하게 꾸며져 있었다. 그 보배나무들의 높이는 500요자나이고 차례로 가지와 잎, 꽃과 과일로 엄숙하게 치장되어 있었다. 그 모든 나무 아래에는 보배로 만든 사자좌가 있었다. 그 높이는 5요자나이고 또 큰 보옥에 의해서 꾸며져 있었다. 또 큰 바다·큰 강, 그리고 목진린타산·마하목진린타산·철위산·대철위산·수미산 등의 큰 산들의 왕〈과 같은 높은 산〉도 없고, 온통 하나의 불국토로 되어 있고, 보옥으로 만들어진 대지는 평탄하였다. 보옥을 교차하여 아로새긴 장막이 구석구석까지 그 위를 덮었으며 여러 가지 깃발과 천개를 걸었고, 큰 보옥과 같은 향을 피우고 대시에는 갖가지의 천계의 꽃들이 주위 일면에 떨어져서 온통 펼쳐 있었다.
　그때 동방의 백천만억 나유따의 갠지스 강의 모래의 수에도 흡사한 다수의 국토 가운데에서 각각 설법하고 계시는 석가모니불의 분신인 부처님들께서, 여기에 모여 오셨다. 이와 같이 하여 순차적으로 시방의 제불이 모두 모여와서, 8방에 앉으셨다. 그러자, 그때 각각의 방향의 4백만억 나유따의 국토에는 부처님·여래가 구석구석까지 넘쳐흘렀다.
　그때 〈시방에서 모여 오신〉 부처님들께서는 각각 보배나무 아래에 있는 사자좌에 앉고, 모두 각자가 데리고 온 시자를 보내서, 석가모니불의 안부를 묻기 위해서 각각의 부처님이 보배의 꽃을 두 손에 넘쳐날 정도로 수북하게 가져가도록 하고 시자에게 이렇게 말했다.

선남자여, 그대는 기사굴산(靈鷲山)의 석가모니불의 처소에 가서 내 말대로 전해라.『무병식재하시고 기력이 안락하십니까?』거기에다『보살들과 성문의 사람들도 모두 안락하십니까?』라고. 그리고 이 보배의 꽃을 부처님 위에 뿌려서 공양하고 이렇게 말하여라.『저 아무개라는 부처님께서는 이 보탑을 열고자하는 희망이 있습니다.』라고.

많은 부처님들께서 심부름꾼을 파견하신 일은, 이상 그대로였었다.

그때 석가모니불께서는, 몸을 나누신 부처님들께서 모두 다 모여와서 각각 사자좌에 앉은 것을 보시고 모든 부처님들께서 한결같이 보탑을 열기를 희망하고 있다는 것을 들으시자, 곧바로 자리에서 일어서서 공중에 머물렀다. 모든 〈비구·비구니·우바새·우바이의〉 4중의 사람들은 일어서서 합장하고, 일심으로 부처님을 열심히 바라다보았다.

그런데 석가모니불께서는 오른손의 손가락으로 칠보탑의 문을 여셨다. 〈그 여는 모양은〉 큰 소리가 나서, 빗장과 자물쇠를 뽑아버리고 큰 도성의 문을 여는 것 같았다.

문이 열리자마자 그곳에 모여 있는 사람 모두는, 다보여래께서 보탑 안의 사자좌에 앉아 계셨으며, 그 육체는 전신 그대로인 채로 마치 선정에 들어계시는 것 같음을 보고 또 다보여래께서 다음과 같이 말씀하시는 것을 들었다. 훌륭하셔라. 훌륭하셔라. 석가모니세존이시여, 잘도 시원스럽게 이『법화경』을 설해 주었습니다. 저는 이 경을 청문하려고 이곳에 왔습니다.

그때 〈이 자리에 모인〉 4중의 사람들은 무량 천만억 겁이라 하는 아득한 과거의 옛날에 멸도하신 〈다보〉 부처님께서 이와 같이 말씀하시는 것을 보고, 부사의한 일이라고 감탄하며 천상의 보배 꽃을 모은 것을 다보불과 석가모니불 위에 뿌려 공양했다.

그때 다보불께서는, 보탑 안에서 그 자리를 반분하여 석가모니불께 양보하며 다음과 같이 말씀하였다.

『석가모니불이시여, 이 자리에 앉으소서.』라고. 곧바로 석가모니불께서는 탑 안에 들어가셔서 그 반분된 자리에 앉아, 결가부좌 하셨다.

그때 많은 회중은 두 분의 여래께서 칠보로 만든 탑 가운데의 사자좌의 위에서 결가부좌를 하고 계시는 것을 보고, 저마다 마음속으로 이와 같이 생각했다.「부처님들께서는 앉아 계시는 곳은 높고도 멀다. 아무쪼록 원컨대 여래시여, 신통력에 의해서 저희들을 함께 공중에 머물게 하여 주소서.」라고.

석가모니불께서는 곧바로 신통력에 의해서 많은 집단의 사람들을 맞이하여 모두 공중에 머물게 했다. 그리고 큰 음성으로 4중에게 빠짐없이 말씀하셨다.

「이 사바세계에서『묘법연화경』을 널리 설할 수 있는 것은 누구인가. 지금이 마침 그 〈널리 설할〉 때이다. 여래〈인 나〉는 오래지 않아서 열반에 들 것이다. 부처〈님인 나〉는 이『묘법연화경』을 부탁하고, 〈세상에〉 존속시키려고 하는 것이다.」

그때 세존께서는, 이상의 뜻을 거듭 펴시려고 하여 시송을 설해서 말씀하셨다.

「성자의 주인이신 세존께서는, 아득한 옛날에 멸도하셨지만 〈그래도〉 보탑 안에 계시면서 역시 가르침의 법을 위해 찾아 오셨다. 여러 사람들은 가르침의 법을 위해 어찌해서 힘쓰지 않고 있겠는가.

이 부처님께서 멸도하시고부터 이미 무한히 오랜 시간이 지나고 있다. 〈그런데도〉 이곳저곳에서 법을 듣고 있는 것은, 〈그 법을〉 만나기가 어려운 까닭이다.

그 부처님의 본래의 서원은 내가 멸도한 후에, 어떠한 곳에서나 항상 법을 듣고자 하기 때문이다.

또 나의 분신인, 헤아릴 수 없을 만큼의 많은 부처님들, 갠지스 강의 모래의 수에도 흡사한 수의 부처님들은 〈이곳에〉 찾아와서 법을 듣고자 하여 또한 멸도하신 다보여래를 만나 뵙기 위해서,

저마다 훌륭한 불국토와 제자들과 하늘의 신들, 인간, 용신들과 갖가지의 공양을 버리고 가르침의 법을 영원토록 머물게 하기 위해 이곳에 온 것이다.

〈나는〉 부처님들을 자리에 앉히려고, 신통력에 의해서, 헤아릴 수 없을 만큼의 사람들을 〈다른 국토에〉 옮겨서 국토를 청정케 하였다.

부처님들께서는 각기 보배나무 아래에 찾아오셨다. 〈그 광경은〉 맑은 연못이, 연꽃에 의해서 엄숙하게 치장되어 있는 것 같았다.

보배나무 아래에 계시는 〈각각의〉 많은 사자좌 위에 부처님들께서는 앉아 계시고 광명이 〈사자좌의 주위를〉 엄숙하게 치장되어 있다. 〈그 광경은〉 밤의 어둠 속에서 큰 횃불을 밝히는 것 같았다.

신체에서 묘한 향기 방출하여 시방의 나라들에 가득히 채웠다. 중생들은 그 향기를 맡고 기쁨을 억누를 수 없었다. 그것은 예를 들면 큰 바람이 작은 수목의 가지를 흔듦과도 같았다.

이상은 교화를 위한 수단에 의해서 가르침의 법을 영원히 머물도록 하기 위한 것이다.

많은 회중의 사람들에게 말하겠다. 내가 멸도한 후에 이 경전을 지키고 유지하며, 읽고 해설할 수 있는 사람은 누구인가. 지금 부처님 앞에서 스스로 맹세의 말을 하라.

다보불께서는 아득한 옛날에 멸도하고 계시지만, 큰 서원에 의해서 사자가 울부짖는 것처럼 말씀을 발하신다.

다보여래와 나 자신과 여기에 모인 변화한 부처님들은 반드시 그 마음을 아실 것이다. 부처님의 아들들이여, 법을 지킬 수 있는 것은 누구인가. 큰 서원을 일으켜서 〈가르침의 법이〉 영원하게 존속토록 해야만 한다.

이 경법을 지킬 수 있는 사람은, 그 사람은 곧 나와 다보불을 공양하는 것이 된다. 이 다보불께서는 보탑 안에 계시면서 항상 시방에 유력(遊歷)하신다. 그것은 이 경전을 위하기 때문이다.

또 많이 오신 변화한 부처님들은 많은 세계를 엄숙하게 광명에 의해서 장엄하고 있지만, 〈이 경법을 지키는 사람은〉 그 부처님들에게도 공양하는 것이 된다.

만일 이 경전을 설하게 된다면 그것은 나와 다보불과 그 위에 많은 변화한 부처님들에게 뵙는 것이 된다.

좋은 집안의 아들들이여, 각각 곰곰이 생각하라. 이것은 어려운 일인 것이다. 큰 서원을 일으켜야 한다.

다른 경전은 그 숫자가 갠지스 강의 모래처럼 많이 있다. 가령 그것들을 〈모두〉 설한다고 하더라도 아직 어렵다고 말하기에는 부족한 것이다.

만일 수미산을 〈손에〉 쥐고 타방의 무수한 불국토〈의 저쪽으로〉 던져 버렸다고 하더라도, 그렇더라도 아직 어려운 일이라고는 하지 않는다.

만일에 발가락으로 3천대천세계를 움직여서 멀리 다른 국토에 던져 버렸다고 해도, 그렇더라도 그것은 아직 어려운 일이라고는 하지 않는다.
　만일 형태 있는 세계의 가장 높은 곳의 꼭대기에 서서, 사람들을 위해 〈법화경 이외의〉 다른 헤아릴 수 없을 만큼의 경을 연설한다 해도, 그래도 아직 역시 어렵다고는 하지 않는다.
　〈그러나〉 만일 부처님의 멸도 후에 사나운 세상에서, 이 경을 설한다고 한다면 이것이야말로 어려운 일이라고 하는 것이다.
　가령, 어떤 사람이 손으로 허공을 움켜잡고 이곳저곳을 걸어 다닌다고 해도, 아직 어렵다고는 하지 않는다.
　〈그러나〉 내가 멸도한 후에 〈법화경을〉 자기도 서사하고, 수지하고, 남에게도 서사하게 한다면, 이것이야말로 어려운 일을 하는 것이다.
　만일에 대지를 발톱 위에 올려놓고 브라흐만의 천상계에 올라갔다고 하더라도, 그것도 아직 어려운 일이라고는 할 수 없다.
　부처님께서 멸도한 후의 사나운 세상에서 아주 잠깐 동안이라도 이 〈법화〉경을 읽는 것, 이것이야말로 어렵다고 하는 것이다.
　가령, 이 세상의 종말인 세계가 겁화(劫火)로 불에 탈 때에, 마른 풀을 등에 짊어지고, 그 불 속에 들어가더라도 역시 불타지 않는다고 하여도, 그래도 아직 어려운 일이라고 하지 않는다.
　〈그러나〉 내가 멸도한 후에 만일 이 〈법화〉 경을 유지하고 가령, 단 한 사람에게라도 설법하게 된다면, 이 일이야말로 어려운 일이라고 하는 것이다.
　만일 8만 4천의 가르침의 창고, 12의 장르의 경(12部經)을 보존하며 사람들을 위해 연설하고,

그것들을 청문하는 사람들에게 여섯 가지의 신통력을 얻게 했다고 했더라도, 그래도 아직 어려운 일이라고는 하지 않는다.

〈그러나〉 내가 멸도한 후에 이 경을 듣고 수지하며, 그 의미하는 바를 질문하고자 한다면, 이것이야말로 어려운 일이라고 하는 것이다.

만일에 어떤 사람이 설법하여 천만 억 무량 무수한 갠지스 강의 모래 수만큼의 많은 중생들에게 성자의 자리를 얻게 하고, 여섯 가지의 신통력을 구족시켰다고 하더라도,

가령 그와 같은 이익이 있었다고 해도, 그래도 아직 어렵다고는 하지 않는다. 내가 멸도한 후에 이와 같은 경전을 우러러 보존할 수 있다고 한다면, 이 일이야말로 어려운 일을 한다고 하는 것이다.

나는 불도를 위해 무량한 국토에서, 그 처음부터 지금에 이르기까지 널리 여러 가지 가르침을 설하여 왔다.

그러나 그러한 경전들 가운데서 이 경은 제일이 되는 것이다. 만일, 이것을 수지할 수 있다면, 그것은 곧 부처님의 신체를 수지하는 것 바로 그것이다.

많은 좋은 집안의 아들들이여, 내가 멸도한 후에 누군가가 이 경전을 수지하고 독송할 수 있겠는가. 지금 부처님 면전에서 스스로 맹세의 말을 하라.

이 경전은 보존하기가 곤란하다. 만일에 아주 잠깐만이라도 보존할 수 있〈는 사람이 있다고 한〉다면, 나는 곧바로 환희할 것이다. 〈다른〉 부처님들도 또한 마찬가지다.

그와 같은 사람은 부처님들에게 찬탄될 사람이다. 그 사람은 용맹〈한 사람이라〉하고, 정진〈하는 사람〉이다. 이 사람은 계(戒)를 준수하

고 의・식・주에 구애받지 않기 위해, 수행하는 사람이라고 이름한다. 그 사람은 속히 위없는 불도를 체득한 사람인 것이다.

미래의 세상에서 이 경전을 읽고 보존하는 사람은, 참다운 부처님의 아들이며 순수한 선의 경지에 머무는 것이다.

부처님께서 멸도한 후에 이 〈경전의〉 뜻을 이해하는 사람은 많은 하늘의 신들과 사람들의, 그 세계의 눈이 되는 사람이다.

무서운 세상에서 잠깐이라도 〈이 경전을〉 설할 수 있는 사람에게는, 〈그 사람들에게〉 모든 하늘의 신들과 사람들이 공양을 할 것이다.」

提婆達多品 第十二
제 바 달 다 품 제 십 이

그때 부처님께서는 많은 보살들과 그리고 하늘의 신들과 사람들, 〈비구·비구니·우바새·우바이〉 4중들에게 말씀하셨다.

「나는 과거의 헤아릴 수 없을 만큼의 많은 겁(劫) 동안 『법화경』을 구하기를 계속하여 왔으나 싫증 내는 일은 없었다. 많은 겁에 걸쳐서 항상 국왕이 되어 서원을 일으켜서 위없는 깨달음을 구해 왔으나 나의 마음은 퇴전하는 일은 없었다.

〈대승보살의〉 여섯 가지의 수행을 완성하려고 하여 보시의 수행에 부지런했으나, 내 마음에 코끼리와 말, 일곱 가지의 진귀한 보배, 왕국과 성시, 처자, 남녀의 하인, 심부름꾼, 〈자신의〉 머리, 눈, 골수, 신체의 살, 손발 등을 인색한 마음 없이 신체·생명마저도 아끼지 않았다.

그 당시 세상 사람들은, 그 수명이 헤아릴 수 없을 만큼 길었다. 〈나는〉 법을 위해서 국왕의 자리를 버리고, 국정을 태자에게 맡기고, 큰북을 쳐서 울리며 사방에 다음과 같이 명령을 전하게 하고 법을 구했던 것이다. 즉 『누가 나를 위해 대승〈의 가르침〉을 설해 줄 수 있는 사람은 없는가? 〈만일 있다면〉 나는 그 사람을 위해서 이 몸을 마칠 때까지 〈필요한 것을〉 공급하고 심부름을 하겠다.』라고.

그때 〈한 사람의〉 선인(仙人)이 찾아와서 왕에게 말씀드리기를,

『저에게는 대승〈의 가르침〉이 있습니다. 묘법연화경이라는 이름입니다. 만일 나의 말대로 하신다면 당신에게 설하겠습니다.』

왕은 선인의 말을 듣고 기쁨에 덩실거리며, 곧 바로 선인을 따라서, 필요한 것을 공급하고 나무의 열매를 따고, 물을 긷고, 땔 나무를 줍고, 식사를 마련하는 것부터 자기의 신체를 의자로 대신하는 것까지 했으나, 그래도 심신이 함께 싫증나고 피곤한 일은 없었다. 이렇게 봉사하며 1천 년이 지났으나 법을 위해 정려하고 급사(給仕)하며, 부족한 것이 없도록 하였던 것이다.」

그때 세존께서는 거듭 이상의 뜻을 펴시려고 하여 시송을 설하여 말씀하셨다.

「내가 지난 과거의 겁의 일을 생각해 내 보니, 뛰어난 법을 구하기 위해 세상의 국왕 되어 있었건만, 다섯 가지 감각 기관의 욕락(欲樂)

을 탐내는 일은 없었다.

종을 치며 사방에 이렇게 포고했다.『누군가가 뛰어난 법을 가지고 있는 사람이 있는가. 만일 나를 위해〈그 법을〉해설해 준다면 나는〈그 사람의〉노예의 몸이 되겠다.』그때 아사선이라는 선인(仙人)이 있었다.

찾아와서 대왕에게 말씀드렸다.『나는 심오하고 뛰어난 법을 가지고 있습니다. 그것은 세상에 매우 드문 것입니다. 만일 당신이〈이 법을〉수행할 수 있다면 나는 당신을 위해 설하겠습니다.』그때 왕은 선인의 말을 듣고 마음에 큰 기쁨이 생겨서 곧바로 선인을 따라가서 필요한 것을 공급하고,

땔감과 나무 열매, 풀 열매를 따고 때맞추어 공경하면서 드렸다. 마음에 뛰어난 법을 유지하고 있었기에 몸과 마음이 함께 싫증나고 게으른 일은 없었다. 두루 갖가지의 중생을 위해서 뛰어난 법을 부지런히 구하고 또한 자신의 몸이나 5관의 욕낙을 위한 것은 아니었다.

그런 까닭에 큰 나라의 왕이 되어 부지런히 구해서 이 법을 체득하고, 마침내 부처님이 될 수 있음에 이르렀던 것이다. 지금 그런 까닭에 그대를 위해 설하겠다.」

부처님께서는 많은 비구들에게 말씀하셨다.

「그때의 왕이란 다름 아닌 나를 말한 것이다. 그 때의 선인이란 지금의 제바달다인 것이다 제바달다라고 하는 좋은 벗의 도움으로, 나는 대승의 여섯 가지의 수행(六波羅蜜), 자애·동정·기쁨·평등평정〈의 네 가지의 넓고 큰마음, 4무량심(四無量心)〉, 32가지의 특징, 80가지

의 상호, 〈최상의 〉자주 빛을 띤 황금색〈의 피부〉, 열 가지의 힘, 네 가지의 두려움 없는 마음(四無所畏), 4섭법(四攝法), 18불공법(十八不共法), 신통, 깨달음의 힘, 이상의 것을 갖출 수가 있었던 것이다. 바른 깨달음을 완성하여 널리 중생을 구제할 수 있는 것〈이 될 수 있음〉도 모두 제바달다라고 하는 좋은 벗의 도움이다」

〈부처님께서는 중회(衆會)의〉 많은 4종(四種)의 사람들에게 말씀하셨다. 제바달다는 다음에 헤아릴 수 없을 만큼이 겁이라는 오랜 세월 공양을 받음에 알맞은 사람, 바르고 넓은 지혜를 갖춘 사람, 지혜와 실천이 완전하게 갖추어진 사람, 깨달음에 도달한 사람, 세상의 모든 것에 통달한 사람, 최상의 사람, 인간의 조교사, 제천(諸天)과 사람들의 스승, 불, 세존이라 할 것이다. 그 세계를 천도라 이름할 것이다. 그때 천왕불이 세상에 머무는 기간은 20중겁이어서, 널리 중생들을 위해서 뛰어난 법을 설할 것이다. 〈그 것에 의해서〉 갠지스 강의 모래 수만큼의 많은 중생들은 아라한의 깨달음을 얻고, 헤아릴 수 없을 만큼의 많은 수의 중생들은 독각의 〈깨달음을 구하는〉 마음을 일으킬 것이다. 〈또〉 갠지스 강의 모래 수만큼의 많은 중생들은 위없는 부처님의 깨달음을 구하려는 마음을 일으키고 불생불멸이라는 진리를 깨닫고, 결코 퇴전하지 않는 경지에 도달하게 될 것이다.

그런데 이 천왕불께서 멸도한 후에 바른 교법이 세상에 존속하는 기간은 20중겁일 것이다. 전신의 유골을 칠보로 만든 탑묘를 건립하고 〈그 가운데 안치하고〉 그 높이가 60요자나, 세로와 가로가 40요자나가 될 것이다. 하늘의 신들과 사람들은 모두 꽃들, 가루향, 태우는 향,

바르는 향, 의복, 목걸이, 깃발, 보배로 된 해 가리개, 음악, 찬가 등에 의해서 칠보로 만든 훌륭한 탑을 예배하고 공양할 것이다. 헤아릴 수 없을 정도로 많은 중생들은 아라한의 깨달음을 얻고 또 헤아릴 수 없는 많은 수의 중생들은 독각의 깨달음을 얻고, 생각지 못할 만큼의 〈많은〉 중생들은 깨달음으로 향하는 마음을 일으켜서, 결코 퇴전하지 않는 경지에 도달할 것이다.

부처님께서는 많은 비구들에게 말씀하셨다.

「미래의 세상에서 만일 선남자, 선여인들이 있어 『묘법연화경』의 이 제바달다품을 듣고 맑은 마음으로 믿고 공경하며, 의혹을 생하는 일이 없는 사람들은 〈죽은 후에〉 지옥·아귀·축생계에 떨어지지 않고, 시방의 부처님 앞에 태어날 것이다. 그 태어나는 곳에서 항상 이 경전을 들을 것이다.

만일 인간계나 천상계에 태어나게 되면 수묘(殊妙)한 낙(樂)을 향수(享受)하고 만일 부처님 앞에 있게 되면 연꽃 가운데서 홀연히 화생할 것이다.」

그때 하방(下方)〈에 그의 불국토가 있는〉 다보세존을 따르고 있던 보살이 있는데, 그 이름을 지적(智積)이라고 했다. 그는 다보불에게 말씀드렸다.

「〈법화경 진실의 증명도 끝났으므로〉 본래의 불국토에 돌아갑시다.」

석가모니불께서는 지적보살에게 말씀하셨다.

「선남자여, 잠깐 동안만 기다려다오. 문수사리라고 이름하는 보살이 있으므로 만나보도록 하라. 뛰어난 가르침의 법에 관해서 논하고 나서 본래의 국토에 돌아가도록 하라.」

그때 문수사리는 그 크기가 수레바퀴(車輪) 정도 되는, 천 개의 잎이 있는 연꽃에 앉았고 함께 오는 보살들도 또한 보배로 만든 연꽃에 앉아서, 큰 바다의 사가라 용왕의 궁전에서 스스로 솟아올라 공중에 머물며 영축산에 올랐다. 그리고 연꽃에서 내려서 부처님께서 계시는 곳에 이르러서 〈다보불과 석가모니불의〉 두 분 세존의 발을 머리에 받들어 예배하고, 예배를 마치고 나서 지적에게로 가서, 서로 인사를 교환하고 물러나 〈자리의〉 한쪽에 앉았다.

지적보살이 문수사리에게 질문했다.

「어진이여, 용왕의 궁전에 가서 교화하신 그 중생의 수가 얼마만큼 됩니까?」

문수사리가 대답했다.

「그 수가 한량없어 헤아릴 수 없으며 입으로도 말할 수 없거니와 마음속으로 추측할 수도 없지만, 잠깐 기다려 주시면 이제 그 증거가 자연히 나타날 것입니다.」

이 말이 끝날까 말까 하는 가운데에 무수한 보살들이 보배로 만든 연꽃 위에 앉아서 바다에서 높이 솟아올라서, 영축산에 이르러 공중에 머물렀다. 이 많은 보살들은 모두 문수사리가 교화제도한 사람들이었다. 〈그들은〉 보살의 수행을 갖추고 다 함께 육바라밀에 대한 여러 가지의 이야기를 서로 나누었다.

본래 성문이었던 사람은 공중에 있으면서 성문의 수행을 설하고 있었으나, 지금은 모두 대승의 「공(空)」의 진리를 수행하고 있었다.

문수사리가 지적에게 말했다.

「바다 〈가운데〉에서 교화한, 그 교화는 이와 같은 것입니다.」

그때 지적보살은 시송에 의해서 찬양하며 말했다.

「위대한 지혜와 덕을 가진 분이시여, 〈당신은〉 용감하고 강하여서 헤아릴 수 없을 만큼의 사람들을 교화 제도하셨습니다. 지금 여기 모인 많은 사람들과 그리고 저도 모두 보았습니다.

존재의 있는 그대로의 모습의 의의를 설해 넓히고, 1승의 가르침의 법을 설해 밝혀서 널리 많은 중생들을 인도하여 속히 깨달음을 완성시킨 것을.」

문수사리가 말했다.

「나는 바다 가운데서 오로지 항상 『묘법연화경』만을 설법해 왔습니다.」

지적보살이 또 문수사리에게 질문했다.

「이 〈묘법연화〉경은 매우 깊고도 뛰어나 있어서 많은 경 가운데의 보배이며 세상에서 드문 게 있는 것입니다. 만일 중생이 부지런히 정진하고 이 경을 수행한다면, 빨리 부처님이 될 수 있을까요, 어떤가요?」

문수사리가 대답했다.

「될 수 있습니다. 사가라용왕의 딸은 나이는 겨우 여덟 살이지만, 지혜는 명민하여 중생의 갖가지의 〈감관의〉 신체기관에 의한 행위를 잘 알고, 다라니를 얻고 있으니, 부처님들께서 설하신 매우 깊은 비설(祕說)의 창고(藏) 모두를 완전히 받아서 유지하고, 깊이 선정에 들어서 모든 존재를 깨달아서 진실에 도달하여, 단 한 순간에 깨달음을 지향하는 마음을 일으켜서 퇴전하지 않는 경지를 얻은 것입니다.

변설(辯舌)의 재능은 자유자재하고, 중생을 사랑하는 마음은 마치 자기가 낳은 갓난애를 대하는 것 같습니다. 공덕을 갖추었고 마음속으로 생각하고 입으로 말하는 것은 뛰어나서 넓고 큽니다. 자비는 깊고 남을 배려하는 마음이 있어 조심스럽고, 그 심근(心根)은 온화하고 우아해서 깨달음에 도달할 수 있었던 것입니다.」

지적보살이 말했다.

「내가 석가여래를 뵈옵건대, 헤아릴 수 없을 만큼의 겁이라고 하는 긴 세월 동안 어렵고 괴로운 수행을 하시면서 많은 공덕을 쌓았으며, 깨달음에 도달하는 길을 구하기를 일찍이 그만둔 적은 없었습니다. 삼천대천세계를 둘러보아도 겨자씨만한 곳마저 보살이 몸과 목숨을 버리지 않은 곳은 없었습니다. 그것은 중생을 위한 것이기 때문입니다. 이렇게 하신 뒤에야 비로소 보리라고 하는 깨달음을 성취할 수가 있었던 것입니다. 이 여자아이가 잠깐 동안에 곧바로 바른 깨달음을 완성한다는 것은 잘 믿어지지 않습니다.」

이 말이 채 끝나기도 전에 용왕의 딸이 순식간에 〈부처님〉 앞에 나타나서 〈부처님의 발을〉 머리에 이고 예배하고 한쪽에 물러나 자리 잡고 나서 시송에 의해서 〈부처님을〉 찬탄하였다.

「〈부처님께서는〉 죄악과 복덕의 양자의 본연의 모습을 깊이 궁진하여 남김없이 시방을 비추시니, 그 뛰어난 청정한 법신은 그 모습을 갖추기를 서른둘(32)과

80종의 상호에 의해서, 그것에 의해서 엄숙하게 꾸며져 있다. 신들과 사람들이 우러러보고, 용신도 모두가 공손하게 우러르며, 모든 중

생의 무리는 존숭하지 않는 사람 하나도 없다.

또 〈용녀인 내가 문수의 설법을〉 듣고 깨달음을 완성한 것은 오직 부처님만이 아시고 증명하실 것입니다. 나는 대승의 가르침을 확실하게 알게 하여 괴로워하는 중생을 구제하겠습니다.」

그때 사리불이 용녀에게 말했다.

「그대는 머지않아 위없는 높은 깨달음을 체득했다고 생각하고 있는 것 같은데, 그런 일은 믿기 어려운 일이다. 왜냐하면 여자의 몸은 때문고 더러워서 〈부처님의 가르침인〉 법을 받아들일 수 있는 그릇이 아니기 때문이다. 도대체 어찌하여 위없는 깨달음을 얻을 수 있겠는가? 부처님의 깨달음에 도달하는 길은 아득히 멀어서 헤아릴 수 없을 만큼의 세월이라는 오랜 시간을 거쳐, 부지런히 수행을 쌓고 많은 바라밀을 완전히 수행한 뒤에야 겨우 성취할 수 있다.

그런데 또한 여자의 몸에는 다섯 가지의 장애가 있으니, 그 첫째는 범천왕이 될 수 없고, 둘째는 제석으로, 셋째는 마왕으로, 넷째는 전륜성왕으로, 다섯째는 부처님의 몸〈으로 될 수 없다.〉 도대체 어떻게 여자의 몸으로 빨리 성불할 수 있다고 하는가?」

그때 용녀는 한 개 보배구슬을 가지고 있었다. 그 값은 삼천대천세계에도 필적하는 것이었다. 그것을 가지고 부처님께 바치자, 부처님께서는 곧바로 이것을 받으셨다.

용녀는 지적보살과 사리불존자에게 말했다.

「저는 보배구슬을 〈부처님께〉 바쳤습니다. 세존께서 받으신 것은, 빨랐습니까, 어떻습니까?」 〈두 사람은〉 대답했다. 「매우 빨랐다.」 〈다시〉 용녀가 말했다. 「당신들의 신통력에 의해서 저의 성불을 보아주십시오. 이것보다도 한층 빠를 것입니다.」

그때의 회중의 사람들은 모두 용녀가 순식간에 남자로 변화하여 보살로서의 수행을 갖추고, 곧바로 남방의 무구세계에 가서 〈거기서〉 보배로 만든 연꽃에 앉아서, 바른 깨달음을 완성하여 〈부처님의 덕성으로서의〉 32가지의 길상과 80가지의 상호를 갖추고, 남김없이 널리 시방의 모든 중생들을 위해서 뛰어난 법을 설하는 것을 보았다.

그때 사바세계의 보살, 성문, 천용8부중(天龍八部衆), 인간과 인간 이외의 것들은 아득히 그 용녀가 성불하여, 빠짐없이 그곳에 모인 사람들과 신들을 위해 설법하는 것을 보고 마음에 큰 기쁨을 느끼고, 모두 아득히 공경하며 예배하였다.

헤아릴 수 없을 만큼의 중생은 그 법을 듣고, 완전히 이해하여, 퇴전하지 않는 경지를 얻었으며, 헤아릴 수 없을 만큼의 많은 중생은 깨달음의 예언을 받을 수 있게 되었다. 무구세계는 여섯 가지로 진동하고,

사바세계의 3천 인이나 되는 사람들은 물러서지 않는 경지에 머물고, 3천 인이나 되는 사람들은 깨달음을 지향하는 마음을 일으키고 미래성불의 예언을 얻었다. 지적보살과 사리불, 거기에 모든 회중의 사람들은 말 없는 채로 〈이상의 일을〉 믿고 받아들였다.

勸持品 第十三
권 지 품 제 십 삼

그때 위대한 약왕보살과 대요설보살은 그들이 거느리는 2만의 보살과 더불어 모두 부처님의 면전에서, 다음과 같은 맹세의 말을 했다.

「세존이시여, 부디 염려치 마소서. 부처님께서 멸도하신 후에는 저희들이 이 경전을 유지하고, 독송하고, 설하겠습니다.

다음의 악한 세상의 중생들은 선의 근본이 점점 줄어들고, 잘난 체하는 사람들만 많고, 이득을 탐내고 불선(不善)의 근본을 증대하여 해탈에서 멀리 떠나 버리고 말 것입니다. 〈그들을〉 교화하는 것은 곤란할지 모르지만 저희들은 반드시 대단한 인내력을 일으켜서 이 경을 독송하고 유지하며, 설하기도 하고 서사하며, 가지가지로 공양하여 신체와 생명도 아끼지 않겠습니다.」

그때 회중 가운데에서 미래 성불의 예언을 얻고 있는 5백 인의 아라한들이 부처님께 다음과 같이 말씀드렸다.

「세존이시여, 저희들도 또한 이와 같이 스스로 서원합니다. 〈이 세계와는 다른 국토에서 널리 이 가르침을 설하겠다.」라고.

또 학수중(學修中)인 사람들, 이미 배워야 할 것이 없는 사람인 8천 인의, 미래성불의 예언을 얻은 사람들이 있었다. 〈그들은〉 자리에서 일어나 합장하고 부처님을 향해서 다음과 같은 맹세의 말을 했다.

「세존이시여, 저희들도 또한 〈이 세계와는 별도의〉 다른 국토에서 널리 이 경을 설하겠습니다. 왜냐하면 이 사바국토의 가운데 있는 사람들은 악이 많고, 잘난 체하는 마음을 품고, 공덕이 천박하고, 성내기를 잘하며 남에게 아부하고 발림 말을 잘하고 그 마음이 부실하기 때문입니다.」

그때 부처님의 이모인 마하파사파제비구니는 학수중(學修中)인, 학수를 완료한 비구니들 6천 인과 함께 자리에서 일어나서 일심으로 합장하고 세존의 거룩한 얼굴을 우러러보며 눈도 깜박이지 않고 있었다.

그때 세존께서는 〈그의 이모인〉 교담미에게 말씀하셨다.

「어찌하여 근심에 가득한 얼굴로 〈이 나〉 여래를 지그시 보십니까? 당신은 마음속으로 내가 당신의 이름을 들어서, 위없이 바른 깨달음의 예언을 주지 않았다고 생각하고 있는 것은 아닌지요. 교담미여, 나는 앞서 모든 성문들에게 모두 성불의 예언을 주었다고 한 데 모아서

설하지 〈않았습니까.〉

〈그렇지만〉 지금 당신이 그 미래성불의 예언을 알려고 생각한다면, 〈그것은 이렇습니다. 당신은〉 미래세에 반드시 6만8천억이라는 많은 부처님들의 가르침의 법 가운데서 위대한 법사가 될 것입니다. 또 6천 인의 학수 중의, 혹은 학수가 성취된 비구니들도 함께 법사가 될 것입니다.

당신은 이와 같이 점차로 보살의 길을 갖추어서 반드시 부처님이 될 수 있을 것입니다. 〈그리고 그 이름을〉 일체중생희견여래(一切衆生喜見如來), 공양을 받음에 알맞은 사람, 바르고 넓은 지혜를 갖춘 사람, 지혜와 실천을 완전히 갖춘 사람, 깨달음에 도달한 사람, 세계의 모든 것에 통달하고 있는 사람, 최상의 사람, 인간의 조교사, 신들과 인간들의 스승, 불, 세존이라 이름할 것입니다.

교담미여, 이 일체중생희견불과 6천 인의 보살들은 다음에서 다음으로 차례로 성불의 예언을 주어서, 위없는 바른 깨달음을 얻을 것입니다.」

그때 나후라의 어머니인 야수다라비구니는 다음과 같이 생각했다. 『세존께서는 예언을 주시는 가운데, 혼자·나의 이름을 들어서 주시지 않았다.』

부처님께서는 야수다라에게 말씀하셨다.

「그대는 미래의 세상에서 백천만억이라는 많은 부처님들의 가르침의 법 가운데서, 보살의 수행을 수습하고, 위대한 법사가 되고, 점차로 부처님의 깨달음을 갖추어 가서, 선국(善國)〈이라는 국토〉에서 반드시 부처가 될 수 있을 것이다. 〈그 이름은〉 구족천만광상여래(具足千萬光相如來), 공양을 받음에 알맞은 사람, 바르고 넓은 지혜를 갖춘 사람, 지혜와 실천을 완전히 갖춘 사람, 깨달음에 도달한 사람, 세계의 모든 것에 통달하고 있는 사람, 최상의 사람, 인간의 조교사, 신들과 인간들의 스승, 불, 세존이라고 이름할 것이다. 그 부처님의 수명은 아승기겁의 무량배라는 오랜 시간일 것이다.」

그때 마하파사파제비구니와 야수다라비구니, 아울러 그 권속들은 모두 크게 환희하며 지금까지는 없었던 생각을 하며 곧바로 부처님의 면전에서 시송을 부르며 말했다.

「세존께서는 지도자이시며, 신들과 사람들을 안온케 하십니다. 저희들은 성불의 예언을 듣고 마음이 평안으로 충만해졌습니다.」

많은 비구니들은 이 시송을 읊고 나서 부처님께 말씀드렸다. 「세존이시여, 저희들도 또한 타방의 국토에서 널리 이 경을 선설할 수가 있을 것입니다.」

그때 세존께서는 80만억 나유타라고 하는 수의 대보살들을 지그시 바라보았다. 이 보살들은 〈불도수행에서〉 이미 물러서지 않는 자리에 있는 사람들이어서, 뒤로 되돌아가는 일이 없는 가르침의 수레바퀴를 굴리고 많은 다라니를 얻고 있었다.

그들은 자리에서 곧바로 일어나 부처님 앞에 이르러서 일심으로 합장하고 이와 같이 생각했다.

『만일에 세존께서 저희들에게 이 경을 유지하고 설하라고 분부하신다면, 부처님의 말씀대로 널리 이 가르침의 법을 선설(宣說)할 것입니다.』

또 다음과 같이도 생각했다.

『부처님께서 지금 지그시 침묵하며 분부가 없으니 도대체 어떻게 하면 좋을까.』

그때 보살들은 부처님의 마음을 공경하고, 그것에 따르고 또 스스로가 자기 본래의 서원을 충족시키려고 생각하고, 그래서 부처님 앞에 나와 사자후하며 그 맹세의 말을 발하였다.

「세존이시여, 저희들은 여래께서 멸도하신 후에는 시방세계를 두루 돌며 몇 번이고 오가면서 중생들이 이 경을 서사하고, 받아서 잊지 않으며 독송하고, 그 뜻을 해설하고, 그 가르침대로 수행하며 바르게 항상 생각해 낼 수 있도록 하겠습니다. 〈그것은〉 모두 부처님의 위광(威光)의 힘에 의한 것입니다. 부디 세존이시여, 〈비록〉 타방〈의 국토〉에 계시더라도 아득히 저희들을 지켜주시옵소서.」

그런데 많은 보살들은, 곧바로 이구동성으로 다음과 같은 시송(詩頌)을 부르며 말씀드렸다.

「아무쪼록 세존이시여, 염려치 마옵소서. 부처님께서 멸도하신 후의 무서움이 가득한 악한 세상에 저희는 〈이 경전을〉 널리 설하겠습니다.

많은 지혜 없는 사람들이 악구잡언(惡口雜言)하며 욕하고, 빈정대며, 칼과 지팡이로 박해를 가할 것이나 저희들은 모두 그것을 참고 견딜 것입니다.

악한 세상의 비구들은 삿된 지혜를 가졌으며 그 마음은 아첨하며, 알랑거리고, 아직 얻지 못한 것을 얻었다고 굳게 믿고, 만심(慢心)으로 가득할 것입니다.

혹은 또 촌락 근처 숲 속에서 누더기를 이은 옷을 걸쳐 입고 조용한 장소에 있으면서, 자기로서는 진실한 도(道)를 수행하고 있다고 굳게 믿고, 사람을 가벼이 여기고 멸시할 것입니다.

이득을 탐내고 집착하기 때문에, 재가의 사람들에게 법을 설하고, 그것을 세상 사람들에게 공경되고 존경받음이, 마치 6신통을 얻은 아라한과 같을 것입니다.

이러한 사람들은 악심을 계속해서 품으면서 마음은 언제나 세속의 일을 생각하고, 조용한 수행에 알맞은 장소에 있으면서 그것을 위장 수단으로 삼아, 곧잘 우리들의 허물을 왈가왈부할 것입니다.

즉 이와 같이 말할 것입니다. 『이 비구들은 이득을 탐내고 있기 때문에, 외도(불교 외의 가르침)의 논의를 설하는 것이다.

자기들이 이 경전을 만들어서 세간 사람들을 속이고 있다. 세상의 명성을 구하기 위한 까닭에 이 경전에 대해 이것저것 생각한다.』

항상 많은 사람들 가운데서 우리들을 헐뜯으려고 생각하고, 국왕이나 대신에게, 바라문이나 재가의 사람들에게, 그 위에 다른 비구들을 향해서,

비방하고 우리들의 잘못(惡)을 설하기를, 『이 사람들은 삿된 견해를 가진 사람들이다. 외도의 가르침을 설하고 있다.』라고 말할 것입니다. 저희들은 부처님을 공경하기 때문에 모두 이러한 악을 참고 견딜 것입니다.

그들에게 경멸되어 『너희들은 모두 부처님〈이 되는 것〉이구나.』라고 할지라도, 그와 같은 고만(高慢) 경멸의 말도 모두 참고 받겠습니다.

탁한 시대의 악한 세상에서는 많은 갖가지 무서움이 있을 것입니다.

악귀가 그 사람의 몸에 들어가서 우리들을 꾸짖고, 비방하고, 욕할 것입니다.

저희들은 부처님을 공경하며 믿기 때문에 반드시 인내의 갑옷을 입을 것입니다. 이 경전을 설하기 위해 그 많은 어려움을 참고 견딜 것입니다.

저희들은 몸과 목숨을 사랑하는 것은 아닙니다. 오직 위없는 〈부처님의〉 깨달음을 아끼는 것입니다. 저희들은 미래의 세상에서 부처님의 위촉하신 것을 지키고 간직합니다.

세존께서는 자신이 알고 계실 것입니다. 혼탁한 세상의 악한 비구들은 부처님의 교화 수단으로 각각에게 알맞도록 설하신 가르침의 법을 알지 못한 채,

욕하며 눈썹을 찌푸리며 〈그 때문에 저희들은〉 종종 추방되어서, 탑묘에서 멀리 있게 할 것입니다. 그와 같은 많은 악일지라도 부처님의 명령을 마음속에 생각하고 모두 이와 같은 일을 참고 견딜 것입니다.

많은 마을들과 성시에 가르침의 법을 구하는 사람이 있다면, 저희들은 모두 그 장소에 가서 부처님께서 부촉하신 법을 설하겠습니다.

저희들은 부처님 심부름꾼입니다. 사람들 앞에서도 두려운 일은 없습니다. 저희들은 훌륭하게 법을 설할 것입니다. 아무쪼록 부처님이시여, 평안하게 몸을 보전하시옵소서.

저희들은 세존님 앞과, 많은 내집(來集)하신 시방의 부처님들 앞에서 이상과 같은 맹세의 말을 한 것입니다. 부처님이시여, 자신께서 저희들의 마음을 알아주십시오.」

安樂行品 第十四
안 락 행 품 제 십 사

그때 문수사리법왕자 보살마하살이 다음과 같이 부처님께 말씀드렸다.

「세존이시여, 이 보살들은 참으로 기특한 사람들입니다. 부처님을 공경하고 그 말씀에 따르기 때문에, 큰 서원을 세운 것입니다.『〈부처님께서 멸도하신〉 뒤의 험악한 세상에서 이『법화경』을 지키고 유지하며 읽고, 설하겠다.』라고 했습니다.

세존이시여, 이 위대한 사람인 보살들이 후에 험악한 세상에서 어떻게 이 경을 설하면 좋겠습니까?」

부처님께서 문수사리에게 말씀하셨다.

「만일 위대한 사람인 보살이 후대의 험악한 세상에서 이 경을 설하려고 한다면, 네 가지의 〈행〉법 가운데에 자신을 단단히 두어야 할 것이다.

첫째에는, 보살의 몸가짐과 가까이 해야 할 범위라고〈하는 행법(行法)〉에 자신을 단단히 두고, 중생을 위해서 이 경을 펴서 설해야 한다.

문수사리여, 어떠한 것을 위대한 사람인 보살의 몸가짐이라고 이름하는 것인가. 〈그것은 이러하다.〉 만일 위대한 사람인 보살이 인내라고 하는 경지에 머물며, 온화하고 유순하며, 난폭하지 않고, 마음도 또한 현상에 놀라지 않는, 또한 어떤 것에도 집착하지 않고, 온갖 존재의 있는 그대로의 모습을 관찰하여, 또 그것에 사로잡히지 않고, 함부로 분별을 하지 않는다. 이것을 위대한 사람인 보살의 몸가짐이라고 이름한다.

어떠한 것을 위대한 사람인 보살이 가까이해야 할 범위라 이름하는 것인가. 〈그것은 이러하다.〉 위대한 사람인 보살은 국왕과 왕자, 대신, 관청의 장(長)에게 친근하고 가까이해서는 안 된다.

갖가지의 이교도들, 바라문, 니르그란다 교도(자이나교도) 그리고 세속적인 시문, 시가 등의 불교 이외의 글을 서술하는 사람, 로가야따파와 역(逆) 로가야타의 사람들과도 친하고 가까이해서는 안 된다.

또한 온갖 나쁜 놀이인 권투, 씨름, 배우 등의 갖가지의 오락을 하는 사람을 가까이해서는 안 된다. 또 도축업을 생업으로 하는 밑바닥의 사람들, 돼지・양・닭・개 등을 사육하고, 사냥과 고기잡이 등을 하며, 좋지 않은 생업을 영위하는 사람들에게 가까이해서는 안 된다.

그와 같은 사람들이 때때로 찾아온다면 그들을 위해 법을 설하는 것은 좋지만, 〈그러나 그들에게 무언가를〉 소망하는 것이 없도록 하라.

또 성문〈의 가르침〉을 구하는 비구·비구니·우바새·우바이들에게 가까이해서는 안 된다. 또 질문해서도 안 된다. 혹은 방에서나 오가는 장소에서도 혹은 강당 안에 있다고 하더라도, 함께 있어서는 안 된다.

그들이 때때로 찾아온다면, 그 장소, 그 경우에 따라서 법을 설해〈도 좋지만〉 바라고 구해서는 안 된다.

문수사리여, 또 위대한 사람인 보살은 여성의 신체에 대해서 욕망의 생각을 품고, 기리고 법을 설해서는 안 되며 또 〈여성을〉 보려고 원해서도 안 된다. 만일 남의 집에 들어갈 경우에는 소녀, 처녀, 과부 등과도 지껄여서는 안 된다. 또한 다섯 종류의 남성의 성적장애인에게 가까이 가서 친밀하게 지내서는 안 된다.

혼자서 남의 집에 들어가서는 안 된다. 만일 이유가 있어서 혼자서 들어갈 필요가 있을 때에는 오직 일심으로 부처님을 생각하라.

만일 여성에 대해서 법을 설할 경우에는 이빨이 보이도록 웃지 않도록 하라. 마음속을 겉으로 나타내어서는 안 된다. 내지 비록 법을 위한 것일지라도, 그렇더라도 더욱 〈여성과〉 너무 친하게 지내서는 안 된다. 하물며 그 밖의 다른 일이야 더욱 그렇다 할 것이다.

나이 어린 제자나 사미, 어린 아이를 바라며 양육해서는 안 된다. 또 같은 스승 아래서 함께 배우려고 원해서도 안 된다.

항상 좌선하기를 좋아하고, 수행에 적합한 한정(閒靜)한 장소에서 그 마음을 다스려라.

문수사리여, 이상을 첫 번째의 가까이 해야 할 범위라고 이름한다.

또 다음에 위대한 사람인 보살은 온갖 존재를 인식하는 경우에 〈아래와 같이 관찰하여야 한다. 즉〉, '공(空)'이다. 있는 그대로의 모습이다. 거꾸로 되어 있지 않다. 움직이지 않는다. 쇠퇴해 가지 않는다. 변해가지 않는다. 허공과 같아서 고유한 본성은 존재하지 않는다.

온갖 언어표현의 수단은 끊어지고, 생하는 것도 없고, 〈나타나〉 오는 것도 없으며, 생기(生起)하는 것도 없다. 명칭도 없고, 형태도 없으며, 실로 그 실체도 없다. 무량하고 무변, 가로막는 것도 없고 방해하는 것도 없다.

오직 원인과 조건에 의해서 존재할 뿐이며, 도착에 의해서 생하는 것이다. 그런 까닭에 〈나는〉 설한다. 언제나 이와 같은 존재의 모습을 관찰하라

이것을 위대한 사람인 보살의 두 번째의 교제하는 범위이라 이름한다.」

그때 세존께서는 거듭해서 이상의 뜻을 넓히고자 하여 시송을 설해서 말씀하셨다.

「만일에 보살이 뒤의 험악한 세상에서 어떠한 것에도 두려움 없는 마음으로 이 경을 설하려고 생각한다면,

반드시 행동과 그 가까이해야 할 범위를 지키지 않으면 안 된다. 항상 국왕과 왕자와,

대신과 관청의 장과 사납고 엉큼한, 흉한 놀음을 일삼는 사람들, 전다라와 이교도, 바라문의 수행자들로부터 벗어나고,

또 거만하게 거드럭거리는 사람들과 또 소승의 (경·율·논의) 삼장에 집착하여 정체된 학자들과 파계한 비구승과 이름뿐인 아라한들에게 친근해서는 안 된다.

그리고 비구니로서 들떠서 잘 웃는 사람과 깊이 다섯 가지의 감관의 욕망에 사로잡혀 있거나,

〈그와는 반대로〉 현신(現身)으로 열반을 구하는 것 같은, 갖가지 우바이도 모두 친근해서는 안 된다.

그와 같은 사람들이 호의를 품고 보살이 있는 곳에 찾아와서 불도를 듣고자 한다면, 보살은 그곳에서 어떠한 것에도 두려워하지 않는 마음으로 어떤 기대도 품지 않고 그들을 위해 법을 설하라.

과부와 처녀 그리고 갖가지 남성의 성적장애인들에게 모두 친근하여 친교를 맺어서는 안 된다.

또 도살업자와 살코기의 조리인과 새와 짐승을 사냥하고 물고기를 잡는,

이익을 위해 〈그것들을〉 살해하는 사람들에게 친근해서는 안 된다.

살코기 판매하여 생활하거나 매춘업으로 살아가는, 그러한 사람들에게 모두 친근해서는 안 된다. 악하고 엉큼한 씨름꾼〈인 역사(力士)이나〉 갖가지의 유희〈를 하는 사람들〉,

여러 가지의 음녀(淫女)들에게 모두 다 친근해서는 안 된다.

혼자서 유폐된 장소에서 여성에게 법을 설해서는 안 된다. 만일 법을 설할 때에는 미소를 띠워서는 안 된다.

마을에 들어가서 먹을 것을 구할 경우에는 지금 한 사람의 비구를

데려가라. 만일 비구가 없으면 일심으로 부처님을 염(念)하라.

이상을 이름하여 행동과 친근해야 할 범위라고 한다. 이 두 가지에 의해서 안락하게 〈법을〉 설해라.

또 뛰어난 사람, 중간쯤 되는 사람, 낮은 사람이라든가 만들어진 것, 생멸 변화를 벗어나 있는 것, 진실한 것, 진실하지 않은 것이든가 〈의 상대적 차별〉에 사로잡혀서는 안 된다.

또 이 사람은 남자라든가, 여자라든가를 분별해서는 안 된다. 모든 존재는 〈그 본질은 공이기 때문에 그것을 구해서〉 얻으려 하지 말고, 알려고도 하지 말며 보려고도 하지 마라.

이것을 이름 하여 보살의 몸가짐이라고 하는 것이다.

온갖 일체의 존재는 「공」이어서 실체가 되는 것은 존재하지 않는다.

상주성(常住性)도 없고 또 생겨나거나 멸하는 것도 없다. 이것을 지혜 있는 사람의 가까이해야 할 범위라고 이름 하는 것이다.

〈그렇지만 세상 사람들은〉 거꾸로 잘못 생각하고, 모든 존재는 「유(有)」라든가, 「무(無)」라든가, 진실하다든가, 진실하지 않다든가, 생하는 것이라든가, 생하지 않는 것이라든가, 분별하는 것이다.

조용한 곳에 몸을 두고, 그 마음을 다스려서 수미산처럼 편안히 머물러서 움직이지 않도록 하라. 모든 존재를 관찰해보면 모두 실체라는 것은 존재치 않는다.

그것은 마치 허공과 같은 것이다. 확실한 존재성은 없다. 생겨나는 것도 없고, 〈나타나〉 나오는 일도 없다. 움직이는 것도 없고, 쇠퇴하는 것도 없다. 상주불변하여 하나의 실상인 것이다. 이상을 친근해야 할 범위라고 이름 한다.

만일 수행자가, 내가 멸도한 후에 이 몸가짐과 친근해야 할 범위를 지키며, 이 경을 설하려고 할 때에는 비겁하고 약한 마음은 없을 것이다.

보살이 때로는 고요한 방에 들어가서 바른 사려에 의해서 그 뜻에 따라서 교법을 관찰하고 선정에서 일어나서,

많은 국왕과 왕자, 신민(臣民), 바라문들을 위해서 가르침을 확실히 알도록 펴서 설해서, 이 경전을 설한다면 그 마음은 안온하여 연약하게 겁먹는 일은 없으리라.

문수사리여, 이상을 보살의 첫 번째의 〈행〉법에 편안하게 머물러서, 훌륭하게 후세에서 법화경을 설한다고 이름하는 것이다.

「또 문수사리여, 여래가 멸도한 뒤에 말법의 시대에서 이 경을 설하려고 한다면, 반드시 안락한 불도수행에 몸을 두어야 한다.

경을 입으로 펴서 설하거나 혹은 읽으려고 할 때에는 〈다른〉 사람들이나 〈다른〉 경전의 허물을 설하려고 해서는 안 된다.

또 다른 법사들을 가벼이 여기거나 얕잡아보아서는 안 된다.

다른 사람의 좋고 나쁜, 장점, 단점을 비판해서도 안 된다.

성문의 사람들을, 그 이름을 들어서 잘못을 말해서는 안 된다. 그렇다고 〈그 반대로〉 그 이름을 들어서 좋은 점을 칭찬해서도 안 된다. 또 원망하고 혐오하는 마음을 일으켜서도 안 된다.

이상과 같은 안락한 마음을 훌륭하게 닦고 있어야만 〈가르침을〉 듣는 사람들의 그 뜻에 거슬리지 않을 것이다. 의문을 묻는 사람이 있으면 소승의 교설에 의해서 대답해서는 안 된다. 오직 대승〈의 가르침〉

에 의해서 해설하고, 모든 것을 완전히 아시는 부처님의 지혜를 얻도록 하라.」

그때 세존께서는 기듭하여 이상의 뜻을 펴시려고 하여 시송을 설해서 말씀하셨다.

「보살은 항상 즐겁고 편안하게 〈가르침의〉법을 설하라. 청정한 땅에 좌석을 마련하고,

기름을 몸에 바르고, 먼지와 때를 깨끗이 씻고, 깨끗한 새 옷을 입고 〈신체의〉 안팎을 모두 청정케 하고, 설법의 자리에 편히 앉아서, 질문에 따라서 설법을 하라. 만일 비구와 비구니들,

우바새와 우바이들, 국왕과 왕자, 군신과 관리들이 있다면 깊은 뜻에 의해서 온화한 얼굴로 〈그들에게〉 설해라.

만일에 의심하여 질문하는 일이 있다면 〈그 질문의〉 뜻에 알맞게 대답하라. 사연과 비유에 의해서 널리 펴서 사유를 말하라. 이 수단에 의해서 모두를 발심시켜, 점차로 이익을 증가시켜 가서 불도에 들게 하라.

게으른 마음과 싫증 내는 생각을 버리고, 많은 근심과 걱정을 떠나서 자비로운 마음을 가지고 법을 설하라.

낮과 밤을 가리지 말고, 항상 위없는 불도의 가르침을 설하라. 여러 가지 사연과 헤아릴 수 없을 만큼의 비유에 의해서, 중생에게 알기 쉽도록 열어서 확실히 알도록 가르쳐서 모두 다 환희케 하라.

의복과 침구, 음식물과 의약품 그 가운데 하나라도 소망해서는 안된다.

오직 일심으로 이 설법을 인연으로 하여 이하의 것을 염하라. 불도를 완성하겠다고 원하고, 사람들에게도 또한 그렇게 되도록 원하는 것은, 그것은 〈사람들에게는〉 큰 이익이며, 안락한 공양이라고.

내가 멸도한 후에 만일에 어떤 비구가 이 묘법연화경을 연설할 수 있다면 마음에 질투나 성냄 등의 여러 가지 고뇌와 장해가 없고,

또 근심과 걱정 그리고 욕하고 빈정대는 사람 없으며, 무서워하는 일도 없고, 칼이나 지팡이를 가해지는 일도 없으며 또 추방되는 일도 없을 것이다. 그것은 훌륭히 마음을 인내의 경지에 머물게 하고 있기 때문이다.

지혜 있는 사람은 이상과 같이 하여, 훌륭히 그 마음을 닦는다면 안락한 경지에 머무를 수가 있다고, 내가 지금까지 설해 온 그대로일 것이다. 그 사람의 공덕은 천만억 겁이라 하는 오랜 시간에 걸쳐서 계산이나 비유로 설하려고 해도 다 설할 수는 없을 것이다.

또 문수사리여, 위대한 보살로서 후의 말세의, 가르침의 법이 멸하려고 할 때에 이 경전을 수지하고 독송하려고 하는 사람은, 질투나 아첨, 거짓의 마음을 품어서는 안 된다.

또 불도를 배우고 닦는 사람을 경시하며 꾸짖거나 그 장점과 단점을 이러쿵저러쿵 말해서는 안 된다.

만일에 비구, 비구니, 청신사, 청신녀인 사람들의 〈각각이〉, 성문을 지향하는 사람, 벽지불을 지향하는 사람, 보살의 길을 지향하는 사람, 이 사람들을 곤혹케 하고, 그들에게 의심과 후회를 생하게 하며, 〈그 위에〉 그들에게 다음과 같이 말해서는 안 된다. 즉 『그대들은 매우 심

하게〈진실한〉길에서 멀어져 있으며, 결코 모든 것을 아는 부처님의 지혜를 얻을 수 없을 것이다. 그것은 왜냐하면, 그대들은 마음이 방자(放恣)하여 불도에서 게으르고 태만해져 있기 때문이다』

또 교법에 관해서 무익한 의론을 가지고 장난을 하거나, 논쟁해서는 안 된다. 모든 중생들에 대해서는 큰 연민의 마음을 일으키고, 여래들에 대해서는 자부(慈父)라는 생각을 품고 그리고 보살들에 대해서는 위대한 스승이라는 생각을 일으켜야 한다. 시방의 위대한 보살들을 항상 마음속으로부터 공경하고 예배해야 한다.

모든 중생들에 대해서 평등하게 법을 설해라. 가르침에 충실해야 된다. 〈가르침을〉많거나 적거나 하지 않고, 과부족 없이〈설하고〉요컨대 가르침의 법을 깊이 사랑하는 사람을 위해서라도 많이 설하는 일이 있어서는 안 된다.

또 문수사리여, 이 위대한 보살이 후의 말세에서 법이 멸망하려고 할 때에, 이 세 번째의 안락한 행을 완성한다면, 이 법을 설하려고 할 때 아무도〈그를〉뇌란(惱亂)시키지는 못할 것이다.

곧잘 똑같이 학습하는 동료들과 함께 이 경을 독송할 수가 있을 것이나. 또 많은 사람들이 찾아와서〈설법을〉청문하고, 듣고 나서 기억하여 마음에 남기고, 기억해 마치면 입으로 외우고, 외운 후에는 설하고, 설한 후에는〈스스로〉서사하고 또 남에게도 서사토록 하여, 경권(經卷)에 대해서 공양을 하고, 공경하고, 존중하고, 찬탄할 수가 있을 것이다.」

그때 세존께서는 이상의 뜻을 거듭 펴시려고 하여 시송을 설해서 말

씀하셨다

「만약에 이 경을 설하려고 한다면 질투, 성냄, 교만한 마음과 아첨하고 속이고, 삿되고 거짓된 마음을 버리고, 항상 정직한 몸가짐을 닦지 않으면 안 된다.

남을 경멸하지 않고 또 교법에 대해서 무익한 의론을 해서는 안 된다. 남에게 의심이나 후회의 염을 일으키게 하여 『그대는 성불하지 못한다.』라고 말해서는 안 된다.

이 부처님의 아들이 법을 설하는 경우에는 항상 유화한 마음으로 참고 견디며, 일체의 사람들에게 자비를 베풀고, 게으르고 태만한 마음이 일어나지 않게 하라.

시방의 위대한 보살로서 사람들을 가엾게 여기고, 부처님의 길을 실천하는 사람에 대해서는 반드시 공경하는 마음을 일으켜야 한다. 『이 사람은 나의 위대한 스승이다.』라고.

제불세존에 대해서는 위없는 아버지라는 생각을 일으켜서, 교만한 마음을 깨뜨리고, 법을 설하는 데 방해가 없도록 하라.

세 번째의 실천법은 이상과 같다. 지혜 있는 사람은 반드시 그것을 지켜야 한다. 일심으로 안락하게 행한다면, 한량없는 사람들에게 공경받게 될 것이다.」

「또 문수사리여, 위대한 보살로서 후의 말세에서 법이 멸하려고 할 때에, 이 『법화경』을 유지하려는 사람은 재가의 사람들에게나, 출가의 사람들에게도 큰 자애심을 품고, 보살이 아닌 사람들에 대해서는 큰 가엾은 마음을 일으켜서, 다음과 같이 생각해야만 한다.

『이와 같은 사람들은, 바꾸어 말하면 여래의 교화의 수단으로서 각각에게 알맞은 설법을 완전히 잃어버리고 있는 것이다. 그것을 듣지 않고 알지 못하며, 깨닫지도 못하고 묻지도 않으며, 믿지도 않고 이해하지도 못한다. 〈그러나〉 그 사람이 이 경을 묻지 않고 믿지 않으며, 이해하지 못할지라도, 나는 내가 위없는 바른 깨달음을 얻었을 때에는 그가 어느 땅에 있을지라도, 나는 신통의 힘과 지혜의 힘에 의해서 그를 인도하여 이 가르침의 법 가운데에 머물 수 있도록 해 주겠다.』

문수사리여, 이 여래가 멸도한 후에 이상의 네 번째의 〈안락행이라는〉 실천법을 달성하려는 위대한 보살은 이 〈법화경이라고 하는〉 가르침의 법을 설하려고 할 때에 잘못을 범하지 않을 것이다.

항상 출가한 남자 수행인과 여자 수행인과 〈재가의 남자 수행인인〉 우바새와 〈여자 수행인인〉 우바이와 국왕과 왕자와 대신이나, 백성이나 바라문이나, 〈신앙심이 두터운〉 장자(富豪)들에게 공양되고 존경받으며, 중요시되고 찬탄될 것이다.

또 허공에 있는 하늘의 신들이, 가르침을 듣기 위해 항상 그 곁에 따르며 떠나지 않을 것이다. 만일에 취락이나 도시에서도, 조용한 장소나 숲 속에 있을 때라도, 사람이 찾아와서 어려운 질문을 하더라도, 하늘의 신들은 낮과 밤을 가리지 않고 항상 가르침을 위해 그를 호위하고, 가르침을 듣는 사람들로 하여금 모두가 〈충분히 만족하고 감명받아〉 환희할 수 있도록 해 줄 것이다. 그것은 왜냐하면, 이 〈법화〉경은 과거·현재·미래의 일체의 부처님들이 신통력에 의해서 수호되고 있기 때문이다.』

「문수사리여, 이 법화경은 무량한 나라들에서도 그 이름조차 듣지 못하는 것이다. 하물며 그것을 보거나 받아서 유지하거나, 독송하거나 하는 것은 더더욱 그러하다.」

「문수사리여, 비유하면 이와 같은 것이다. 강대한 힘이 있는 전륜성왕이 그 위압적인 세력에 의해서, 여러 나라에게 항복 받으려고 했다고 하자. 그러나 작은 나라의 왕들은 그 명령에는 따르지 않는다. 그 때에는 전륜성왕은 갖가지의 군사를 일으켜서, 토벌에 나아가게 된다. 그런 경우, 대왕은 병사들 가운데 전공(戰功)이 현저한 사람을 보고 곧 크게 기뻐하며 그 공적에 알맞게 은상을 내린다. 논과 밭·택지〈그리고 어떤 사람에게는〉 촌락, 〈어떤 사람에게는〉 도시를 주기도 하고 혹은 의복, 몸을 치장하는 장신구를 주기도 하고 혹은 또 여러 가지 진귀한 보배, 금, 은, 유리, 자거(硨磲), 마노(瑪瑙), 산호(珊瑚), 호박(琥珀), 코끼리와 말, 수레, 가마 그리고 남녀의 노예, 인민을 주기도 한다. 그러나 〈머리털을 두상에서 묶은〉 상투에 매달은 보주(寶珠)만은 주지 않는다. 왜냐하면, 오직 혼자 임금님만이 두상에 이 하나의 보주를 가지고 있으며 만일 이것을 준다면, 왕의 부하인 사람들은 반드시 크게 놀라서 괴이쩍게 생각할 것이기 때문이다.」

「문수사리여, 여래도 또한 이상과 똑같다. 선정과 지혜의 힘에 의해서 법의 국토를 획득하고, 〈욕계·색계·무색계인〉 삼계의 왕으로서 군림한다. 그러나 마왕들은 이것에 전혀 복종하려고 하지 않는다. 〈그래서〉 여래의 수행자들의 여러 장수들이 마왕들과 싸운다. 그런 경우 전공 있는 사람에게 여래는 기뻐하며 〈그 비구·비구니·우바새·우바이의〉 나중의 사람들 가운데서, 그들을 위해서 갖가지의 경을 설해서, 그들의 마음을 기쁘게 하며 선정, 해탈, 번뇌의 더러움이 없는 깨달음에 이르게 하기 위한 능력과 힘이라고 하는 많은 법의 재물을 준다. 또 열반이라는 성(城)을 주며 『〈그대는〉 깨달음의 경지를 얻은 것이다.』라고 말하여, 그 사람의 마음을 이끌어서, 모든 사람들을 환희하도록 하는 것이다. 그렇지만 그들에게 이 『법화경』을 설하지 않는 것이다.

문수사리여, 전륜왕이 병사들 가운데서 큰 전공이 있는 사람을 보고 마음에 크게 기뻐하며, 오랫동안 상투 속에 있어서 함부로 사람에게 주지 않았던, 이 믿기 어려운 보배구슬을 지금에서야 주려고 하는 것처럼 여래도 또한 그와 같은 것이다.

〈여래는〉 삼계 가운데에서 위대한 법의 왕이며, 법에 의해서 일체의 중생들을 교화하는 것이다. 수행자들의 군세가 〈여러 가지의 육체상의 괴로움이라고 하는〉 오음마(五陰魔), 번뇌마(煩惱魔), 사마(死魔)와 싸워서, 큰 공적을 세워서 〈탐내고 성내며 어리석음이라는〉 세 가지의 독을 멸하고, 3계를 출리(出離)하여 마의 그물을 깨뜨리는 것을 보고, 그때에, 여래는 또한 크게 기뻐하며 중생들을 일제지〈라고 하는 부처님의 지혜〉에 도달케 하고, 〈또한〉 일체의 세간에 미움을 받는 것이 많아서 믿기가 어려운, 이전에는 아직 설한 적이 없는 이 『법화경』을 지금이야말로 설하는 것이다.

문수사리여, 이 『법화경』은 많은 여래들의 첫 번째의 경설(經說)이며, 많은 경설 가운데서 가장 그 뜻이 깊은 것이다. 이것을 맨 끝에 주는 것은 마치 그 강대한 힘을 가진 왕이 오랫동안 소중하게 지켜 오던 훌륭한 보배구슬을, 지금 주는 것과 똑같은 것이다.

문수사리여, 이『법화경』은 부처님 여래들의 비밀의 〈가르침의〉 저장고이다. 많은 경(經) 가운데서 가장 높은 자리에 두고 있는 것이다. 오랫동안에 걸쳐서 지켜온 것이기 때문에 함부로 설하지 않았던 것이다. 그것을 오늘 비로소 그대들에게 널리 펴서 설하는 것이다.」

그때 세존께서는 이상의 뜻을 거듭 펴서 설하시려고 하여 시송으로 말씀하셨다.

「항상 인내의 수행을 하고 모든 것들에게 애민을 주어서, 그것으로 부처님께서 찬양하신 경전을 펴서 설하도록 하라.

〈부처님께서 멸도한〉 후의 말세의 시대에, 이 경전을 유지하려고 하는 사람은 재가의 사람에게나 출가의 사람에게나 또한 보살이 아닌 사람에 대해서도, 자비의 마음을 주어야만 한다. 〈즉〉『그들은 이 경을 듣지도 믿지도 않는다. 이것은 〈그들에게는〉 큰 손실이다. 내가 부처님의 길을 체득하여 갖가지의 수단에 의해서 이 가르침의 법을 설해서 그 가운데에 그들을 머물도록 하겠다.』

비유하면, 강대한 힘을 가진 전륜왕은 전쟁에서 공적이 있는 병사에게는 갖가지 것, 코끼리·말·수레·가마·장신구, 게다가 많은 논밭·택지·촌락, 성시를 상으로 줄 것이다.

혹은 의복과 여러 가지 진귀한 보배, 남녀의 노예, 재물을 주기도 한다. 더욱이 기뻐하며 하사하는 것이다.

만일 용맹 과감하게 어려운 일을 해낸 사람들에게 왕은 상투에 매달아둔 훌륭한 보주를 풀어서 이것을 줄 것이다.

여래도 또한 똑같은 것이다. 많은 가르침의 왕이다. 인내의 위대한 힘, 지혜의 보배의 저장고가 있다. 큰 자비를 주어서 가르침의 법 그대로 세상을 교화하는 것이다.

모든 사람들이 많은 고통을 받고 〈그들로부터의〉 해탈을 구해서 많은 마들과 싸우는 것을 보고, 이런 중생들을 위해서 여러 가지의 법을 설하는 것이다.

〈여래인 나는〉 큰 교화의 수단으로서 이 많은 경전을 설하지만, 중생들이 이미 〈그 경설들에 의해서〉 깨달음에 〈이르는〉 힘을 획득했다고 알게 되면 최후에 그들에게 이 『법화경』을 설하는 것이다. 이것은 마치, 왕이 상투의 훌륭한 보주를 풀어서 이것을 주는 것과 똑같은 것이다.

이 경전은 거룩한 경이며 많은 경전 중에서 최상의 것이다. 나는 항상 이것을 수호하고 함부로 설해 보이지 않았다. 그러나 지금이 마침 그때이다. 그대들을 위해 설하리라.

내가 멸도한 뒤에 부처님의 깨달음을 구하려고 하는 사람이 마음 편안하게 이 경전을 펴서 설할 수 있다고 생각하거든, 위에 말한 네 가지의 행법에 친근해야만 한다.

이 경전을 읽는 사람은 항상 근심과 걱정이 없고 또한 병의 고통도 없으며, 얼굴색은 희고 산뜻하고 아름다울 것이다. 가난한 몸이나 비천한 몸, 보기 흉한 용모로 태어나는 일은 없을 것이다.

중생들이 그를 보고 싶다고 원하는 모양은, 마치 성자를 사모하는 것 같은 것이다. 천계의 동자들이 〈그를 위해서〉 급사가 될 것이다.

〈그에게는〉 칼과 지팡이도 가해지는 일이 없고, 독으로도 해치는 일은 없을 것이다. 만일 어떤 사람이 〈그를〉 미워하고 욕한다면 그 사람의 입은 저절로 막혀버릴 것이다.

어떤 두려움도 없이 각지를 유행하는 것은, 사자의 왕과 같고 지혜가 방출하는 광명은 햇빛과 같을 것이다.

그는 꿈속에서도 오직 훌륭한 것만을 볼 것이다. 여래들이 사자좌에 앉아서 많은 비구들에게 둘러싸여서 설법하고 있는 것을 볼 것이다.

또 용신과 아수라 등이, 갠지스 강의 모래 수만큼 많이 있어서, 공경하며 합장하고 있으며 〈꿈속에서〉 자기의 그 모습을 보면 그들에게 법을 설하고 있는 것을 볼 것이다.

또 부처님들께서는 그의 신체가 금색으로 빛나고, 무량한 빛을 발하여서 온갖 것을 비추며, 청정하고 아름다운 목소리에 의해서 많은 법을 연설하신다.

부처님께서는 사중의 사람들을 위해서, 위없는 법을 설하시게 된다. 〈게다가〉 자기 자신을 보게 되면 그 〈사중(四衆)〉 가운데서 합장하며 부처님을 찬탄하고,

법을 청문하여 환희하고, 공양을 바치고, 다라니를 체득하고 뒤로 물러서는 일이 없는 지혜를 깨닫는다.

부처님께서는 그의 마음이 깊이 부처님의 깨달음에 도달한 것을 아시고, 그를 위해서 가장 바른 깨달음을 완성하리라는 것을 예언하시면서『그대 선남자여, 반드시 내세에서 한량없는 지혜인 부처님의 큰 깨달음을 체득하고,

그 불국토는 엄숙하게 청정하고, 그 광대함은 비할 바가 없다. 또 사중(四衆)의 사람들이 있어서, 합장하고 법을 청문할 것이다.』라고 〈부처님께서〉 말씀하시는 것을 〈꿈속에서〉 볼 것이다.

또 자신이 산림 속에 있으면서 뛰어난 법을 수행하여, 모든 사물의 진실한 모습에 도달하고, 깊이 명상에 들어서 시방의 부처님을 예배하는 것을 〈꿈에서〉 볼 것이다.

부처님들의 신체는 금색을 하고 계시며, 백 가지의 복덕이 갖추어진 모습에 의해서 장식되어 있다. 〈그 부처님으로부터〉 법을 듣고 그것을 남에게 설한다. 〈그는〉 항상 이와 같이 좋은 꿈을 꿀 것이다.

또 다음과 같이 꿈을 꿀 것이다. 즉 국왕이 되어 궁전과 거느리는 사람들 게다가 위없는 〈쾌락인〉 오관(五官)의 욕망을 버리고 깨달음의 장소로 가서,

보리수 아래의 사자의 자리에 앉아서 깨달음을 구한 지 7일을 경과하여 부처님들의 지혜를 획득한다.

위없는 깨달음을 완성하고 나서, 일어서서 가르침의 수레바퀴 굴려, 사중의 사람들을 위해 법을 설하기를 천 만억 겁이라는 오랜 시간을 경과 하고,

번뇌의 더러움이 없는 뛰어난 법을 설해서, 무량한 중생을 구제하고, 그 후에 멸도에 들어가서 열반할 것이다. 마치 기름이 다하여 등불이 꺼지는 것 같이.

만일에 후의 무시무시한 세상에서 이 가장 높은 법을 설한다면, 그 사람은 큰 이익을 얻을 것은, 앞의 많은 공덕 그대로이다.」

從地涌出品 第十五
종지용출품 제십오

  그때 다른 국토에서 찾아온 많은 보살들의, 그 수가 8개의 갠지스 강의 모래 수보다 더 많은 사람들이, 많은 사람들의 앞에서 일어나서 부처님께 합장하고 예를 올린 후 말씀드렸다.

  「세존이시여, 만일에 〈세존께서〉 저희들이 부처님께서 멸도하신 뒤에 이 사바세계에서 부지런히 정진하며 이 〈법화경〉 경전을 지키며 기억하고, 독송하고, 서사(書寫)하고, 공양한다고 하는 것을 허락하신다면 〈저희들은〉 반드시 이 〈사바〉 국토에서 이 〈경전〉를 널리 설하겠습니다.」

그때 부처님께서는 그 많은 보살들에게 말씀하셨다.

「그만두자, 좋은 집안의 남자들이여, 그대들이 이 경을 지키고 유지할 필요가 없다. 왜냐하면, 우리 사바세계에는 원래부터 6만의 갠지스 강의 모래 수와 같은 보살들이 있으며, 그 한 사람 한 사람의 보살에게는 각각 6만의 갠지스 강의 모래 수만큼의 따르는 사람이 있다. 이 많은 사람들이 내가 멸도한 뒤에 이 경전을 지켜 유지하고, 읽고 외우며 널리 설법할 것이기 때문이다.」

부처님께서 이렇게 말씀하실 때 사바세계의 10억이라 하는 많은 국토는 그 대지가 모두 진동하면서 벌어지더니, 그 속에서 헤아릴 수 없는 천 만억이라는 위대한 보살들이 동시에 솟아나왔다. 그 많은 보살들은 그 신체는 황금색을 하고 있으며, 32가지의 〈부처님의 특징으로서의〉 모습을 갖추고 무량한 광명으로 빛나고 있었다.

〈그들은〉 모두 아득한 옛날부터 이 사바세계의 하방에 있으며, 이 〈사바〉 세계에 속하는 허공 가운데 머물러 있었으나, 석가모니불께서 설하신 그 음성을 듣고 아래로부터 솟아오른 것이다.

그 한 사람 한 사람의 보살들은 모두 많은 사람들의 지도자여서, 각각 6만의 갠지스 강 모래 수와 똑같은 시자(侍者)들을 거느리고 있었다. 더구나 5만・4만・3만・2만・1만의 갠지스 강의 모래 수에 대등한 시자를 거느리고 있는 사람〈이 있는 것〉에 대해서는 말할 것도 없다. 또 더구나 1갠지스 강의 모래 수, 2분의 1 갠지스 강의 모래의 수, 4분의 1에서 천만억 나유타 분의 1에 이르기까지의 사람에 대해서는 더욱 그렇다. 또 더구나 천 만억 나유타의 시자〈를 거느린 사람〉에 대해서도 또 천만, 백만에서 1만의 수에 이르기까지 또 1천, 1백에서 10에 이르기까지 또 5·4·3·2·1의 제자를 거느리고 있는 사람에 대해서는 말해 무엇하겠는가. 하물며 단지 한 사람이 있는데 사람들한테서 멀리 떨어져서 수행하기를 바라는 사람에 대해서도 말할 것이 없다. 이와 같은 사람들이 헤아릴 수도 없고, 끝도 없이 있고, 계산이나 비유를 가지고 해도 알 수 없을 정도였다.

이 많은 보살들은 대지에서 나타나자, 각기 허공에 있는 칠보로 만든 매우 훌륭한 탑묘 안의 다보여래와 석가모니불이 계신 곳에 이르렀다. 그곳에 도착하자 두 사람의 세존님에 대해서 머리를 발에 대고 예배한 후, 그로부터 또한 많은 보배나무 아래 사자좌에 계시는 부처님들이 계시는 곳에 이르자, 모두 거듭 예배한 후, 오른쪽으로 세 번 돌고 나서 합장하고 공경하며, 보살로서의 여러 가지 많은 찬탄방법에 따라서 찬탄하고 나서 한쪽으로 자리를 잡고, 기쁜 마음으로 두 분의 세존을 우러러보았다.

이 많은 보살들이 처음으로 땅에서 솟아 나와서 보살로서의 여러 가지의 많은 찬탄방법에 의해서 부처님을 찬양하고 있는 동안에 무려 50소겁이라는 긴 시간이 흘렀다. 그 동안 석가모니불께서는 아무 말 없이 잠자코 앉아 계셨다. 또 〈이 자리에 모인〉 많은 〈비구·비구니·우바새·우바이의〉 4중(四衆)들도 역시 침묵을 지키며 50소겁〈이 지났으나〉 부처님의 신통력 덕분으로, 많은 사람들은 그것이 〈겨우〉 반나절과 같이 생각되었던 것이다.

그때 4중의 사람들에게는 역시 부처님의 신통력에 의해서 많은 보살들이, 헤아릴 수 없는 백천만억이라고 하는 많은 국토의 허공에 충만해 있는 것이 보였다.

이 보살들의 모임 가운데에 네 사람의 지도자가 있었다. 그 첫째를 〈뛰어난 행을 하는〉 상행이라 하고, 그 두 번째를 〈한없는 행을 하는〉 무변행(無邊行)이라 하며, 세 번째를 〈깨끗한 행을 하는〉 정행(淨行)이라 하고, 네 번째를 〈확고한 행을 하는〉 안립행(安立行)이라고 했다. 이 네 사람의 보살들은 그 보살들의 모임 가운데서 최상수의 지도자였다. 〈이들은〉 많은 사람의 모임 앞에서 각각 함께 합장하고 석가모니불을 예배하고 다음과 같이 안부를 물어 말씀드렸다.

『세존께서는 병도 없으시고, 권태롭지도 않으시고, 또 심기가 좋게 지내고 계십니까? 세존이시여, 〈당신 아래에 있는〉 중생들은 뛰어난 성질을 가졌고, 교화하기 쉬우시고, 화도(化導)하기가 쉽고, 청정토록 하기 쉬우신지요? 바라건대 세존께 심로(心勞)를 끼치는 일은 없으시기를 바랍니다.』

그때 네 사람의 위대한 보살들은 시송을 설하여 말씀드렸다.

「세존께서는 안락하게 병이나 괴로움 없이 계십니까. 중생의 교화에 권태롭고 피로하시지 않습니까.

또한 중생들은 교화하기 쉽습니까. 어떻습니까. 세존에게 피로를 생하게 합니까. 아닙니까.」

그때 세존께서는 보살들의 많은 모임 가운데서 다음과 같이 말씀하셨다.

「그대로이다, 그대로이다. 선남자들이여, 여래는 안락하고 병이 없고 걱정거리도 없으며, 중생들은 교화 제도하기 쉬워서 〈나에게는〉 피로함도 없다.

왜냐하면, 이 많은 중생들은 세세에 걸쳐서 계속 나의 교화를 받아 왔기 때문이다. 또한 과거의 많은 부처님들에 대해서 공양을 한 후 존중하고, 많은 선의 근본을 심었기 때문이다. 〈그런 까닭에〉 이 많은 중생들은 나의 신체를 보았고, 나의 가르침을 듣자마자 곧바로 모두 그것을 믿고 받아들여서, 여래의 지혜에 들어온 것이다. 〈다만〉 그 이전부터 수행하여 소승〈의 가르침〉을 배우고 있는 사람은 별도이다. 〈그러나〉 그와 같은 사람에 대해서도 나는 지금 또한 이 경전을 〈그들에게〉 청문시켜서 부처님의 지혜에 들어갈 수 있도록 하겠다.」

그때 위대한 보살들은 시송을 설하여 말씀드렸다.

『오! 훌륭하셔라. 훌륭하셔라. 위대한 용자인 세존이시여, 많은 중생들을 교화제도 하시는데 용이(容易)하시다는 것은,

〈그들은〉 많은 부처님들의 극히 깊은 지혜에 대해 질문하고, 들은 후에 〈그것을〉 믿고 실천하였습니다. 저희들은 기쁘게 생각합니다.』

그때 세존께서는 〈집회의〉 상석(上席)인 위대한 보살들을 다음과 같이 몹시 칭찬하셨다.

「오! 훌륭하도다. 좋은 집안의 남자들이여, 그대들이 여래에 대해서 기쁜 마음을 일으켰다고 하는 것은.」

그때 미륵보살과 8천의 갠지스 강의 모래 수만큼의 많은 보살들은 모두 다음과 같이 생각했다.

『저희들은, 옛날부터 지금까지 이와 같은 위대한 보살들이, 대지로

부터 나타나서 세존 앞에서 합장하고 공양을 하고서 여래에게 문안드리는 것을 본 적도 없고, 들은 적도 없다.』

그때 위대한 미륵보살은 8천의 갠지스 강 모래 수만큼의 많은 보살들의 마음속의 생각을 알고 또 자신의 의문에도 결말을 지으려고 하여, 부처님을 향해 합장하며 시송에 의해서 여쭈었다.

『헤아릴 수 없는 천만 억이라고 하는 수의 많은 보살들을 옛날부터 지금까지 본 적은 없습니다. 아무쪼록 인중(人中)의 최고자시여, 〈그 까닭을〉 설해주십시오.

〈이 보살들은〉 어디서 왔으며 어떤 사연이 있어 모였는지 커다란 신체를 가졌고 위대한 신통이 있으며, 지혜는 헤아리기도 어렵습니다.

그 뜻은 견고하고 위대한 인내력을 가졌으며, 중생들이 〈그 모습을〉 뵙고 싶다고 생각할 정도〈의 보살들〉입니다. 그들은 어디에서 〈여기로〉 왔습니까.

한 사람 한 사람의 보살들이 거느리고 온 많은 시자들의 그 수는 헤아려 알 수 없고, 갠지스 강의 모래 수와 똑같은 정도입니다.

위대한 보살로서 6만 갠지스 강의 모래 수 정도로 많은 시자를 거느린 사람도 있습니다.

그와 같이 많은 사람들이 일심으로 불도를 구하고 있습니다.

그와 같이 많은 훌륭한 보살들이 6만 갠지스 강의 모래 수만큼 있습니다. 그들이 함께 〈여기로〉 와서 부처님께 공양하고 그리고 이 〈법화〉경을 호지(護持)합니다. 5만의 갠지스 강의 모래 수만큼의 많은 시자를 거느리고 있는 사람들의 그 수는, 보다 더 그 이상입니다. 4만,

3만・2만에서 1만 〈갠지스 강 모래 수〉에 이르기까지와 1천, 1백에서 1 갠지스 강의 모래 수에 이르기까지와 반분, 3분의 1, 4분의 1, 억만 분의 1과, 천만 나유타, 만억이라고 하는 수의 많은 제자들로부터 반 억에 이르기까지의 〈시자를 거느린 사람들의〉 그 수는 또한 앞서보다 이상이었습니다. 백만에서 1만까지, 1천과 1백, 50과 10과, 3・2・1과 차례로 한 〈수의 시자를 거느린 사람들〉이 있고, 단독으로 시자도 없 이 독거를 원하는 사람이 있습니다. 〈그들은〉 함께 부처님 계신 곳에 왔으나, 그 수는 앞서보다 이상이었습니다.

이와 같이 많은 사람들〈의 그 수〉는 만일 산 까치를 써서 계속 헤 아려도, 갠지스 강의 모래 수만큼의 겁이라는 오랜 시간을 지났다고 하여도 그래도 모두 다 알지 못할 것입니다.

이 많은 위덕을 갖추고 정진 노력을 가진 보살들은, 누가 그들에게 설법하고 교화하여 〈수행을〉 완성시켰습니까.

누구 따라 처음으로 불도에 뜻을 일으켰고, 어떤 부처님의 법을 찬 양하고 있으며 어떤 경전을 보유하고, 실천하며 어떤 불도를 수행한 것입니까.

이와 같이 많은 보살들은 신통과 위대한 지혜의 힘을 갖추고 있습니다. 사 방의 대지가 진동하고 벌어져서 모두 그 속에서 나왔습니다.

세존이시여, 저는 옛날부터 지금까지 아직껏 일찍이 이와 같은 일은 본 적이 없습니다. 아무쪼록 그들이 있는, 그 국토의 이름을 설해 주 소서.

저는 항상 여러 국토를 편력하고 있으나, 아직 일찍이 이와 같은 사람들을 본 적이 없습니다. 저는 이 사람들 가운데서 어느 한 사람도 알지 못합니다.

〈그들은〉 홀연히 대지에서 출현하였습니다. 아무쪼록 그 사연을 설해 주소서.

지금 이 많은 모임의 무량 백천억이라는 많은 이 보살들도 모두 이 사실을 알았으면 하고 생각하고 있습니다. 이 많은 보살들은 원래의 사연과 지금 이 출현의 사연이 있을 것이 틀림없습니다. 헤아릴 수 없는 덕을 가지신 세존이시여, 아무쪼록 사람들의 의심에 대해 결말을 지어주소서.』

그때 무량 백천만억이라고 하는 많은 타방의 국토에서 이리로 온 석가모니불의 분신의 제불들은 8방에 있는 보수(寶樹) 아래의 사자좌 위에 결가부좌하고 있었다.

그 〈분신의〉 부처님들의 시자들은 각각 이 많은 보살들의 집단이, 삼천대천세계의 4방(四方)의 대지에서 출현하여 허공에 머물고 있는 것을 보고 저마다 〈각각섬기고 있는〉 부처님께 여쭈었다.

「세존이시여, 이 무량무변 아승기(阿僧祇)라고 하는 많은 보살들의 집단은 도대체 어디에서 〈이곳에〉 왔습니까?」

그때 〈분신의〉 부처님들은 저마다의 시자들에게 말씀하셨다.

『좋은 집안의 아들들이여, 잠시 동안 기다려다오. 미륵이라는 위대한 보살이 있다. 석가모니불께서『〈나의 뒤를〉 이어서 다음에 부처님이 될 것이다.』라고 미래성불의 예언을 준 보살이다. 〈그가〉 이 사실을 부처님께 질문하였으므로 부처님이 지금 이것에 대답할 것이다. 그대들은 마침 그것에 의해서 자연히 듣게 될 것이다.」

그때 석가모니불께서 미륵보살에게 말씀하셨다.

「오! 훌륭하도다. 참으로 훌륭하도다. 〈능히 이길 사람이 없는〉 아일다(阿逸多)여, 부처님〈인 나〉에게 기특하게 이와 같은 중대한 것을 질문했다. 그대들은 함께 일심으로 정진의 갑옷을 입고, 확고한 의지의 마음을 일으켜야 한다. 여래는 지금 부처님들의 지혜, 부처님들의 자재한 신통력, 부처님들의 사자와 같은 분발하는 힘, 부처님들의 위세 있는 용감한 힘을 분명히 하고 널리 확실하게 설하려고 한다.」

그때 세존께서는 거듭하여 이상의 뜻을 펼치려고 하여 시송(詩頌)을 설해서 말씀하셨다.

「정진 노력하여 마음을 오로지 하나가 되게 하라. 나는 〈지금〉 이것을 설하려고 하고 있다. 의심, 후회하는 일은 없게 하라. 부처님의 지혜는 헤아리는 것도 어렵기 〈때문이다.〉

그대여, 지금 신심의 힘을 발휘하여 참고 선을 행하는 것에 노력하라. 옛날부터 아직 일찍이 들은 일 없는 가르침의 법을 지금 모두는 들을 수 있을 것이다.

나는 지금 그대의 마음을 가라앉게 하겠다. 의심과 두려움을 품어서는 안 된다. 부처님에게는 허위(虛僞)의 말은 없다. 그 지혜는 헤아릴 수 없는 것이다.

〈내가〉 획득한 제일이 되는 법은 심오하여 생각해 보거나 헤아릴 수 없다. 그와 같은 〈법〉을 지금 설하겠다. 그대들이여, 일심으로 듣도록 하라.」

그래서 세존께서는 이상의 시송을 설해 마치자 미륵보살에게 말씀하셨다.

「나는 지금 이 많은 모임 가운데서 그대들에게 말하겠다. 아일다(阿逸多)여, 이 많은 대지에서 나타난 짐작할 수도, 헤아릴 수도 없는 무수한 수의, 그대들이 옛날부터 지금까지 본 적이 없는 위대한 보살들은, 내가 이 사바세계에서 위없이 바른 깨달음을 얻은 후에, 이 많은 보살들을 교화하고 이끌어서, 그들의 마음을 조절하여 깨달음으로 향하는 마음을 일으키게 한 것이다.

이 많은 보살들은 모두 사바세계의 아래쪽(下方)의 이 사바세계에 속하는 허공 가운데 살고 있었던 것이다. 〈그들은〉 많은 경전을 독송하여 정통하고, 사유하고, 분별하여 바르게 기억했다.

이일다여, 이 선남자들은 사람들 가운데 있으면서 많은 〈사람과〉 이야기하는 것을 좋아하지 않고, 항상 조용한 장소를 좋아하며, 부지런히 노력하여, 지금까지 한 번도 쉬는 일은 없었다. 또 사람들과 신들에게 의지해서 살고 있지는 않았다. 항상 깊은 지혜를 원하며 어떤 장해도 없다. 또 언제나 부처님들의 가르침의 법을 원하며, 마음을 오로지 하나로 하여 정진하고 위없는 지혜를 구하고 있는 것이다.」

그때 세존께서는 이상의 뜻을 거듭 펴고자 하여 시송을 설해서 말씀하셨다.

「아일다여, 그대는 알아야 한다. 이 많은 위대한 보살들은 헤아릴 수 없을 만큼의 겁의 옛날부터 부처님의 지혜를 배우고 실천해 왔다.

〈그들은〉 모두가 내가 교화한 사람들이며, 내가 위대한 깨달음으로 향하게 하는 마음을 일으키게 한 것이다. 그들은 내 아들들이다. 이 〈사바〉 세계에 살고 있는 것이다.

항상 검소한 생활의 수행을 하고 조용한 장소를 바라며, 많은 사람들의 시끄러움을 떠나서, 사람들과 많이 이야기하는 것을 좋아하지 않는다.

이와 같은 아들들은 나의 깨달음의 법을 학습하여, 밤낮으로 항상 정진 노력을 쌓아 올리고 있다. 〈그것도〉 부처님의 깨달음을 구하기 위한 때문이다. 〈그들은〉 사바세계의 하방의 공중에 살고 있다.

의지의 힘이 굳고 항상 지혜를 힘을 다하여 구하고 있으며, 여러 가지의 뛰어난 가르침을 설해서 그 마음은 어떤 것에도 두려워하지 않는다.

나는 가야의 도성의 보리수 아래 앉아서 최고의 깨달음을 달성할 수 있어서, 위없는 가르침의 수레바퀴를 돌려서 그리하여 그들을 교화하고, 비로소 깨달음으로 향하는 마음을 일으키게 한 것이다. 지금 〈그들은〉 모두 물러서지 않는 경지에 머물고 있으며 모두 다 부처님이 될 것이다.

나는 지금 진실한 말을 설하겠다. 그대들이여, 마음을 오직 하나로 하여 믿도록 하라. 나는 아득한 옛날부터 이 사람들을 교화해 왔었던 것이다.

그때 미륵보살마하살과 무수한 보살들은 마음에 의심의 생각이 생겼다. 희유(稀有)한 일이라고 의아하며 다음과 같이 생각했다.

「도대체 어찌하여 세존께서는 짧은 시간 동안에 이와 같은 무량무변한 헤아릴 수 없을 정도의 많은 대보살들을 교화하여, 위없는 바른 깨달음 가운데에 머물게 한 것일까?」

그리하여 곧바로 부처님께 여쭈었다.

「세존이시여, 여래께서 태자로 계실 때에 석가족의 궁전을 나오셔서, 가야의 도성에서 그다지 멀지 않은 곳에서 깨달음의 자리에 앉아서 무상의 바른 깨달음을 달성하셨습니다. 그때부터 지금에 이르기까지 겨우 40여 년이 지난 바입니다. 세존이시여, 도대체 어떻게 하여 이와 같은 짧은 시간에 왕성하게 〈교화라고 하는〉 부처님의 사업을 이룩하셨던 것입니까? 부처님의 세력에 의한 것입니까? 부처님의 공덕에 의한 것입니까? 이같이 헤아릴 수 없을 정도의 많은 보살들을 교화하여 위없는 바른 깨달음을 성숙시키려고 하신 것은.

세존이시여 이 위대한 보살들의 모임은, 비록 사람이 천만억 겁이라는 오랜 시간 동안 계속 가르쳤다 하더라도 완전히 가르칠 수는 없고, 그 끝도 〈알 수〉 없습니다. 그들은 아득한 옛날부터 헤아려 알 수 없을 만큼의 많은 부처님 아래서 많은 선근(善根)을 심고, 보살의 길을 완성하고, 항상 순결한 수행을 실천해 왔습니다. 세존이시여, 이와 같은 일은 세간〈의 사람들〉이 믿기에는 곤란한 일입니다.

비유하면 어떤 사람이 있는데 안색이 좋고 머리가 검어서 스물다섯 살의 한 젊은이가, 백 살이 되는 노인을 가리켜 『〈이 사람은〉 나의 아들입니다.』라고 말하니, 그 백 살의 노인도 역시 나이 젊은 사람을 가리켜서 『〈저분은〉 저의 아버지입니다. 저희들을 길러 주셨습니다.』라고 하더라도 그와 같은 것은 〈세상에서〉 믿기 어려운 일이다.

부처님께서도 또한 그와 똑같습니다. 부처님께서 깨달음을 얻고서부터 그만큼 오랜 시간이 경과하지는 않았습니다. 그런데 이 많은 보살들은 이미 무량 천만억 겁이라는 긴 시간에 걸쳐서 부처님의 깨달음(佛道)을 위해 부지런히 정진하고, 자연스럽게 삼매(三昧)에 들어가기도 하고 나오기도 하며, 〈그 삼매에〉 머물기도 하는 위대한 신통(神通)을 체득하고, 오랫동안 맑고 순결한 수행을 쌓아서, 기특하게 순순히 수행의 단계를 수습하고, 문답에 교묘하여, 사람들 중의 보배로서 모든 세간이 극히 희유(稀有)한 사람이라고 우러르고 있습니다.

〈그런데〉 오늘 세존께서 불도를 체득하신 그때에 비로소 〈그들을〉 발심시켜서 교화하고, 인도하여 위없는 바른 깨달음에 지향하도록 하셨다고 말씀하셨습니다. 세존이시여, 〈세존께서는〉 부처님이 되시고 나서 그리 긴 세월이 지나지 않았는데, 용하게 이와 같은 위대한 공덕 있는 사업을 하셨습니다.

저희들은 또한 부처님께서 각각에게 알맞도록 설하신 설법, 부처님께서 발하신 말씀은 지금까지 허위였던 것은 한 번도 없었으며, 부처님께서 알아야 할 것은 모두 다 정통하고 계신다고 하는 것을 믿고 있으나 그러나 새롭게 불도에 발심(發心)한 사람들은 부처님께서 멸도하신 후에, 만일 이 말을 들었다면 혹은 〈그것을〉 믿고 받아들이지도 않고, 불법을 파괴한다고 하는 죄업의 원인〈으로 되는 행위〉를 불러일으킬 것입니다. 그러므로 세존이시여, 아무쪼록 〈이상의 까닭을〉 해설하여 저희들의 의념(疑念)을 떨쳐버리게 하여 주시도록 또 미래세의 선남자들도 이것을 듣더라도 또한 의심을 일으키지 않을 것입니다.」

그때에 미륵보살은 거듭하여 이 뜻을 말씀드리기 위해 시송에 의해서 다음과 같이 말했다.

「부처님께서는 옛날, 석가족(釋迦族) 중에서 출가하여 가야성(伽倻城) 근처에서 보리수〈아래〉앉으셨습니다. 그리하여 지금에 이르기까지 그다지 긴 시간은 경과하지 않았습니다.

이 많은 부처님의 아들들은 그 수가 가늠하기조차 없을 정도입니다. 〈그들은〉 오랜 시간에 걸쳐, 불도를 수행해 왔으며 신통과 지혜의 힘을 체득하고 있습니다.

훌륭한 보살의 길을 배워 익혀서 세상의 속사(俗事)에 물들지 않음은, 마치 연꽃이 〈흙탕〉 물속에 있는 것 같습니다. 대지에서 출현해서 모두 존경의 마음을 일으켜서 세존 앞에 머물러 있습니다.

이런 일은 생각도 미치지 않습니다. 어찌하여 믿을 수 있겠습니까. 부처님께서 깨달음을 연 것은 매우 기까운 일이건만, 그것에 비해서 이룩하신 사업은 너무 많기 때문입니다. 아무쪼록 원컨대 사람들의 의심을 제거하고, 있는 그대로 분별하여 설해 주십시오.

비유하면, 젊은이의 나이가 겨우 스물다섯이 되는 사람이 〈그〉 사람에게 백 살이 되는 아들의, 머리털은 희고 얼굴엔 주름살투성이의 사람을 가리켜서 『그는 내가 낳은 아들입니다.』 하고, 아들 또한 『이 사람은 내 아버지입니다.』라고 말했다고 합시다.

아버지는 젊은데 아들은 늙었으니, 그와 같은 일은 세상은 믿지 않을 것입니다.

세존께서도 또한 그와 똑같습니다. 깨달음을 열고서부터 또한 매우 짧은 시간인데, 그런데도 이 많은 보살들은 뜻이 견고하고, 기죽는 일

없고, 헤아릴 수 없는 겁의 옛날부터 보살의 길을 수행해 오고 있는 것입니다.

어려운 문답에도 능해 있고, 그 마음은 두려운 것이 없고 인내의 마음이 안정되어 있고 〈그 모습은〉 단정하고 위덕이 있어서, 시방의 부처님들께서 칭찬되고 있습니다. 그들은 훌륭하게 분별해서 〈법을〉 설하고,

많은 사람 가운데 있는 것을 바라지 않고, 항상 즐겨 선정을 닦고 있습니다. 불도를 구하기 때문에 하방의 허공에 살고 있습니다.

저희들은 부처님으로부터 친히 들었습니다. 이 일로 의심은 없습니다. 아무쪼록 부처님이시여, 미래의 〈사람들을〉 위해서 연설하셔서 이해시켜 주옵소서.

만일 이 〈법화〉경전에 대해서 의심을 일으켜서 믿지 않는 사람이 있으면, 그 사람은 곧 그 자리에서 나쁜 경우에 떨어질 것입니다. 아무쪼록 원컨대 지금 해설해 주소서. 이 헤아릴 수 없을 만큼 많은 보살들을 도대체 어떻게 하여 짧은 시간 동안에 교화하고, 발심시켜서 뒤로 물러서지 않는 경지에 머물게 하셨습니까.」

如來壽量品 第十六
여 래 수 량 품 제 십 육

그때 부처님께서는 여러 보살과 그곳에 모인 모든 사람들에게 말씀하셨다.

「좋은 집안의 아들들이여, 그대들은 여래의 진실한 말을 믿고 잘 이해하라.」

재차 그곳에 모인 사람들에게 말씀하셨다.

「그대들이여, 여래의 진실한 말을 믿고 잘 이해하라.」〈세 번째로〉 또 그곳에 모인 많은 사람들에게 말씀하셨다.

「그대들이여, 여래의 진실한 말을 믿고 잘 이해하라.」

그때 그 자리에 모인 많은 보살들은 미륵을 상수로 하여 합장하고 부처님께 말씀드렸다.

「세존이시여, 아무쪼록 부탁드립니다. 이것에 대한 까닭을 설해주십시오. 저희들은 반드시 부처님의 말씀을 믿고 받아들이겠습니다.」

이와 같이 세 번에 걸쳐 말씀드린 후 또다시 여쭈었다.

「세존이시여, 아무쪼록 원하오니 그것을 설해주십시오. 저희들은 반드시 부처님의 말씀을 믿고 받아들이겠습니다.」

그때 세존께서는 보살들이 세 번씩이나 간청하고도 그치지 않음을 아시고 이들에게 말씀하셨다.

「그대들이여, 귀를 기울여서 잘 듣도록 하라. 여래의 비밀의 신통한 힘을.

모든 세간의 하늘의 신들과 인간들 및 아수라들은 한결같이 현금(現今)의 〈이렇게 가르침을 설하고 있는 나〉 석가모니불이, 석가족의 궁전을 나와서 〈출가하여〉 가야(伽倻)의 도성에서 그리 멀지 않은, 깨달음의 자리에 앉아서 위없는 바른 깨달음을 획득했다고 생각하고 있다. 그렇지만 훌륭한 집안의 아들들이여, 내가 부처가 되고 나서 지금까지는 실은 부량부변한 백천만억 나유타 겁이라고 하는 무한히 긴 시간이 경과된 것이다.

비유하면, 5백천만억 나유타 아승기라고 하는 방대한 수의 전 우주 세계를 어떤 사람이 부수어서 분말의 미진(微塵)으로 했다고 하자. 〈그 분말을 가지고〉 동방으로 5백천만억 나유타 아승기라고 하는 수의 나라를 지나서, 그곳에 한 알갱이의 미진을 아래에 둔다고 하자. 이와 같이 하여 동으로 향해서, 이 모든 미진을 모두 다 두었다고 하자. 좋은 집안의 아들이여, 이것을 어떻게 생각하는가. 〈지나온〉 이 많은 세계〈의 수〉는 생각하거나 계산하거나 하여 그 수를 알 수 있는가, 어떤가.」

미륵보살 등이 모두 다 함께 부처님께 여쭈었다.

「세존이시여, 그 많은 세계는 한량없고(無量) 가가없어(無邊) 계산에 의해서 알 수 있는 것은 아닙니다. 또 마음의 작용이 미치는 곳은 아닙니다. 모든 성문이나 벽지불들도 〈미혹을 완전히 없앤〉 그 청정한 지(智)를 가지고 생각하여 그 수의 끝 가를 알 수는 없습니다. 〈보살인〉 저희들 또한 〈깨달음을 향해서의〉 불퇴전의 계위(階位)에 있으나 그렇지만, 이 일에 관해서는 저희들이 미치는 것은 아닙니다. 세존이시여, 이와 같이 많은 세계〈의 수는〉 한량없고 가가없습니다.」

그때 부처님께서 대보살들에게 다음과 같이 말씀하셨다.

「좋은 집안의 아들들이여, 지금이야말로 분명히 그대들에게 말해 두겠다. 〈앞서 말한〉 이 많은 세계의 미립자를 둔 곳이나 두지 않았던 곳도 모두 합해서 〈다시 부수어서〉 미립자로 하고 그 하나의 미립자를 1겁으로 가정하자. 내가 부처가 되어서부터 지금까지 〈그 경과한 겁수는〉 이 〈1진(一塵)을 1겁(一劫)으로 헤아린〉 수보다도 다시 백천만억 나유타 아승기겁보다 많은 것이다.

그때부터 지금에 이르기까지 나는 항상 이 사바세계에 있으면서 설법하며 교화해 온 것이다. 또 다른 세계의 백천만억 나유타 아승기의 나라들에서도 중생을 인도하여 이롭게 하여 왔다.

좋은 집안의 아들들이여, 그 사이에 나는 연등불(然燈佛) 등 〈여러 가지 이름의 부처님으로 출현하였음〉을 설했고 또 그 부처님들이 열반에 드는 것도 설해 왔다. 〈그러나〉 그와 같은 일은 모두 내가 〈중생을 교화하기 위한〉 교화의 수단으로 처리한 것이다.

좋은 집안의 아들들이여, 만일 어떤 중생이 나에게 찾아오면 나는 부처님의 〈일체를 아는〉 눈으로 그들의 믿음 등의 소질의 우열을 관찰하여 제도(濟度)할 상대방에 따라서 이곳저곳에서 스스로, 〈부처님의〉 이름이 똑같지 않은 것, 〈부처님의〉 수명이 길고 짧음에 대해서 설하고 또 그 모습을 나타내자 〈이윽고〉 열반에 들 것이라고 말한다. 또한 여러 가지의 교화수단에 의해서 뛰어난 깊은 가르침의 법을 설해서 중생들에게 환희의 마음을 일으키게 해 온 것이다.

좋은 집안의 아들들이여, 여래〈인 나〉는 중생들이 낮은 가르침을 원하여 덕은 엷고, 〈번뇌의〉 더러움이 많은 것을 보고 이러한 사람들을 위해서 『나는 젊어서 출가하여 위없는 바른 깨달음을 얻었다.』라고 설한다.

그러나 실제로는 내가 부처님이 되고서부터 지금까지 아득한 오랜 시간이 경과하고 있는 것은 앞에서 말한 바와 같다. 가르침의 수단에 의해 중생을 교화하여 불도에 들어가게 하려고 하기 때문에 이와 같은 것을 설하는 것이다.

훌륭한 집안의 아들들이여, 여래가 연설하는 경전은 모든 중생을 구제하고 해탈시키기 위한 것이다. 〈부처님은〉 어떤 경우에는 자기 자신을 설하고, 어떤 경우에는 〈석가모니불 이외의〉 다른 신체를 설한다. 어떤 경우에는 자기의 〈부처님으로서의〉 행을 확실히 알도록 가르치고, 어떤 경우에는 〈부처님 이외의 사람으로서의〉 행을 확실히 알도록 보여

주는 것이다. 〈그 경우, 부처님이〉 설하는 갖가지의 가르침은 모두 진실한 것이어서 거짓은 없다.

그것은 왜냐하면, 여래는 그 지혜에 의해서 삼계의 상태를 있는 그대로 꿰뚫어 보기 때문이다. 즉 〈삼계에는〉 태어나거나 죽거나 하는 일은 없고 혹은 소멸하거나 출현하는 것도 없고 또 세상에 존재한다든가 열반한다는 것도 없다.

진실하지도 않고 허위도 없고, 그대로의 모습도 아니고, 다른 모습도 아니다. 삼계〈에 살고 있는 범부〉가 삼계를 보는 것 같지도 않다고 하는 것이다.

이와 같은 사항을 여래는 뚜렷하게 보며, 착오가 있는 것은 아니다. 중생들에게는 여러 가지의 본성(本性), 여러 가지의 욕망, 여러 가지의 행위, 여러 가지의 생각이 있으므로 그들이 여러 가지의 선근을 생하도록 하려고 사연이나 비유와 말에 의한 설명에 의해서 여러 가지로 법을 설하는 것이어서, 부처님으로서 해야 할 일을 아직껏 아주 잠깐 동안이라도 하지 않았던 적은 없다.

이와 같이 내가 부처가 되고부터 지금에 이르기까지 극히 오랜 시간이 경과하고 있다. 〈나의〉 수명(壽命)은 헤아릴 수 없을 만큼의 무수한 겁수(劫數)이며, 항상 존재하여 있고 멸하는 일은 없다.

좋은 집안의 아들들이여, 내가 원래 보살로서의 수행을 행해서 획득한 수명은 지금도 역시 다하지는 않았다. 그건 고사하고 앞에서 말한 수의 두 배(二倍)가 되는 수명이 있는 것이다.

그렇기는 하지만 지금은 진실한 멸도에 드는 것은 아니나 〈교화의 수단으로서)『나는 멸도에 든다.』라고 선언한다. 여래는 이 교화의 수단에 의해서 중생을 교화 하는 것이다.

왜냐 하면, 만일에 부처님이 오랫동안 이 세상에 재세(在世)하고 있다면 덕이 엷은 사람은 선근을 심는 일은 하지 않고, 빈궁하고 하천(下賤)하여 감관(感官)의 욕망에 사로잡혀서 이런저런 생각과 무분별한 견해의 그물 속에 들어가고 말기 때문이며,

만일에 여래가 항상 존재하고 멸하는 일이 없다고 본다면, 교만하고 거드럭거리며 제멋대로의 마음을 일으키고 게으른 마음을 품어버리고, 부처님은 만나기 어렵다는 생각과 부처님에 대한 공경하는 마음을 일으키지 못하기 때문이다.

그런 까닭에 여래는 교화의 수단으로『비구들이여, 알지 않으면 안 된다. 부처님들께서 이 세상에 출현함에 만난다는 것은 어려운 일이다.』라고 설하는 것이다. 왜냐하면 박덕(薄德)한 사람들은 헤아릴 수 없는 백천만억이라고 하는 겁을 지난 후 혹은 부처님을 만나는 사람도 있고 혹은 만나 뵙지 못하는 사람도 있기 때문이다. 이런 까닭에 나는 다음과 같이 설하는 것이다.『비구들이여, 여래를 만나는 것은 어려운 일이다.』라고.

이런 중생들은 이와 같은 말을 들으면 반드시 부처님을 만난다는 것은 어렵다는 생각을 일으켜서, 마음으로 부처님을 사모하는 마음을 일으키고, 부처님을 열심히 사모하고 구해서 선근을 심을 것이다.

그런 까닭에, 여래는 진실로 멸하는 것은 아니지만 게다가 열반에 든다고 말하는 것이다. 또 좋은 집안의 아들들이여, 많은 부처님, 여래들은 〈교화의〉법으로서 모두 이와 같이 하는 것이다. 중생을 구제하기 위

한 것이기 때문에 〈그와 같은 교화의 방법으로서의 말은〉 모두가 진실하고 거짓은 없는 것이다.

비유하면, 어떤 훌륭한 의사가 있었다고 하자. 그 사람은 매우 총명하고 사리에 통달한 사람이었다. 약의 처방에도 숙련되어 어떤 병이라도 고쳐준다고 하자.

그 사람에게는 많은 자식이 있었으니 열·스물 또는 1백 수십 명이나 되었다고 하자. 그는 때때로 일이 있어서 먼 타국에 갔다. 아이들은 〈그가 떠난〉 뒤에 다른 독약을 〈잘못 알고〉 마셔 버렸다. 〈차츰〉 약 기운이 번져서 〈아이들은〉 정신이 어지러워 땅에 굴러다니며 괴로워했다. 그때 아버지가 〈외국에서〉 집에 돌아왔다. 아이들은 독약을 마시고 본래의 마음을 잃은 아이도 있거니와 혹은 잃지 않은 아이들도 있었다. 그들은 멀리서 자기들의 아버지를 보고 크게 기뻐하며, 무릎을 꿇고 절을 하면서 문안을 드리며 이와 같이 말했다. 『안녕히 잘 다녀오셨습니까? 저희들이 어리석게도 잘못 알고 독약을 마셔버렸습니다. 부디 치료하셔서 다시 수명(壽命)을 주십시오.』라고.

아버지는 자식들이 고통 받고 있는 모습을 보고 여러 가지 처방에 의해서 색깔·향·맛을 다 갖춘 뛰어난 약초를 구해 와서, 그것을 절구에 넣어서 찧고 체로 쳐서, 조제하여 아이들에게 주어 복용케 하였다. 그리고 다음과 같이 말했다.

『이 특별히 좋은 약은 색·향·맛을 모두 갖추고 있다. 너희들은 이것을 먹어라. 빠르게 고뇌가 제거되어 여러 가지 고통도 없어질 것이다.』라고 했다.

그 아이들 가운데 본래의 마음을 잃지 않은 아이들은 이 양약이 색·향이 함께 뛰어난 것을 보고, 곧바로 이것을 복용하고 그래서 병이 모두 제거되어 치유되었다. 그러나 다른 본래의 마음을 잃어버린 아들은 자기들의 아버지가 온 것을 보고, 역시 기뻐하며 문안을 드리고 나서, 병을 고쳐주시도록 원했지만, 그 약을 주었으나 굳이 복용하려고 하지 않았다. 그 까닭은 독기가 〈몸속에〉 깊이 돌아있어서 본래의 마음을 잃어버리고 있기 때문에, 이 뛰어난 약에 대해서 〈색도 향도〉 나쁠 것이라고 생각했기 때문이다.

  아버지는 〈그것을 보고〉 이와 같이 생각했다.

  『이 아이들은 〈참으로〉 가엾구나. 중독되어서 마음이 완전히 뒤집혀지고 만 것이다. 나를 보고 기뻐하며 치료를 원했으나, 이와 같이 뛰어난 약을 굳이 복용하려고 하지 않는다. 나는 지금 수단을 강구하여 이 약을 마시게 하겠다.』

  그리고는 다음과 같은 말을 했다.

  『너희들은 〈똑똑히〉 알아야 한다. 나는 지금은 이미 늙고 쇠약하여 죽을 때가 가까워졌다. 이 뛰어난 좋은 약을 지금 여기에 두어 둔다. 너희들이 찾아서 먹어라. 〈그리고〉 병이 고쳐시시 않을까 하고 걱정하시 말라.』

  이렇게 타일러 놓고 그는 다시 타국에 가서 심부름하는 사람을 본국의 아이들에게 파견하여『그대들의 아버지는 이미 돌아가셨다.』라고 했다.

  그때 아이들은 아버지가 세상을 떠났다는 소식을 듣고 마음에 격렬하게 근심하고 괴로워하면서 다음과 같이 생각했다.

  『만일 아버지께서 계셔주었으면 우리들을 불쌍하고 가련히 여기시고 구원하고 지켜주셨을 터인데, 지금 〈아버지는〉 우리를 버리고 먼 타국에서 돌아가시고 말았다. 스스로 생각해보면 〈자기들은〉 고아가 되어 감싸줄 사람도 없고 의지할 사람도 없다.』라고.

〈그런 식으로〉 항상 슬픔을 품고 〈그 결과〉 마침내 마음이 깨어난 것이다. 그래서 이 약이 색도 맛도 향도 뛰어난 것을 알고서, 곧바로 찾아 마시자 독에 의한 병이 모두 치유되었다. 그 아버지는 아이들이 모두 병에서 치유되었다고 듣고 거기서 돌아와서, 모든 아이들에게 자기를 만나게 하였던 것이다.

「좋은 집안의 아들들이여, 어떻게 생각하는가. 누구이건 도대체 이 의사의 거짓말한 죄에 대해 말할 수 있는 사람이 조금이라도 있겠는가?」

〈그러자 보살들은 대답했다.〉

「없습니다, 세존이시여!」

부처님께서 말씀하셨다.

「나도 또한 이것과 똑같다. 내가 성불하고부터 지금까지 무량무변 백천만억 나유타 아승기겁이라고 하는 무한히 오랜 시간이 경과하고 있다. 나는 중생들을 위해 가르침의 수단의 힘에 의해서 『나는 〈멀지 않아〉 멸도에 들어갈 것이다.』라고 말한다. 그러나 도리에 맞추어서 내가 거짓말을 했다고 허물을 잡을 수 있는 사람은 없을 것이다.」

그때 세존께서는 되풀이하여 이상의 뜻을 펼치려고 시송으로 말씀하셨다.

「내가 부처님이 될 수 있고서부터 지금까지 경과한 겁(劫)의 수(數)는 무량·백천만억·재(載)·아승기라고 하는 거대한 수이다. 〈나는〉 항상

설법하여,

　억(億)의 무수배(無數倍)라는 많은 중생을 교화하여 불도에 들게 해왔다.

　그와 같이 하여 와서 지금에 이르기까지 헤아릴 수 없는 겁이 지나고 있다.

　중생을 구제하기 위한 까닭에 교화의 수단으로 열반을 나타내 보였다.

　그러나 실제로 멸도에 든 것은 아니다. 항상 이곳에 머물며 법을 설하기를 계속하고 있다.

　나는 항상 이곳에 머물고 있지만 갖가지의 신통의 힘에 의해서 〈마음이〉 도착(倒錯)되어 있는

　중생에게는 가까이에 있건만 보이지 않게 하고 있다.

　사람들은 나의 멸도를 보고 갖가지로 유골에 공양하고 한결같이 모두 연모의 정을 품고, 동경하고 싶은 마음을 일으킨다.

　중생은 신순(信順)한 위에는 순수하게 되어 마음이 유연하게 되어 일심으로 만나려고 하여 신명(身命)도 아끼지 않는다.

　이때에〈야말로〉승단의 사람들은 함께 영축산(靈鷲山)에 모습을 나타내는 것이다.

　나는 그때에 중생에게 말한다.『〈나는〉 항상 여기에 있고 입멸하는 일은 없다.

　교화의 수단의 힘에 의해서 입멸과 입멸하지 않는 것을 나타내는 것이다.

　다른 국토의 중생이 공경하고 믿기를 원하는 사람이 있다면, 나는 또 그 국토에서 위없는 법을 설한다.』

그대들은 이 〈나의 말〉을 듣지 않고, 오직 내가 입멸했다고 믿어버리고 있다.

내가 갖가지의 중생을 보면, 〈그들은〉 고뇌에 파묻혀 버리고 있다. 그렇기 때문에 〈나는〉 모습을 나타내지 않고, 그들에게 공경하고 싶은 마음을 일으키게 한다.

그들의 마음이 〈나를〉 연모하는 것에 의해서, 그런 까닭에 비로소 출현하여 법을 설한다.

〈나의〉 신통한 힘은 그대로여서 10의 59승 겁이라는 오랜 시간에 걸쳐서 항상 영축산과 다른 여러 곳에 있다.

중생은 이 세상이 종말을 맞이하여 큰불에 〈세계가〉 불탄다고 볼 때에도 나의 국토는 안온하여 천신과 사람들이 항상 넘쳐나고 있다.

수목(樹木)이 번성한 유원(遊園)과 여러 가지 당각(堂閣)은 여러 가지의 보배에 의해서 엄숙하게 치장되고,

보배로 만든 나무에는 꽃과 과일이 많이 열려 있고 중생들이 유락(遊樂)하는 장소이다.

천신들은 천상의 큰북을 치며 항상 갖가지 음악을 연주하고 만다라꽃비가 내려 부처님과 많은 사람들의 위에 흩어 내린다.

나의 청정한 국토는 허물어지지 않는데도 그러나 사람들은 〈이 국토를 겁화에〉

다 타버려서 근심과 공포, 갖가지 고뇌 그와 같은 것이 충만해 있다고 본다.

이러한 죄 많은 중생은 나쁜 행위 때문에 10의 59승 겁이라는 긴 시

간을 지나도 〈불·법·승의〉 삼보의 이름마저 듣지 못한다.

  공덕을 쌓아서 유화하고 순수한 사람들은 누구라도 모두 이곳에서 법 설하는 것을 본다.

  어느 때에는 이런 사람을 위해서 부처님의 수명은 무량하다고 설하고, 오랜 후에 간신히 부처님을 뵙는 사람에 대해서는 부처님을 만나기 어렵다고 설한다.

  나의 지혜력은 이와 같으며 지혜의 광명의 빛남은 헤아려서 알 수 없다.

  수명은 무수겁의 길이이고 그것은 오랫동안 수행하여 획득한 것이다.

  그대들이여, 지혜 있는 사람들은 이에 대해 의심을 일으켜서는 안 된다.

  〈의심을〉 끊고 영원히 없애버려라. 부처님의 말은 진실하여 허위는 없다.

  의사가 훌륭한 수단에 의해서 정신이 뒤바뀐 자식들을 치료하기 위한 까닭에,

  실제로는 살아있는데도 죽었다고 말해도 아무도 그 거짓말을 내세워 말할 수 없는 것처럼,

  나도 또한 세상의 아버지여서 갖가지 괴로움을 구(救)하는 것이다.

  범부는 그 마음이 도착하여 있으므로,

  진실로 존재하고 있는데도 입멸한다고 나는 말하는 것이다.

  항상 나를 보고 있기 때문에 도리어 교만하고 제멋대로의 마음을 일으켜서,

  제멋대로 오관(五官)의 욕망에 사로잡혀 악도(惡道)에 떨어지고 말 것이다.

나는 항상 중생이 불도 〈부처님의〉 길(道)을 수행하는가, 수행하지 않는가 하는 것을 알고,

그 구제해야 할 사람들에 따라서 그들에게 여러 가지의 법을 설하는 것이다.

나는 언제나 이와 같이 생각하고 있다.『무엇에 의해서 중생들을 위없는 지혜에 들어가게 하여,

항상 생각하기를 '어떻게 하면 이 중생들을 위없는 지혜에 들게 하여 빨리 부처님의 신체를 완성시킬 수 있을 것인가.'라고.』

分別功德品 第十七
분 별 공 덕 품 제 십 칠

그때 이 모임의 대중은 부처님의 그 수명의 겁수(劫數)가 아득히 길고 긴 것은 이상과 같다고 설하는 것을 듣고, 헤아릴 수 없고 끝이 없는 무수한 중생들이 큰 이익을 얻었다.

그때 세존께서는 위대한 사람인 미륵보살에게 말씀하셨다.

「아지타여, 내가 이상과 같이 여래의 수명이 아득히 길고 길다는 것을 설했을 때에 6백80만억 나유따의 갠지스 강 모래의 수와 똑같은 중생들이 모든 것은 불생불멸이라고 하는 진리(無生法忍)를 체득했다.

또 그 천 배의 수의 위대한 사람인 보살들이 있어서, 들은 것을 잊지 않고 기억하는 능력(聞持陀羅尼門)을 획득했다. 또 1세계를 미진(微塵)으로 한 그 미진의 수와 똑같은 수의 위대한 보살들이 있어서, 즐기면서 막힘이 없이 설하는 변설(樂說無礙辯才)의 능력을 획득했다.

또 하나의 세계를 아주 작은 입자로 부순 수만큼(微塵數)의 위대한 보살들이 있어, 백천만억의 헤아릴 수 없을 만큼으로 선전(旋轉)하는 다라니를 얻었다. 또 10억의 세계를 아주 작은 입자로 부순 수만큼의 위대한 보살들이 있어, 〈번뇌를 깨뜨리고 깨달음의 경지에서〉 물러나지 않는 가르침을 설할 수 있게 되었다.

또 〈소천세계를 2천 개 합한〉 10만의 국토(二千中國土)를 아주 작은 입자로 부순 수만큼의 위대한 보살들이 있어서, 〈어떤 보답도 바라지 않는〉 깨끗한 마음으로 가르침을 설하였다.

또 1천의 국토를 아주 작은 입자로 부순 수만큼(의 위대한 보살들이 있어서, 그들은 여덟 번 다시 태어난 후에 반드시 위없는 완전한 바른 깨달음을 획득할 것이다. 또 4개의 4천하(四大洲)를 아주 작은 입자로 부순 수만큼의 위대한 보살들이 있어서, 그들은 네 번 다시 태어난 후에 〈부처님의 가르침을 수행해〉 반드시 위없는 바르고 완전한 깨달음을 획득할 것이다.

또 4개의 4대주(四大洲)를 미진으로 한 그 수와 진배없는 큰 뜻을 세운 보살들이 있어서, 그들은 4번 다시 태어난 후에 반드시 위없는 바른 깨달음을 획득할 것이다.

또 3개의 4천하를 아주 작은 입자로 부순 수만큼의 큰 뜻을 세운 보살들이 있어서, 그들은 3번 다시 태어난 후에 이 〈가르침을 듣고 수행하여〉 반드시 위없는 바르고 완전한 깨달음을 획득할 것이다.

또 2개의 4천하를 아주 작은 입자로 부순 수만큼의 위대한 보살들은 2번 다시 태어난 후에 반드시 위없는 바르고 완전한 깨달음을 획득할 것이다.

또 1개의 4천하를 아주 작은 입자로 부순 수만큼의 위대한 보살들이 있어서, 그들은 1번 다시 태어난 후에 반드시 위없는 바르고 완전한 깨달음을 획득할 것이다.

또 여덟 개의 세계를 아주 작은 입자로 부순 수만큼의 중생들이 있어서, 그들은 모두 위없는 바르고 완전한 깨달음으로 향하는 마음을 일으킨 것이다.」

부처님께서 이 많은 위대한 보살들이 〈여래의 수명이 한량없다는 것을 믿음으로써〉 큰 이익을 얻는다고 하는 것을 설하였을 때, 허공으로부터 〈아름다운 하늘의 꽃인〉 만다라의 꽃과 마하만다라의 꽃이 비처럼 내려서, 백천만억의 무량배라고 하는 많은 보배나무 아래 사자좌에 앉아 계시는 부처님들 위에 뿌려졌으며 또 칠보로 만들어진 탑 속의 사자좌에 앉아 계시는 석가모니불과 오랜 옛날에 멸도하셨으나 〈이 법화경의 설법을 증명하시려고 오신〉 다보여래에게도 뿌려졌으며 또한 모든 위대한 보살들 더욱이 4부중인 〈비구·비구니·청신사·청신녀〉들에게도 뿌려졌다.

또 미세한 가루의 전단(栴檀)의 향과 침수향(沈香)의 비가 내리고, 허공 중에서는 천상의 큰북이 저절로 울리니 그 아름다운 소리가 심원하게 울려 퍼졌다.

또 천 가지나 되는 하늘의 옷이 비 오듯 내렸고 갖가지의 장신구·진주의 장식·마니주(摩尼珠)의 장식(瓔珞)과 〈모든 소원을 뜻대로 이루어 준다는〉 친타마니(如意珠) 장식 등이 8방과 상방에 삽삽이 걸렸으며, 많은 보배로 만들어진 향로에는 값도 매길 수 없을 정도의 향이 피어져서, 그들이 스스로 돌아다니며 이 모임의 대중에게 두루 공양했다.

그리고 한 분, 한 분의 부처님 머리 위에는 보살들이 깃발과 비단 해가리개를 손에 받쳐 들고 그것이 차례로 위로 올라가서 범천계까지 도달했다. 이 보살들은 아름다운 음성으로 헤아릴 수 없을 만큼의 많은 시송을 노래하며 부처님들을 찬탄했다.

그때 미륵보살은 자리에서 일어나 오른쪽 어깨를 벗어 드러낸 후 합장하고, 부처님을 향해서 시송을 설해 말씀드렸다.

「부처님께서는 희유(稀有)한 법을 설하셨습니다. 그것은 옛날부터 지금에 이르기까지 들은 일이 없는 것입니다.

세존께서는 위대한 힘을 가지고 계시며, 그 수명의 길이는 헤아릴 수 없습니다.

무수한 부처님의 아들들은 세존의 가르침에 의한 이익을 얻는 사람들에 대해, 분별해서 설하신 것을 듣고 환희가 몸속에 가득 넘쳐흐릅니다.

어떤 사람은 물러나지 않는 경지에 머물고, 어떤 사람은 다라니를 얻었으며, 어떤 사람은 즐거워하면서, 막힘이 없이 설하는 변설의 재능을, 〈어떤 사람은〉 〈백천〉만억 번도 선전(旋轉)하는 다라니를 얻었습니다.

혹은 10억의 세계, 그것을 미진으로 한 수의 보살들이 있어서,

저마다가 모두 뒤로 물러나지 않는 가르침의 수레바퀴를 돌렸습니다.

또 시방세계 그것을 미진으로 한 수의 보살들이 있어서, 저마다 모두가 청정한 가르침의 수레바퀴를 돌렸습니다.

또 천세계 그것을 미진으로 한 수의 보살이 있어서, 저마다 각각이 모두 여덟 번 다시 태어남을 남기고 반드시 불도를 완성시킬 수가 있을 것입니다.

혹은 4·3·2 각각의 4대주 〈그것들을 각각 갈아 부순〉 미진 수의 보살들이 있어서,

〈각각의〉 수만큼 다시 태어나서 부처가 될 수 있을 것입니다.

혹은 하나의 4대주 그것을 미진으로 한 보살들이 있어서, 한 번 다시 태어난 후에 반드시 〈부처님의〉 일체를 아는 지(智)를 완성시킬 것이며,

그와 같은 중생들은 부처님의 수명이 심히 길다는 것을 듣고, 헤아릴 수 없는 번뇌의 때가 없는 청정한 과보를 얻을 것입니다.

또 여덟 개의 세계 그것을 미진으로 한 수의 중생이 있어서, 부처님께서 그 수명에 대해서 설하는 것을 듣고 모두 위없는 마음을 일으켰습니다.

세존께서는 불가사의한 가르침을 설하셔서, 그것에 의해서 이익을 입는 것이 많은 것은,

허공이 끝 가가 없는(無邊際) 것과도 같습니다.

천상의 만다라(曼陀羅) 마하만다라(摩訶曼陀羅)〈의 꽃(華)〉을 비처럼 내려서, 제석과 범천의 신들은 갠지스 강의 모래 같이 많이 무수한 불토(佛土)에서 모여 왔습니다.

전단향과 침수향을 비처럼 내려서, 그것들이 산산이 흩어져 내리는 모습은

새가 하늘에서 내려앉는 듯이 부처님들의 위에 흩날리며 공양합니다.

천상의 북은 공중에서 저절로 아름답게 음성을 울려 퍼지게 하며, 천상의 천만억의 옷은 팔랑팔랑 나르면서 떨어져 옵니다,

많은 보옥으로 된 훌륭한 향로에 값도 매길 수 없는 향을 피워서 〈그 향기가〉 자연히 주위 일면에 떠돌며 많은 세존들에게 공양을 합니다.

위대한 보살들은 칠보로 된 깃발과 만억 가지의 해가리개와 키가 높고 아름다운 손을 가지고 차례로 범천계까지 도달하고 있습니다.

한 사람, 한 사람의 부처님들 앞에는 보배로 만든 깃대에 승리자의 깃발을 달고 또한 천만 가지의 시송에 의해서 여래들을 찬양합니다.

이상과 같은 가지가지의 사항은 옛날부터 지금에 이르기까지 없었던 것입니다.

부처님의 수명이 무량하다는 것을 듣고 일체중생은 모두 다 환희합니다.

부처님의 이름은 시방에 알려져서, 널리 중생에게 이익을 주셨습니다.

모든 것들은 선근을 갖추고, 그것에 의해 〈보리심이라고 하는〉 위없는 마음의 양식을 삼은 것입니다.」

그때 부처님께서 위대한 미륵보살에게 말씀하셨다.

「아일다여, 누구이건 중생이 부처님의 수명이 그와 같이 아득히 길다는 것을 듣고, 그저 한 번만이라도 마음에 〈확실히 그렇다고〉 확신을 품는다면 〈그것에 의해서〉 얻는 공덕에는 끝이 없을 것이다.

만일 선남자・선여인이 있어서 위없는 바른 깨달음을 얻기 위해, 80만억 나유따의 겁수(劫數)라고 하는 오랜 시간에 걸쳐서 다섯 가지의 바라밀을 수행했다고 하자. 보시바라밀(布施波羅蜜)・지계바라밀(持戒

波羅蜜)・인욕바라밀(忍辱波羅蜜)・정진바라밀(精進波羅蜜)・선정바라밀(禪定波羅蜜)의 다섯이다. 〈다만〉 지혜바라밀(智慧波羅蜜)은 제외한다. 이 공덕과 앞의 〈부처님의 수명장원의 설법을 확신하는〉 공덕을 비교한다면 백분・천분・백천만억분의 일에도 미치지 못한다. 계산과 비유에 의해서조차도 알 수 없을 정도이다.

만일 선남자・선여인이 그와 같은 공덕이 있으면서 〈게다가〉 위없는 바른 깨달음에서 물러서 버린다고 하는 그와 같은 도리는 있을 수 없는 일이다.」

그때 세존께서는 거듭하여 이상의 의의(意義)를 펴시려고 하여 시송을 설해서 말씀하셨다.

「만일 어떤 사람이 부처님의 지혜를 구하려고 80만억 나유따의 겁수(劫數)라는 오랜 시간에 걸쳐 다섯 가지의 바라밀을 수행했다 하자.

이 많은 겁 동안에 부처님 및 독각의 제자들과 많은 보살들에게 보시하고 공양했다고 하자.

진귀한 마실 것과 먹을 것, 상품의 의복과 침구들이다.

전단 나무에 의해서 정사(精舍)를 세우고 임원(林園)을 엄숙하게 치장한다.

그와 같은 보시의 여러 가지에 모두 훌륭한 것을 이 많은 겁수 동안,

보시를 계속하여 그것을 불도에 회향했다고 하자.

만일에 또한 계율을 잘 지키며 청정하고 흠집이 없어 위없는 길의 부처님들께서 찬탄하는 것을 구했다고 하자.

만일 또 인내의 수행을 하여 유연자재한 경지에 머물며,

비록 많은 나쁜 일이 닥쳐온다 해도 그 마음 흔들리지 않는다고 하자.

법(法)의 체득자로서 교만한 마음을 품고 있는 사람들 그들에 의해서 업신여겨지고 괴로움을 받았다 하더라도 그와 같은 것도 잘 참고 견딘다고 하자.

만일에 또 힘써 정진하고 뜻이 항상 견고하며, 무량억겁이라는 긴 시간에 걸쳐 일심으로 전심(專心)하여 태만하거나 쉬는 일이 없다고 하자.

또 무량겁(無量劫)이라는 오랜 시간에 걸쳐서 마을에서 그리 멀지 않는 장소에 머물며, 혹은 앉고 혹은 걸어 다니며 졸음을 쫓고 항상 마음을 통일한다고 하자.

이와 같은 조건 아래서 갖가지 선정(禪定)을 실수(實修)하고 80만억 겁이라는 오랜 시간에 걸쳐서 평안하게 머물며 마음이 흐트러지지 않는, 이 마음의 통일이라는 복덕을 갖추고 위없는 깨달음(道)을 원하고 구하며,

『나는 일체를 아는 〈부처님의〉 지혜를 획득하자.』라고 하여 선정을 모두 구진(究盡)하려고 했다 하자.

그 사람이 백천만억의 겁수(劫數)에 걸쳐서 이상(以上)의 갖가지의 공덕을 실천하기를 지금까지 설해 온 그대로라고 하더라도,

선남자・선여인이 있어 내가 〈부처님의〉 수명(壽命)을 설하는 것을 듣고,

아주 작은 한순간이라도 믿는다고 한다면, 그 복덕은 그 〈복덕〉에 초과할 것이다.

만일 사람이 의심과 후회도 없이, 마음이 깊어서 아주 작은 잠깐이라도 믿는다면 그 복덕은 이상과 같을 것이다.

무릇 많은 보살들이 무량한 겁의 오랜 시간에 걸쳐 불도를 수행하고

내가 수명을 설하는 것을 듣고 그것을 믿고 받아들일 수 있다면,

그와 같은 사람들은 이 경전을 감사한 마음으로 삼가 받들며 『나는 미래에서 장수(長壽)를 유지하고 중생을 구제하자.

그것은 지금의 세존께서 석가족 가운데의 왕으로서 깨달음의 장소에서 사자후(獅子吼)하고 법을 설하시는 데 아무것에도 두려움이 없는 것처럼.

이와 같이 우리들도 미래의 세상에서 모든 사람들로부터 존경받고 깨달음의 장소에 앉을 때 수명을 설하는 것이 또한 그와 같았으면 하고 원할 것이다.

깊은 마음을 가지고 청정하고 실직(實直), 많은 것을 듣고 잘 기억하며

그 의의(意義) 그대로 부처님의 말씀을 이해하는 사람, 그와 같은 사람들은 이것에 대해 의심은 없을 것이다.」

「또 아일다여, 만일 부처님의 수명이 극히 길다는 것을 듣고 그 말씀의 의미를 이해한다면, 그 사람이 얻는 공덕에는 한량없어 여래의 무상(無上)의 지혜를 일으킬 수가 있을 것이다.

하물며 이 경을 널리 듣고 혹은 남에게도 듣게 하거나 혹은 스스로 간직하고 다른 사람에게도 간직케 하며 혹은 스스로 서사(書寫)하고 혹은 다른 사람에게도 서사케 하고 혹은 꽃과 향·장신구·당번·비단 해가리개·향유·소유(향유에 밀크를 더한 것)·등불을 경전에 공양하는 것은 더욱 말할 것도 없다. 그 사람의 공덕은 헤아려 알 수 없고 끝이 없어, 모든 것을 완전히 다 아시는 부처님의 지혜를 생할 수 있을 것이다.

아일다여, 만일 선남자·선여인이 내가 수명(壽命)이 극히 길다는 것

을 설하는 것을 듣고 마음 깊이 확신한다면, 그 사람은 내가 항상 영축산에 있으면서 위대한 보살이나 성문들에게 에워싸여서 설법하고 있는 것을 볼 것이다. 또 이 사바세계는 그 대지가 유리로 되어 있고 평탄(平坦)하며 쟘부하(河) 산출의 황금에 의해서 여덟 개가 〈교차(交叉)한〉 도로를 구획 짓고, 보배나무가 줄짓고 있어 높은 전각이나 누각은 모두 보배로 되었으며 그리고 보살들이 모두 그 속에 있는 것을 볼 것이다. 만일에 이와 같은 것을 본다면 이것이야말로 깊은 확신의 모습이라고 알아야 할 것이다.

또 여래가 멸도한 후에 만일 이 경을 듣고, 비방하지 않고 기뻐하는 마음을 일으킨다면 이것은 이미 마음에 깊이 확신하는 모습이라고 알아야 한다.

하물며, 이 경을 독송하고 수지하는 사람을 말해서 무엇하겠는가. 이런 사람이야말로 여래를 머리 위에 받들어 모시고 있는 것이다.

아일다여, 이 선남자·선여인은 나를 위해서 탑묘나 승원을 세우거나, 승방을 만들어서 음식물·의복·침구·탕약의 네 가지를 스님들에게 공양하는 것 같은 일은 필요치 않다. 왜냐하면, 경전을 수지하고 독송하는 이 선남자·선여인은 이미 탑묘를 세우고, 승방을 건립하고, 많은 승단에 공양하였기 때문이다. 이 사람들은 부처님의 유골을 위해 칠보로 만든 탑을 세우고 〈그 탑은 아랫부분이 넓고〉 높이가 있으며, 위쪽은 끝이 가늘게 되어 있어 브라흐만의 천계에까지 도달하고 있다. 많은 깃발과 해가리개, 많은 보옥으로 만든 그림이 걸려있고 꽃과 향·장신구·가루 향·바르는 향·태우는 향·많은 북·음악·퉁소·피리·〈스물세 줄의 현금(弦琴)인〉공후(箜篌)・여러 가지의 춤의 소일거리가 있어, 아름다운 음성으로 노래를 부르고 찬탄하고 있다. 이와 같은 공양을 이미 무량 천 만억 겁이라는 긴 시간에 걸쳐 해 왔던 것이다.

아일다여, 만일 내가 멸도한 후에 이 경전을 듣고 잘 수지하고 혹은 자신이 서사하고 혹은 다른 사람에게도 서사하게 한다면 그것은 이러한 것이 된다. 즉 승방을 짓고 붉은 전단 목(栴檀木)에 의해 많은 전당을 짓기를 30하고도 둘(2)에 미치며, 이들의 높이는 8 다라나무(多羅樹)이어서 높고 넓으며, 엄숙하고 아름다워 10만 인의 비구들이 거주하고 있다. 임원・욕지(浴池)・소요(逍遙)의 장소・명상을 위한 동굴・의복・음식・침구・탕약・온갖 즐김을 위한 도구가 그 속에 넘쳐나 있을 것이다. 이와 같은 승방・당각(堂閣)의 수는 몇 백천만억에 이르러 헤아릴 수 없을 정도이다. 이것을 눈앞에서 나와 비구들의 승단에 공양하는 것이 된다. 그렇기 때문에 나는 이렇게 설한다. 『여래가 멸도한 후에 만일 경전을 받아 간직하고 읽고 외우며, 다른 사람에게 설하고 혹은 자신이 서사하거나 혹은 다른 사람에게도 서사시켜서 공양을 한다면, 탑묘와 승원을 건립하거나 승방을 짓거나 승단에 공양을 할 필요가 없다.』라고.

하물며 이 경을 간직하고 겸하여 보시・계율의 견지(堅持)・인내・정진・정신통일・지혜의 수행을 하는 사람은 말해 무엇하겠는가. 그 덕은 가장 훌륭한 것이며 헤아릴 수 없고 끝없는 것이다. 비유하면, 허공(虛空)이 동・서・남・북과 〈그 간방인〉 사유와 상・하〈어떤 방향으로도〉에는 헤아릴 수 없고 끝없는 것 같이, 그 사람의 공덕도 또한 이와 같아 끝도 없어서 곧바로 일체의 것을 아는〈부처님의〉지혜(一切種智)에 도달할 수 있을 것이다.

어떤 사람이 이 경을 독송하고 받아들여 간직하고, 다른 사람에게 설하고 혹은 자기도 서사하고 혹은 남에게도 서사시킨다면 그 사람은 또 탑묘를 건립하고, 승방을 짓고, 성문의 수행자들에게 공양하여 칭찬하고 또 백천만억 가지의 방법으로 보살의 덕을 찬탄하고 또 다른 사람을 위해 가지가지 과거의 사연에 의해서 그 의의(意義)에 응해서 이 법화경을 해설하고 또 청정하게 계율을 지키고, 마음이 부드럽고 온화한 사람들과 함께 거주하고, 인내심이 강하고, 성내는 마음 없고, 의지가 견고하고, 항상 좌선을 중시하며 여러 가지 깊은 선정을 체득하고, 용맹스런 마음으로 정진하고, 많은 좋은 일을 거두고, 소질이 뛰어나고 지혜가 밝고 훌륭하게 질문에 대답할 것이다.

아일다여, 만일 내가 멸도한 후에 선남자・선여인 가운데서 이 경전을 수지하고 독송하는 사람은 또 이상과 같은 많은 좋은 공덕이 있을 것이다. 알아야 한다. 이 사람은 이미 도량으로 나아가 위없는 깨달음에 접근하여 보리수 아래에 앉아 있는 것이다.

아일다여, 이 선남자・선여인이 혹은 앉거나 혹은 서거나 혹은 걸어 다니는 곳에는 그곳에 탑묘를 건립해야 할 것이다. 그리고 일체의 하늘의 신들・사람들은 모두 부처님의 탑묘에 공양하는 것처럼 공양해야 할 것이다.」

그때 세존께서는 이상의 의취를 거듭해서 넓히려고 시송(詩頌)을 설해서 말씀하셨다.

「만일 내가 멸도한 후에 이 경을 받들어 간직한다면, 그 사람의 복덕은 한량없다고 하는 것은 앞에서 설한 바와 같다.

  그 사람은 온갖 공양을 준비하고, 유골을 위해 탑묘를 건립하고, 칠보에 의해서 엄숙하게 치장하고,

  탑 위의 표찰은 높고 넓으며 차츰차츰 좁아져 가서 브라흐만의 천계(天界)에 도달하고 있다.

  보배로 만든 방울은 천만억 개도 있고 바람 불 때마다 아름다운 음색으로 연주하고 있다.

  또 헤아릴 수 없는 겁이라는 긴 세월에 걸쳐서 이 탑묘에 꽃・향・갖가지의 장신구・하늘의 옷・가지가지 음악을 공양하고,

  향유(香油)와 유락(乳酪)의 등불을 밝혀서 그 주위를 항상 비추고 있다.

  악한 세상의 가르침의 법이 종말의 시대에 이 경을 간직하는 사람은 바꾸어 말하면, 이미 설한 바와 같이 갖가지 공양을 바치고 있는 것이다.

  만일 이 경을 간직한다면 그것은 부처님께서 이 세상에 계실 때에

  우두전단(牛頭栴檀)의 나무에 의해서 승방을 지어서 공양하는 것이 된다. 그것에는 서른둘이나 되는 당각이 있어서 높이는 8 다라수(多羅樹)나 된다.

  좋은 음식・훌륭한 의복・침구가 모두 갖추어 있고, 백천이나 되는 승방(僧坊), 임원과 많은 욕지(浴池) 소요(逍遙)〈의 장소〉와 선정을 위한 장소, 그것들은 여러 가지로 모두 엄숙하고 훌륭하다.

  만일에 확신의 마음이 있어서 〈경을〉 수지하고, 독송하며, 서사하고,

  혹은 또한 남에게도 서사케 하여 경전에 공양하고, 꽃・향・분말향을 뿌리고, 수마나스와 찬바카, 아디무크타가의 향기 좋은 기름〈의 등불〉

을 항상 밝힌다고 한다면 그와 같은 공양을 하는 것은, 헤아릴 수 없는 공덕을 얻을 것이다.

허공이 끝이 없는 것처럼, 그 복덕도 또한 이와 같을 것이다.

하물며, 이 경을 간직하면서, 겸하여 보시를 행하고, 계율을 지키며, 인내가 강하고, 선정을 일삼으려고 하는 사람은 말해 무엇하겠는가.

성내는 일 없고 나쁜 말을 하지 않으며, 탑묘를 공경하고 수행자들에게 겸손하며, 자기의 우쭐대는 것을 버리고, 항상 지혜에 대해 사유(思惟)하고, 힐문(詰問)되어도 성내지 않고 상대방에 응해서 해설했다고 하자.

만일에 그와 같은 수행을 행한다면 그 공덕은 헤아릴 수 없을 것이다.

만일 법사가 그와 같은 공덕을 완수하는 것을 본다면 천계의 꽃을 뿌리고, 천상의 의복을 그 신체에 걸치게 하고, 머리에 발을 이고 예배하며 부처님에 대한 생각과 똑같은 마음을 일으켜야 할 것이다.

또 다음과 같은 생각을 해야 할 것이다. 『〈그 사람은〉 멀지 않아서 깨달음의 나무 있는 데 가서, 번뇌의 때가 없는 〈지혜〉와 열반을 획득하고 널리 사람들과 하늘의 신들을 이롭게 할 것이다.』라고.

그가 머물고 있는 곳, 걸어 다니거나 앉거나 눕거나 하며, 〈경전의〉 일세(一偈)라도 설하는 상소에는, 그 장소에는 탑을 건립하고, 엄숙하게 치장하고, 훌륭하게 하여 가지가지로 공양을 해야 한다.

부처님의 아들이 이 땅에 머문다면 부처님은 이것을 받아들여서 항상 그 장소에 계시며, 걸어 다니거나 혹은 앉거나 눕거나 할 것이다.」

隨喜功德品 第十八
수 희 공 덕 품 제 십 팔

그때, 위대한 미륵보살이 부처님께 말씀드렸다.

「세존이시여, 만일 좋은 집안의 남자(善男子)・좋은 집안의 여자(善女人)가 이 법화경을 듣고 마음속 깊이 기뻐하며 감사하다고 생각한다면, 〈그 사람은〉 얼마만큼의 복덕을 얻겠습니까?」

그리고 시송으로 다음과 같이 말했다.

『세존께서 멸도하신 후에 이 경전을 듣고, 만일 마음으로 기뻐하며 감사하다고 생각한다면 〈그 사람은〉 얼마만큼의 복덕을 얻을 수 있습니까?』

그때 부처님께서는 위대한 미륵보살에게 다음과 같이 말씀하셨다.

「아일다여, 여래가 멸도한 후에 혹은 비구・비구니・청신사・청신녀, 그밖에 다른 지혜 있는 사람이거나 혹은 나이 든 어른이거나 혹은 연소자이거나, 이 경전을 듣고 마음으로부터 기뻐하고, 감사하다고 생각하며 그 설법의 자리에서 나와서, 어딘가 다른 곳에 갔다고 하자.

혹은 〈그곳이〉 승원이거나 혹은 한정(閑靜)한 장소거나 혹은 성시(城市)・동네・취락・시골이거나, 〈어디서라도〉 들은 바 그대로를 아버지와 어머니, 친척이나 친구나 아는 사람을 위해 〈자신의〉 힘에 따라서 연설한다고 하자.

그 사람들도 그것을 듣고 마음으로부터 기뻐하고 감사하다고 생각하며 또 다른 곳에 가서 누구든지 다음 사람에게 가르친다고 하자. 〈그렇게 하면〉 그 사람도 그것을 들은 후에 마음속으로부터 기뻐하며 감사하다고 생각하고 또 다음 사람에게 가르친다고 하자. 이와 같이 다음에서 다음으로 전해져서 제50번째가 되었다고 하자.

아일다여, 나는 지금 그 50번째의 선남자・선여인이 〈얻는〉 마음속으로부터 기뻐하며 감사하다고 생각하는 그 공덕을 설하겠다. 그대여, 잘 들도록 하라.

4백만억의 10의 59제곱(阿僧祇) 배(倍)라고 하는 많은 세계의 여섯 가지 종류(六趣)의 생존의 경계〈에 있으며〉 네 가지의 태어나는 방법에 따른 중생들, 즉 난생인 것, 태생인 것, 습기에서 태어난 것(濕生), 홀연히 태어나는 것(化生) 혹은 형태가 있는 것, 형태가 없는 것, 표상작용(表象作用)을 가진 것(有想), 표상작용을 가지지 않는 것(無想), 표상작용을 가지지 않는 것도 아니고(非有想), 가지는 것도 아닌 것(非無想), 발이 없는 것, 두 발을 가진 것, 네 발 가진 것, 많은 발을 가진 것, 이와 같은 중생계에 존재하고 있는 것들에게, 어떤 사람이 행복하게 해 주려고 하여 그〈중생〉들의 각자가 원하고 있는 오락의 도구를 모든 것들에게 주었다고 하자. 〈그는〉 하나하나의 중생에게 우리들의 세계 전체에 가득히 넘칠 정도의 금·은·유리·자거·마노·산호·호박·여러 가지 진귀한 보배와 코끼리·말이 끄는 수레·칠보로 지은 궁전과 누각 등을 〈나누어〉 주었다고 하자.

이 대시주(大施主)는 이와 같이 보시를 계속하기를 80년을 지나서 다음과 같이 생각했다.

『나는 중생들에게 지금까지 〈그들의〉 마음에 원하는 대로 오락을 위한 도구를 주어왔다. 그러나 이 중생들은 모두 나이 80을 넘어서 늙어 쇠약하고 머리털은 희고, 얼굴에는 주름이 많으니 죽을 때가 머지않았다. 나는 부처님의 가르침에 의해서 그들을 가르쳐 인도해주자.』

그래서 곧바로 그 중생들을 모아놓고 널리 가르침을 설해, 교화하고, 가르침을 확실히 알게 하여 이해시키고, 기쁘게 하여 일시에 모든 사람에게 〈성자에 이르는 각각의 계위(階位)인〉『가르침의 흐름에 들어 간 사람(須陀洹道)』,『한 번만 이 세상에 되돌아오는 사람(斯多舍道)』,『두 번 다시 이 세상에 태어나지 않는 사람(阿那舍道)』,『성자(阿羅漢道)』를 획득시켜서 갖가지 번뇌의 때를 없애고, 깊은 명상에 관해서 자유자재하게 되고, 여덟 가지의 선정을 몸에 갖추게 했다고 하자.

그대는 어떻게 생각하는가. 이 큰 시주가 받는 공덕은 과연 많다고 생각하는가, 어떤가.」

미륵이 부처님께 말씀드렸다.

「세존이시여, 그 사람의 공덕은 매우 많아서 무량하여 끝이 없습니다. 이 시주가 다만 중생에게 온갖 즐거움을 위해 도구를 베풀기만 했더라도 그 공덕은 한량없을 터인데, 하물며 성자로서의 과보를 얻게 하였으므로 더욱더 당연한 일입니다.」

부처님께서는 미륵에게 말씀하셨다.

「나는 지금 분명하게 그대에게 말하겠다. 그 사람이 온갖 즐거움의 도구를 4백만억 10의 59제곱 배나 되는 세계의, 여섯 종류의 생존 경계에 있는 중생들에게 보시하고 또 성자(阿羅漢)로서의 과보를 획득케 했다고 하더라도 그 얻는 공덕은 이 제50번째의 사람이 『법화경』의 하나의 게(偈)를 듣고 마음속으로부터 기뻐하며 감사하다고 생각하는 공덕에는 미치지 않는 것이다. 백분의 일·천분의 일, 백천만억분의 일에도 미치지 않으며 계산이나 비유에 의해서도 알 수 없을 정도〈로 아득히 미치지 않는〉다.

아일다여, 그와 같이 제50번째의 사람이 순차적으로 『법화경』을 듣고 마음속으로부터 감사하고 기뻐하는 공덕마저, 역시 무량무변한 10의 59제곱 배인 것이다. 하물며 최초에 설법의 자리에서 그것을 듣고 마음속으로부터 감사하다고 기뻐하는 사람은 더욱 말해 무엇하겠는가. 그 사람의 복덕이 부승한 것이라고 하는 것은 무량무변한 10의 59제곱 배나 되어서 비교할 수도 없는 것이다.

또 아일다여, 만일 어떤 사람이 이 경전 때문에 승원에 가 앉아서 혹은 선 채로 아주 짧은 시간이라도 들었다고 하자. 그 공덕에 의해서 〈그 사람은〉 다시 태어난 장소에서는 매우 훌륭한 코끼리와 말이 끄는 탈것 (乘物), 진귀한 보석으로 된 가마를 얻고 천상의 궁전에 도달할 것이다.

만일에 또 어떤 사람이 가르침을 설하고 있는 장소에 앉았다고 하자. 그 뒤에 온 사람에게 앉아서 듣게 권하고 혹은 좌석을 나누어서 앉게 하였다고 하자. 그 사람의 공덕은 다시 태어난 후에 제석천의 자리 혹은 범천왕의 자리 혹은 전륜성왕의 자리를 얻을 것이다.

아일다여, 만일 또 어떤 사람이 다음과 같이 다른 사람에게 말했다고 하자. 즉『법화경이라고 하는 이름의 경전이 있다. 함께 가서 듣도록 하자.』라고. 거기서 조속히 그 가르침을 받아들여서, 아주 짧은 시간이라도 들었다고 하자. 그 사람의 공덕은 다시 태어나서 다라니를 얻은 보살과 함께 같은 장소에 태어날 수가 있을 것이다. 능력과 소질이 뛰어나고 지혜가 있을 것이며, 백천만의 세세에 걸쳐서 결코 벙어리가 되는 일은 없다. 입에서 추한 냄새가 나지 않으며 항상 혀의 병은 없고, 입도 역시 병이 없을 것이다. 이빨에 때가 끼어서 검게 되는 일은 없고, 누렇게 되는 일도 없으며, 사이가 벌어져 성글지도 않고, 빠진 것도 없으며, 굽거나 덧니가 없으며, 입술이 아래로 처지지도 않고 또 위로 걷어 올라가지도 않으며, 거칠거나 부스럼이 나지 않고 또는 언청이나 비뚤어지지도 않고, 두텁거나 너무 크지도 않으며 또한 검지도 않고, 여러 가지 혐오스러운 모습은 없을 것이다.

코는 납작하지도 않고 비뚤어지거나 굽지 않으며, 얼굴색은 검지 않고, 좁고 길지도 않으며 푹 들어가거나 비뚤어지지도 않아 일체 바람직

하지 않은 인상이 하나도 없을 것이다. 입술이나 혀나 이가 모두 바르고 극히 아름다울 것이다. 코는 길고 높고 곧아서 용모는 원만하며, 눈썹은 높고 이마는 넓고 반듯해서 사람으로서의 상을 완전히 갖추고 있을 것이다.

대대로 다시 태어나서는 부처님을 만나서 설법을 들을 수 있으며, 가르침의 훈계를 믿고 받아들일 것이다.

아일다여, 그대는 이상의 것을 관찰하라. 한 사람이 남에게 권해서 법을 청문(聽聞)케 하는 공덕마저도 이상과 같은데 하물며 일심으로 청문하고, 설법하고 독송하여, 많은 사람들 가운데서 남을 위해 분별해서 설하고, 설법대로 수행하는 사람은 말해서 무엇하겠느냐고.」

그때 세존께서는 거듭하여 이상의 의의(意義)를 펴시려고 다음과 같이 시송을 설하셨다.

「만일에 어떤 사람이 설법하는 모임에서 이 경전을 들을 수가 있어서 단 한 게송이라도 마음으로부터 기뻐하며 감사하다고 생각하고,

남을 위해 설한다고 하자. 그와 같이 다음에서 다음으로 가르쳐 가서, 제50번째가 되었다고 하자. 그 최후의 사람이 복덕을 얻는다는 것에 대해 지금 그것을 분별하겠다.

만일 위대한 시주가 있어, 헤아릴 수 없는 수의 사람들에게 보시를 계속하여 80년을 만료하고 그들의 마음이 원하는 대로 따랐다고 하자.

〈그는〉 그들의 노쇠한 모습인 머리는 희고 얼굴에는 주름살이 생겼으며, 이빨은 빠져서 몸은 바싹 메마른 것을 보고,

그들은 머지않아 죽을 것이다. 나는 지금 〈그들에게〉 가르쳐서 깨달

음을 획득시키겠다고 마음으로 생각하여,

그래서 〈그들을〉 위해서 교화의 수단을 강구하여 열반이라고 하는 진실한 법을 설한다고 하자.

『이 세상은 부질없고 모두 물거품, 물보라, 타오르는 불꽃과 같다. 그대들이여, 모두 빨리 세상이 싫어서 속세를 떠나려는 마음을 일으켜라.』라고.

사람들은 이 가르침 듣고 모두 성자의 자리를 획득하고, 여섯 가지의 신통력, 세 가지의 부사의한 힘, 여덟 가지의 선정을 몸에 익힐 것이다.

최후의 제50번째의 사람이 하나의 시송을 듣고 마음으로부터 기뻐하며 감사하게 생각한다.

그 사람의 그 복덕은 〈위대한 시주의〉 그 사람보다도 뛰어나서 비유할 수도 없을 정도이다.

그와 같이 다음에서 다음으로 〈가르침이〉 전해져서, 그것을 듣는 것의 그 복덕은 헤아릴 수 없다.

하물며 설법의 모임에서 처음으로 듣고 마음으로부터 기뻐하며 감사하다고 생각하는 사람은 말해 무엇하겠는가.

만일 한 사람에게 권하여 데려가서 『법화경』을 듣게 하려고 하여 『이 경전은 속이 깊고 훌륭한 것이다.

천만겁이라고 하는 오랜 시간에 걸쳐도 만나기가 어려운 것이다.』라고 말한다고 하자.

그래서 그 말을 받아들여서 가서 청문하고 아주 짧은 시간이라도 들었다고 하자.

그 사람의 복의 과보를 지금 내가 분별하여 설하겠다. 그 사람은 세세생생에 걸쳐서 입에는 병이 없고,

이빨이 성글거나 색이 노랗거나 검어지는 일이 없다. 입술이 두껍고 오그라들거나 언청이가 되는 일이 없고 혐오스러운 상(相)은 있을 수 없다.

혀는 마르거나 색이 검거나 짧지 않고 코는 높고 길며 콧날이 곧을 것이며, 이마는 넓고 평평하며, 얼굴 모양은 단정하고 위엄이 있으며,

그 사람을 만나고 싶다고 생각하게 되고, 입에서는 추한 냄새나 때문지 않고, 청련화(靑蓮華)의 향기가 항상 그 입에서 나올 것이다.

만일에 일부터 승방까지 가서 『법화경』을 청문하려고 하여 아주 잠시 동안이라도 듣고 환희했다고 하자. 지금 그 사람의 복덕에 대해 설하겠다.

〈그는〉 다음에 천계(天界)나 인간계(人間界)에 태어나니 훌륭한 코끼리나 말이 끄는 수레를, 진귀한 보배로 만든 훌륭한 탈것을 얻고 또 천상의 궁전에 오를 것이다.

만일에 법을 강의하는 자리에서 다른 사람에게 권하여 앉아서 경을 듣게 하였다고 하자.

그 복덕의 인연에 의해서 제석(帝釋)·범천(梵天)·전륜성왕의 자리를 획득할 것이다.

하물며 일심으로 듣고 그 뜻을 해설하고, 가르침대로 수행하는 사람의 복덕은 헤아릴 수도 없는 것이다.」

法師功德品 第十九
법 사 공 덕 품 제 십 구

그때에 부처님께서는 위대한 상정진보살(常精進菩薩)에게 말씀하셨다.

「만일 선남자·선여인이 이 법화경을 받아 유지하고 혹은 읽거나 혹은 외우거나 혹은 다른 사람에게 해설하거나 혹은 써서 베끼거나 하면 그 사람은 반드시 눈에 관해서의 8백의 덕성(德性), 귀에 관해서의 1천2백의 덕성, 코에 관해서의 8백의 덕성, 혀에 관해서의 1천2백의 덕성, 몸에 대해서의 8백의 덕성, 마음에 대해서의 1천2백의 덕성을 얻을 것이다. 이러한 덕성에 의해서 여섯 가지의 감관(感官)은 엄숙하게 장식되고 그 모든 것들이 청정하게 될 것이다.

이 선남자·선여인들은 부모로부터 받은 그대로의 맑은 육안에 의해서 〈10억의 세계라는〉 전 우주세계의 내외를, 모든 산과 숲, 강과 바다를, 하방(下方)은 아비지옥(阿鼻地獄)까지, 상방(上方)은 물질세계의 최고처(有頂)에 이르기까지 남김없이 볼 수가 있을 것이다.

또 그 가운데에 있는 모든 중생들을 보며 또 〈그들의〉 업이 원인으로 되어, 어떠한 결과가 생겨나 있는가 하는 것을 빠짐없이 보고 그 모든 것을 알 것이다.」

그때 세존께서는, 이상의 의미를 거듭 넓히려고 하여 시송으로 말씀하셨다.

「만일에 많은 사람의 모임 가운데서 그 무엇에도 두려워하지 않는 마음으로 이『법화경』을 설한다고 하자. 그대여, 그 〈사람이 얻는〉 덕성을 들어라.

이 사람은 8백의 덕성을 갖춘 뛰어난 눈을 얻을 것이다. 그것에 의해서 엄숙하게 장식되어 있으므로, 그 사람의 눈은 극히 청정할 것이다. 부모에게서 받은 그대로의 눈으로 모든 전우주세계의 안과 밖을, 미루산(彌樓山)을, 수미산(須彌山)·철위산(鐵圍山)을 그밖에 다른 산들과 대해(大海)와 강하(江河)·하수(河水)를 볼 것이다.

하방(下方)으로는 아비지옥까지, 상방(上方)은 물질세계의 최고처(最高處)에 이르기까지를 남김없이〈볼 것이다〉

그 가운데에 사는 많은 중생들을 모두 남김없이 볼 것이다.

그는 아직 천안(天眼)을 얻지는 않았으나, 그의 육안이 가진 힘은 이상과 같을 것이다.」

「또 상정진이여, 만일 선남자·선여인이 이 경을 받아 간직하고 혹은 읽고 혹은 외우며 혹은 해설하고 혹은 서사했다고 한다면 그는 1귀에 대해서 천이백의 덕성을 얻을 것이다.

이 티 없이 맑은 귀에 의해서 전우주세계(三千大天世界)의 하방(下方)은 아비지옥까지, 상방(上方)은 물질세계의 최고처(有頂天)에 이르기까지 그 가운데의 안팎에 있는 가지가지 말의 음성, 〈즉〉 분별해 들을 수 있을 것이다. 즉 이야기하는 말의 내용과 코끼리의 소리·말의 소리·소의 소리·수레의 울림·우는 소리·슬픔의 소리·고동 소리·북소리·종소리·방울 소리·웃음소리·이야기 소리·남자의 소리·여자의 소리·사내아이의 소리·계집아이의 소리·의미가 통하는 소리·이유를 알 수 없는 소리·괴로움의 소리·즐거움의 소리·범부의 소리·성자의 소리·기쁨의 소리·기쁘지 않은 소리·하늘의 신들의 소리·용의 소리·야차의 소리·건달바의 소리·아수라의 소리·금시조의 소리·긴나라의 소리·마호라가의 소리·불의 소리·물의 소리·바람의 소리·지옥의 소리·축생의 소리·아귀의 소리·비구의 소리·비구니의 소리·성문의 소리·벽지불의 소리·보살의 소리·부처님의 소리를 들을 것이다.

요컨대 모든 전 우주세계 가운데의 안팎을 불문하고, 있는 모든 음성을, 아직 천이(天耳)는 얻지 못했으나 부모로부터 받은 그대로의 보통의 귀로 모두 남기지 않고 듣고 알 것이다. 이와 같이 여러 가지 음성을 구별해〈서 듣고 분별했어〉도 그것으로 감각기관이 파손되는 일은 없을 것이다.」

그때 세존께서는 이상의 의의(意義)를 거듭 펴시려고 하여 시송을 설해서 말씀하셨다.

「부모에게서 받은 귀는 청정하고 더러움이 없어, 이 보통 그대로의 귀로 전우주세계(三千大天世界)의 음성을 들을 것이다.

코끼리·말과 소의 소리 종·방울·고동·북소리 거문고와 23현금, 퉁소와 피리의 소리〈도 들을 것이다.〉

청정하고 아름다운 노랫소리 그것을 듣더라도 집착하지 않을 것이다.

헤아릴 수 없을 만큼의 여러 가지의 사람의 소리를 듣고 모든 것을 이해할 수 있을 것이다.

또 하늘의 신들의 목소리와 훌륭한 노랫소리를 듣고 남자와 여자의 소리 동자와 동녀의 소리를 들을 것이다.

산이나 강, 험한 골짜기 가운데 있는 가라빙가의 소리를 명명조 등의 새들의 울음소리를 남김없이 들을 것이다.

지옥의 많은 고통 온갖 여러 가지 괴로워하는 소리를, 아귀가 굶주리며 목마름에 허덕이며 음식물을 구하는 소리를,

많은 아수라들이 큰 바닷가에서 살고 있으면서 자기들이 서로 이야기할 때에 큰 음성을 내었다고 하더라도,

그와 같은 설법자는 이 세계에 있으면서 아득히 그 많은 음성을 듣더라도 게다가 청각기관이 파손되지는 않을 것이다.

시방세계에 새와 짐승들이 울면서 서로 부르지만 그 설법자는 이곳에 있으면서 그 모든 것을 들을 것이다.

많은 브라흐만의 신들 위에 있는 광음천과 변정천의 신들로부터 〈색계 최고처의〉 색구경천의 신들에 이르기까지,

서로 이야기하는 음성을 법사는 이곳에 있으면서 모두 남김없이 들을 수 있을 것이다.

모든 비구들 및 비구니들이 경전을 독송하거나 혹은 남에게 설하기도 하는 것을,

법사는 이곳에 있으면서 그 모두를 들을 수 있을 것이다.

또 보살들이 경전을 독송하거나 혹은 남에게 설하기도 하고 골라 모아서 그 의의를 해석하기도 하는,

그와 같은 갖가지 음성을 남김없이 모두 들을 수 있을 것이다.

많은 거룩하신 거룩한 부처님들 중생을 교화하시는 부처님들이 여러 가지 큰 집회 가운데서,

훌륭한 가르침을 연설하시는데 이 『법화경』을 간직하는 사람은 그 모든 것을 남김없이 들을 수 있으리라.

전우주세계의 안과 밖의 갖가지 음성 아래쪽은 아비지옥에서 위쪽은 물질존재의 최고처에 이르기까지

모든 그 음성들을 듣더라도 감각기관은 손상되는 일은 없을 것이다.

그 사람의 귀는 총명하기에 남김없이 구별하여 〈듣고〉 알 수 있을 것이다. 이 『법화경』을 간직하는 사람은 아직 천이(天耳)를 획득하고 있지 않지만,

태어날 적에 가진 귀를 가지고서도 그 덕성은 이상과 같을 것이다.」

「또 다음에 상정진이여, 만일 선남자·선여인이 이 경전을 믿어 간직하고 혹은 읽고 혹은 외우며 혹은 다른 사람에게 해설하고 혹은 서사한다면 그 사람은 코에 대해 8백 가지의 덕성을 달성할 것이다.

이 청정한 후각기관에 의해서 전우주세계의 상하, 안팎에 있는 여러 가지의 향기를 맡을 것이다.

수마니스 꽃의 향기·자디가 꽃의 향기·말리가 꽃의 향기·찬파카 꽃의 향기·바다라 꽃의 향기·붉은 연꽃의 향기·푸른 연꽃의 향기·흰 연꽃의 향기·꽃을 매달은 나무의 향기·과일을 매달은 수목의 향기·전단향의 향기·침향의 향기·다마라나무 잎의 향기·다가라나무의 향기와 더불어 천만 가지의 향을 혼합한 향기·분말로 한 것과 둥글게 한 것 혹은 바르는 향 등의 향기를 이 경을 간직하는 사람은 이곳에 있으면서도 모두 다 맡고 분별할 수 있을 것이다.

또 중생의 냄새·코끼리의 냄새·말의 냄새·소와 양들의 냄새·남자의 냄새·여자의 냄새·소년의 냄새·소녀의 냄새 및 초목과 총림(叢林)의 냄새를 낱낱이 분별하여 알 수 있을 것이다. 가까이에 있는 것, 혹은 멀리 있는 것의 온갖 냄새를, 모두 남김없이 분별하여 착오를 일으키지 않을 것이다.

이 경전을 간직하는 사람은 이곳에 머물러 있으면서도, 천상의 신들의 냄새를 맡을 것이다. 〈제석천의 뜰에 있는〉 파리자타카 수(樹)와 코비다라 나무의 꽃의 향기 및 만다라 꽃의 향기·마하만다라 꽃의 향기·만수사(曼殊沙) 꽃의 향기·마하만수사 꽃의 향기·전단향과 침향·여러 가지 분말의 향·여러 가지 꽃의 모임의 향기, 이와 같은 천상의 향기가 화합해서 풍겨 내는 향기를 맡아서 알 것이다.

또 신들의 몸에서 나는 냄새도 맡을 수 있을 것이다. 제석천이 그의 궁전에 있으면서, 오관(五官)이 원하는 대로 놀이를 즐기고 있을 때의 냄새 혹은 〈그의 회당인〉 묘법당에 있으면서 삼십삼천의 신들에게 설법할 때의 냄새 혹은 많은 정원에서 놀이를 즐기고 있을 때의 냄새 및 다른 신들의 남녀의 신체의 냄새를 맡고, 이들을 모두 다 멀리서 맡을 것이다.

이와 같이 차례차례로 옮겨가서 브라흐만(梵天)의 세계에 도달하여, 위로는 색구경천에 이르기까지의 신들의 신체의 냄새를 또 모두를 맡고 더불어서 하늘의 신들이 태우는 향기를 맡을 것이다.

그 위에 성문의 냄새·벽지불의 냄새·보살의 냄새·부처님들의 몸에서 나는 냄새를 맡고, 이것을 모두 멀리서 맡고, 그 소재를 알 수 있을 것이다. 이들의 냄새를 맡았다고 하더라도 그래도 후각기관이 파괴되는 일도 없고, 냄새를 잘못 맡는 일은 없을 것이다. 그리고 〈그것들을〉 구별하여 다른 사람에게 설하려고 한다면 기억하고 잘못 아는 일은 없을 것이다.」

그때 세존께서는 거듭 이상의 의의를 펴려고 하여 시송을 설해서 말씀하셨다.

이 사람의 코는 청정하여 이 세계 가운데에 있는 향기로운 것 혹은 추한 냄새의 것을 여러 가지로 남김없이 맡아서 알 수 있을 것이다.

수마나스와 자티카 다마라나무와 전단, 침수와 계향(桂香)의 여러 가지의 꽃과 과일의 향기,

아울러 중생의 냄새, 남자와 여자의 냄새를 알 것이다. 설법자는 멀리 있으면서도 냄새를 맡아서 그 소재를 알 것이다.

큰 세력이 있는 전륜성왕과 소전륜왕 및 그 왕자들을 줄지어 앉아 있는

신하와 궁중의 사람들을, 그 냄새를 맡고 그 소재를 알 것이다.

몸에 지닌 귀한 보배와 땅속에 묻혀 있는 보물창고,

전륜성왕의 보물로서의 여성마저도 그 냄새를 맡고 그 소재를 알 것이다.

사람들의 장신구와 의복과 목걸이, 여러 가지 몸에 바르고 있는 냄새 등 그것들을 맡으면 그 신체를 알 것이다.

하늘의 신들이 걷기도 하고 앉기도 하며 놀이를 즐기거나 신통력에 의해서 변화하기도 하는 것을,

이 『법화경』을 간직하는 사람은 냄새를 맡는 것에 의해 남김없이 알 수 있을 것이다.

여러 가지 수목의 꽃과 과일, 그 위에 방향유(芳香油)의 향기를,

〈법화〉경을 받아 간직하는 사람은 이곳에 있으면서 모두 그 소재를 알 것이다.

산들의 깊고 험한 곳에 전단나무의 꽃이 피고, 그곳에 살고 있는 중생들을,

그 냄새를 맡고서 모두 알 수 있을 것이다.

철위산과 큰 바다와 땅속에 있는 갖가지의 중생들을 경을 받아 간직하는 사람은 냄새를 맡고 남김없이 그 소재를 알 것이다.

아수라의 남녀 및 그 많은 종자(從者)들이 다투기도 하고 장난을 칠 때 그 냄새를 맡고 다 알 수 있을 것이다.

광야와 험하고 좁은 곳에 있는 사자와 코끼리와 호랑이와 승냥이,

들소와 물소 등을 그 냄새를 맡아서 그 소재를 알 것이다.

만일 회임한 사람이 있어서 아직 그 〈태아가〉 남아인가 여아인가

불구잔가 아닌가, 인간이 아닌가,

어떤가를 알지 못하는 경우에, 냄새를 맡고 남김없이 알 수 있을 것이다.

냄새를 맡는 능력에 의해서 처음으로 회임했는가, 성공할 것인가, 실패할 것인가,

안락하고 복스러운 아이를 낳을 것인가 하는 것을 알 수 있을 것이다.

냄새를 맡는 능력에 의해서 남녀가 생각하는 것 더러워진 욕망과 어리석음과 성내는 마음을 알고,

또 선행을 닦는 사람을 알게 될 것이다.

땅속에 있는 많은 숨겨진 광맥, 금은과 많은 진귀한 보배 구리그릇에 가득히 채워진 것도,

그 향기를 맡고 남김없이 알 수 있을 것이다.

가지가지의 목걸이의 그 값을 알 수 없는 것에 대해서 냄새를 맡고 귀천(貴賤)과 그 출처와 소재를 알게 될 것이다.

천계의 여러 가지 꽃들 만다라화와 만수사화 파리자타카 나무를 그 향기를 맡고 모든 것을 알 수 있게 될 것이다.

천상의 많은 궁전의 상·중·하의 차별과 많은 보옥의 꽃으로 장식되어 있는 것을 냄새를 맡고 남김없이 알 수 있을 것이다.

천상의 원림과 빼어난 궁전, 수많은 높은 전당과 묘법당의 그 가운데서 오락하는 것을 냄새를 맡고 남김없이 알 수 있을 것이다.

하늘의 신들이 법을 듣기도 하고 혹은 오관의 욕망을 향수할 때, 가기도 하고 오기도 하며,

앉았거나 눕기도 하는 것을 냄새를 맡고 남김없이 알 수 있을 것이다.

천녀가 입고 있는 의복은 훌륭한 꽃의 향기로 아름답게 장엄되어 있었지만,

〈그녀들이〉 빙글빙글 돌거나 장난치며 놀고 있을 때 냄새를 맡고

모든 것을 알 수 있을 것이다.

이와 같이 순차적으로 위로 올라가서 브라흐만의 세계에 도달하고, 선정에 들어가는 사람,

선정에서 나오는 사람을 냄새를 맡고 빠짐없이 알 수가 있을 것이다.

광음천・변정천에서 색구경천에 이르기까지 〈그곳에 살고 있는 신들이〉 태어나기도 하고 죽기도 하는 것을 냄새를 맡아 샅샅이 알 수 있을 것이다.

많은 비구들이 교법에 바탕을 두고 항상 정진하고 앉거나 걸어서 돌아다니거나 경전을 암송하거나,

혹은 숲 속의 나무 아래서 좌선에 전념하는 것을 경을 간직하는 사람은 냄새를 맡아서 그 소재를 샅샅이 알 것이다.

보살이 그 뜻이 견고하여 좌선하거나 〈경을〉 독송하기도 하며 혹은

남에게 설법하는 것을 냄새를 맡고 모두 알 수 있을 것이다.

모든 방향에서 세존께서 모든 것늘로부터 공손히 존경받으면서 사람들을 연민하여,

설법하시는 것을 냄새를 맡고 빠짐없이 알 수 있을 것이다.

중생들이 부처님의 면전에서 경을 듣고 모두 기뻐하며 법에 따라서 수행하는 것을,

냄새를 맡고 남김없이 알 수 있을 것이다.

또 보살의 더러움 없는 법에서 생긴 코를 획득하고 있지 않더라도 경을 간직하는 사람은 〈번뇌의 때가 없는 법에서 생겨나는 코에〉 앞서서 이상의 코의 본연의 자세를 획득할 것이다.

또 다음에 상정진이여, 만일 선남자(善男子)·선여인(女人)이 경전을 받아 간직하고 혹은 읽고 혹은 외우며 혹은 다른 사람에게 해설하고 혹은 옮겨 쓰면 그 사람은 혀에 대해서 1천2백의 덕성을 획득할 것이다.

좋아하는 것이거나, 싫어하는 것이거나, 맛 좋은 것·맛이 없는 것이거나 그 위에 여러 가지의 쓴 것·떫은 것이거나, 그 혀의 미각에 있어서는 모두가 좋은 맛으로 변화하여 〈천상의 식물인〉 감로처럼 되어서, 맛없는 것은 없어질 것이다.

만일 혀의 기능에 의해서, 많은 사람 가운데서 연설하는 일이 있으면, 깊이가 있는 훌륭한 음성을 내어, 사람들의 마음속에 스며들어서, 모든 사람을 환희케 하고 상쾌하여 즐겁게 해 줄 것이다.

또 많은 천자와 천녀, 제석과 범천 등의 하늘의 신들도 그의 깊이가 있어 훌륭한 음성이 연설하는 것을 듣고, 그 언론에 대해서 남김없이 모두 와서 청문할 것이다. 게다가 많은 용·용의 딸·야차·야차녀·건달바·건달바의 딸·아수라·아수라의 딸·가루라·가루라의 딸·긴나라·긴나라의 딸·마후라가·마후라가 딸들이 가르침의 법을 청문하려고 하여 모두 찾아와서, 친근하고 공경하며, 공양할 것이다.

그뿐만 아니라·비구·비구니·청신사·청신녀·국왕·왕자·신하들·시자·소전륜성왕·대전륜성왕·그 칠보와 함께 거둔 천인의 아이들·〈궁전의〉 내외)의 시자들이 그 천상의 탈것에 타고 함께 찾아와서 가르침의 법을 청문할 것이다.

　이 보살은 교묘하게 설법을 하기 때문에 바라문과 장자, 국내의 사람들은 그들의 신체·수명이 다할 때까지 따르며 공양할 것이다.

　또 성문과 독각, 보살과 부처님들이 항상 그를 만날 것을 바랄 것이다. 그 사람이 있는 장소의 방향에, 부처님들이 향해서 설법을 할 것이다. 일체의 부처님의 교법을 남김없이 받아 간직하고 그리고 깊음이 있는 훌륭한 설법의 음성을 낼 수 있을 것이다.」

　그때에 세존께서는 거듭하여 이상의 뜻을 넓히려고 하여 시송을 설해서 말씀하셨다.

「이 사람은 미각기관이 청정하여 영구히 좋아하지 않는 맛을 맛보지는 않을 것이다.

　그가 먹는 것 모두는 남김없이 〈천상의 식물인〉 감로로 될 것이다.

　깊음이 있는 훌륭한 음성에 의해서 많은 사람들에게 법을 설할 것이다.

　많은 〈과거의〉 사연과 〈교묘한〉 비유에 의해서, 중생의 마음을 이끌어 갈 것이다.

　그것을 듣는 사람들은 모두 환희하여 갖가지 훌륭한 공양을 바칠 것이다.

　하늘의 신들과 용신, 야차 그 위에 아수라들은 모두 공경하는 마음을 가지고,

　함께 찾아와서 가르침의 법을 청문할 것이다.

　이 설법하는 사람이 만일 훌륭한 음성을 전 우주세계에

　구석구석까지 가득하게 하려고 생각한다면, 그 뜻하는 대로 이를 것

이다.

대전륜성왕과 소전륜성왕 및 그 천사람 아이들과 종자들이
합장하며 공경하는 마음을 가지고 항상 찾아와서 가르침의 법을 듣고 받아들일 것이다.

하늘의 신들·용신·야차·나찰·비사사들이,
환희의 마음을 품고, 항상 바라며 찾아와서 공양할 것이다.

범천왕과 마왕, 자재천과 대자재천 이와 같은 많은 하늘의 신들이
항상 그가 있는 곳에 찾아올 것이다.

부처님들과 그 제자들은 그의 설법의 음성을 듣고 항상 마음에 걸고 수호하고, 어느 때에는 그의 신체에 시현(示現)할 것이다.

또 다음에 상정진이여, 만일 선남자·선여인이 이 경을 받아 간직하며 혹은 읽고 혹은 외우거나 혹은 남에게 해설하고 혹은 서사한다면 그 사람은 신체에 대해서의 8백의 덕성을 획득하고, 신체는 청정한 유리처럼 되어서 중생이 원하며 보고 싶다고 생각하게끔 될 것이다.

전 우주세계의 중생이 태어날 때도, 죽을 때도, 그 우열도, 아름다움과 추함도, 좋은 곳에 태어나는가, 나쁜 곳에 태어나는 것도, 남김없이 그 〈신체의〉 가운데에 나타날 것이다. 그 위에 철위산과 대철위산, 미루산과 마하미루산 등의 산들, 그리고 그들 가운데에 있는 중생들도 남김이 없이 〈신체의〉 가운데에 나타날 것이다. 하방은 아비지옥에서 상방은 색구경천에 이르기까지의 모든 것들과 중생들도 모두 그 가운데에 나타날 것이다. 혹은 성문이나 벽지불, 보살과 부처님들의 설법하고 있는 것이 모두 신체 가운데에 영상(影像)으로서 나타날 것이다.」

그때 세존께서는 거듭하여 이상의 의의(意義)를 펴시려고 시송을 설해 말씀하셨다

「만일 『법화경』을 간직한나면 그 신체는 극히 청성하여서 그 맑음은 유리와 같아서 중생들이 모두 보고 싶어 할 것이다.

또한 티 없이 맑고 깨끗한 거울에 온갖 영상(影像)을 모조리 볼 수 있는 것같이,

보살은 그 맑은 신체에 세계의 온갖 것을 모두 볼 것이다. 다만 자기 혼자만이 뚜렷이 보고 다른 사람에게는 보이지 않을 것이다.

전 우주세계 가운데의 모든 사람들, 하늘의 신들·인간·아수라와 지옥·아귀·축생〈의 세계에 있는 것들〉의,

그들의 갖가지 영상이 모두 신체에 나타날 것이다.

하늘의 신들의 궁전의 존새의 최고처에 이르기까지의 것과 철위산과 수미산 마하미루산과,

많은 대해(大海)의 물 등이 모두 신체에 나타날 것이다.

부처님들과 성문들 부처님의 아들로서의 보살들이 혹은 한 사람으로서 혹은 많은 사람들 가운데에 있으면서,

설법하는 것이 모두 나타날 것이다.

번뇌의 더러움이 없는 진리를 깨달은 사람의 빼어난 신체를 아직 얻지 못했지만,

청정한 생래(生來)의 신체에 온갖 것이 나타날 것이다.

또 다음에 상정진이여, 만일 소질이 선남자·선여인이 여래의 멸도 후에 이 경전을 받아 간직하고 혹은 읽고 혹은 외우고 혹은 남에게 해설

하고 혹은 서사했다면 그 사람은 마음에 대한 천이백의 덕성을 획득할 것이다.

이 청정한 마음의 작용에 의해서, 일 시송(詩頌), 일구(一句)를 들은 것만으로도 헤아릴 수 없고, 끝 가도 없는 광대한 의의를 알 것이다. 그 의의를 이해했다면 그 일구·일시송(一句·一詩頌)에 대하여 1개월, 4개월, 뿐만 아니라 1년까지도 계속 설할 수 있을 것이다. 그 설한 가르침은 그 각각의 의미에 대해서 모두가 진실한 있는 그대로의 모습과 다른 일은 없다.

세속의 성전, 정치에 관한 말, 생활상의 직업 등에 대해 설했다고 하더라도 모두 바른 가르침에 따르고 있을 것이다.

전우주세계의 육취(六趣)의 경애(境涯)에 있는 중생들의, 마음의 움직임, 마음의 활동, 잘못된 무익한 생각 등 모든 것을 알 것이다. 또 전뇌의 더러움이 없는 지혜를 획득하고 있지 않더라도 그 마음의 작용이 청정하다는 것은 이상과 같을 것이다. 이 사람이 생각하고, 헤아리는 생각, 이야기하는 모든 것이 모두 불법(佛法)이어서 진실하지 않은 것은 없고 또 그것은 과거의 부처님들의 〈설한〉 경전의 가운데에 설해져 있는 것이다.」

그때 세존께서는 이상의 뜻을 거듭 펴려고 하여 시송(詩頌)에 의해 말씀하셨다.

「이 사람의 마음은 청정하여 밝고 총명하여 이 뛰어난 마음의 작용에 의해서 상·중·하의 교법을 알고,

혹은 1시송(詩頌)만 듣더라도 한량없는 뜻을 알 것이다. 순서에 따라서,

정해진 그대로 설하기를 계속하여 1개월(個月)・4개월에서부터 1년까지도 이를 것이다.

이 세계의 안팎에 있는 모든 중생들도 혹은 하늘의 신들과 용신과 인간과 야차와 귀신들,

여섯 갈래 경애(境涯)에 있는 것들이, 생각하는 여러 가지의 일들을,

『법화경』을 간직하는 것의 과보(果報)로서 〈그 사람은〉 일시에 모두 남김없이 알 것이다.

시방의 무수한 부처님들이 많은 복덕을 갖춘 엄숙한 모습으로 중생들을 위해,

설법하시지만 〈그는〉 그것을 일시에 남김이 없이 청문하여 받아 간직할 수가 있을 것이다.

한량없을 만큼의 많은 의의(意義)에 대해 생각하고 법을 설하는 것도 또 헤아릴 수 없을 만큼이지만,

그 위에 결코 잊어버렸거나 틀리게 설하지 않을 것이지만, 그것은 『법화경』을 간직하고 있기 때문인 것이다.

모든 존재의 본연 자세를 남김없이 알고, 그것들의 뜻에 따라서 순서와 절차를 알고,

문자와 말에 능통하여 알고 있는 그대로 설할 것이다.

이 사람이 설하는 것은 모두 과거의 부처님의 법일 것이다.

이 법을 설하기 때문에 사람들 가운데에서도 두려워하지 않는다.

『법화경』을 간직한 사람은 그 마음의 작용이 청정한 것은 이상과 같다.

또 번뇌의 더러움이 없다고 하는 것은 달성하지 못했더라도 앞서 그

와 같은 특징이 있을 것이다.

 이 사람은 이 〈법화〉경을 간직하고 드물게 보는 경지에 머물고 모든 중생은 환희하여 경애(敬愛)할 것이다.

 천만 가지나 되는 교묘한 말에 의해서 분별하여 법을 설할 것이다.

 그것은 법화경을 간직했기 때문이다.」

常不輕菩薩品 第二十
상 불 경 보 살 품   제 이 십

그때 부처님께서는 득대세보살마하살에게 말씀하셨다.

「그대는 지금이야말로 알아야 한다. 만일 『법화경』을 간직하는 비구·비구니·우바새·우바이들에 대하여 나쁘게 말하거나 큰 소리로 비난하거나 비방하거나 하면, 그 중대한 죄의 인과응보를 받는다는 것은, 앞에서 설한 그대로이다.

〈그리고 법화경을 간직하는〉 그 사람이 획득하는 덕성은 직전에 설한 것처럼 눈·귀·코·혀·몸·뜻〈의 육근(六根)〉이 청정하게 될 것이다.

득대세여, 아득하고 아득한, 한량없고 가없는(無辨際), 생각조차 미치지 않는 아승기겁(無數劫)보다도 옛날에 위음왕여래(威音王如來)·공양을 받는 데 적합한 분(應供)·바르고 널리 지혜를 갖춘 분(正徧知)·지혜와 실천을 완전히 갖춘 분(明行足)·깨달음에 도달한 분(善逝)·세계의 모든 것에 통달하고 계시는 분(世間解)·최상의 분(無上士)·인간의 조교사(調御丈夫)·여러 하늘과 사람들과의 스승(天人師)·불·세존이라는 이름의 부처님이 계셨다. 그 시대를 이쇠(離衰)라 하고 그 국토를 대성이라 했다.

그 위음왕불(威音王佛)께서는 그 세계에서 하늘의 신과 인간과 아수라들을 위해 가르침을 설했다.

득대세여, 이 위음왕불의 수명은 40만억 나유타 갠지스 강의 모래 수와 꼭 같은 겁수(劫數)의 길이었다. 바른 가르침이 세상에 존속한 겁의 수는 하나의 잠부주를 미진으로 한 그 미진의 수 정도였다. 그 부처님은 중생들을 이롭게 하고 그런 후에 멸도에 들었다.

바른 가르침도, 바른 가르침과 비슷한 가르침도, 모두 사라져버린 후에 그 국토에 또 부처님이 출현하셨다. 그 이름은 또 위음왕여래·공양을 받는 데 적합한 분·바르게 널리 지혜를 갖추신 분·지혜와 실천을 완전히 갖추신 분·깨달음에 도달하신 분·세계의 모든 것에 통달하신 분·최상의 분·인간의 조교사·제천과 사람들의 스승·불·세존이라고 하는 이름이었다. 이와 같이 차례차례로 2만억의 부처님이 출현하셨다. 모두 똑같은 이름이었다.

최초의 위음왕여래가 이미 멸도하고 바른 가르침이 소멸한 후에, 바른 가르침과 비슷한 가르침〈의 시대〉에 잘난 체하는 시건방진 비구들이 큰 세력을 가지고 있었다. 그때 한 사람의 보살인 비구가 있었는데, 그 이름을 상불경(常不輕)이라 했다.

득대세여, 어떤 사연으로 상불경이라고 이름 하였는가. 그것은, 이 비구는 대체로 보는 사람 모두가 비구건, 비구니건, 청신사건 청신녀건, 모든 사람을 모두 예배하고 칭찬하며 다음과 같이 말한 것이다.

『나는 당신을 존경합니다. 멸시하는 마음으로 경멸한다는 분별없는 짓은 하지 않습니다. 왜냐하면, 당신들은 모두 보살의 길을 수행하여 반드시 부처님이 되실 것이기 때문입니다.』

그런데도 이 비구는 경전 독송에 전념하지 않고, 오직 예배만을 행하고 있었다. 멀리에 〈비구·비구니·청신사·청신녀의〉 4중의 사람들을 보면 일부러 그곳에 가서 예하고, 칭찬하며 이와 같이 말했다.

『나는 당신들을 경멸하지 않습니다. 당신들은 모두 반드시 부처님이 되실 것입니다.』

4중의 사람들 가운데에는 성내는 마음을 일으킨 마음이 부정한 사람이 있어서, 험구와 잡된 말로 말했다.

『도대체, 이 무지(無智)한 비구는 어디에서 와서, 나는 당신을 얕잡아 보지 않습니다고 말하며, 우리들이 반드시 부처가 될 수 있다고 우리들에게 예언을 하는 것인가. 우리들에게 이와 같이 거짓된 예언 따위는 필요치 않다.』

이와 같이 하며, 많은 세월이 지나고 항상 욕설을 퍼부었지만, 성내는 마음을 일으키는 일 없이, 항상 이와 같이 말하고 있었다.

『당신은 반드시 부처님이 될 것입니다.』라고.

이 말을 사람에게 말할 때 사람들은 혹은 지팡이나 돌멩이로 그를 때리기도 하였으나, 그러면 그는 도망쳐서 먼 곳에서부터, 역시 소리높이 이렇게 말했던 것이다.

『나는 당신을 경멸하지는 않습니다. 당신들은 모두 반드시 부처님이 되실 것입니다.』라고.

그는 언제나 위의 말을 하고 있었기 때문에 교만하고 잘난 체하는 비구와 비구니, 청신사와 청신녀들이, 그를 상불경(常不輕)이라고 이름을 붙였던 것이다.

이 비구는 수명이 다하여 죽음에 임했을 때에, 허공 가운데서 위음왕불께서 앞서 설하셨던 『법화경』의 20천만억의 시송을 자세하게 들었다. 그리하여, 그것을 남김없이 받아 간직하여, 그 자리에서 앞〈장(章)〉에서 설한 바와 같은 눈의 작용의 청정함과 눈·귀·코·혀·몸·뜻의 작용의 청정을 획득한 것이다.

이 육근(六根)의 청정을 얻은 후에 또다시 2백만억 나유타나 되는 나이의 수명을 늘리고, 널리 사람들을 위해서 이 『법화경』을 설했다.

그때 교만하게 거드럭거리는 비구·비구니·청신사·청신녀의 4중의 사람들로서, 이 사람을 경멸하고 깔보아서 「불경(不輕)」이라는 이름을 붙인 사람들은, 그가 위대한 신통한 힘, 자진하여 자유자재로 떨치는 변설의 힘, 위대한 명상의 힘을 얻은 것을 보고, 그 설법을 듣고 모두 믿고 따랐다.

이 보살은 또 천만억의 사람들을 교화하여 위없는 바른 깨달음에 안주시켰다.

그 수명이 끝난 후 2천억의 부처님들을 만날 수가 있었으나, 그 부처님들은 모두 일월등명(日月燈明)이라고 하는 〈동일한〉 이름이었다. 그 〈부처님들〉의 교법 가운데서 그는 〈법화경〉을 그런 사연에 의해서 또 2천억이라는 부처님을 만나게 되었다. 〈그 부처님들도〉 운자재등왕(雲自在燈王)이라는 같은 이름이었다.

이 부처님들의 교설 중에서 〈법화경〉을 받아 간직하고 독송하며, 많은 4중의 사람들을 위해 이 경전을 설했다. 그래서 〈그는〉 이 항상 눈의 작용의 청정, 귀·코·혀·몸·뜻의 작용의 청정을 획득하여 4중의 사람들 사이에서 설법을 하여도, 마음에 어떤 두려운 일이 없었던 것이다.

득대세여, 이 상불경보살마하살(常不輕菩薩摩訶薩)은 이와 같이 많은 부처님들을 공양하고 공경하며, 존중하고 찬탄하며, 많은 선의 근본을 길렀고 그 후에 또 천만억이라는 부처님들을 만나 뵈옵고 그 부처님들의 교법 중에 있는 이 경전을 설하여서 덕성을 완성하고 부처님이 된 것이다.

득대세여, 어떻게 생각하는가. 그때의 상불경보살이란 어찌하여 다른 사람이겠는가. 그것은 다름 아닌 나였던 것이다. 만일 내가 전생의 과거에 이 경을 받아 간직하고 독송하며, 다른 사람을 위해 설해오지 않았더라면 신속하게 위없는 바른 깨달음을 얻을 수 없었을 것이다. 나는 과거의 부처님 아래서 이 경을 받아 간직하고 독송하며, 사람들을 위해서 설해왔기 때문에 속히 위없는 바른 깨달음을 획득할 수 있었다.

득대세여, 이때의 비구·비구니·청신사·청신녀의 4중의 사람들은 성낸 마음으로 나를 경멸하고 업신여겼기 때문에 2백억겁이라는 오랫동안 항상 부처님을 만나지도 못하고, 법을 듣는 일도 없었으며, 승단을 보는 일도 없었다. 천겁 동안을 아비지옥에서 큰 고뇌를 받았다. 이 죄가 끝난 후 또 상불경보살이 위없는 바른 깨달음으로 향하도록 교화하는 데를 만났던 것이다.

득대세여, 그대는 어떻게 생각하는가. 그때의 4중의 사람들의, 항상 이 보살을 경멸해오던 사람들은 어찌 딴 사람이겠는가. 지금의 이 자리에 있는 발타바라(跋陀婆羅) 등의 5백 인의 보살들, 사자월(師子月) 등의 5백 인의 비구니들, 사불(思佛) 등의 5백 인의 청신사들의 모두 위없는 바른 깨달음에서 물러서지 않는 사람들이 바로 그들인 것이다.

득대세여, 알지 않으면 안 된다. 이 『법화경』은 크게 보살마하살(菩薩摩訶薩)들에게 이익을 주어서 위없는 바른 깨달음에 도달시킬 수 있는 사람이라는 것을. 그런 까닭에 많은 보살마하살들은 여래의 멸도한 후에 항상 이 경을 받아 간직하고 독송하며, 〈해설〉하고, 서사해야 할 것이다.」

그때에 세존께서는 거듭 이상의 뜻을 펴시려고 시송에 의해서 다음과 같이 말씀하셨다.

「과거에 부처님이 계셨는데, 위음왕이라는 이름이었다. 영묘(靈妙)한 시혜는 한량이 없고,

일체의 중생을 인도했다. 하늘의 신들과 용신(龍神)들이 모두 공양을 바쳤다.

이 부처님께서 멸도한 후 법이 멸하려고 할 때에, 한 사람의 보살이 있었는데, 상불경이라는 이름이었다.

그때에 4중의 사람들은 가르침을 이것저것 생각하며 집착하고 있었다.

불경보살(不輕菩薩)은 그들의 곳에 가서 그리고 그들에게 이야기했다. 『나는 당신을 경멸하지는 않는다. 당신은 불도를 수행하여 모두 반드시 부처님이 될 것이다.』라고.

사람들은 들은 후에 경멸하고 헐뜯고 욕했지만, 불경보살은 이것을 참고 견디었다.

⟨불경보살은 전생의⟩ 그 죄⟨의 과보⟩가 끝나고 명이 끊어지려고 할 때에 이 경을 들을 수 있어서, 6근이 청정하게 되었다.

신통한 힘에 의해서 수명이 늘어나서, 또 사람들을 위해서 널리 이 경을 설했다.

교법에 집착하는 많은 사람들은, 모두 ⟨불경⟩보살이 그 교화를 완성하여 불도에 안주케 하는 은혜를 입었다.

불경은 그 명을 마치고 ⟨그 후에⟩ 무수한 부처님을 만나 뵙게 되었다.

⟨그는⟩ 이 경을 설했기 때문에 무량한 복덕을 얻어서, 점차로 공덕을 갖추고,

속히 불도를 완성한 것이다. 그때의 불경이란, 그것은 다름 아닌 나 ⟨석가모니⟩인 것이다.

그때 4중의 사람들의 교법에 집착하고 있는 사람들은 불경이,

『당신은 반드시 부처님이 되실 것입니다.』라고 말하는 것을 들었다.

그 사연에 의해서 ⟨그들은⟩ 무수한 부처님들을 만나 뵙게 된 것이다. 이 자리에 모인 보살의 5백 인의 사람들 및 4중의 사람들인 재속의 신사신녀(信士信女)들, 지금 내 앞에서 법을 듣고 있는 사람들 그것이 그들이다.

나는 전생에서 이 사람들에게 권하여서 제1이 되는 이 경의 가르침을 듣게 하여,

열어 보이고, 사람을 가르쳐서 열반에 안주시켰으며, 세세에 이와 같은 경전을 받아 간직하게 하였던 것이다.

억·억만이라고 하는 겁의 오랜 시간에서부터 생각도 미칠 수 없는 아득한 시간에 걸쳐서 간신히 이 법화경을 『법화경』을 들을 수가 있는 것이다.

억·억만이라는 겁의 긴 시간으로부터 생각도 미치지 않는 아득한 시간을 걸쳐서 많은 불·세존들은 간혹 이 경전을 설하시는 것이다.

그런 까닭에 수행자는 부처님께서 멸도하신 후에 이와 같은 경을 듣고 의혹을 일으켜서는 안 된다.

일심으로 이 경을 널리 설해야 한다. 세세에 부처님을 만나 뵙고 속히 불도를 완성해야 한다.」

如來神力品 第二十一
여래신력품 제이십일

 그때 천의 세계를 미진으로 한 그 미진의 수와 동등한 수의 보살마하살인, 대지에서 출현한 사람들은 모두 부처님 앞에서 일심으로 합장하고 거룩한 얼굴을 우러러보며 부처님께 말씀드렸다.
 「세존이시여, 저희들은 부처님께서 멸도하신 후에 세존의 분신이 계시는 국토, 그 〈분신불인〉 세존께서 멸도하신 곳에서 널리 이 〈법화〉경을 설하겠습니다. 왜냐하면, 저희들도 또한 이 참으로 청정하고 뛰어난 가르침을 획득하여 받아 간직하며, 독송하고 〈해설〉하며, 옮겨 써서 공양하고 싶다고 생각하기 때문입니다.」

그때 세존께서는 문수사리(文殊師利) 등의 백천만억의 무량배(無量倍)라고 하는 많은, 옛날부터 사바세계에 있던 보살마하살과 여러 비구・비구니・우바새・우바이와 하늘의 신들・용신・야차・건달바・아수라・가루라・긴나라・마후라가・인간과 인간 이외의 것들 등의 모든 것들이 앞에서 위대한 신통력을 나타내셨다.

즉 〈부처님께서는〉 넓고 긴 혀를 내시어서, 위로는 범천의 세계까지 이르렀고 〈신체의〉 모든 털구멍에서 한량없고 무수한 색채의 빛을 놓아서 시방의 세계를 모두 빠짐없이 비추셨다.

〈그러자〉 많은 보배나무 아래의 사자좌(獅子座) 위에 계시던 여러 부처님들께서도 또한 똑같이 넓고 긴 혀를 내미시어서 한량없는 빛을 놓으셨다.

석가모니불과 보배나무 아래의 부처님들께서 신통력을 나타내시고부터 백천세가 만료하였다.

그러한 후에 재차 혀를 〈입안으로〉 거두시고 동시에 헛기침을 하시고 일제히 손가락을 튕기셨다.

이 두 가지의 음성은 시방의 모든 부처님세계에 구석구석까지 미치고, 대지는 여섯 가지로 진동했다.

그곳에 있는 중생들・하늘의 신들・용신・야차・건달바・아수라・가루라・긴나라・마후라가・인간과 인간 이외의 것들은 모두 부처님의 신통력에 의해서, 이 사바세계의 무량・무변・백천만억의 많은 보배나무 아래의 사자좌 위에 계시는 부처님들을 보고, 석가모니불(釋迦牟尼佛)께서 다보여래(多寶如來)와 함께 보탑 안에서 사자좌에 앉아 계시는 것을 보고, 무량·무변·백천만억의 보살마하살들과 4중〈즉 비구·비구니·우바새·우바이〉의 사람들이 석가모니불을 공경하면서 둘러싸고 있는 것을 보았다. 이것을 보고 나서 모두 크게 기뻐하며 지금까지는 없는 생각을 품었다.

그때 하늘의 신들은, 공중에서 소리 높이 입으로 내어서 다음과 같이 말했다.

「이 무량·무변·백천만억의 무수배 수의 세계를 넘어서 사바라는 이름의 나라가 있다. 이 나라에 석가모니라는 이름의 부처님이 계신다. 지금도 많은 보살마하살들을 위해 묘법연화·보살을 훈회하는 법·부처님에게 호지(護持)하는 것이라는 이름의 경전을 설하시고 계신다. 그대들이여, 마음의 깊은 속으로부터 기뻐하라. 또 석가모니불을 예배하고 공양을 하라.」

그 많은 중생들은 공중의 소리를 듣자, 합장하고 사바세계를 향해서 다음과 같은 말을 하였다.

「나무석가모니불, 나무석가모니불.」하고.

〈그리고 그들은〉 여러 가지의 꽃과 향·장신구·번과 천개·갖가지의 몸을 꾸미는 장식품·진귀한 보배·훌륭한 물건들을 모두가 한 번에 아득한 사바세계를 향해서 던져서 흩어지게 하였다. 던져진 많은 물건은 마치 구름이 모이는 것 같이 시방에서 모여와서 보배의 장막으로 되어, 샅샅이 이곳에 계시는 부처님들의 위를 덮었다.

그때 시방의 세계는 마치 하나의 국토처럼 서로 통하여서 자유자재하였다.

그때, 부처님께서는 상행보살 등의 많은 사람들에게 말씀하셨다.

「부처님들의 신통한 힘은, 이와 같이 무량하여 끝 간 데가 없고, 불가사의한 것이다. 만일 내가 이 신통력에 의해서 무량·무변·백천만억의 무수배(無數倍)의 겁이라고 하는 오랜 시간에 걸쳐서, 이 경을 위촉하기 위해서, 이 경의 공덕을 계속 설한다 하더라도 역시 그래도 다할 수는 없는 것이다.

간추려서 말하자면, 여래가 깨달은 일체의 진리, 여래가 가진 자유자재한 신통력, 여래의 가슴에 가득한 일체의 중요한 가르침, 여래가 지나온 일체의 내적·외적인 깊은 경험의 모든 것을, 모두 이 가르침 속에 펴서 교시하고 뚜렷하게 설한 것이다.

그렇기 때문에 그대들이여, 여래의 멸도한 후에 일심으로 받아 간직하고 독송하며, 〈해설〉하고 서사하여, 경이 설하는 그대로 수행해야 한다.

어디이건 그 국토에서 받아 간직하고 독송하며, 해설하고 서사하여, 경설(經說) 그대로 수행한다고 하는 것이 있다고 한다면 혹은 경권(經卷)이 설해지고 실행되는 곳 혹은 임원(林園) 가운데건 혹은 숲 속이건 혹은 나무 아래건 혹은 승방이건 혹은 재가인의 집이건 혹은 전당에 있어서건 혹은 산곡(山谷)이나 광야이건, 그 장소에 탑을 세워서 공양해야 할 것이나.

왜냐하면, 알아야 한다. 그 장소는 깨달음의 장소 바로 그것이기 때문인 것이다. 부처님들이 이곳에서 위없는 바른 깨달음을 획득하고, 부처님들이 이곳에서 가르침의 수레바퀴를 돌렸으며, 부처님들이 이곳에서 반열반(般涅槃)에 들었기 때문이다.」

그때 세존께서는 거듭하여 이상의 의의를 펴시려고 하여, 다음과 같은 시송(詩頌)을 설하셨다.

「이 세상의 구제자이신 부처님들은 위대한 신통을 몸에 지니고,

중생을 기쁘게 하려고 해서 헤아릴 수 없을 만큼의 신〈통〉력을 나타내셨다.

그 혀는 브라흐만신의 천계에 도달하고 신체에서 광명을 놓으셔서

부처님의 깨달음을 구하는 사람들을 위해 이와 같이 유례가 없는 것을 나타내셨다.

많은 부처님들의 헛기침 소리 그것과 손가락 튕기는 소리는

시방의 나라들에 들리고 대지는 모두 여섯 가지로 진동했다.

부처님 멸도 후에 이 〈법화〉경전을 간직하고 있기 때문에 부처님들은 환희하여

헤아릴 수 없는 신〈통〉력을 나타내시는 것이다.

이 〈법화〉경전을 위촉하려고 하여 그 〈경을〉 받아 간직하고 있는 사람은 찬미되지만,

헤아릴 수 없는 오랜 시간에 걸쳐서 계속 〈찬미〉할지라도 그래도 아직 다할 수는 없다.

그 사람의 공덕은 끝이 없고, 다하는 일은 없을 것이다. 그것은 시방의 허공이 그 끝을 알 수 없는 것 같은 것이다.

이 경전을 간직할 수 있는 사람은 곧 나 〈석가모니불〉를 보고 또 다보불과,

많은 〈나의〉 분신〈의 부처님들〉을 보며 또 내가 현재 교화한 보살들을 볼 것이다.

이 경전을 간직할 수 있는 사람은 나와 〈나의〉 분신〈의 부처님들〉과 과거에 멸도하신 다보불을 모두 환희케 할 것이다.

〈그는〉 시방에 현재 계시는 부처님들과 과거와 미래〈의 부처님들〉을 보거나 공양하거나 혹은 환희케 할 것이다.

부처님들께서 깨달음의 자리에 앉아서 획득하신 비밀의 법을, 이 경전을 간직할 수 있는 사람은 빨리 획득할 것이다.

이 경전을 간직할 수 있는 사람은 많은 교법의 의의와 문자와 말을,

뜻 그대로 설해서 다할 수가 없다. 그것은 마치 바람이 공중에서는 어떤 장애가 없는 것 같은 것이다.

이 경전을 간직할 수 있는 사람은, 많은 교법의 의의와 문자와 말을,

뜻 그대로 설해서 다할 수가 없다. 그것은 마치 바람이 공중에서는 어떤 장애가 없는 것 같은 것이다.

〈그는〉 여래의 멸도 후에 부처님께서 설하신 경의 사연과 그 차례를 알고,

그 의의에 따라서 있는 그대로를 설할 것이다.

태양과 달빛이 갖가지의 어둠을 제거할 수 있는 것처럼 이 사람은 세상에서 활동하여,

중생의 〈마음의〉 어둠을 멸할 수 있어, 무량한 보살들을 마침내는 일승〈의 가르침〉에 도달케 할 것이다.

그런 까닭에 지혜 있는 사람은 이상의 공덕의 이익을 듣고 나의 멸도 후에,

이 경전을 받아 간직하는 것이 당연하다. 이 사람은 부처님의 깨달음에서 결정되어 있어서 의심이 일어날 일은 없을 것이다.

囑累品 第二十二
촉루품 제이십이

  그때 석가모니불께서는 가르침의 자리에서 일어나서, 위대한 신통의 힘을 나타내셨다. 그리고 오른손으로는 헤아릴 수 없을 만큼의 위대한 보살들의 머리를 어루만지면서 다음과 같은 말씀을 설하셨다.

  「나는 헤아릴 수 없는 백천만억의 무수배의 겁이라고 하는 무한히 긴 세월에 걸쳐서, 매우 얻기 어려운 위없는 바른 깨달음이라고 하는 법을 익히고 닦아 왔다. 지금 그대들에게 〈그것을〉 위촉하겠다. 그대들이여, 일심으로 이 교법을 유포하여 널리 세상에 은혜를 증진시키도록.」

  이와 같이 세 번에 걸쳐서 위대한 보살들의 머리를 어루만지며 〈부처님께서는〉 다음과 같이 말씀하셨다.

「나는 헤아릴 수 없는 백천만억의 무수배의 겁이라고 하는, 무한히 긴 세월에 걸쳐서 이 얻기 어려운 위없는 바른 깨달음이라고 하는 법을 익히고 닦아왔다. 지금 그대들에게 〈그것을〉 위촉하겠다. 그대들이여, 이 교법을 받아 유지하여, 독송하고 널리 세상에 설해서, 모든 중생들이 하나도 남기지 말고 그것을 듣고 알 수 있도록 하라.

왜냐하면 여래에게는 커다란 자비가 있어서, 인색함 등은 없고 또 두려워하는 것도 없어서, 중생에게 부처님의 지혜・여래의 지혜・자연히 나타난 지혜를 줄 수 있기 때문이다.

여래는 온갖 중생들에 대한 위대한 시주(施主)이다. 그대들도 〈나를〉 보고 배워서 여래의 교법을 학습하라. 인색한 마음을 일으켜서는 안 된다. 미래의 세상에서 만일 신남자・선여인이 여래의 지혜를 믿으려고 한다면, 그들을 위해서 이 『법화경』을 설해서 듣고 알 수 있도록 하라. 그것은 그들에게 부처님의 지혜를 얻도록 하기 위해서이다.

만일 중생이 믿고 받아들이려고 하지 않는다면, 여래의 〈법화경 이외의〉 다른 심오한 교법을 교시하고 가르쳐서, 이익을 주어 기쁘하게 하라. 그대들이여, 만일에 이와 같이 할 수가 있다면, 그것은 곧 부처님들의 은혜에 보답한 것이 된다.」

그때 위대한 보살들은 부처님께서 이상의 것을 설한 것을 듣고, 모두 큰 기쁨에 가득 차서, 차츰 공경하는 마음을 증가시켜가서, 그 몸을 굽히고 머리를 숙여서 합장하고 부처님을 향해서 다 함께 소리를 합해서 말씀드렸다.

「세존의 분부대로 빠짐없이 실행하겠습니다. 승낙하겠습니다. 세존이시여, 아무쪼록 원하건대 걱정하시지 마옵소서.」

많은 위대한 보살들은 이와 같이 세 번에 걸쳐서, 동시에 소리를 합해서 말씀드렸다.

「세존의 분부대로 빠짐없이 실행하겠습니다. 승낙하겠습니다. 세존이시여, 아무쪼록 원컨대, 걱정하지 마옵소서.」

그때 석가모니불께서는 시방에서 모여온 〈석가모니불의〉 분신의 부처님들을, 그 각각의 본토에 돌아가게 하도록, 다음과 같이 말씀하셨다.

「부처님들께서는 각각 안락하게 돌아가십시오. 다보불(多寶佛)의 탑은 다시 원래대로 돌아가십시오.」

부처님께서 이 말씀을 하셨을 때 시방의 헤아릴 수 없을 만큼의 많은 분신의 부처님들로서, 보배나무 아래의 사자좌의 위에 앉아계시던 부처님들도, 다보불도, 게다가 상행(上行) 등의 한량없는 수의 보살들의 큰 집단도, 사리불 등의 성문의 비구・비구니・우바새・우바이 그리고 이 세상의 하늘의 신들, 인간들, 아수라 등의 온갖 것들도 부처님께서 설하시는 것을 듣고 모두 크게 기뻐한 것이다.

藥王菩薩本事品 第二十三
약 왕 보 살 본 사 품 제 이 십 삼

그때 수왕화보살(宿王華菩薩)이 부처님께 말씀드렸다.

「세존이시여, 약왕보살은 도대체 어떻게 하여 이 사바세계에 계시는 것입니까? 세존이시여, 이 약왕보살에게는 백천만억 나유타라고 하는 간난신고(艱難辛苦)가 있는 것은 아닌지요. 어떻습니까. 세존이시여, 원컨대 〈그 사연을〉 조금이라도 해설해주십시오. 하늘의 신들・용신・야차・건달바・아수라・가루라・긴나라・마후라가・인간 및 인간이 아닌 것들과 또 다른 국토에서 온 여러 보살들과, 거기에 이 〈보살〉들의 성문의 사람들은 〈그것을〉 듣는다면 모두 다 기뻐할 것입니다.」

그때 부처님께서는 수왕화보살에게 다음과 같이 말씀하셨다.

「아득한 옛날, 갠지스 강의 모래 수의 무량배라고 하는 겁에 부처님이 계셨다. 그 이름을 일월정명덕여래(日月淨明德如來)·공양을 받음에 알맞은 사람·바르게 널리 지혜를 갖추신 사람·지혜와 실천이 완전히 갖추신 사람·깨달음에 도달한 사람·세계의 모든 것에 통달하고 있는 사람·최상의 사람·인간의 조교사·하늘의 신들과 인간들의 스승·불·세존이라 했다. 그 부처님에게는 80억의 보살마하살과 갠지스 강의 모래 수의 72배의 수의 대성문들도 있었다. 부처님의 수명은 4만2천 겁이었고, 보살의 수명도 그와 똑같았다.

그 불국토에는 여성과 지옥아귀·축생·아수라 등〈의 악(惡)한 경계〉는 존재하지 않고 또 갖가지의 재난도 없었다.

그 땅의 평탄한 것은 마치 손바닥과 같아서, 유리로 되어 있었다. 보배나무에 의해서 〈그 국토는〉 엄숙하게 치장되어 있었고, 보옥으로 만든 장막이 그 위를 덮고 있었다. 보배 꽃의 당번이 드리워졌으며, 보배병과 향로는 나라 안에 빠짐없이 충만해 있었다.

칠보에 의해서 누각을 만들고, 한 그루의 〈보배〉나무의 〈아래〉에 하나의 누대가 있었다. 그 누각에서 화살이 미치는 거리마다 〈보배〉나무가 있었다. 이 많은 보배나무마다 보살과 성문들이 있고 그 〈보배나무의〉 아래에 앉아 있었다. 많은 보옥으로 만든 누각 위에는 각각 백억의 하늘의 신들이 있어서 천상이 기악(伎樂)을 연주하며, 부처님을 노래로 찬탄하며 공양을 했다.

그때 그 부처님께서는 일체중생희견보살(一切衆生憙見菩薩)과 많은 보살, 많은 성문들을 위해 법화경을 설한 것이다.

이 일체중생희견보살은 자진(樂)해서 고행을 익히(修習)고 일월정명덕불의 가르침 아래서 경행(經行)에 정진하며, 일심으로 부처님〈의 깨달음〉을 구하기를, 1만 2천 년 동안이나 수행을 계속한 결과 현일체색신삼매(現一切色身三昧)(즉 온갖 신체를 시현한다는 이름의 삼매)를 얻게 되었다.

이 삼매를 얻자마자 〈일체중생희견보살은〉 마음이 크게 환희하며 다음과 같이 생각했다.

『내가 현일체색신삼매를 얻을 수 있는 것은 모두『법화경』을 들을 수 있었던 덕택이므로 지금부터 나는 일월정명덕불과『법화경』에 공양하리라.』라고.

〈생각한 후, 그는〉 즉시 〈공양을 위한〉 이 삼매에 들어가서 〈홀연히〉 공중에서 만다라꽃과 마하만다라꽃들과 고운 가루로 된 검은 전단향을 비처럼 내려서 공중을 충만케하고, 그것들을 구름처럼 지상에 내렸으며 또 해차안전단(海此岸栴檀)의 향을 비처럼 내렸다. 이 향들의 여섯 눈금(六銖 : 약 10그램)의 가치는 사바세계 〈전체〉에도 상당하는 것이었고, 그것에 의해서 부처님께 공양한 것이다.

그는 공양을 마치고 나서 삼매에서 일어나자, 이와 같이 생각했다.

『나는 신통력에 의해서 부처님께 공양을 드렸지만 그것도 〈내 자신의〉 신체를 공양하는 것에는 미치지 못할 것이다.』

그리고 그는 갖가지의 향인, 전단·훈육(薰陸)·도루바(兜樓婆)·필력가(畢力迦)·침수(沈水)·교향(膠香) 등을 먹고 또 첨복(瞻蔔) 등 갖가지 향유를 계속해서 마시기를 1천2백 년이 지났다. 그리고 그 후, 향유를 신체에 바르고 일월정명덕불의 면전에서, 천상의 보배 옷을 몸에 입고, 갖가지의 향을 몸에 적시고, 신통력의 원에 의해서 자신에게 불을 붙였다. 〈그 불의〉 광명은 갠지스 강의 모래 수의 80억 배의 세계를 남김없이 비추었다.

그 가운데 계시는 많은 부처님들은 동시에 다음과 같이 칭찬하였다.

훌륭하다, 훌륭한 일이다. 선남자여, 이것이야말로 진실한 정진이다. 이것이야말로 진실한 법에 의해서 여래를 공양한다고 이름 하는 것이다.

예를 들면 꽃·향·장신구·소향·가루 향·바르는 향·천상의 비단 깃발·천개·해차안전단 등의 갖가지 공양물에 의해서 공양했다고 하더라도 미칠 수 있는 것은 아니다. 예를 들어 왕국과 처자를 보시했다고 하더라도 또한 미치는 것이 아니다.

선남자여, 이것이야말로 제일의 보시라고 이름 하는 것이다. 많은 보시 가운데서 가장 거룩하고, 가장 뛰어난 것이다. 그것은 교법에 대한 공양을 했기 때문이다.

부처님들께서는 이상의 말씀을 일부러 이야기해 마치시자, 각각 조용히 침묵을 지키고 계셨다. 그의 신체가 타는 불은 1천2백 년 동안 계속해서 불타고 그리고 그것을 지난 후, 그 몸은 불타기를 다했던 것이다.

일체중생희견보살은 이와 같이 가르침에 대한 공양을 마치고, 그 명을 다한 후에 다시 일월정명덕불이 계시는 나라에 태어났다. 정덕왕(淨德王)의 집에 가부좌를 한 채로 홀연히 어떠한 원인에도 의하지 않고 태어난 것이다. 그리고 그는 아버지에게 시송에 의해서 다음과 같이 말씀드렸다.

『대왕이시여, 알아주소서. 저는 그 장소를 거닐면서 곧바로 일체현제신(一切現諸身)이라는 삼매를 얻었습니다.

크게 정진노력하고 사랑하는 몸을 버린 것입니다. 세존께 공양하고 위없는 지혜를 구했기 때문입니다.』

이상의 시송을 말해 마치자, 그는 아버지를 향해서 다음과 같이 말씀드렸다.

『일월정명덕불께서는 지금도 여전히 이 세상에 계십니다. 저는 전생에서 부처님께 공양을 하고, 온갖 살아 있는 것들의 말을 이해하는 다라니를 획득하고 또『법화경』의 8백 천만 억 나유타 배(倍)·간카라 배·비바라 배·아쿠샤비야 배(倍)라고 하는 수많은 시송(詩頌)을 들었습니다. 대왕이시여, 저는 지금 또 거듭 이 부처님에게 공양하겠습니다.』

이와 같이 말한 후, 그는 칠보로 만든 누각 위에 앉았다. 공중에 다라수의 7배 높이까지 상승하여 부처님이 계신 곳에 이르러, 부처님의 발에 얼굴을 대고 예배하고, 열 손가락을 모아서 시송에 의해서 부처님을 다음과 같이 찬탄했다.

『부처님의 얼굴은 세상에서 드물 정도로 아름답고 광명은 시방에 빛나고 계십니다.

저는 그 옛날에도 공양했습니다. 그리고 지금 거듭, 가까이 뵙게 되었습니다.』

그때 일체중생희견보살은 그 시송을 이야기해 마치고, 부처님께 말씀드렸다.

『세존이시여, 세존께서는 아직까지도 이 세상에 머물고 계십니까?』

그때 일월정명덕불께서는 일체중생희견보살에게 말씀하셨다.

『선남자여, 나는 〈지금은〉 멸도에 들 때가 다가와서, 다할 때가 왔다. 그대여, 〈나의 마지막〉 자리를 펴다오. 나는 오늘 밤 멸도할 것이다.』

또 일체중생희견보살에게 다음과 같이 말씀하셨다.

『선남자여, 나는 부처님의 교법을 그대에게 위촉하겠다. 또 많은 보살들, 대제자(大弟子)들 그것에 위없는 바른 깨달음의 법마저도 또 칠보로 된 전 우주세계, 많은 보배나무, 보배로 된 누각, 그것에 곁에서 시중드는 천자들도 모두 다 그대에게 위촉하겠다. 내가 멸도에 든 후에 〈나의〉 모든 유골도 또 그대에게 위촉하겠다. 〈그 유골을〉 세상에 넓혀서, 널리 공양을 준비하라. 몇천의 탑을 건립하라.』

일월정명덕불께서는 이상과 같이 일체중생희견보살에게 명하고 나서, 그날 밤중에 열반에 드셨던 것이다.

그때 일체중생희견보살은 부처님께서 멸도하심을 보고, 깊은 슬픔에 잠겨 울며 괴로워했으며, 부처님을 그리워하는 마음이 더욱 깊어만 가서, 해차안전단을 쌓아올려서 부처님의 신체에 공양하고 그리고 그것을 다비(茶毘)를 하였다. 그 불이 다 꺼진 뒤에, 유골을 주어모아 8만4천의 보배 항아리를 만들어서 〈그것을 모시는〉 8만4천의 탑묘를 세웠다. 그 탑묘는 범천계보다도 높고 탑 위에 표찰을 달아서 장식하고, 그것에 깃발과 천개를 달아서 늘어뜨리고, 그것에는 많은 보배방울이 달려 있었다.

그때 일체중생희견보살은 또 이와 같이 마음속으로 생각했다.

『나는 이상과 같이 공양을 하였지만, 아직 공양이 흡족하지 않다. 나는 지금 또다시 부처님의 유골을 공양하겠다.』

그래서 보살들과 큰 제자, 게다가 하늘의 신들·용신·야차 등 일체 이 모임에 대해서 말했다.

『그대들이여, 일심으로 염하도록 하라. 나는 지금부터 일월정명덕불의 유골을 공양하겠다.』

이와 같은 말을 마치자, 그는 8만4천의 탑묘 앞에서, 100가지의 복덕에 의해서 장엄된 자기의 팔을 불태워서, 7만2천 년 동안이나 불타기를 계속하며 공양했다. 그리고 무수한 성문이 되고자 하는 사람들, 무량·무수의 사람들에게 위없는 바른 깨달음으로 향하는 마음을 일으켜서, 현일체색신삼매(現一切色身三昧)에 안주시킨 것이다.

그때 보살들과 하늘의 신들·인간들·아수라들은 그 〈일체중생희견보살〉의 팔이 〈불에 타서〉 없어진 것을 보고 근심하고 슬퍼하며 이와 같이 말했다.

『이 일체중생희견보살은 우리들의 스승이어서, 우리들을 교화해 왔다. 그런데도 지금, 팔을 불태워 불구가 되어버렸다.』

그때 일체중생희견보살은 많은 사람들의 모임 가운데서, 다음과 같이 서원(誓願)을 세웠다.

『나는 두 팔을 버렸지만 〈그것에 의해서〉 반드시 부처님의 금색(金色)의 신체를 얻을 것이다. 그리고 〈그것이〉 진실이어서, 거짓이 아닌 것이라면 나의 두 팔이 다시 원래대로 되게 하소서..』

이렇게 서원의 말을 마치자 〈그 두 팔은〉 자연히 원래대로 되돌아 왔다. 이것은 오로지 이 보살의 복덕과 지혜가 두터웠던 것에 의하는 것이다. 그때에는 전 세계가 여섯 가지로 진동하고 하늘에서는 보배 꽃이 〈비 오듯〉 내렸으며 하늘의 신들과 인간들은, 지금까지는 없었던 생각을 했던 것이다.」

부처님께서는 수왕화보살에게 말씀하셨다.

「그대는 어떻게 생각하는가? 이 일체중생희견보살은 다른 사람이 아니다. 〈누구일까?〉 지금의 약왕보살 그 사람인 것이다. 이와 같이 무량백천만억나유타의 겁수(劫數)에 걸쳐서, 자신의 몸을 버려서 보시해 왔던 것이다.

수왕화여, 만일에 발심하여 위없는 바른 깨달음을 얻으려고 하는 사람은 손가락 〈하나〉에서 혹은 엄지발가락까지도 불태워서 불탑에 공양하라. 그것은 왕국과 처자, 게다가 전 세계의 산과 숲과 강과 연못, 갖가지 진귀한 보물에 의해서 공양하는 것보다도 뛰어나기 때문이다.

또 만일에 어떤 사람이 전 우주를 일곱 가지 보배로 가득 채워서 부처님·위대한 보살·벽지불·아라한들에게 공양한다 하더라도, 그 사람이 얻는 공덕은 법화경의 네 구절(四句)로 되는 하나의 시송(詩頌)을 수지(受持)하는 〈것에 의해서 얻는〉 복(福)에는 미치지 못한다.

수왕화여, 예를 들면 모든 하천·큰 강의 흐름 가운데서, 큰 바다가 제일인 것처럼 그와 같이 이『법화경』도 많은 여래들이 설하신 경 가운데서도 가장 뛰어난 것이다.

또 토산·흑산·소철위산·대철위산, 그것에 열 개의 보산의 여러 가지 산들 가운데 수미산이 제일인 것처럼, 그와 같이 이『법화경』도 많은 경전 가운데서 최상의 것이다.

또 별(星)들 가운데서 월천자(月天子)가 제일인 것과 같이, 이 『법화경』도 천만억종이라는 많은 경법 가운데서 가장 빛나는 것이다.

또 일천자(日天子)가 갖가지의 암흑을 제거하는 것 같이, 그와 같이 이 〈법화〉경도 모든 불선(不善)의 어둠(闇)을 깨뜨리는 것이다.

또 많은 왕들 가운데서 전륜성왕이 제일인 것처럼 그와 같이, 이 〈법화〉경도 많은 경전 가운데서 가장 거룩한 것이다.

또 제석천(帝釋天)이 33천의 신들 가운데서 왕인 것처럼, 그와 같이 이 〈법화〉경도 많은 경전 가운데서 왕인 것이다.

또 대범천왕(大梵天王)이 일체중생의 아버지이듯이 그와 같이, 이 〈법화〉경도 모든 수행중의 범부와 성자, 학수중(學修中)의 혹은 학수를 완료한 사람들, 그 위에 보살을 지향하는 마음을 일으킨 사람들에게는 아버지(父)이다.

또 일체의 범부 가운데서 수다원(須陀洹)·사다함(斯陀舍)·아나함(阿那舍)·아라한·독각(獨覺)이 제일〈로 뛰어난 사람들〉인 것처럼 그와 같이 이 〈법화〉경도 일체의 여래에 의해서 설하신 것, 보살에 의해서 설해진 것, 성문에 의해서 설해진 것 등의 많은 경법 가운데서 제일인 것이다. 이 경전을 받아서 간직할 수 있는 사람에 대해서도 또한 똑같은 것이다. 모든 중생들 가운데서 제일가는 사람인 것이다.

모든 성문·독각들 가운데서 보살이 제일인 것처럼, 이 〈법화〉경도 또한 그와 같이, 온갖 경법 가운데서 제일인 것이다.

부처님께서는 많은 가르침의 왕인 것처럼, 이 〈법화〉경도 그것과 똑같이 많은 경 가운데의 왕인 것이다.

수왕화여, 이 〈법화〉경은 모든 중생을 구제할 수 있는 것이다. 이 〈법화〉경은 온갖 중생을 그 고뇌로부터 벗어나게 할 수 있다. 이 〈법화〉경은 모든 중생에게 이익을 주어서, 그들의 소원을 성취시킬 수 있나.

그것은 마치 맑고 시원한 연못이 목마른 사람을 만족시키는 것 같이, 추워하는 사람이 불을 얻은 것처럼, 벌거벗은 사람이 의복을 얻은 것처럼, 상인이 그 주인을 얻은 것처럼, 아이가 어머니를 얻은 것처럼, 〈물〉을 건너가려는 사람이 배(舟)를 얻은 것처럼, 병든 사람이 의사를 얻은 것처럼, 캄캄한 데서 등불을 얻은 것처럼, 가난한 사람이 보배를 얻은 것처럼, 인민이 왕을 얻은 것처럼, 〈해상〉 상인이 바다를 얻은 것처럼, 횃불이 어둠을 제거하는 것처럼, 이『법화경』도 또한 그것과 같은 것이다. 중생들로부터 온갖 고를, 모든 병통(病痛)을 여의게 할 수 있고 모든 생사의 속박에서 해방시킬 수 있는 것이나.

만일 어떤 사람이, 이『법화경』을 들을 수 있어서 자기도 베껴 쓰거나 혹은 남에게도 베껴 쓰도록 한다면, 그것에 의하여 얻어지는 공덕은, 〈예를 들어〉 부처님의 지혜로 그것이 얼마쯤 되는가 하고 재어볼지라도 그 한계에 도달할 수 없을 정도이다.

만일에 이 경권을 베껴 쓰고 〈거기에다〉 꽃과 향·영락·사르는 향·가루 향·바르는 향·깃발과 천개·의복·여러 가지의 등불 즉 유락(乳酪)으로 켠 등불·식물의 기름으로 켠 등불·갖가지 향유의 등불·찬파카 향유의 등불·수마나스 향유의 등불·바다라 향유의 등불·바루시카 향유의 등불·쟈스민 향유의 등불 등에 의해서 그것을 공양했다면, 그 얻어지는 공덕은 또한 한량이 없다.

수왕화여, 만일 어떤 사람이, 이 약왕보살본사품을 들었다면 헤아릴 수 없는 무량한 공덕을 얻을 것이다. 만일 여자로서, 이 약왕보살본사품을 듣고, 믿고 간직할 수 있다면, 그 사람은 그 여자의 신체가 멸한 후에는 재차 〈여성의 신체를〉 받는 일은 없을 것이다.

만일에 여래가 멸도한 후의 500년간 가운데에 만일 여인이 이 〈법화〉경전을 듣고 가르침대로 수행한다면, 이 세계에서 수명을 마치자마자 곧바로 아미타불이 위대한 보살들에게 둘러싸여 있는 안락한 세계의 주소에 왕생하고, 연꽃 가운데의 보배로 만든 자리 위에 태어날 것이다.

〈그 사람은〉 또 탐욕의 마음에 괴롭힘을 당하는 일은 없고 또 성냄이나 어리석음에도 괴롭힘을 당하지 않고 그 위에 교만하거나, 질투 등의 갖가지 〈마음의〉 더럽힘에도 괴로워하는 일 없고,

보살의 신통과 모든 것은 생하지 않음을(不生) 아는 지혜 즉 무생법인(無生法忍)을 획득할 것이며, 그 지혜를 얻은 후에는 그 시각이 청정하게 될 것이다. 그리고 이 맑고 깨끗한 시각에 의해서, 칠백만이천억 나유타의 갠지스 강의 모래의 수에 상당하는 부처님·여래를 볼 수 있을 것이다.

이때, 또한 부처님들께서는 〈그 사람을〉 함께 다음과 같이 칭찬할 것이다.

『좋구나, 좋다. 선남자여, 그대는 석가모니불의 가르침 아래에서 이 〈묘법연화〉경을 믿어 간직하고, 읽고 외우며, 사유하여 다른 사람에게 설해 주었다. 그것에 의해서 얻은 복덕은 헤아릴 수 없을 만큼 많다. 그것은 불도 태울 수 없고, 물도 떠내려 보내지 못할 것이다.

그대의 공덕은 1천의 부처님들이 다 함께 그것을 설한다 할지라도 다 설할 수 없을 정도이다. 그대는 지금, 이미 많은 악마〈에 비유되는 번뇌〉의 도둑을 깨뜨리고, 생사의 군대〈라고 하는 생존에 얽힌 괴로움〉을 괴멸하여, 다른 많은 적에 대해서도 모두 다 정복하고 멸해 버렸다.

선남자여, 백 천(百千)의 여러 부처님께서 신통력에 의해서 그대를 수호하고 계신다.

온갖 세계의 하늘의 신들과 인간들 가운데에서 그대와 견줄 사람은 없다. 오직 여래만을 제(除)하고 그 〈밖의〉 성문과 독각, 그것에다 보살들의 지혜와 선정도 그대와 동등한 사람은 없을 것이다.」

「수왕화여, 이 보살은 이상과 같은 공덕과 지혜의 힘을 완성할 것이다. 만일 어떤 사람이, 이 약왕보살본사품을 듣고 감사하다고 기뻐하며, 상찬(賞讚)할 수 있다면, 그 사람은 이 세상에서 입안에서 항상 푸른 연꽃의 향기를 내뿜고, 신체의 모공에서는 항상 우두전단의 향기를 내놓을 것이다. 〈그 사람의〉 얻어지는 공덕은 이상과 같은 것이다.

그렇기 때문에 수왕화여, 이 약왕보살본사품을 그대에게 위촉하겠다. 내가 멸도에 들어간 후 500년이 경과한 후에, 이 전세계에 널리 넓혀서, 〈이 가르침이〉 단절하여 악마나 악마의 권속·신들·용·야차·귀령들에게 편의를 제공하지 않도록 하라.

수왕화여, 그대의 신통력에 의해서 이 〈법화〉경을 수호하라. 왜냐하면, 이 〈법화〉경은 이 전세계의 사람들의 병에 있어서의 양약(良藥)이기 때문이다. 만일 사람이 〈마음이〉 병들어 있어도, 이 〈법화〉경을 들을 수 있다면 그 병은 곧바로 소멸해 버리고 불로불사로 될 것이다.

수왕화여, 만일 어떤 사람이 이 〈법화〉경을 믿고 간직하는 사람을 보거든 푸른 연꽃에 분말의 향을 가득 채운 것을 그 사람 위에 뿌려서 공양하라. 뿌려 마쳤다면, 이와 같이 생각해야 한다. 즉『이 사람은 머지 않아 반드시 〈좋은 징조의〉 풀(吉祥草)을 취하고 〈그것을 깔아서 자리로 하고〉 깨달음의 자리에 앉아서 많은 마(魔) 군대를 쳐부술 것이다. 가르침의 소라 고동을 불고 위대한 가르침의 북을 쳐서, 모든 중생에 있어서의 노·병·사라고 하는 〈괴로움의〉 바다를 건너서 벗어날 것이다.』

그런 까닭에, 부처님의 깨달음을 구하려는 사람은 만일 이 〈법화〉경전을 믿고 간직하려는 사람을 본다면, 이와 같은 존경하는 마음을 일으켜야 한다.」

이 약왕보살본사품을 〈부처님께서〉 설하셨을 때, 8만4천의 보살은 해일체중생어언다라니를 획득하였다.

다보여래께서는 다보탑 안에서 수왕화보살을 칭찬하여 다음과 같이 말씀하셨다.

「오! 훌륭하도다. 수왕화여, 그대는 생각조차 할 수 없는 공덕을 완성하여, 석가모니불에게 이상의 것을 듣고서, 〈그것에 의해서〉 헤아릴 수 없는 모든 중생들에게 이익을 줄 수 있었다.」

妙音菩薩品 第二十四
묘음보살품 제이십사

그때 석가모니불께서는 위대한 인물의 상〈의 하나〉인 머리 위의 정수리에 상투처럼 솟아오른 육계(肉髻)에서 광명을 방출하고, 그 위에 미간의 하얗게 말린 털에서 빛을 놓아서, 동방의 갠지스 강의 모래 수의 백팔·만·억·나유따 배(倍)라고 하는 수많은 부처님들의 세계를 비추었다.

그리고 그 수많은 세계를 지난 곳에 정광장엄이라는 이름의 세계가 있었다. 그 나라에 정화숙왕지여래·공양을 받는 데 마땅한 분·바르고 널리 지(知)를 가진 분·지혜와 실천과가 완전히 갖추어진 분·깨달음에 도달한 분·세계의 모든 것에 통달한 분·위없는 분·인간의 조교사

・제천과 사람들의 스승・불・세존이라고 이름하는 부처님이 계셨다. 헤아릴 수 없을 만큼의 많은 보살들의 모임에 둘러싸여서 법을 설하고 계셨다. 석가모니불의 미간의 하얗게 말린 털에서 방출된 광명이, 그 나라를 남김없이 비추었다.

그때 정광장엄국 가운데에 묘음(妙音)이라는 한 사람의 보살이 있었다. 오랫동안에 걸쳐서 많은 덕의 근본을 길러서, 백천만억의 무량배라고 하는 많은 부처님들을 공양하고 섬겼으며 극히 심오한 지혜를 모두 달성하고, 묘당상삼매(妙幢相三昧)・법화삼매(法華三昧)・정덕삼매(淨德三昧)・수왕희삼매(宿王戱三昧)・무연삼매(無緣三昧)・지인삼매(智印三昧)・해일체중생어언삼매(解一切衆生語言三昧)・집일체공덕삼매(集一切功德三昧)・청정삼매(淸淨三昧)・신통유희삼매(神通遊戱三昧)・혜거삼매(慧炬三昧)・장엄왕삼매(莊嚴王三昧)・정광명삼매(淨光明三昧)・정장삼매(淨藏三昧)・불공삼매(不共三昧)・일선삼매(日旋三昧)를 얻고 있었다.

이상과 같은 갠지스 강의 모래 수의 백천만억 배의 수에 대등한 많은 위대한 삼매를 획득하고 있었던 것이다.

석가모니불께서 방출한 빛이 그의 신체를 비추자 〈묘음보살(妙音菩薩)〉은 곧바로 정화수왕지(淨華宿王智)불에게 말씀드렸다.

「세존이시여, 저는 사바세계에 가서 석가모니불을 예배하고 섬기며, 공양하고 그리고 문수사리법왕자보살・약왕보살・용시보살・수왕화보살・상행의보살・장엄왕보살・약상보살을 만나려고 생각합니다.」

그때 정화수왕지불께서는 묘음보살에게 말씀하셨다.

「그대여, 그 나라를 경멸하며 뒤떨어졌다는 생각을 품어서는 안 된다.

선남자여, 그 사바세계는 높낮음이 있어서, 흙과 돌, 산들〈이 있어서〉 더러움이 충만해 있다. 부처님의 신체는 작고, 보살들도 그 신체가 작다. 그러나 그대의 신체는 4만2천 요자나, 나의 신체는 6백80만 요자나이다. 그대의 신체는 가장 뛰어나고 단정하며 백천만의 복덕이 있고, 그 광명도 의외로 뛰어나 있다. 그런 까닭에 그대가 가더라도 그 나라를 가벼이 여기거나, 부처님과 보살, 그 국토에 대해서 뒤진다는 생각을 품어서는 안 된다.」

묘음보살이 그 부처님께 말씀드렸다.

「세존이시여, 제가 지금 사바세계에 가는 것은, 모두 여래의 힘, 여래의 자유자재한 신통, 여래의 공덕과 지혜의 엄숙한 치장에 의한 것입니다.」

그런데 묘음보살은, 자리에서 일어나지도 않고, 움직이지 않는 채로 삼매에 들고, 그 삼매의 힘에 의해서 〈사바세계의〉 영축산의 설법의 자리에서 그리 멀지 않는 곳에 8만4천의 보옥으로 만든 연꽃을 현출(現出)시켰다. 그것들은 염부단금(閻浮檀金)〈이라 하는 최상의 금〉의 줄기, 백은(白銀)의 잎, 다이아몬드의 꽃술, 킨슈카(甄叔迦)의 꽃받침으로 되어 있었다.

그때 문수사리법왕자는 이 연꽃들을 보고 부처님께 말씀드렸다.

「세존이시여, 도대체 어떠한 사연으로 이 상서로운 징조가 나타난 것입니까. 몇천만의 연꽃은, 줄기는 염부단금으로, 잎은 백은으로, 꽃술은 다이아몬드로, 그 꽃받침은 킨슈카 꽃의 보배로 되어 있습니다.」

석가모니불께서는 그때, 문수사리에게 말씀하셨다.

「이것은 묘음보살대사(妙音菩薩大士)가 정화수왕지불(淨華宿王智佛)

의 국토에서 8만4천의 보살들에게 에워싸여서, 이 사바세계에 와서 나에게 공양하고 시중들며, 예배하려고 하고 있는 것이며 또『법화경』을 공양하고 청문(聽聞)하려고 하고 있는 것이다.」

문수사리가 부처님께 말씀드렸다.

「세존이시여, 그 보살은 어떠한 선근을 쌓고 어떠한 공덕을 닦아서 이와 같은 위대한 신통력을 얻은 것입니까. 어떠한 삼매를 행하는 것입니까. 바라옵건대 저희들을 위해서 그 삼매의 이름을 가르쳐주십시오.

저희들도 또한 그것을 되풀이하여 수행하고 싶은 생각입니다. 그 삼매를 실천하면 이 보살의 모습의 크고 작음, 태도, 행동을 볼 수 있을 것입니다. 아무쪼록 원컨대 세존이시여, 〈세존의〉 신통력에 의해서, 그 보살이 찾아와서, 그때에 제가 볼 수 있도록 하여주십시오.」

그때 석가모니불께서는 문수사리에게 다음과 같이 말씀하셨다.

「멸도에 드신 지 오래되신 이 다보여래께서 그대들을 위해서, 그의 모습을 나타내게 하실 것이다.」

그래서 다보불(多寶佛)께서는 그 보살에게 말씀하셨다.

「선남자(善男子)여, 어서 오십시오. 문수사리법왕자가 그대의 모습을 보려고 생각하고 있소.」

그러자 묘음보살은 그 〈자기가 있던 정광장엄이라는〉 국토에서 모습을 감추어서, 8만4천의 보살들과 함께 〈사바세계에〉 왔다. 그 지나온 나라들은 여섯 가지로 진동하고, 칠보로 된 연꽃이 비 오듯 내리며 백천 가지 천상의 악기는 연주하지 않는데도 자연히 울려 퍼졌다.

이 보살의 눈은 폭이 넓고 큰 푸른 연꽃의 잎과 같았다. 그 얼굴 모양의 단정하고 고운 것은 비록 백천만의 달을 합쳐도 그것에 미칠 수가 없었다.

몸은 금빛으로 빛나고, 백천의 무량배나 되는 공덕에 의해서 장식되어 있다. 엄숙한 덕이 넘쳐흐르고 광명에 비추어져 빛나서, 여러 가지의 〈특별한〉 상이 갖추어져 있고 나라야나(那羅延)와 같은 강한 신체였다.

칠보로 만든 누각 속에 들어가서, 공중 칠다라수(七多羅樹) 높이가 되는 곳에 상승하고 많은 보살들에게 공경 받으며 에워싸이면서 이 사바세계의 영축산에 왔다.

도착하자, 칠보로 된 누각에서 내려와서, 백천〈금(金)〉의 가치가 있는 목걸이를 가지고 석가모니불이 계신 곳에 가까이 가서, 머리로 부처님의 발을 받들고 예배하며 목걸이를 바치면서 부처님께 말씀드렸다.

「세존이시여, 정화수왕지불께서는 세존께 이와 같이 문안을 드리고 계십니다.」

「무병식재(無病息災)하시고, 기거동작(起居動作)도 가벼우시며, 안락하게 지내오신지요, 어떠신지요? 〈신체를 구성하는 지·수·화·풍의〉 사종(四種)의 요소는 조화가 잡혀있습니까? 어떻습니까? 세상일에는 참고 견딜 수 있습니까? 어떻습니까?

중생들은 구제하기 쉬우신지요, 탐내고(貪欲)·성내고(瞋恚)·어리석고(愚癡)·질투·인색·만심(慢心) 등이 많은 일은 없으신지요?

부모에게 효행하지 않고, 수행자인 사문(沙門)을 공경하지 않고, 삿된 견해와 불선(不善)의 마음을 품고, 오관의 욕망이 끝이 없다고 하는 것 같은 일은 없겠지요?

세존이시여, 중생은 갖가지의 마라고 하는 적을 쳐부술 수가 있겠는지요? 어떻습니까? 멸도하신지 오래 경과된 다보여래께서는 칠보로 된 탑 안에 계시면서, 이곳에 오셔서 가르침을 듣고 계시는지요? 어떠하신지요?

또 〈정화수왕지불께서는〉 다보여래께 안부를 묻고 계십니다.

『안온식재(安穩息災)하시고 〈오랫동안 탑 속에 계시면서〉 잘 견디고 계시겠지요. 〈이 사바세계에〉 오랫동안 머물고 계실 것입니까? 어떠하실 것입니까?』

세존이시여, 저는 지금 다보불의 신체를 예배하겠다고 생각합니다. 아무쪼록 세존이시여, 원컨대 저에게 교시하여서 뵙도록 하여 주십시오.

그때 석가모니불께서는 다보불에게 말씀하셨다.

『이 묘음보살이 당신을 뵙고 싶은 생각을 하고 있습니다.』

그러자 다보불께서는 묘음보살에게 말씀하셨다.

「오! 훌륭하도다. 그대는 석가모니불을 공양하고 법화경을 청문하며, 그 위에 문수사리들에게 만나기 위해 여기 온 것은 매우 잘한 일이다.」

그때 화덕보살(華德菩薩)이 부처님께 말씀드렸다.

「세존이시여, 이 묘음보살은 〈과거에〉 어떠한 선근을 심었으며, 어떠한 공덕을 쌓아서 이런 신통력을 얻은 것입니까.」

부처님께서는 화덕보살에게 말씀하셨다.

「과거세에 운뢰음왕여래(雲雷音王如來)·성자·바르게 깨달으신 사람이라는 부처님이 계셨다. 그 국토를 현일체세간(現一切世間)이라 하고 그 시대(劫)를 희견(憙見)이라고 했다.

묘음보살은 1만2천 년 동안에 걸쳐서 10만 가지의 기악(伎樂)에 의해서 운뢰음왕불(雲雷音王佛)을 공양하고 또 8만4천(八萬四千)의 칠보로 된 바리때(鉢)를 바쳤다. 이 사연의 과보에 의해서 지금, 정화수왕지불(淨華宿王智佛)의 국토에 태어나서 이런 신통력이 있게 된 것이다.

화덕(華德)이여, 그대는 어떻게 생각하는가. 그때에 운뢰음왕불(雲雷音王佛) 아래서 묘음보살(妙音菩薩)로서, 기악(伎樂)에 의해서 공양하고, 보옥으로 만든 그릇을 바친 사람은 어찌하여 다른 사람이겠는가. 지금의 이 묘음보살대사(妙音菩薩大士) 그 사람인 것이다.

화덕이여, 이 묘음보살(妙音菩薩)은 지금까지에 이르도록 한량없는 부처님들에게 공양하고 시봉하며, 오래도록 덕의 근본을 심고 또 갠지스 강의 모래 수에 대등한 백천만억 나유따라고 하는 수많은 부처님을 만나 뵐 수 있었던 것이다.

화덕이여, 그대는 묘음보살의 신체는 오직 여기에만 있다고 보고 있으나 그러나 이 보살은, 여러 가지의 신체를 시현하여, 어떤 곳에든지 많은 중생을 위해 이 〈법화〉경전을 설하고 있는 것이다.

어떤 경우에는 범천왕의 신체를 나타내고, 어떤 경우에는 제석천의 신체를 나타내고, 어떤 경우에는 〈타화(他化)〉 자재천(自在天)의 신체로 나타내고, 어떤 경우에는 대자재천(大自在天)의 신체로 나타내고, 어떤 경우에는 천계의 대장군의 신체를 나타내고, 어떤 경우에는 비사문천(毘沙門天)의 신체를 나타내고, 어떤 경우에는 전륜성왕의 신체를 타내고, 어떤 경우에는 많은 왕후의 신체를 나타내고, 어떤 경우에는 부호의 신체를 나타내고, 어떤 경우에는 자산가의 신체를 나타내고, 어떤 경우에는 재상·관리의 신체를 나타내고, 어떤 경우에는 바라문의 신체를 나타내고, 어떤 경우에는 비구·비구니·청신사·청신녀의 신체를 나타내고, 어떤 경우에는 부호나 자산가의 처의 신체를 나타내고, 어떤 경우에는 재상·관리의 처의 신체를 나타내고, 어떤 경우에는 바라문의 처의 신체를 나타내고, 어떤 경우에는 남자아이·여자아이의 신체를 나타내고, 어떤 경우에는 하늘의 신·용·야차·건달바·아수라·가루라·긴나라·마후라가·인간·인간 이외의 신체를 나타내어서 이 경을 설하는 것이다.

온갖 지옥아귀·축생〈의 경계에 있는 것들〉을 그리고 많은 부처님의 가르침에 접하기에 곤란한 경우〈에 있는 것들〉을 모두 구제할 수가 있는 것이다.

그리고 왕의 후궁에 이르기까지 여성의 신체로 몸을 바꾸어서 이 경을 설하는 것이다.

화덕이여, 이 묘음보살은 사바세계의 많은 중생들을 구제하고 수호할 수 있는 사람인 것이다.

이와 같이 여러 가지로 몸을 바꾸어서 신체를 나타내고, 이 사바국토에서 많은 중생들을 위해서 이 〈법화〉경을 설하는 것이다. 더구나 신통력과 몸을 바꾸는 것과 지혜가 〈그것에 의해서〉 감소(減少)하는 일은 없다.

이 보살은 여러 가지의 지혜에 의해서, 사바세계를 명찰(明察)하고 모든 중생들에게 저마다가 알아야 할 일을 알도록 하는 것이어서, 시방의 갠지스 강의 모래 수만큼 많은 세계가 있어서도 또 그와 같이 행하는 것이다.

만일 성문의 모습에 의해서 구제될 수 있는 사람에 대해서는 성문의 모습을 나타내어 가르침을 설하고, 벽지불의 모습에 의해서 구제할 수 있는 사람에 대해서는 벽지불의 모습을 나타내어 가르침을 설하고, 보살의 모습에 의해서 구제될 수 있는 사람에 대해서는 보살의 모습을 나타내어 가르침을 설하고, 부처님의 모습에 의해서 구제될 수 있는 사람에 대해서는 부처님의 모습으로 나타나 가르침을 설하는 것이다.

이와 같이 여러 가지로, 구제의 대상에 따라서 그 모습을 나타내는 것이다. 그뿐만이 아니라 멸도라는 것에 의해서 구제될 수 있는 사람에 대해서는 멸도마저도 확실히 알도록 보여 주는 것이다. 화덕이여, 묘음보살대사가 위대한 신통과 지혜의 힘을 완성하는 것은 이상과 같은 것에 의한 것이다.」

그때 화덕보살은 부처님께 다음과 같이 말씀드렸다.

「세존이시여, 이 묘음보살은 깊이 선근을 심고 계십니다. 세존이시여, 이 보살은 어떤 삼매에 몸을 두고 있어서 그와 같이 온갖 곳에 나타나서 중생을 구제할 수가 있는 것일까요.」

부처님께서는 화덕보살에게 이와 같이 말씀하셨다.

「선남자여, 그 삼매는 현일체색신(現一切色身)이라 한다. 묘음보살은 이 삼매 가운데에 있어서, 그와 같은 헤아릴 수 없는 수의 중생들에게 이익을 줄 수 있는 것이다.」

이상의 묘음보살품을 〈부처님께서〉 설하시자, 묘음보살과 함께 온 8만4천의 사람들은 모두 현일체색신삼매를 획득하고 또한 이 사바세계의 한량없는 수의 보살들도 이 삼매와 그리고 〈모든 선을 권장하고 악을 멈추게 하는 힘인〉 다라니를 획득한 것이다.

그러자 묘음보살마하살은 석가모니불과 다보불의 탑에 공양을 바친 후 원래의 국토로 되돌아갔다.

그가 지나온 나라들은 여섯 가지로 진동하고, 보배로 만든 연꽃이 비 내리듯 뿌려지고, 백천만억이라 하는 여러 갖가지의 기악이 연주되었다.

묘음보살은 본래의 국토에 도착하자, 8만4천의 보살들에게 둘러싸여 그들과 함께 정화수왕지불이 계신 곳에 이르러서 부처님께 다음과 같이 말씀드렸다.

「세존이시여, 제가 사바세계에 가서 중생들에게 이익을 주고, 석가모니불을 뵈옵고 또 다보불의 탑에 예배·공양을 드렸습니다. 또 문수사리법왕자보살·약왕보살·득근정진력보살(得勤精進力菩薩)·용시보살(勇施菩薩) 등과도 만났습니다. 또 이 8만4천의 보살들도 현일체색신삼매를 얻게 했습니다.」

이상이 묘음보살이 〈사바세계를〉 왕복하는 장(章)을 〈부처님께서〉 설해질 때, 4만2천의 천자들은 이 세상의 모든 것은 본래 불생불멸(不生不滅)하다고 확지(確知)하는 지혜, 즉 무생법인(無生法忍)을 획득하고 화덕보살은 법화삼매를 획득한 것이다.

觀世音菩薩普門品 第二十五
관세음보살보문품 제이십오

그때 무진의보살은 곧바로 자리에서 일어나 오른쪽 어깨를 벗어 드러내어 합장하고 부처님을 향해 다음과 같이 말씀드렸다.

「세존이시여, 관세음보살은 무슨 사연으로 관세음이라는 이름이 붙여지게 되었습니까?」

부처님께서 무진의보살에게 말씀하셨다.

「좋은 집안의 아들이여, 만일 백천만억의 무량배(無量倍)라고 하는 많은 중생들이 있어서, 많은 고뇌를 받고 있는 경우에도 관세음보살의 공덕을 귀로 듣고, 일심으로 그 이름을 부른다면 관세음보살은 곧바로 그 음성을 알고, 모든 사람을 〈고뇌에서〉 벗어나게 할 수 있을 것이다.

만일 이 관세음보살의 이름을 마음에 굳게 기억하고 있는 사람은 설령 큰불에 들어갔다고 해도, 그 보살의 위신력(威神力)에 의해서, 불도 〈그 사람을〉 태우지 못할 것이다. 만일 큰 강에 표류하더라도 그 명호(名號)를 부르면, 곧바로 얕은 곳에 닿을 것이다.

만일에, 백천만억이라는 수의 중생들이 금·은·유리·자거·마노·산호·호박·진주 등의 보배를 구해서 큰 바다에 들어가, 가령 폭풍이 그들의 선단에 불어서 나찰귀(羅刹鬼)의 나라에 표착했다 하더라도, 그들 중의 한 사람이라도 관세음보살의 이름을 부르는 사람이 있다면, 그들은 나찰의 난에서 벗어날 수 있을 것이다. 이러한 사연에서 관세음이라 이름 붙여진 것이다.

또 만일 어떤 사람이 처형되려고 할 때에, 관세음보살의 이름을 부른다면 〈처형인(處刑人)의〉 손에 잡은 칼과 몽둥이는 조각조각 부러져서, 〈그 난에서〉 벗어날 수 있을 것이다.

만일 삼천대천세계 가운데에 충만할 정도의 야차와 나찰들이 모여와서, 사람을 괴롭히려고 생각해도 사람이 관세음보살의 이름을 부르고 있는 것을 듣는다면, 이 많은 악귀들은 악의적인 눈으로 볼 수조차 없을 것이다. 하물며 위해를 가하는 것 따위는 하지도 못할 것이다.

또, 가령 그 사람에게 죄가 있건 없건, 수갑·족쇄와 쇠사슬에 의해서 신체가 묶였다 해도 관세음보살의 이름을 부르면, 그것들은 모두 부서져서 빠져나갈 수 있을 것이다.

만일 삼천대천세계에 충만할 정도로 도적 떼가 있어, 그곳에 한 사람의 상대장(商隊長)이 많은 상인을 이끌고 값비싼 보배를 가지고 험난한 길을 통과한다고 하자. 그중의 한 사람이 다음과 같이 말했다고 하자.

『여러분, 무서워해서는 안 된다. 여러분들은 일심으로 관세음보살의 명호(名號)를 불러야 한다. 이 보살은 사람들에게 「두려움 없는 마음」을 주시는 분이다. 여러분들이 만일 그 이름을 부른다면, 이 도적들로부터 반드시 벗어날 수 있을 것이다.』

상인들이 그 말을 듣고 소리를 합해서『나무 관세음보살』하고 말했다고 하자. 그 이름을 부른 것에 의해 곧바로 그 난을 벗어날 수 있을 것이다.

무진의보살이여, 위대한 사람인 관세음보살의 위신(威神)의 힘이 얼마나 뛰어났는가 하는 것은 이와 같은 것이다.

만일 음욕(淫欲)이 강한 사람이 있다고 해도 관세음보살을 항상 염(念)하고 공경한다면, 그것에 의해서 음욕에서 벗어날 수 있을 것이다.

만일에 성내는 마음이 많더라도, 관세음보살을 항상 염(念)하며 공경한다면 그것에 의해서 성내는 마음에서 벗어날 수 있을 것이다.

만일에 어리석음이 많더라도 관세음보살을 항상 염(念)하고 공경한다면, 그것에 의해서 어리석음을 벗어날 수 있을 것이다.

무진의여, 관세음보살에게는 이와 같은 위대한 위신(威神)의 힘이 있어서, 〈사람들을〉 이롭게 하는 것이 많은 것이다. 그런 까닭에 사람들은 항상 마음으로 염(念)해야 할 것이다.

만일에 여인이 남자아이가 갖고 싶다고 생각하면 관세음보살을 예배하고, 공양한다면 복덕과 지혜를 고루 갖춘 아들을 낳을 것이다.

딸을 갖고 싶다고 생각하면 자태가 가지런한 여자아이로서, 전생에 덕을 쌓은 과보에 의해, 사람들에게 사랑받는 딸을 낳을 것이다.

무진의여, 관세음보살에게는 이와 같은 힘이 있는 것이다. 만일 중생이 관세음보살을 공경하고 예배한다면, 그 복덕은 헛되게 끝나는 일은 없을 것이다. 그런 까닭에 중생들은 모두 관세음보살의 명호(名號)를 수지(受持)해야 한다.

무진의여, 만일 어떤 사람이 갠지스 강의 모래 수의 62억 배(倍)의 많은 보살들의 이름을 수지(受持)하고, 그의 목숨이 다할 때까지 마시는 것과 먹을 것·의복·침구·의약을 공양했다고 하자. 그대는 어떻게 생각하는가. 이 선남자·선여인의 공덕은 많겠는가, 적겠는가?」

무진의가 말씀드렸다.

「세존이시여, 극히 많습니다.」

부처님께서 말씀하셨다.

「그런데 〈무진의여,〉 만일 관세음보살의 명호(名號)를 수지(受持)하고, 비록 한때라도 예배하고 공양하는 사람이 있다고 한다면, 〈앞서 말한 사람과 이 사람의〉 두 사람의 복덕은 정확히 똑같아서 차이가 없고, 백천만억의 겁이라는 오랜 시간에서도 극히 다할 수는 없다.

무진의여, 관세음보살의 명호(名號)를 수지(受持)한다면, 이상과 같은 한량없고 가없는(無邊) 복덕의 이익을 얻을 것이다.」

무진의보살이 부처님께 말씀드렸다.

「세존이시여, 관세음보살은 어떠한 모습으로 이 사바세계에 유력(遊歷)하는 것입니까? 또 어떤 내용으로 중생에게 법을 설하는 것입니까?

교화의 수단(方便)을 어떻게 표현합니까?」

　부처님께서는 무진의보살에게 말씀하셨다.

　「좋은 집안의 아들이여, 〈사바세계의〉 나라의 중생으로 부처님의 신체에 의해서 구제해야 할 사람에게는, 관세음보살은 곧바로 부처님의 신체를 나타내어 그들의 사람에게 법을 설하는 것이다. 벽지불의 신체에 의해서 구제하여야 할 사람에게는 곧바로 벽지불의 신체를 나타내어 법을 설하며, 성문의 신체에 의해서 구제할 사람에게는 곧바로 성문의 신체를 나타내어 법을 설하고, 범천왕의 신체에 의해서 구제해야 할 사람에게는, 곧바로 범천왕의 신체를 나타내어 법을 설하며, 제석천의 신체에 의해서 구제해야 할 사람에게는, 곧바로 제석천의 신체를 나타내어 법을 설하며, 자재천신의 신체에 의해서 구제해야 할 사람에게는, 곧바로 자재천신의 신체를 나타내어 법을 설하고, 대자재천신의 신체에 의해서 구제해야 할 사람에게는, 곧바로 대자재천신의 신체를 나타내어 법을 설하며, 천계의 대장군의 신체에 의해 구제해야 할 사람에게는, 곧바로 천계의 대장군의 신체를 나타내어 법을 설하고, 비사문천의 신체에 의해서 구제해야 할 사람에게는, 곧바로 비사문천의 신체를 나타내어 법을 설하며, 왕후(王侯)의 신체에 의해서 구제해야 할 사람에게는, 곧바로 왕후(小王)의 몸을 나타내어 법을 설하고, 부호의 신체에 의해서 구제해야 할 사람에게는, 곧바로 부호의 신체를 나타내어 법을 설하고, 자산가의 신체에 의해 구제할 사람에게는, 자산가(居士)의 신체를 나타내어 법을 설하며, 재상・대신의 신체에 의해서 구제해야 할 사람에게는, 곧바로 재상・대신의 신체를 나타내어 법을 설하고, 바라문의 신체에 의해서 구제해야 할 사람에게는, 바라문의 신체를 나타내어 법을 설하며, 비구·비구니·청신사·청신녀의 신체에 의해서 구제해야 할 사람에게는, 곧바로 비구·비구니·청신사·청신녀의 신체를 나타내어 법을 설하고, 부호·자산가·재상·대신·바라문들의 부인의 신체에 의해서 구제해야 할 사람에게는, 곧바로 부호·자산가·재상·대신·바라문들의 부인의 신체를 나타내서 법을 설하며, 소년·소녀의 신체에 의해서 구제해야 할 사람에게는, 곧바로 소년·소녀의 신체를 나타내어 법을 설하고, 하늘의 신들·용·야차·건달바·아수라·가루라·긴나라·마후라가·인간·인간 이외 것들의 신체를 가지고 구제할 때에는, 즉시 이들〈의 신체〉를 나타내어 법을 설하며, 집금강신의 신체에 의해서 구제하여야 할 사람에게는, 곧바로 집금강신의 몸을 나타내어 법을 설하는 것이다.

무진의여, 이 관세음보살은 이상과 같은 공덕을 완성하여, 여러 가지의 모습에 의해서 많은 국토에 유화(遊化)하여 중생을 구제하는 것이다.

이런 까닭에 그대들은 일심으로 관세음보살을 공양하지 않으면 안 된다.

이 관세음보살대사는 공포와 절박한 재난의 소용돌이 속에 있는 사람에 대해서, 누려움이 없는 것을 줄 수 있는 것이다. 그런 까닭에 이 사바세계에서는 모두 그를 일컬어서 『시무외자(施無畏者 : 두려움을 없애주는 사람)』이라고 부르는 것이다.」

무진의보살이 부처님께 말씀드렸다.

「세존이시여, 지금 저는 관세음보살을 공양하겠습니다.」

그리고 목에 걸었던, 그 가치가 백·천량의 금에 상당하는 많은 보주

(寶珠)로 된 목걸이를 벗어서, 그것을 〈관세음보살에게〉 드리고 다음과 같이 말했다.

「어진이여, 법에 대한 보시로서의 이 진귀한 보배 목걸이를 받아 주십시오.」

그러나 관세음보살은 그것을 받으려 하지 않았다. 그래서 무진의는, 거듭 관세음보살에게 말씀드렸다.

「어진이여, 저희들을 불쌍히 여기신다면 이 목걸이를 받아주십시오.」

그때 부처님께서는 관세음보살에게 말씀하셨다.

「이 무진의보살과 〈비구・비구니・우바새・우바이〉 사중・하늘의 신들・용・야차・건달바・아수라・가루라・긴나라・마후라가・인간・인간・이외의 것들을 가련히 여겨서 이 목걸이를 받도록 하시오.」

관세음보살은 곧바로 많은 사중・하늘의 신들에서부터 인간・인간 이외의 것들까지 불쌍히 여겨서 그 목걸이를 받아들여서, 그것을 둘로 나누어서 하나는 석가모니에게 또 하나는 다보불의 탑에 바쳤다.

〈그러자, 부처님께서 무진의보살에게 말씀하셨다.〉

「무진의여, 관세음보살은 이와 같은 자유자재한 신통력을 가지고 사바세계를 유력(遊歷)하는 것이다.」

그때 무진의보살은 시송에 의해서 말씀드렸다.

『세존께서는 뛰어난 특징을 가지고 계십니다. 지금 저는 거듭 그에 대해 묻습니다.』

『부처님의 아들〈인 관세음보살〉은 어떤 사연이 있어 관세음이라고 이름 붙여진 것입니까?』

뛰어난 특징을 갖추신 거룩한 사람은, 시송에 의해서 무진의에게 대답하셨다.

「그대여, 관세음의 수행에 대해서 듣도록 하라. 그것은 갖가지 방향 장소에 응하는 것이다.

광대한 서원의 그 깊이는 바다처럼 깊고, 겁이라는 긴 시간을 거쳐서도 생각은 헤아릴 수도 없는 것이다.

많은 천억의 부처님에게 시봉하고, 극히 청정한 원(願)을 일으킨 것이다. 나는 그대에게 그것을 간추려서 설하겠다.

〈관세음의〉 이름을 듣고, 그 신체를 보고, 마음에 염(念)한다면 불모의 결과로 끝나는 일은 없다.

〈그는〉 갖가지 생존에서의 고(苦)를 소멸시킬 수 있는 것이다.

설령 사람이 위해를 가하겠다고, 큰 불구멍에 밀어 떨어뜨린다고 해도,

그 관음의 힘을 마음에 염(念)한다면 불구멍은 변화하여 연못으로 될 것이다.

혹은 큰 바다에 표류하여 용과 물고기, 갖가지 악귀에 〈습격을 받아〉 어려움을 만날지라도,

그 관음의 힘을 마음에 염(念)한다면 파랑(波浪)도 〈그 사람을〉 빠뜨리지 못할 것이다.

혹은 수미산 꼭대기에서 사람에게 떠밀려서 떨어뜨려졌어도,

그 관세음의 힘을 마음으로 염(念)하다 보면 태양처럼 공중에 떠 있을 것이다.

혹은 악인에게 쫓겨서 금강산에서 추락했다 하더라도 그 관음의 힘을

마음으로 염한다면 털끝 하나도 다치지는 일은 없을 것이다.

혹은 도적이 에워싼 채로 저마다 칼을 손에 쥐고 위해를 가하려고 하는 것을 만났다고 하여도,

그 관음의 힘을 마음으로 염한다면 순식간에 〈그들은〉 모두 자애로운 마음을 일으킬 것이다.

혹은 왕의 문책에 의한 고에 조우(遭遇)하고, 처형되어서 목숨이 끝나려고 할 때에도,

그 관음의 힘을 마음으로 염(念)한다면 칼은 별안간에 조각조각 동강이 날 것이다.

혹은 목에는 항쇄(項鎖 : 칼)·쇠사슬에 묶이고, 수갑 족쇄를 채웠더라도,

그 관음의 힘을 마음으로 염(念)한다면 그것들은 스르르 벗겨져서 풀려날 것이다.

주술과 갖가지의 독약에 의해서 그 몸이 해를 입으려고 하는 사람이라도,

그 관음의 힘을 마음으로 염(念)한다면 그들은 도리어 당사자인 본인에게 돌아갈 것이다.

혹은 사나운 나찰과 독용과 많은 귀신들에게 조우하더라도,

그 관음의 힘을 마음에 염(念)한다면 그때 그들은 전혀 위해를 가하는 일은 없을 것이다.

혹은 사나운 맹수들에게 둘러싸여서 그 날카로운 이빨과 발톱이 무시무시한 것일지라도,

그 관음의 힘을 마음에 염(念)한다면 그들은 당장 어딘가에 달아나버릴 것이다.

도마뱀과 뱀·살무사·전갈들의 독기가 화연(火煙)처럼 피어올라 가는 것이라도,

그 관음의 힘을 마음에 염(念)한다면 소리를 지르면서 돌아가 버릴 것이다.

구름에서 천둥소리가 울려 퍼지고, 번개가 번쩍이며 우박과 큰비가 쏟아져도,

그 관음의 힘을 마음에 염한다면 그것들은 곧 사라져 버릴 것이다.

중생이 곤고(困苦)에 번민하고 헤아릴 수 없을 만큼의 고가 몸을 핍박할지라도,

관음의 뛰어난 지혜에 의해서 세상 사람들의 고를 구할 수 있는 것이다.

신통한 힘을 갖추고 지혜를 발휘하는 수단(方便)을 널리 닦아서, 시방의 많은 나라들에,

나라마다 그 몸을 나타내지 않는 곳은 없다.

갖가지의 많은 사나운 경계인 지옥·아귀·축생과

생·노·병·사의 고를 차례차례로 남김없이 소멸시켜 갈 것이다.

진실한 관찰과 광대한 지혜에 의한 관찰,

연민(憐愍)의 눈과 자애로운 눈〈을 가진 사람을〉 항상 원하고 항상 우러러보아라.

더러움이 없는 청정한 빛을 가진, 지혜의 태양은 많은 어둠을 깨뜨리고,

재난의 풍화를 소멸하고 남김없이 세간을 밝게 비출 수 있다.

연민의 본질로서의 계(戒)는 천둥소리처럼 울려 퍼지고 자비의 마음의 뛰어남은 큰 구름과 같이,

불사의 묘약인 가르침의 비를 내리며 번뇌의 불길을 제멸(除滅)한다.

소송하여 관청에 도모(圖謀)하거나 적진에서 공포를 느꼈을 때에,

관음의 힘을 염(念)하게 되면 많은 원적(怨敵)은 모두 퇴산(退散)할 것이다.

묘한 음성을 가진 관세음은 청정한 음성, 바다의 조수의 소리,

그 세간(世間)에 뛰어난 음성을 가졌다. 그런 까닭에 항상 마음에 염(念)하라.

염(念)하라, 염(念)하라. 의심을 일으켜서는 안 된다. 청정하고,

성스러운 관세음은 고뇌와 죽음의 재난에서 의지처가 되는 것이다.

온갖 공덕을 갖추고 자비의 눈을 가지고 중생을 본다.

복덕의 집적(集積)의 바다는 헤아릴 수 없다. 그런 까닭에 받들고 예배해야 한다.』

그때 지지보살(持地菩薩)은 자리에서 일어나 부처님 앞에 나아가서 다음과 같이 말씀드렸다.

「세존이시여, 중생가운데서 이 관세음보살품(觀世音菩薩品)의 자재(自在)한 공능(功能), 즉 모든 방면에 그 모습을 시현(示現)한다는 신통력을 듣는 사람이 있다면 그 사람의 공덕은 결코 적지는 않다고 알아야 합니다.」

부처님께서 이 보문품을 설하실 때, 듣고 있던 대중 가운데 8만4천의 중생들은 견줄 수 없는 무상(無上)의 바른 깨달음으로 향하는 마음을 일으켰다.

陀羅尼品 第二十六
다라니품 제이십육

　그때 "약의 왕"(藥王)이라는 위대한 사람인 보살은 자리에서 일어나서, 상의를 〈왼쪽 어깨는 남겨두고 오른쪽의〉 한쪽 어깨만을 드러내고, 오른쪽 무릎을 땅에 대고 세존께서 계시는 그곳에 〈향해서〉 합장하고 경례한 후, 세존에게 이와 같이 말씀드렸다.

　「세존이시여, 좋은 집안의 아들이건 좋은 집안의 딸이건, 이 "흰 연꽃처럼 가장 뛰어난 바른 가르침"(妙法蓮華)이라는 법문을 자신의 육체에 담(肉化)거나 혹은 사본으로 하거나 하여 수지하는 사람, 그 사람은 얼마만큼의 복덕을 생할 수 있겠습니까?」

부처님께서 약왕보살에게 말씀하셨다.

「만일 선남자·선여인이 갠지스 강의 모래 수에 대등한 수에 배가 되는 8백만억 나유타라고 하는 많은 부처님들에게 공양했다고 하자. 그대는 어떻게 생각하는가. 그 획득한 복덕은 많겠는가, 어떠한가?」

「매우 많을 것입니다, 세존이시여.」

부처님께서 말씀하셨다.

「만일 선남자·선여인이 이 경에 대해서 단 하나의 4구(四句)의 게(偈)라도 받아 간직하고, 독송하고, 그 의미를 해석하고, 그 설하는 바대로 수행한다면 〈그것에 의해서 얻는〉 공덕은 극히 많다.」

그때 약왕보살은 부처님에게 다음과 같이 말씀드렸다.

「세존이시여, 저는 지금 이 〈경을〉 설법하는 사람에게 다라니 주(呪)를 주어서, 그것에 의해서 그를 수호하겠습니다.」

그래서 그는 다음과 같은 주(呪)를 설했다.

『안니(安爾, 아녜), 만니(曼爾, 마녜), 마녜(摩禰, 마내), 마마녜(摩摩禰, 마마내), 지례(旨隸, 칫태), 차리제(遮梨第, 차리태), 사미(賖咩, 사매), 사리다위(賖履多瑋, 사미타), 전제(羶帝, 비샨테), 목제(目帝, 무크태), 목다리(目多履, 무크타타매), 사리(沙履, 사매), 아위사리(阿瑋沙履, 아비사매), 상리사리(桑履沙履, 사마사매), 차예(叉裔, 자예), 아차예(阿叉裔, 크샤예아크샤예), 아기니(阿耆膩, 아크쉬내), 전제(羶帝, 산태), 사리(賖履, 사미태), 다라니(陀羅尼, 다라니), 아로가파사파자비차니(阿盧伽婆娑簸蔗毘叉膩, 아로카바쉐-프라탸베크샤니), 녜비체(禰毗涕, 니디루), 아편다라녜이체(阿便哆邏禰履涕, 아반타라-니비슈태), 아단치파례수지(阿亶哆波隷輸地, 아반타라-파리숫디), 구구례(漚究隷, 무트쿨래), 모구례(牟究隷, 무트쿨래), 아라례(阿羅隷, 아라대), 파라례(波羅隷, 파라대), 수가차(首迦差, 수칸크쉬), 아삼마삼리(阿三磨三履, 아사마사매) 불타비길리질제(佛馱毗吉利袟帝, 붓다-빌로키태) 달마파리차제(達摩波利差帝, 다르마-파리크쉬태) 승가열구사녜(僧伽涅瞿沙禰, 상가-니르고샤니), 바사바사수지(婆舍婆舍輸地, 니르고니-바야바야비소다니), 만치라(曼哆羅, 만트래), 만치라차야다(曼哆邏叉夜多, 만트라크샤야태), 우루다(郵樓多, 루태), 우루다교사야(郵樓多憍舍略, 루타카우사리예), 악차라(惡叉邏, 아크샤예), 악차야다야(惡叉冶多冶, 크샤야-바나타예), 아바로(阿婆盧, 박쿨래-발로다), 아마야나다야(阿摩若那多夜, 아마냐나타예), 사바하(娑婆訶, 스바하,)』

「세존이시여, 이상의 다라니가 가진 신비적인 문구는 62억 갠지스 강의 모래 수와 대등한 많은 부처님들께서 설하셨던 것입니다. 만일 이 법사에게 위해를 가하는 것이 있다면 그것은 그러한 여러 부처님들에게 위해를 가하는 것이 될 것입니다.」

그때 석가모니불께서는 약왕보살을 칭찬하시며 다음과 같이 말씀하셨다.

「훌륭하도다, 훌륭하도다. 약왕이여, 그대는 이 법사를 가엽게 여겨서 수호하기 위해 이러한 다라니를 설한 것이다. 많은 중생에게 이익을 주는 것이 큰 것이다.」

그때 용시보살(勇施菩薩)이 부처님께 말씀드렸다.

「세존이시여, 저도 또한 법화경을 독송하고 받아 간직하는 사람을 수호하기 위해서 다라니를 설하겠습니다. 만일 이 법사가 이 다라니를 얻는다면 야차가 되었든, 나찰이 되었든, 부단나[富單那, 뿌따나귀(鬼)]가 되었든, 길차[吉遮, 끄리띠야귀(鬼)]가 되었든, 구반다(鳩槃茶 꿈반다)가 되었든, 아귀(餓鬼 쁘레타)가 되었든 그 사람의 허점을 엿보고 구하더라도 그 허점에 들러붙을 수 없을 것입니다.」

그래서 〈용시보살은〉 부처님 앞에서 주구(呪句)를 다음과 같이 설했다.

『좌례(痤隸, 즈발래), 마하좌례(摩訶痤隸, 마하-즈발래), 욱지(郁枳, 우크케), 목지(目枳, 투크케-무크케), 아례(阿隸, 아데), 아라바제(阿羅婆第, 아다바티), 열례제(涅隸第, 느리티야), 열례다바제(涅隸多婆第, 느리티야바티), 이치니(伊緻柅, 잇티니), 위치니(韋緻柅, 빗티니) 지치니(旨緻柅, 칫티니), 열례지니(涅隸墀柅, 느리티야니), 열리지바저(涅梨墀婆底, 느리티야바티), 사바하(娑婆訶, 스와하),』

「세존이시여, 이 다라니의 부사의(不思議)한 주구(呪句)는 갠지스 강의 모래 수와 대등한 많은 부처님들께서 설하신 것입니다. 또 기뻐하신 것입니다. 곧바로 이 법사에게 위해를 가하려고 하는 것이 있다면 그것은 곧 이 많은 부처님께 위해를 가하는 것이 됩니다.」

그때 이 세상의 수호자인 비사문천왕(毘沙門天王)이 부처님께 말씀드렸다.

「세존이시여, 저도 또한 중생에게 불쌍한 마음을 써서, 이 법사를 수호하기 위해서 이 다라니를 설하겠습니다.」

그래서 다음과 같은 주구를 설했다.

『아리(阿梨, 앗테-탓테), 나리(那梨, 낫테), 도나리(兎那梨, 바낫테), 아나로(阿那盧, 아나데), 나리(那履, 나디), 구나리(拘那履, 쿠나디), 사바하(娑婆訶, 스와하).』

「세존이시여, 이 부사의한 주구에 의해서 법사를 수호하겠습니다. 저도 또한 자진해서 이 경을 간직하는 사람을 수호하여 반경(半徑) 백 요자나 내에서는 쇠퇴와 환난이 없도록 하겠습니다.」

그때 지국천왕(持國天王)이 천만억 나유타라고 하는 많은 간다르바(乾闥婆)들에게 공경되며 둘러싸여서 이 자리에 있었다. 그는 부처님 계시는 곳에 와서 합장하고 부처님께 다음과 같아 말씀드렸다.

「세존이시여, 저도 또한 다라니의 부사의한 주구에 의해서 『법화경(法華經)』을 간직하는 사람을 수호하겠습니다.」

그래서 다음과 같은 주구를 설했다.

『아가녜(阿伽禰, 아가네), 가녜(伽禰, 가네), 구리(瞿利, 가우리), 건타리(乾陀利, 간다리), 전타리(旃陀利, 찬달리), 마등기(摩蹬耆, 마탕기), 푸크카시, 상구리(常求利, 상쿨레), 부루사니알저(浮樓莎柅頞底, 브루살리-시시), 사바하(娑婆訶, 스바하)』

「세존이시여, 이 다라니의 부사의한 주구는 42억의 많은 부처님들께서 설하신 것입니다. 만일, 이 법사에게 위해를 가하려고 한다면, 그것은 역시 이 많은 부처님들을 위해를 가하는 것이 되는 것입니다.」

이때 나찰녀(羅刹女)들이 있었는데, 첫째를 남바(藍婆)라 하고, 둘째를 비람바(毘藍婆)라 하고, 셋째를 곡치(曲齒)라 하고, 넷째를 화치(華齒)라 하고, 다섯째를 흑치(黑齒)라 하고, 여섯째를 다발(多髮)이라 하고, 일곱째를 무염족(無厭足)이라 하고, 여덟째를 지영락(持瓔珞)이라 하고, 아홉째를 고제(皐帝)라 하고, 열 번째를 탈일체중생정기(奪一切衆

生精氣)라고 했다.

그러자 (1) 람바(藍婆)라는 이름의 라크샤시(羅刹女)와 (2) 비람바(毗藍婆)라는 이름의 라크샤시, (3) 구타-단티(曲齒)라는 이름의 라크샤시, (4) 푸슈파-단티(華齒)라는 이름의 라크샤시, (5) 마쿠타-단티(黑齒)라는 이름의 라크샤시, (6) 캐시니(多髮)라는 이름의 라크샤시, (7) 아차라(無厭足)라는 이름의 라크샤시, (8) 마라-다리(持瓔珞)라는 이름의 라크샤시, (9) 쿤티(皐諦)라는 이름의 라크샤시, (10) 사르바-삿트바오-조하리(奪一切衆生精氣)라는 이름의 라크샤시,

이 열 사람의 나찰녀들은 귀자모(鬼子母)와 그 아이들, 그들에 동반된 것들과 함께 부처님 계시는 곳에 가서 소리를 합해서 부처님께 말씀드렸다.

「세존이시여, 저희들도 또한 법화경을 독송하고, 받아 간직하는 사람을 수호하여, 그들의 쇠퇴와 환난을 제거하려고 생각합니다. 만일 법사의 허물을 찾아 구하는 사람이 있어도, 그 허물을 이용할 수 없도록 하겠습니다.」

그래서 부처님 앞에서 다음과 같은 주구를 설했다.

『이제리(伊提履, 이티메), 이제리(伊提履, 이티메), 이제리(伊提履, 이티메), 아제리(阿提履, 이티메), 이제리(伊提履, 이티메), 니리(泥履, 니메), 니리(泥履, 니메), 니리(泥履, 니메), 니리(泥履, 니메), 니리(泥履, 니메), 루혜(樓醯, 루혜), 루혜(樓醯, 루혜), 루혜(樓醯, 루혜), 루혜(樓醯, 루혜), 루혜(樓醯, 루혜), 다혜(多醯, 스투혜), 다혜(多醯, 스투혜), 다혜(多醯, 스투혜), 다혜(多醯, 스투혜), 두혜(兜醯, 스투혜), 누혜(㝹

醯, 스투헤) 스와하.』

「차라리 내 머리 위에 오를지언정 법사를 괴롭히지 마라. 비록 야차이거나, 나찰이거나, 아귀이거나 혹은 부단나(富單那, 푸다나 鬼)이거나, 길자(吉蔗, 크리티야 鬼)이거나, 비다라(毘陀羅, 베다타 鬼)이거나, 혹은 건타(犍馱, 스칸다)이거나, 오마륵가(烏摩勒伽, 오마라카)이거나, 혹은 아발마라(阿跋摩羅, 아파스마라 鬼)이거나, 야차길자(夜叉吉蔗, 야크샤의 크리티야 鬼)이거나, 인길자(人吉蔗, 인간의 크리티야 鬼)이거나, 혹은 열병(熱病)의, 혹은 하루, 혹은 이틀, 혹은 사흘, 혹은 나흘, 끝에는 7일〈까지 이어〉지거나, 혹은 항상 열병에 앓거나, 혹은 남자의 모습이거나, 혹은 여자의 모습이거나, 혹은 남자아이의 모습이거나, 혹은 여자아이의 모습이거나, 끝에는 〈그들이〉 비록 꿈속에서도 또 법사를 괴롭히지 마라.」

그래서 부처님 앞에서 다음과 같은 시송(詩頌)을 설했다.

『만일 나의 주문에 순종치 않고 설법자를 괴롭힌다면,

그 머리는 일곱 개로 쪼개질 것이다. 마치 아루자카 나무의 꽃잎〈이 조각조각 나는 것〉처럼,

부모를 살해한 죄처럼,

또 〈참깨를 압착(壓搾)하여〉 기름을 짜는 죄와,

됫박이나 저울로 사람을 속이는 죄,

제바달다(提婆達多)의 교단파괴(敎團破壞)의 죄처럼,

이 법사를 해치는 사람은 이상과 같은 벌을 받을 것이다.』

나찰녀들은 이상의 시송을 설한 후에, 부처님께 말씀드렸다.

「세존이시여, 저희들도 또한 이 경(經)을 믿어 간직하고, 독송하고, 수행하는 사람을, 나아가 이 몸에서 수호하여 안온케 하고, 온갖 쇠퇴나 환난을 제거하여 많은 독약을 소실시킬 것입니다.」

부처님께서는 나찰녀들에게 다음과 같이 말씀하셨다.

「오! 훌륭하도다. 그대들이여, 다만 『법화경』의 이름만을 받아 간직하는 사람을 수호한다는 것만이라도, 그 복덕이 헤아릴 수 없다. 하물며 〈이 경을〉 완전히 받아 간직하고, 경권에 꽃과 향·영락·말향·도향·소향·깃발·천개·음악을 공양하고, 가지가지의 등불, 버터유의 등·유등·여러 가지의 향유의 등·수마나스의 꽃에서 채취한 기름의 등·참파카 꽃에서 채취한 기름의 등·바루시카의 꽃에서 채취한 기름의 등·청련화의 꽃에서 채취한 기름의 등 등을 태우는 등의, 이상과 같은 갖가지의 백천 가지나 되는 것으로 공양하는 사람을 수호하는 것은 더욱 그럴 것이다.

고제(皐帝 쿤티)여, 그대들과 함께하는 것들은 이상과 같은 법사를 수호하라.」

이상의 다라니품(陀羅尼品)을 〈부처님께서〉 설하실 때에 6만8천의 사람들이 모든 것은 불생불멸이라고 하는 깨달음을 얻었다.

妙莊嚴王本事品 第二十七
묘 장 엄 왕 본 사 품 제 이 십 칠

그때 부처님께서는 많이 모여 있는 사람들에게 다음과 같이 말씀하셨다.

「아득한 옛날, 그 옛날. 한량없고 무변한 생각으로도 헤아릴 수도 없는 무수한 겁의 그 옛날에 부처님이 계셨다. 운뢰음수왕화지여래(雲雷音宿王華智如來)·성자·위없는 바른 깨달음에 도달한 사람이라는 이름이었다. 그 〈불〉국토를 광명장엄이라 하고 그 시대를 희견(憙見)이라고 하였다. 그 부처님의 가르침이 〈미치는〉 가운데에 묘장엄이라는 이름의 왕이 있었다. 그 왕의 부인을 정덕(淨德)이라고 했다. 〈두 사람 사이에는〉 두 아들이 있었는데, 한 사람을 정장(淨藏)이라 하고, 두 번째를 정안(淨眼)이라고 했다.

그 두 사람의 아들들에게는 큰 신통력과 복덕과 지혜가 있어서, 오랫동안에 걸쳐 보살이 밟고 가야 할 길을 닦고 있었다. 즉 보시바라밀・시계바라밀・인욕바라밀・정진바라밀・선정바라밀・지혜바라밀과 완전한 교화의 수단〈인 남에게 즐거움을 주는〉「자(慈)」,〈남에게서 고를 제거해주는〉「비(悲)」,〈남이 즐거워하는 것을 보고 기뻐하는 마음인〉「희(喜)」,〈남에게 대한 애증이 없는 평등한 마음인〉「사(捨)」에서부터, 끝에는 깨달음에 도달하기 위한 37종의 실천법에 이르기까지, 모두를 명확하게 정통해 있었다.

또 보살이 〈구명(究明)〉할 정삼매(淨三昧)・일성수삼매(日星宿三昧)・정광삼매(淨光三昧)・정색삼매(淨色三昧)・정조명삼매(淨照明三昧)・장장엄삼매(長莊嚴三昧)・대위덕장삼매(大威德藏三昧)를 획득하고, 이 삼매들을 모두 구명하고 있었다.

그때 그 부처님께서는 묘장엄왕을 인도하겠다는 생각을 하게 되고, 또 중생을 연민하는 마음에서 이『법화경』을 설하게 된 것이다.

그때 정장과 정안의 두 아들은, 그들의 어머니가 계시는 곳에 가서 열 손가락을 모아서 합장하고 다음과 같이 말씀드렸다.

『아무쪼록 어머니시여, 운뢰음수왕화지불이 계시는 곳에 가주옵소서. 저희들도 함께 가서 직접 시봉하고, 공양하고, 예배합시다. 왜냐하면, 이 부처님께서는 모든 하늘의 신들, 인간의 모임 가운데서『법화경』을 설하시기 때문입니다. 그것을 확실하게 청문토록 합시다.』

어머니는 아들들에게 말했다

『그대들의 아버지는 불교 이외의 가르침을 신봉하여 바라문교에 깊이 이끌려져 있다. 그대들이 아버님 계신 곳에 가서 두 사람이 함께 〈부처님 계신 곳에〉 가도록 하여라.』

정장과 정안은 열 손가락을 모아서 합장하고 어머니께 말씀드렸다

『저희들은 법왕〈이신 부처님〉의 아들입니다. 그렇지만 이 잘못된 견해〈를 받드는〉 집에 태어났습니다.』

어머니는 아들들에게 말했다

『그대들이여, 그대들의 아버지를 염려하는 생각에서 신통력에 의한 기적을 나타내 다오. 만일 〈아버지께서〉 그것을 본다면 그 마음은 반드시 청정하게 될 것이다. 혹은 우리들이 부처님 계시는 곳에 가는 것을 허락하실 것이다.』

그래서 두 아들은 아버지에 대한 생각 때문에 허공에 올라가 다라수(多羅樹)의 일곱 배 높이에 이르러, 여러 가지의 신통력에 의한 기적을 나타내었다. 즉 허공을 걸어 다니거나, 멈추거나, 앉아 있거나, 누워있거나, 신체의 상부에서 물을 쏟아내고, 신체의 하부에서는 불을 뿜어내며, 신체의 하부에서는 물을 쏟아내고, 신체의 상부에서 불을 뿜어내기도 하고 혹은 신체를 크게 하여 허공에 가득 찰 정도로 하고 또 반대로 신체를 작게 해 보이기도 하고, 작은가 하고 생각하면 또 크게 하고, 공중에서 사라졌는가 하고 생각하면, 어느덧 지상에 나타나기도 했다. 지면에 물처럼 스며들어 가기도 하고 물 위를 땅 위처럼 걸었다. 이와 같은 신통력에 의한 기적을 나타내어 그들의 부왕의 마음이 깨끗해지고 믿고 납득하게 되었다.

그때 아버지는 아이들의 신통력이 이와 같은 것임을 보고, 마음으로

크게 기뻐하며 지금까지 없었던 부사의한 생각을 하며 합장하고 아이들을 향해서 물었다.

『너희들의 스승은 도대체 누구인가, 너희들은 누구의 제자인가?』

두 아들은 다음과 같이 말씀드렸다.

『대왕이시여, 그 운뢰음수왕화지불께서 지금 칠보로 만든 보리수 아래에 있는 법좌 위에 앉아 계시며, 세계의 모든 하늘의 신들과 사람들의 모임가운데서 널리 『법화경』을 설하고 계시는데 〈그분께서〉 저희들의 스승입니다. 저희들은 제자입니다.』

아버지는 아이들에게 이렇게 말씀하셨다.

『나도 지금 너희들의 스승을 만나고 싶어 한다. 함께 가지 않겠느냐.』

그러자 두 아들은 공중에서 내려와 그들의 어머니 계시는 곳에 가서, 합장하며 어머니께 다음과 같이 말씀드렸다.

『아버지이신 왕께서는 이제야 마음으로부터 납득하셨으므로, 위없는 바른 깨달음으로 향하는 마음을 일으킬 수 있게 되었습니다. 저희들은 아버님에 대한 교화의 업무를 마쳤습니다. 어머니시여, 원하오니 아무쪼록 그 부처님 계시는 곳에서 출가하고 수행할 것을 허락해주십시오.』

그리고 두 아들은 거듭 그 뜻을 펴려고 시송(詩頌)에 의해서 어머님께 다음과 같이 말씀드렸다.

「아무쪼록 어머니시여, 저희들에게 출가하여 수행자가 될 것을 허락해주십시오.

부처님들을 만나 뵙는 것은 극히 어렵기 때문입니다. 부처님들을 만나 뵙는 것은 극히 어려운 일입니다. 저희들은 부처님을 따라서 배우려고 생각합니다.

우담발라(優曇鉢羅)의 꽃과 〈만나는 것〉보다도 더욱더, 부처님을 만나 뵙는 것은 어려운 일입니다.

갖가지 난을 피할 수 있는 것도 또한 어려운 일입니다, 아무쪼록 저희들의 출가를 허락해주십시오.」

어머니께서는 그 자리에서 이렇게 말씀하셨다.

『너희들의 출가를 허락하겠다. 왜냐하면 부처님을 만나 뵙는 것은 어려운 일이기 때문이다.』

그러자 두 아들은 부모님께 다음과 같이 말씀드렸다.

『좋은 일입니다. 아버지, 어머니시여, 원하오니 운뢰음수왕화지불(雲雷音宿王華智佛)이 계신 곳에 가서, 친히 뵙고, 공양을 하십시오. 왜냐하면 부처님을 만나 뵙는 것은 매우 어렵기 때문입니다. 그것은 〈3천 년에 한 번 꽃이 핀다는〉 우담발라(優曇鉢羅)의 꽃처럼 또 외눈박이 거북이가 〈큰 바다에 떠다니는〉 나무 구멍 속에, 마침 머리를 밀어 넣는다고 하는 것처럼 우연과 같은 드문 일입니다. 그러나 저희들은 전생의 복덕이 매우 두터웠던 그 음덕으로, 태어나서 부처님의 법을 만나 뵐 수 있었습니다. 그러므로 아버지, 어머니시여, 저희들에게 허가를 주셔서, 출가할 수 있도록 하여 주십시오. 왜냐하면, 부처님들을 만나 뵙는 것은 어렵고 〈그와 같이 만나 뵙는〉 때를 만나는 것도 어렵기 때문입니다.』

그때 묘장엄왕의 후궁의 8만4천 인의 사람들이 모두 이『법화경』을 받아 간직할 수 있게끔 되었다.

정안보살은 법화삼매에 오래전부터 통달하고 있었다. 정장보살은 무량백천만억의 겁이라고 하는 아득한 옛날로부터 이제악취삼매(離諸惡趣三昧)에 통달하고 있었다. 모든 중생이 갖가지 나쁜 경계에서 벗어날 수 있도록 하기 위한 것이었다. 그 왕의 부인은 제불집삼매(諸佛集三昧)를 획득하여, 부처님들의 가르침의 비오(秘奧)를 알 수 있게 된 것이다.

두 사람의 아들은 이와 같이 하여, 교화의 수단에 의해서 교묘하게 그들의 아버지를 인도하여, 부처님의 법을 감사한 것이라고 생각하게 하고 마음에 원하도록 한 것이다.

그래서 묘장엄왕은 신하와 시종들과 함께, 정덕부인은 후궁의 여관(女官)과 종자(從者)들과 함께, 그 두 아들은 4만2천 인과 함께, 모두 동반하여 부처님께서 계시는 곳으로 향했다. 그리고 부처님 계신 곳에 도착하자 부처님의 발을 머리에 받들어 예배하고, 부처님의 주위를 세 번 돈 후에 한쪽 구석에 자리를 차지했다.

그때 그 부처님께서는 왕을 위해서 법을 설해서 확실히 알도록(示), 가르쳤고(敎), 이익토록 하고(利) 기쁘게(喜) 한 것이다. 왕은 크게 기뻐하며, 그 자리에서 묘장엄왕과 그 부인은 목에 걸고 있던 진주 목걸이의, 그 가치가 백천금(百千金)에 상당하는 것을 풀어서 그것을 부처님 위에 뿌렸다. 그러자 그것은 공중에서 네 기둥의 보배로 된 누각(樓閣)으로 변했다. 누각 속에는 훌륭한 보배로 만든 침대가 있고 백천만 벌이(枚)나 되는 하늘의 옷이 깔렸었다. 그 위에 부처님께서 결가부좌하고 앉아계시며 훌륭하고 빛나는 광명을 발(發)하였다.

그때 묘장엄왕은 다음과 같이 생각했다.

『부처님의 신체는 극히 신비하고 위없이 단정하며 위엄이 있다. 비교할 수 없는 훌륭한 신체를 완성하고 계신다.』

그때 운뢰음수왕화지불께서는 〈비구・비구니・우바새・우바이의〉 4중의 사람들에게 말씀하셨다.

『그대들이여, 이 묘장엄왕이 내 앞에서 합장하고 서 있는 것을 보고 있는가, 어떤가? 이 왕은 나의 가르침 아래서 비구로 되어, 깨달음을 얻기 위한 수행을 열심히 닦아서, 반드시 부처님이 될 것이다. 그 이름은 사라수왕(娑羅樹王)이라 하고, 그 나라를 대광이라 하며, 그 시대를 대고왕(大高王)이라고 할 것이다. 그 사라수왕불(娑羅樹王佛)에게는 한량없는 보살의 집단과 한량없는 성문의 집단이 있고, 그 국토는 **평탄할 것**이며 공덕은 이상과 같은 것이다.』

그 왕은 곧바로 나라를 동생에게 양위하고, 부인, 두 아들 및 많은 종자들과 함께 부처님의 교계(敎誡) 아래서 출가하고 수행한 것이다.

왕은 출가 후 8만4천 년 동안 항상 노력정진하여 『법화경』을 수행했다. 그리고 이것을 지난 후 일체정공덕장엄삼매를 획득했다.

그리고 곧바로 공중에 다라수(多羅樹)의 일곱 배의 높이까지 올라가서 부처님께 다음과 같이 말씀드렸다.

『세존이시여, 저의 두 아들은 교화의 업무를 완수하였습니다. 신통력에 의한 기적에 의해서 저의 잘못된 마음을 전향시키고, 부처님의 가르침 가운데서 편안하게 머물게 하고, 세존에게 만날 수 있도록 하여 주었습니다. 이 두 아들은 저에게는 좋은 벗(善知識)입니다. 전생의 선근을 발휘하여, 저에게 이익을 얻도록 하여, 저희 집에 태어난 것입니다.』

그때 운뢰음수왕지불께서는 묘장엄왕에게 말씀하셨다.

그와 같다, 그와 같다. 그대가 말하는 그대로이다. 선남자·선여인은 선근을 심는 것에 의해서, 몇 세상에 걸쳐서 좋은 벗을 얻을 것이다. 그 좋은 벗은 교화의 업무를 하고, 확실히 알도록 보여주고(示) 가르쳐서(敎) 이익을 주고(利), 기쁘게 하고(喜) 그리고 위없는 바른 깨달음에 들어가도록 해주는 것이다.

대왕이여, 알아야 한다. 좋은 벗은 위대한 원인이라고. 즉 교화하고 인도하여 부처님을 만나 뵙게 하고, 위없는 바른 깨달음으로 향하는 마음을 일으키게 해주는 것이다.

대왕이여, 그대는 이 두 아들을 보고 있는가, 어떤가? 이 두 아들은 과거에서 갠지스 강의 모래 수의 6십5백천만억 나유타 배(倍)나 되는 많은 부처님들에게 공양하고, 몸소 시봉하며 공경하고, 부처님들 아래서『법화경』을 받아 간직하고 잘못된 견해를 가진 중생들에게 연민의 마음을 일으키고, 바른 견해에 안주토록 해 온 것이다.」

묘장엄왕은 곧바로 공중에서 내려와 부처님께 다음과 같이 말씀드렸다.

『세존이시여, 여래는 매우 드문 존재십니다. 공덕과 지혜에 의해서 머리 위의 살 상투(肉髻)가 광명에 비추어서 빛나고 있습니다. 그 눈은 길고 넓으며 감청색을 하고 있습니다. 미간에 있는 소용돌이 모양의 털의 하얀 것은 백납 같은 달과 같습니다. 이빨은 희고 촘촘하게 정돈되어 있어서 항상 광명이 있습니다. 입술의 색은 새빨갛고 빈바 열매와 같습니다.』

그때 묘장엄왕은 이상과 같은 부처님의 무량백천만억의 부처님의 덕성을 찬탄해 마치자, 부처님 앞에서 일심으로 합장하고 거듭 부처님께 말씀드렸다.

『세존이시여, 지금까지 일찍이 없었던 부사의한 일입니다. 여래의 교법은 생각할 수도 없는 뛰어난 덕성을 갖추고 완성하고 계십니다. 가르침과 계율과 실천이란 안락하여 기분이 좋은 것입니다. 저는 오늘부터 자기의 마음이 가는 데로 행동하지 않겠습니다. 잘못된 생각, 뽐내는 마음, 성내는 것 등의 갖가지 나쁜 마음을 일으키지 않겠습니다.』

이상의 말씀을 드리고 나서 부처님께 예배하고 그 장소를 물러간 것이다.

부처님께서는 많은 사람들의 모임에 대해 말씀하셨다.

「〈그대들은〉 어떻게 생각하는가, 묘장엄왕은 다른 사람이 아니다. 현재의 화덕보살 그 사람인 것이다. 그리고 정덕부인은 지금 부처님 앞에 있는 광조장엄상보살 그 사람이다. 묘장엄왕과 많은 종자들을 가엾이 여겨서 그 사람들 가운데 태어난 것이다. 그 두 사람의 아들은 지금의 약왕보살과 약상보살이라고 하는 그 사람이다

이 약왕, 약상보살은 이상과 같은 큰 공덕을 쌓은 후 무량백천만억이라고 하는 많은 부처님들 아래서, 많은 덕의 근본을 길러서, 생각이 미칠 수 없는 많은 선(善)의 덕성을 완성한 것이다. 만일 이 두 보살의 이름을 알고 있는 사람이 있다면 세상의 일체의 신들과 사람들은 또 〈그 사람을〉 예배해야 할 것이다.」

부처님께서 이상의 묘장엄왕본사품을 설했을 때, 8만4천 인의 사람들이 번뇌의 더러움을 여의고, 갖가지 사상(事象)에서 진실을 보는 눈이 열린 것이다.

普賢菩薩勸發品 第二十八
보현보살권발품 제이십팔

  그때 보현보살은 자재한 신통력과 위덕과 명성을 갖추고, 무량무변한 헤아릴 수 없는 수많은 위대한 보살들과 함께 동방에서 찾아왔다. 지나오는 나라들은 모두 진동하고, 보배로 된 연꽃이 비처럼 내리고, 헤아릴 수 없는 백천만억의 음악이 연주되었다.

  또 무수한 하늘의 신들, 용신, 야차, 건달바, 아수라, 가루라, 긴나라, 마후라가, 인간과 인간 이외의 것들의 많은 무리에게 에워싸여서, 위덕(威德)과 신통력을 발휘하면서, 사바세계의 기사굴산(靈鷲山)에 와서, 석가모니불의 발을 머리에 대고 예배를 한 후 오른쪽으로 일곱 번 돌고,

부처님에게 다음과 같이 말씀드렸다.

「세존이시여 저는 보위덕상왕불의 국토에 있으면서, 아득한 이 사바세계에서 『법화경』을 설하는 것을 듣고, 그것을 청문하려고 무량무변 백천만억이라고 하는 많은 보살들과 함께 찾아왔습니다. 세존이시여, 아무쪼록 원하오니 그것을 설하여 주십시오. 선남자, 선여인은 여래께서 멸도하신 후에는 어떻게 하여 이 『법화경』을 손에 넣을 수 있겠습니까.」

부처님께서는 보현보살에게 말씀하셨다.

「만일 선남자, 선여인이 네 가지의 특성을 완성한다면, 여래의 멸도 후에서 반드시 이 법화경을 얻을 수 있을 것이다. 그것은,

1에는, 부처님들에게 지켜지고 있다는 확신을 가질 것,

2에는, 많은 덕의 근본을 심을 것,

3에는, 반드시 깨달음에 도달한다는 것이 결정되어 있는 사람들의 모임 가운데에 들어갈 것,

4에는, 모든 중생을 구제하겠다는 마음을 일으킬 것이다.

선남자, 선녀인은 이상과 같은 네 가지의 특성을 완성 시킨다면 여래의 멸도한 뒤에서도, 반드시 이 〈법화〉경을 얻을 것이다.」

그때 보현보살은 부처님에게 다음과 같이 말씀드렸다.

「세존이시여, 다음의 오백 년간에서, 탁하고 나쁜 시대에서, 이 경전을 받아서 기억하는 사람이 있다면 저는 반드시 그 사람을 수호하고, 그의 쇠퇴하고 번거로움을 제거하여 편안하게 하겠습니다. 〈그 틈새를〉 엿보려고 해도 아무도 그 틈새에 끼어들지 못하도록 하겠습니다. 비록 악마이건, 악마의 아들이건, 악마의 딸이건, 악마의 백성이건, 악마에

홀린 사람이건 혹은 야차이건, 나찰이건, 구반다(굼반다 鬼)이건, 비사사(비사차 鬼)이건, 길차(끄리띠야 鬼)이건, 부단나(푸다나 鬼)이건, 위다라(웨따다 鬼)이건, 그 인간들을 괴롭히는 갖가지 것들은 모두 틈새에 끼어들 수 없을 것입니다.」

「그 사람이 걸어 다니거나 혹은 멈추어 서 있으면서 이 경을 독송한다면, 그때에 저는 여섯 개의 이빨이 있는 흰 코끼리의 왕을 타고, 위대한 보살들과 함께 그가 있는 곳에 가서 저 자신의 모습을 나타내어, 공양하고 수호하여, 그의 마음을 편안하게 하겠습니다. 그것도 또한 『법화경』에 공양하기 위한 때문입니다.

만일에, 그 사람이 앉은 채로 이 경에 대해서 사색한다면, 저는 또한 그때에 흰 코끼리 왕을 타고 그 사람의 눈앞에 나타나겠습니다.

그 사람이 만일에 법화경 가운데의 아주 작은 한 구절이라도 한 시송(詩頌)이라도 잊어버리는 일이 있다면, 저는 그것을 가르쳐서 함께 독송하고 거듭 정통(精通)토록 하겠습니다.」

그때〈법화경을〉받아서 기억하고 독송하는 사람은, 저희 모습을 볼 수 있어서, 매우 기뻐하며 더욱더 또 정진할 것입니다.

저를 보자마자 삼매(三昧)와 다라니를 획득할 것입니다. 즉 선다라니(旋陀羅尼), 백천만억선다라니, 법음방편다라니라고 하는 이름의 그와 같은 다라니를 획득할 것입니다.

세존이시여, 만일에 다음 세상의, 다음의 오백 년간의, 탁하고 악한 시대에서 비구·비구니·우바새·우바이의 사람들로서〈이 법화경을〉구하는 사람, 받아서 기억하는 사람, 독송하는 사람, 서사하는 사람, 그 사람들이 이 법화경을 수행하려고 생각한다면 3, 7일 동안 일심으로 정진해야 할 것입니다.

3, 7일을 성만(成滿)한다면 반드시 저는 여섯 개의 이빨을 가진 흰 코끼리를 타고, 수없는 보살들에게 에워싸여서, 모든 중생들이 보고 싶다고 원하는 그 신체를 그 사람 앞에 나타내어서, 그에게 법을 설하여 확실히 알도록 하고(示) 가르쳐서(敎) 이익토록(利)하며, 기뻐하도록(喜) 하겠습니다.

또 그에게 다라니의 주문(呪文)을 주겠습니다. 그 다라니를 얻는 것에 의해서, 인간 이외의 것들도 위해를 가할 수 없을 것입니다. 또 여인들에게 혹란(惑亂)되는 일도 없을 것입니다. 저 자신도 항상 그 사람을 수호하겠습니다. 아무쪼록 원하오니, 세존이시여, 제가 이 다라니를 설하는 것을 허락해 주십시오.」

그래서 곧바로 부처님 앞에서 다음과 같은 주문을 설했다.

「아견(我見)을 없애고, 소아를 버리고, 아방편(我方便)을 여의면, 평화(平和)로울 것이다. 〈대아(大我)는〉 마음은 유연하게, 행위도 유연하게, 원활하게 하리라. 붓다를 관(觀)하면, 일체의 총지(總持)를 회전시켜 일체의 언행을 변하게 한다. 그것들은 사람에서 사람으로 차례차례로 미치게 하여 나아갈 것이다. 승가의 괴멸(壞滅)을 시련하고, 승가의 잘못을 제거하여, 무수한 승가의 집착을 여의면 삼세에 무한할 것이다. 일체의 승가가 현상을 초월하고 일체의 제법을 배워서, 일체중생의 소리를 깨달으면, 마치 사자가 노니는 것처럼 자유자재로, 두려울 바가 없을 것이다. 찬양하여라.」

「세존이시여, 만일에 보살이 이 다라니를 들을 수 있다고 한다면, 그것은 보현보살의 신통한 힘에 의한 것이라고 알아야 할 것입니다. 만일 세계에 유포되고 있는 『법화경』을 받아서 기억하는 사람이 있다면, 다음과 같이 생각해야 할 것입니다. 즉 『모든 것은 보현보살의 위력(威力) 있는 신통한 힘에 의한 것이다.』

만일, 받아서 기억하고, 독송하고, 바르게 마음을 집중하고(正憶念), 그 의취(意趣)를 이해하고, 가르침대로 수행한다면 반드시 다음과 같이 알아야 할 것입니다. 즉 그 사람은 보현보살의 수행을 실천하는 사람이며, 헤아릴 수 없는 수의 부처님들 아래서 깊이 선의 근본을 심는 사람이며, 여래들의 손에 의해서 그 머리를 만져지는 사람으로 된다는 것을.

만일 그저 〈경을〉 서사할 뿐인 경우에도, 그 사람은 수명이 다하면 반드시 33천의 천계에 태어날 것입니다. 그 때는 8만4천의 수의 천녀(天女)들이 많은 음악을 연주하면서 찾아와서, 그를 맞이할 것입니다. 그 사람은 일곱 가지의 보배로 만든 관을 쓰고, 여관(女官)들 가운데서 재미있고 즐겁게 지낼 것입니다.

하물며 〈경을〉 받아 기억하고, 독송하고, 바르게 마음에 다짐하고, 그 뜻을 이해하고, 가르침대로 수행한 경우에는 말할 것도 없습니다. 그 사람이 수명을 다한다면 천 분이나 되는 부처님들이 손을 내밀어서, 무서움이 없고 나쁜 윤회의 경계에 떨어지지 않도록 해 주시고, 곧바로 도솔천(兜率天)의 미륵보살이 계시는 곳에 갈 것입니다.

미륵보살에게는 서른두 가지의 뛰어난 모습이 있고, 대보살들의 집단에 에워싸여서 백천만억이라고 하는 수많은 시종하는 천녀(天女)들이 있으며 그 가운데에 태어날 것입니다.

이상과 같은 공덕과 이익이 있기 때문에 지혜 있는 사람들은 일심으로, 스스로 서사하고 혹은 남에게도 서사토록 하고, 받아 기억하고, 독송하고, 바르게 마음에 다짐하며 가르침대로 수행해야 할 것입니다.

세존이시여, 저는 지금 신통력에 의해서 이 경을 수호하여, 여래께서 멸도하신 후에 이 세계에서 널리 유포시켜 끊어지는 일이 없도록 하겠습니다.」

그때 석가모니부처님께서는 〈보현보살〉을 칭찬하시며 다음과 같이 말씀하셨다

「훌륭하다, 훌륭하다, 보현이여, 그대는 훌륭하게 이 경을 지키고 도와서 많은 중생을 안락하게 하고, 이익을 얻도록 하는 것은, 그대는 이미 생각할 수도 헤아릴 수도 없는 공덕과 깊고 광대한 자비를 완성하고 있는 것이다. 아득히 먼 옛날부터 위없는 바른 깨달음으로 향하는 마음을 일으켜서, 이 신통력에 의한 서원을 세우고, 이 경을 수호하고 있다. 나는 신통력에 의해서 보현보살의 이름을 받아 기억하는 사람을 수호하겠다.

보현이여, 만일 이 『법화경』을 받아 기억하고, 독송하고, 바르게 마음에 다짐하며 수행하고, 서사하는 사람이 있다면 그 사람은 석가모니불을 뵈올 수가 있게 되고, 부처님의 입에 의해서 이 경전을 〈직접으로〉 듣는 것과 같다고 알아야 한다,

그 사람은 석가모니불에게 공양하는 것이 된다고 알아야 한다. 그 사람은 부처님으로부터 훌륭하다고 칭찬받게 되는 것임을 알아야 한다.

그 사람은 석가모니불에 의해서 손으로 그 머리를 만지시는 것이 된다고 알아야 한다. 그 사람은 석가모니불의 옷에 의해서 감싸이는 것이 된다고 알아야 할 것이다.

이와 같은 사람들은 또 세간의 즐거움에 집착하는 일은 없을 것이다. 외교(外敎)의 경서(經書)나 〈그들이〉 쓴 책을 좋아하지 않을 것이다. 또 그 〈외교의〉 사람이나, 도살업자 혹은 돼지나 염소(羊), 닭이나 개를 기르는 사람 혹은 사냥꾼 혹은 여자를 파는 사람 등의 갖가지 좋지 않은 사람들에게 가까이하는 일은 없을 것이다.

이 사람은 마음이 성실하고 곧으며 바른 마음의 작용을 가졌고, 복덕의 힘을 가지고 있을 것이다. 그 사람은 〈탐내고·성내고·어리석음의〉 삼독에 고통받는 일은 없을 것이다. 또 질투·나(我)를 믿고 스스로 높은 체하는 교만(我慢)·아무 덕이 없는 사람이 덕이 있다고 생각하여 스스로가 뽐내는 것(邪慢)·알지도 못하면서 아는 체하고 뽐내는 것(增上慢)에 고통받는 일은 없을 것이다. 그 사람은 탐욕을 적게 하고, 만족함을 알며 보현보살의 수행을 실천할 수 있을 것이다.

보현이여, 만일 여래가 멸도한 후의 다음의 오백 년 동안에, 만일에 어떤 사람이 『법화경』을 받아서 기억하고 독송하는 것을 본다면 다음과 같이 생각해야 한다. 즉 『이 사람은 머지않아 반드시 깨달음의 장소에 이르러서 많은 악마의 집단을 쳐부수고, 위없는 바른 깨달음을 획득하여 가르침의 수레바퀴를 돌리며, 가르침의 큰 북을 울리고, 가르침의 법나패(法螺貝)를 불며, 가르침의 비를 내릴 것이 틀림없다. 반드시 많은 하늘의 신들과 사람들 가운데서 사자(獅子)의 자리에 앉을 것이다.

보현이여, 만일 후세에서 이 경전을 받아 기억하고 독송하려는 사람은 의복과 침구, 음식물 등의 생활용품들을 탐내지 않더라도 그 원하는 것은 헛되지 않을 것이다. 또 현재의 세상에서 그 복덕의 과보를 얻게 될 것이다.

만일 〈어떤〉 사람이 그 사람을 경멸하고 비방하며 『당신은 미쳤다. 헛되게 그와 같이 수행을 하여 결국은 무엇을 얻는 것도 없이 끝날 것이다.』라고 말한다면, 그와 같은 죄의 과보로 세세(世世)에 걸쳐서 장님이 될 것이다.

만일에 〈경전을 받아 기억하고 독송하는〉 그 사람을 공양하고 칭찬하는 사람은 반드시 금생에서 즉시 과보를 얻을 것이다.

만일 또한 이 경전을 받아 기억하는 사람을 보고, 그 사람의 과실을 들추어낸다면 그것이 사실이든 아니든, 이 사람은 현재의 세상에서 문둥병을 앓을 것이다.

만일 그 사람을 모욕하고 비웃는 일이 있으면, 이 사람은 반드시 세세에 걸쳐서 이빨이 빠져서 성글고 또 미운 입술, 납작코가 되고, 손발이 비뚤어지고, 눈은 사팔뜨기가 되고, 신체는 더러워서 구린내가 나고, 악성의 종기에서 고름과 피가 흐르며, 배는 고창병이 되고, 폐결핵이 되는 등의 각가지의 나쁘고 중한 병에 걸릴 것이다.

그런 까닭에, 보현이여, 만일 이 경전을 받아서 기억하는 사람을 본다면 반드시 일어서서 멀리서부터 맞이하기를, 부처님을 공경하는 것과 똑같이 해야 할 것이다.」

이상의 보현보살권발품을 설했을 때, 갠지스 강의 모래의 수에 동등한 헤아릴 수 없는 많은 보살들이 백천만억 선다라니(旋陀羅尼)를 획득하고, 우주 전체를 미진(微塵)으로 한 그 티끌의 수에 동등한 무수히 많은 보살들이 보현보살의 수행도를 체득한 것이다.

부처님께서 이 경을 설했을 때, 보현보살 등의 많은 보살들, 사리불 등의 많은 성문, 더욱이 천상의 신들, 용신, 사람과 사람 이외의 것들 모두의 대집단은 크게 기뻐하고, 부처님의 말씀을 받아 간직하고 예배하고 물러간 것이다.

회옹(晦翁) 혜경

약력
무설정사 창건 후 재단에 기부
한국불교아함종 종정 역임
서귀포 흰 연꽃들의 모임 회주
한국불교태고종 화담정사 조실

저술
법화경입문(범우사)
법구경입문(범우사)
법화경 이야기(범우사)
법화삼부경(예술문화사)
새우리말 법화경(삼양사)
관무량수경 강설(집문당)
승만경 강설(지우출판)
법화경 총설(삼양사)
영원한 생명의 노래(지우출판)